U0453254

国家社会科学基金重点项目（批准号06AYY002）
中央民族大学"985工程"中国少数民族语言参考语法研究系列丛书

总主编　戴庆厦

荣屯布央语
参考语法

REFERENCE GRAMMAR OF RONGTUN BUYANG

莫海文　著

中国社会科学出版社

图书在版编目（CIP）数据

荣屯布央语参考语法 / 莫海文著 . —北京：中国社会科学出版社，2016.8
ISBN 978-7-5161-7534-7

Ⅰ.①荣… Ⅱ.①莫… Ⅲ.①壮侗语族–语法–研究 Ⅳ.①H289.4

中国版本图书馆 CIP 数据核字（2016）第 018045 号

出 版 人	赵剑英
责任编辑	任　明
特约编辑	李晓丽
责任校对	冯　玮
责任印制	何　艳

出　　版	中国社会科学出版社
社　　址	北京鼓楼西大街甲 158 号
邮　　编	100720
网　　址	http://www.csspw.cn
发 行 部	010-84083685
门 市 部	010-84029450
经　　销	新华书店及其他书店
印刷装订	北京市兴怀印刷厂
版　　次	2016 年 8 月第 1 版
印　　次	2016 年 8 月第 1 次印刷
开　　本	710×1000　1/16
印　　张	19.5
插　　页	2
字　　数	360 千字
定　　价	75.00 元

凡购买中国社会科学出版社图书，如有质量问题请与本社营销中心联系调换
电话：010-84083683
版权所有　侵权必究

序　言

李锦芳

布央人，古籍称"佯、央"，分布在贵州、广西，近年来在越南北部高平省也有发现，老挝北部有称为"央"的族群，但未见具体材料介绍，我们也未能实施田野调查，不知与所说的布央人有否关联。

著名侗台语学者梁敏先生说，20世纪50年代他们在云南广南调查壮语时，就注意到当地壮族有人说的话称为"布央话"，跟壮话不同。这件事一直让梁先生惦记了30多年，直到20世纪80年代末，才有机会与夫人张均如先生调查布央语，但是地点是广南县的隔壁富宁县。两地的布央语差别很大。与云南富宁县紧邻的广西那坡县有一支少数民族，一直困扰民族研究学界，语言很特别，文化特征不明显，跟周边壮族接近，族群来源不清，在进行民族识别的时候发现，其妇女头巾锦绣图案与瑶族接近，于是归入瑶族。因其善打铁，民间又称为"铁瑶"。经过我们调查，这也是一支布央人，跟富宁支系接近。首先比较清楚地梳理布央人的脉络的还是语言学界学者，毛宗武、梁敏先生指出，那坡"铁瑶"、富宁布央语不是苗瑶语或者其他语言，而是侗台语，跟仡佬语等比较接近。结合相关史志、地名、民族学材料，布央人的历史脉络就比较清晰了。布央人应该是明清以来逐步从贵州迁到桂西南、滇东南，有的进入了越南。

受前辈学者研究的鼓舞，90年代初期我攻读博士时也开始研究布央语、仡佬语等这些与狭义侗台语（台/壮泰语支、侗水语支）关系不是很紧密的所谓"外围侗台语"（Outlier Kam-Tai，白保罗语），我调查了那坡、富宁、广南的布央人语言，也调查了广西隆林的壮族布央人，他们还有强烈的族群意识，但语言、文化已与周边壮族无异。我们发现三县布央语以富宁使用人口为多，号称"布央八寨"，人口一千多。语言比较看，富宁、那坡成一支，为东部方言，广南一支，为西部方言。这也与几个支系的传说相吻合。令我们感到很兴奋的是，美国得州大学阿灵顿分校语言学系艾杰瑞教授，在越南社科院黄文麻研究员的引导下，回到家乡高平省调查其早有知悉的与周边侬人不同的"侬环人"（黄是侬人语言学家），发现这几百人的群体自称"恩",语言接近相邻那坡县布央语。这又印证了那坡布央人所谓有一支迁到越南的传说。

　　那坡布央语我调查了三次,但时间都不太长,虽然基本了解了结构面貌、社会历史背景,但是对于这样一支濒临灭亡的语言来说,急需进行全面调查描写。我 1999 年出版的《布央语研究》(中央民族大学出版社)是以 1996 年博士答辩论文为基础,主要是描写富宁布央语,受当时调查材料及篇幅控制之限,未能较深入全面地反映布央语。那坡布央语与富宁有差别,我们归入不同土语。那坡布央语使用区域范围在萎缩,除了 300 多人的荣屯保存较好,其他散居杂居村庄已少有人说。很有必要对那坡布央语做一详细调查研究。很高兴海文勇挑重担,把这一有意义的工作作为博士毕业论文完成。

　　海文数度到那坡荣屯,交布央朋友,共同生活,学习布央语。功夫不负有心人,他记录下了较多的语料,一方面抢救了这些珍贵的濒危语言文化遗产,一方面为完成较全面的语言描写奠定了良好基础。海文除了自己调查记录了较多的词汇、例句和语篇外,还核对了我们以前的记录,这过程还有新的发现。我和前辈学者之前记录对象都是老年男性,这也是通常做法,记到 4 个声调。海文记录老年女性,发现升调除了 24,应该还有一个曲折的 213,虽然语用中常相混。之后也跟一些中青年男性核对。我认为这个调应该是存在的,所以那坡布央语应该有 5 个调,与其他地方的布央语接近。之前的调查也许老年男性对这个调不敏感,也许调查者疏忽。这是海文的贡献。

　　全书简要介绍了那坡布央语语言背景,分析语音、词汇,重点剖析了语法体系,展现了一部有别于其他侗台语言、仡央语言的语法,它既有共同侗台语的特点,也有仡央语言的个性,还有荣屯布央语自己的特性。由于所处的环境,荣屯布央语受到壮语南部方言比较深入的影响,这是研究该支语言时要注意的地方。

　　该书第一次较全面地描写了布央语语法,无论是对于布央语面貌的反映,还是仡央语言的梳理,以及侗台语言比较,都具有十分重要的价值。

　　那坡荣屯布央语口头传统不甚丰富,不易寻得,如果今后加大这方面工作,将会十分有意义。荣屯布央语和其他布央语,以及壮语、仡央语言的关系和比较研究,也是今后应该着力的地方。

　　海文作为外语专业背景出身,学习钻研民族语言,还深入田野调查第一手资料,实属可贵。海文通过学习语言学,还总结分析了母语汉语方言平话,有了初步成果。最近,他又接受任务,投入中国语言资源保护工程布央语的调查摄录，为国家语言资源保护奉献自己的力量。

山高水长，前路漫漫，海文能不能发挥自己的优势，以外语、汉语方言、民族语多方面背景，加上认真实在的个性，做出更多成绩呢？我相信会的。

是为序。

李锦芳

2015 年 6 月

摘　要

本书以荣屯布央语为研究对象，在田野调查的基础上，以当前参考语法编写所倡导的语言描写与研究原则以及现代语言学基本理论为指导，借鉴当代语法调查框架，对属于汉藏语系壮侗语族仡央语支的荣屯布央语进行较为系统、全面、深入的共时描写与分析。全文共分为八章。

第一章　导论。简述布央人的地理分布和人口情况，以及广西壮族自治区那坡县龙合乡仁合村荣屯的地理环境、经济、社会文化背景及语言使用情况；综述布央语的研究现状；阐释本书的研究方法、语料来源和研究意义。

第二章　音系。重点描写荣屯布央语的声母、韵母、声调，总结其音节结构类型，并对声母、韵母、声调的构成、特点和语流音变现象进行总结、分析。

第三章　词汇。着重对荣屯布央语词汇的特点、类型及语义关系进行描写及分析。荣屯布央语的词汇具有多音节、声调别义、重叠等特点，词汇中存在较多的汉语借词，还有大量的四音格词。单纯词主要有单音节词、联绵词、叠音词和拟声词等，复合词又分为偏正、联合、主谓、述宾、述补等类型。词汇之间存在着同音、单义与多义、同义（近义）、反义和上下位义等语义关系，形成既相互区别但又相互关联的语义系统。

第四章　词类。全面描写荣屯布央语的名词、形容词、动词、代词、数词、量词、副词、连词、助词、介词、语气助词、感叹词等词类的语法特点。其中重点介绍名词的分类，代词的类别与构成，数词和量词的用法及数量名结构的语序，动词的体、态和配价，形容词的比较级和语法特征，副词、连词、助词、介词、语气助词、感叹词的类别及语法功能。

第五章　短语结构。描写分析主谓短语、动宾短语、修饰短语、中补短语、联合短语、同位短语、连谓短语、兼语短语、量词短语、方位短语、介词短语共十一类短语，并总结归纳各类短语结构的语法特点。

第六章　句法成分。介绍荣屯布央语的主语、谓语、宾语、定语、状语、补语共六种句法成分的构成、结构类型和意义类型等。

第七章　句型。全面描写分析单句与复句的不同类型及语法特点。单句包括连动句、兼语句、双宾语句、话题句、比较句、判断句、否定句、存现与领有句、被动句、处置句、省略句等；复句包括并列复句、选择复句、承接复句、递进复句、补充复句、转折复句、假设复句、条件复句、因果复句、目的复句等。

  第八章　句类。对陈述句、疑问句、祈使句和感叹句四种句子类型进行全面分析、描写。

  结语部分概述全文的研究内容，总结荣屯布央语的基本特点和研究的创新之处，并指出研究的不足及后续研究中需要深化的问题。

  附录部分包括荣屯布央语核心词表及故事、歌谣等长篇语料。

  荣屯布央语作为一种濒危语言，蕴含着十分丰富的语言文化信息，是宝贵的语言资源。详细记录、抢救该语言对维护语言文化的多样性有着重要的意义，也有利于保护濒危语言文化和促进语言生态系统的可持续发展。荣屯布央语是仡央语支布央语的一种方言，布央语至今还没有一部系统的参考语法，对布央语进行系统、全面的描写是非常必要的。本研究加深了我们对荣屯布央语共时面貌的认识和了解，并丰富了这一研究领域的内容，为汉台语关系和仡央语相关研究提供了参考，为汉藏语系语法研究提供一些借鉴，促进我国少数民族语言与文化研究的发展。

关键词　荣屯布央语　参考语法　词　短语　句子

ABSTRACT

The monograph, based on the field work, the previous research and modern linguistic theories, has a comparatively thorough and systematic study of Rongtun Buyang language, a dialect of Buyang in the Tai-Kadai family. With the modern grammatical investigation and description reference, this monograph focuses on the grammatical system of Rongtun Buyang language, including 8 chapters and covering phonetic system including, vocabulary, parts of speech, phrasal structure, syntactic elements, and simple and complex sentences, etc.

Chapter one is the introduction. This chapter gives a description of the geographical distribution of the Buyang people, their geographical and economic conditions, their social and cultural background, and language use in Rongtong, Renhe Village, Longhe Town, Napo County of Guangxi Zhuang Autonomous Region, then provides a concise and general account and review of its literature. It also gives a brief introduction of the research methodology, the language resources, and the research significance.

Chapter two is about the phonetic system of Rongtun Buyang language. This chapter describes the consonants, vowels and tones of Rongtun Buyang language, summarizes the syllable structures, and analyzes the characteristics of the consonants, vowels, tones and sandhi phenomena.

Chapter three is about the vocabulary of Rongtun Buyang language. This chapter describes and analyzes the characteristics, patterns and semantic relationships of the vocabulary. In Rongtun Buyang language, many words are multi-syllabic and different tones can distinguish the meanings of the words; words borrowed from Chinese, three-syllable and four-syllable words are prevalent; single-morpheme words include single-syllable words, two-alliterated words, reduplicated words and onomatopoetic words in addition; compound words are divided into endocentric words, coordinative words, subject predicate words, verb-object words and complementary words; words form homophone, mono-semantic and multi-semantic, synonymic, antonymic, super-ordinate and hyponym semantic relationships constituting semantic systems which are different but closely related to each other.

Chapter four is a classification of Rongtun Buyang language words. This chapter describes nouns, adjectives, verbs, pronouns, numerals, measure words, adverbs, conjunctions, auxiliary words, prepositions, particles, interjections, and it summarizes the grammatical and syntactic features of the different classifications of words, it also highlights the classification, gender and number of nouns used, the usage and word order of numerals and measure words, the aspect and valence of verbs, the comparative ways and grammatical features of adjectives, the classification and grammatical features of adverbs, conjunctions, auxiliary words, prepositions, particles, and interjections.

Chapter five is the phrasal structure of Rongtun Buyang language. From the structural perspective, the phrases of Rongtun Buyang language are divided into 11 types, namely, the subject-predicate phrase, the verb-object phrase, the modifying phrase, the head-supplement phrase, the coordinative phrase, the appositive phrase, the serial verb phrase, the telescopic phrase, the measure phrase, the phrase of locality, and the prepositional phrase. This chapter summarizes the grammatical features of these different phrases.

Chapter six is about sentence elements. This part introduces the components, structures and semantic patterns of the sentence elements, namely, the subject, the predicate, the object, the attributive, adverbial adjuncts and complements.

Chapter seven is about the sentence type, focusing on the grammatical features of simple and complex sentences. This chapter describes some typical simple sentences and some complex sentences. The typical simple sentences include serial verb sentences, telescopic sentences, double-object sentences, topic sentences, comparative sentences, predicative sentences, negative sentences, existential and possessive sentences, passive sentences, dispositional sentences, and elliptical sentences. The typical complex sentences are coordinate complex sentences, selective complex sentences, connection complex sentences, climax complex sentences, complementary complex sentences, transitional complex sentences, hypothetical complex sentences, conditional complex sentences, causational complex sentences, and objective complex sentences, etc.

Chapter eight is the sentence classification of Rongtun Buyang language. This part describes declarative sentences, interrogative sentences, imperative sentences, exclamatory sentences, and also analyzes the structures and grammatical features of these types of sentences.

Chapter nine is the conclusion, summarizing the main content, creative points, strengths and weakness of the monograph.

The appendix includes Rongtun Buyang three hundred core words, six stories and ballads.

Rongtun Buyang language is an endangered language, containing plenty of linguistic and cultural information, which are valuable linguistic resources. The preservation of this language is of great significance for the protection of the diversity of languages and cultures and is helpful for the protection of endangered languages and cultures and for promoting the sustainable development of a language ecosystem. Rongtun Buyang language is a dialect of Buyang in Geyang subgroup of language families, and until now the Buyang language does not have any work of a systematic reference grammar, and it needs a systematic and thorough description. This monograph can make up for that vacancy and help us have a better understanding of Rongtun Buyang language while enriching this field of research, providing reference for the study of Chinese-Tai relationship and Geyang languages and promoting the study of minority languages and cultures in China.

KEY WORDS   Rongtun Buyang language, reference grammar, word, phrase, sentence

目 录

第一章 导论 ··· 1
  第一节 社会文化背景及语言使用情况 ········· 1
    一 布央人地理分布与人口 ··························· 1
    二 那坡县荣屯布央人社会文化背景 ············ 3
    三 荣屯布央语使用情况 ······························· 4
  第二节 文献回顾 ··· 7
  第三节 研究方法及语料来源 ························ 9
  第四节 研究的意义 ···································· 10
第二章 音系 ·· 11
  第一节 声母 ··· 11
    一 声母说明 ··· 11
    二 声母例词 ··· 11
  第二节 韵母 ··· 13
    一 韵母说明 ··· 13
    二 韵母例词 ··· 13
  第三节 声调 ··· 14
    一 调型与调值 ··· 14
    二 声调说明 ··· 15
  第四节 音节构成 ······································ 15
第三章 词汇 ·· 17
  第一节 词汇的特点 ···································· 17
    一 多音节 ·· 17
    二 声调别义 ··· 18
    三 重叠 ··· 19
    四 借词 ··· 19
    五 暗语 ··· 21
    六 成语 ··· 22
  第二节 构词法 ··· 23

一　单纯词……………………………………………………23
　　二　合成词……………………………………………………24
　第三节　词义关系…………………………………………………27
　　一　同音关系…………………………………………………27
　　二　单义与多义关系…………………………………………28
　　三　同义（近义）关系………………………………………29
　　四　反义关系…………………………………………………30
　　五　上下位关系………………………………………………31
　　六　对应关系…………………………………………………32
第四章　词类…………………………………………………………33
　第一节　名词………………………………………………………33
　　一　名词的分类………………………………………………33
　　二　人和动物性别的表达……………………………………35
　　三　名词数量的表达…………………………………………36
　　四　名词指大与指小的表达…………………………………38
　　五　名词的重叠………………………………………………40
　　六　名词的句法功能…………………………………………41
　第二节　代词………………………………………………………43
　　一　人称代词…………………………………………………44
　　二　反身代词…………………………………………………47
　　三　指示代词…………………………………………………50
　　四　疑问代词…………………………………………………53
　第三节　数词………………………………………………………63
　　一　基数词……………………………………………………63
　　二　序数词……………………………………………………68
　　三　数词的句法功能…………………………………………70
　第四节　量词………………………………………………………71
　　一　量词的分类………………………………………………71
　　二　量词的语法特点…………………………………………76
　　三　数量短语的语法特点……………………………………78
　第五节　动词………………………………………………………81
　　一　动词的分类………………………………………………81
　　二　动词的体…………………………………………………83
　　三　动作正在进行的表示法…………………………………86
　　四　动作将要进行的表示法…………………………………87

五　动作短暂持续的表示法…………………………………………88
　　六　两个动作同时进行的表示法……………………………………89
　　七　动词的态………………………………………………………89
　　八　动词的句法特征………………………………………………92
第六节　形容词……………………………………………………………106
　　一　形容词的构成与分类…………………………………………106
　　二　形容词的比较级………………………………………………108
　　三　形容词的语法特征与句法功能………………………………110
第七节　副词………………………………………………………………114
　　一　副词的概述……………………………………………………114
　　二　程度副词………………………………………………………115
　　三　范围副词………………………………………………………117
　　四　时间、频率副词………………………………………………118
　　五　情态、方式副词………………………………………………120
　　六　肯定、否定副词………………………………………………120
　　七　语气副词………………………………………………………122
第八节　介词………………………………………………………………123
　　一　ŋaŋ³¹"和"、kim²⁴"跟"……………………………………123
　　二　pa²⁴"把，被，给"、ŋai³¹pa²⁴"挨"……………………124
　　三　tsui³¹"替"……………………………………………………125
　　四　tui⁵³"对、对于"………………………………………………126
　　五　an⁵³"在"………………………………………………………126
　　六　lai³¹"过"………………………………………………………127
　　七　lak³¹"从"………………………………………………………127
　　八　hu²¹³"到、往"…………………………………………………128
　　九　jɔt³¹aːi⁵³"沿着"、aːi⁵³"按照、顺着"………………………129
　　十　tshən²⁴"趁"、wei²¹³kui²⁴"为了"、jɔŋ²¹³"用"、nɔi²¹³"除了"……129
第九节　连词………………………………………………………………130
　　一　ŋaŋ²⁴"和"………………………………………………………130
　　二　ji²¹³……ji²¹³……"一边……一边……"………………………131
　　三　lu²¹³"还是，或者"……………………………………………132
　　四　ku²⁴ki⁵³"可是、但是、不过"…………………………………133
　　五　pu²¹³lɔn²¹³"不管"、kun²⁴"管"、tai³¹sai³¹"无论"……………133
　　六　tshu³¹fei²⁴……tsou²¹³……"除非……才……"………………134
　　七　tɕi²¹³ki⁵³"如果、要是"………………………………………134

八　jən²⁴wei²¹³"因为"……………………………………………135
　第十节　助词………………………………………………………136
　　　一　结构助词…………………………………………………136
　　　二　动态助词…………………………………………………140
　　　三　语气助词…………………………………………………142
　第十一节　叹词……………………………………………………153
　　　一　表示高兴、欢乐…………………………………………153
　　　二　表示痛苦…………………………………………………153
　　　三　表示叹息、烦恼…………………………………………154
　　　四　表赞叹、羡慕……………………………………………154
　　　五　表示意外、惊讶…………………………………………154
　　　六　表示责怪、埋怨、不同意………………………………155
　　　七　表示不满意、气愤、轻蔑………………………………155
　　　八　表呼唤、应答、领会……………………………………156
　　　九　表示追问或出乎意料……………………………………157
第五章　短语结构………………………………………………………159
　第一节　主谓短语…………………………………………………159
　　　一　动词性谓语………………………………………………159
　　　二　名词性谓语………………………………………………160
　第二节　动宾短语…………………………………………………160
　第三节　修饰短语…………………………………………………160
　　　一　中定短语…………………………………………………161
　　　二　定中短语…………………………………………………161
　　　三　状中短语…………………………………………………162
　第四节　中补短语…………………………………………………162
　第五节　联合短语…………………………………………………164
　第六节　同位短语…………………………………………………164
　第七节　连谓短语…………………………………………………165
　第八节　兼语短语…………………………………………………166
　第九节　量词短语…………………………………………………166
　第十节　时间、方位短语…………………………………………167
　第十一节　介词短语………………………………………………168
第六章　句法成分………………………………………………………169
　第一节　主语………………………………………………………169
　　　一　主语的构成………………………………………………169

二　主语的意义类型 …………………………………… 171
  第二节　谓语 …………………………………………………… 173
　　一　谓语的构成 ………………………………………… 173
　　二　谓语的意义类型 …………………………………… 175
  第三节　宾语 …………………………………………………… 177
　　一　宾语的构成 ………………………………………… 177
　　二　宾语的语义类型 …………………………………… 180
  第四节　定语 …………………………………………………… 182
　　一　定语的构成 ………………………………………… 182
　　二　定语的语义类型 …………………………………… 186
  第五节　状语 …………………………………………………… 190
　　一　状语的构成 ………………………………………… 190
　　二　状语的语义类型 …………………………………… 194
　　三　多层状语的词序 …………………………………… 198
  第六节　补语 …………………………………………………… 198
　　一　补语的构成 ………………………………………… 198
　　二　补语的语义类型 …………………………………… 201

第七章　句型 ……………………………………………………… 205
  第一节　语序 …………………………………………………… 205
  第二节　单句 …………………………………………………… 206
　　一　主谓句 ……………………………………………… 206
　　二　几种特殊的动词谓语句 …………………………… 210
　　三　非主谓句 …………………………………………… 245
  第三节　复句 …………………………………………………… 246
　　一　并列复句 …………………………………………… 247
　　二　选择复句 …………………………………………… 247
　　三　承接复句 …………………………………………… 248
　　四　递进复句 …………………………………………… 249
　　五　补充复句 …………………………………………… 250
　　六　转折复句 …………………………………………… 251
　　七　假设复句 …………………………………………… 251
　　八　条件复句 …………………………………………… 252
　　九　因果复句 …………………………………………… 254
　　十　目的复句 …………………………………………… 255

第八章　句类 ... 256

第一节　陈述句 ... 256
一　肯定形式的陈述句 ... 256
二　否定形式的陈述句 ... 257

第二节　疑问句 ... 258
一　是非疑问句 ... 258
二　特指疑问句 ... 261
三　选择疑问句 ... 263
四　正反问句 ... 264

第三节　祈使句 ... 265
一　肯定形式的祈使句 ... 266
二　否定形式的祈使句 ... 267

第四节　感叹句 ... 268
一　直接用叹词构成的感叹句 ... 268
二　带有叹词的感叹句 ... 269
三　不带感叹词的感叹句 ... 269

第九章　结语 ... 271
一　本书的主要内容 ... 271
二　本书研究的创新之处 ... 271
三　本书研究的不足之处 ... 272

附录 ... 274

附录一　长篇话语材料 ... 274
一　孩子三朝酒 ... 274
二　婚庆 ... 275
三　回家哦 ... 279
四　从医院接新生婴儿回家 ... 280
五　安慰哭闹的小孩 ... 281
六　哄小孩睡觉 ... 282

附录二　荣屯布央语核心词表 ... 283

参考文献 ... 289

后记 ... 293

第一章 导论

第一节 社会文化背景及语言使用情况

一 布央人地理分布与人口

"布央"是壮语的称谓,意即外来的生活习俗及语言与壮族有一定相似但又不相同的居民①。布央人传说他们的祖先来自广东、福建等地。但也有专家指出,布央人很有可能是古代夜郎人的后裔。贵州省清朝咸丰三年的《兴义府志》记载的地名有:央旺、央卧、央祥、央福、央岔、央胆、者央,册亨有:者央、央乐、央梅、上下央兵寨、央左、央盎、央弄寨;广西《西隆州志》记载的有央牙寨、央白寨、央弄寨、央索寨、防央寨、央达寨、央腊寨等等②。如今,广西的西林、田林、隆林和三江等县境内也有不少类似的地名。在贵州省和广西壮族自治区的一些地方志中许多有"央"字的地名可能与布央人有着一定的关联。

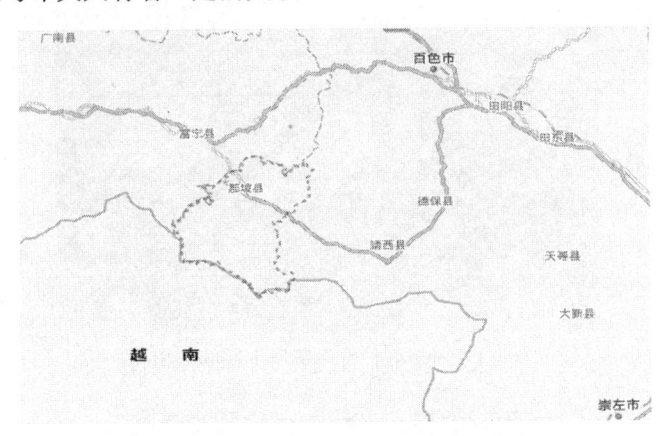

图1-1 布央人地理分布图③

---

① 李锦芳:《布央语研究》,中央民族大学出版社1999年版,第1页。
② 梁敏:《仡央语群的系属问题》,《民族语文》1990年第6期。
③ 百度地图:http://map.baidu.com/?newmap, 2011-06-10。

布央人人口不多，大概有 2000—3000 人，他们源自百越民族。历代布央人不断迁徙，如今主要散居在云南省广南县、富宁县及广西壮族自治区那坡县的布依族、壮族村落中。这三个地方的布央人由于山川阻隔，相互之间没有往来，也失去了族群之间的认同感。但是他们还是具有共同的文化特性，特别是语言之间的亲密关系，可以肯定，三县布央人属于同一民族集团，有着共同的历史来源。[①]由于长期与其他民族杂居在一起，他们已被当地的民族"同化"，大多被归为壮族、瑶族或布依族。20 世纪 50 年代，云南省富宁、广南两县的布央人大多归入壮族，而广西壮族自治区那坡县布央人因其头巾（当地布央人称为 ʔbiə⁷²⁴puə⁵³）图案和瑶锦相似而划为瑶族中的土瑶。广西那坡县龙合乡仁合村荣屯住着 84 户 361 位布央人（2010 年 11 月笔者实地调查及统计的数据），他们对自己被归为瑶族并不怎么认同。荣屯的真老师（1966 年出生，一直在荣屯小学任教，2008 年后由于学校合并，到仁合小学任教）对此也表示不赞同。他认为，荣屯人和附近的瑶族人无法通话，而且生活习俗方面也不尽相同，村民不喜欢被称为"土瑶"或"大板瑶"，要说是瑶族也宁可被叫做"半山瑶"，因为他们整个屯的人都住在大莫山的半山腰。其实，瑶族支系的分类中没有"半山瑶"的说法，但这反映出荣屯布央人的强烈族群意识。下图为现代那坡县龙合乡仁合村荣屯布央人。

图 1-2　荣屯布央人黄秀丰在戴头巾[②]

布央人的语言和附近的瑶族、壮族有着很大的差别，周边其他民族很少能够听懂布央语，甚至操不同布央语方言的人也很难通话。20 世纪 80 年代以来，人类学家和语言学家分别从不同角度对布央族群进行研究，发表

---

① 李锦芳：《布央语研究》，中央民族大学出版社 1999 年版，第 2 页。
② 图片为笔者于 2010 年 7 月 30 日拍摄。

了对布央族群族源和布央语系属问题的不同看法。本书对广西那坡县龙合乡仁合村荣屯布央语参考语法的描写与研究不仅加深了人们对布央语的认识，且为布央族源及语言系属等问题的研究提供了语言线索。

二　那坡县荣屯布央人社会文化背景

那坡县历史悠久，古为百越之地。"秦属象郡，宋置镇安峒，宋政和四年（1114年），镇安峒改为镇安州，元改为镇安路，明称小镇安。清乾隆三十一年（1766年）改流官，置通判称小镇安厅，光绪十二年（1886年）改称镇边县。民国时期沿用镇边县。解放后，1953年10月27日改称睦边县，1965年1月20日，因毛泽东一句话而改名为那坡县，这在全国2800多个县中绝无仅有。"①那坡县位于广西壮族自治区的西部，地跨东经105°31′至106°5′，北纬22°55′至23°32′，西北部与云南省毗邻，南部与越南民主共和国接壤，是我国南部边陲的一个重要县份。那坡县是一个多语言、多民族杂居的地方。根据该县民族语言办公室提供的数据，2006年全县人口200859，其中壮族182518人，汉族10064人，瑶族5198人，苗族1671人，彝族1366人，仫佬族42人。②

2007年那坡县龙合乡人口有35670人，面积295.63平方公里，海拔1050米，2008年平均气温为摄氏17.9度③。荣屯位于该县龙合乡东部，全屯不到400人。荣屯布央人主要种植玉米、黄豆等农作物，许多人家还种植猫豆、八角等经济作物，并饲养猪、牛和马等牲畜。解放前，荣屯布央人过着刀耕火种的艰苦生活。如今，在政府的帮助下，许多家庭走上了致富路。全村84户中有23户盖起了两三层的楼房④。每年，荣屯布央人每家每户还可以从政府部门得到粮食、化肥、种子等补助，困难户还可以领到政府救济金。荣屯处于大石山区内，那里没有河流，水资源十分缺乏。以前，村民用水要到一里之外挑，来回要花40多分钟。2010年，政府出资帮助每户建造了水柜，基本上解决了饮水问题，大大便利了当地村民的生活。

荣屯布央人的姓氏主要有黄、陆、真、农、欧、索、吴、马、方和梁，其中黄、陆、真为三大主要姓氏。黄、陆、真三大姓氏都有十几户人，其他姓氏的人口相对较少，据说是上门女婿组建家庭的后代。80年代以前，屯内不同姓之间通婚较为普遍，甚至存在近亲结婚的现象，族外通婚罕见，

---

① 那坡县人民政府网站：http://www.napo.gov.cn/2011-2-20。
② 数据由那坡县民族语言办公室提供。
③ 那坡县人民政府网站：http://www.napo.gov.cn/2011-2-20。
④ 数据由笔者2011年8月统计。

可能是与附近居民语言不通的缘故。现在，荣屯人大多与附近壮族居民通婚。

荣屯布央人受汉族和壮族影响较大。现在，他们的服装和周边汉族、壮族已经相差不大。据当地老人讲，以前他们有自己的族群服装，但在20世纪20年代，他们受到歧视与迫害，被迫改穿壮族的服装。当时，当地官府和壮族居民不喜欢布央人花花绿绿的服饰，甚至威胁说如果荣屯人不穿壮族的服装，就不准下山，更不能购买盐和其他商品。如今一些年长的妇女仍然披头巾，穿着布央人的传统服装。她们的鞋和衣领都绣有蓝色和灰色交织的花边。许多老人平常还保留着赤脚的习惯，只有上街赶集时才会穿上自己制作的布鞋。荣屯布央人信仰祖先崇拜和多神崇拜，每家每户都在厅堂设有神台和神牌。每逢春节、三月三和七月十四等重大节日或红白喜事都要烧香祭拜。荣屯布央人的节日和周边的少数民族大多相同，但是也有一个独特的节日——牛王节。每年农历七月八日，全村凑足钱买一头肥硕的老牛来宰杀，全村喜气洋洋庆祝节日。白天祭拜祖先，祈求来年得到好收成。晚上，每家每户都可以分得几斤牛肉在家煮食，许多家庭还请来亲戚朋友，一起畅饮玉米酒，享用美味的牛肉。据荣屯黄老师（1944年出生，退休前在龙合乡初中任教）介绍，这个传统很早以前就有，一直持续到"文化大革命"时期。

三 荣屯布央语使用情况

那坡县使用的语言主要有那坡话（属西南官话）、壮语、勉语、彝语、布央语等，多种民族语言相互接触、相互影响，共生共荣、和谐发展。位于该县龙合乡的荣屯布央语属于汉藏语系壮侗语族仡央语支布央语的一种方言，与拉基、仡佬、普标等语言接近。那坡县荣屯附近的壮族人都声称听不懂布央语，他们称荣屯布央人为 $jaŋ^{33}khjuŋ^{24}$（意为语言难以理解、生活方式有别的人）。荣屯布央人则自称为 $ia^{33}hrɔŋ^{53}$。李锦芳指出，这个称谓表明荣屯布央人和"夜郎"国有着一定的关联，很可能为"夜郎"国的后裔[①]。龙合乡仁合村委会（荣屯属于仁合村委会的一个村屯）韦支书说，他和荣屯人接触较多，但几十年来还没有听懂他们说的话，甚至连一到十都常常搞混。龙合乡政府司法所陆所长（乡政府指定的荣屯工作联系人）也表示，荣屯是少数民族聚居之地，其语言非常难懂。由于语言不通，乡政府工作队很少进入该村。20世纪90年代，乡政府工作人员进荣屯检查计划生育工作，由于语言理解错误，险些造成误会。据村民反映，多年来荣屯

---

① 李锦芳、周国炎：《仡央语言探索》，中央民族大学出版社1999年版。

的治安很好，由于语言特别，外面的小偷听不懂，不敢贸然进入荣屯偷东西，语言为荣屯布央人的生活与工作提供了一道安全屏障。

全屯的人都会讲荣屯布央语（当地人叫荣屯话），他们大多为双语或多语人，在自己村落和家庭中使用布央语，与其他村的壮族人交流时则使用壮语，到县、乡政府机关办事时则多使用西南官话。据荣屯村委会副主任陆红由介绍，2011年户口在荣屯的人共360多人，连从荣屯搬迁到外地工作的人一起算的话共600人左右；荣屯的儿童都能流利使用布央语，而外迁家庭的小孩一般都转用西南官话或普通话。笔者调查发现，荣屯布央人之间无论是家庭成员还是非家庭成员都用布央语进行交流。在荣屯内，本族人都使用母语进行交际，从外地嫁过来的外族媳妇也能在一年左右学会使用布央语。

布央语是一种濒危语言①，荣屯布央语是它的方言之一，自然也是濒危语言，或濒危方言。随着社会发展，当地各民族间经济、文化往来越来越密切，荣屯布央语深受汉语和壮语的影响，呈现衰退的趋势。荣屯布央语使用人口不到400人，语言处于濒危之中。为更好了解荣屯布央语的濒危程度及语言使用情况，笔者参照联合国教科文组织2003年颁布的《语言活力与语言濒危》（*Language Vitality and Endangerment*）②文件中语言代际传承、语言使用者绝对人数、语言使用人口在总人口中所占比例、使用范围和功能、对新语域和媒体的反应、语言教育材料和读写材料、政府和机构语言态度和政策、语言族群成员对母语态度、语言材料的数量与质量等9项指标及各项指标的评估标准对荣屯布央语活力及其濒危程度进行了调查与评估，具体情况如下：

荣屯布央语的活力和濒危程度

指标	荣屯布央语使用状况	语言活力和濒危状况	级次
1. 语言代际传承	荣屯布央语代代相传，大多数场合都使用该语言，但在教学、对外交流等正规场合多使用那坡话或壮语	稳定但受到威胁	4
2. 语言使用者绝对人数	只有361人使用该语言，该语言群体有可能被周边壮语语言群体所吞并	很危险	2
3. 语言使用人口在总人口中所占比例	几乎所有的人都使用该语言	不安全	4

---

① 李锦芳：《布央语研究》，中央民族大学出版社1999年版。

② UNESCO.*Language Vitality and Endangerment*. Document Submitted to the *International Expert Meeting on UNESCO Programme Safeguarding of Endangered Languages* Paris, 10–12 March 2003。

续表

指标	荣屯布央语使用状况	语言活力和濒危状况	级次
4. 使用范围和功能	荣屯布央语使用范围不断缩小,主要在家庭使用,被优势语言西南官话和壮语侵蚀。政府机关、公共部门以及学校多使用西南官话或者壮语,但在荣屯公共场合如商店、族群聚集场所等都使用荣屯布央语	不安全	4
5. 对新语域和媒体的反应	荣屯布央语不再使用于任何新的领域,2008年后,荣屯小学合并到仁合中心小学,荣屯布央语不再被用作授课语言。新环境、新媒体都不使用该语言,荣屯布央语越来越与现代脱节	语言无活力	0
6. 语言教育材料和读写材料	荣屯布央语没有可用的拼写符号,没有文字系统	书面材料的可及度最低	0
7. 政府和机构语言态度和政策	我国保障少数民族使用和发展本民族语言文字的权利,荣屯布央语被作为原始领域保护的对象,但县、乡政府机构使用西南官话等有声望的语言	我国政府支持度高	4
8. 族群成员对自己语言的态度	大多数荣屯布央人都热爱他们的语言,都支持他们的母语发展	族群成员对母语支持度较高	4
9. 语言材料的数量与质量	荣屯布央语语法描写很少,缺乏系统的描写和注释,迫切需要进行系统详细的描写	描写不充分	1

(以上评估表中的1—6项指标是关于语言活力和濒危状况评估参考标准,其中1—3项指标将语言安全状况由高到低分为5—0共6个等级,分别表示:安全、不安全、濒危、严重濒危、垂危、消亡,4—6项指标也分为同样的6个等级;指标7—8用于评估语言政策和语言态度;指标9用于记录濒危语言紧迫性的评估。)

  造成我国语言濒危的原因很多,主要有商品经济的发展、民族之间的交流增多、民族杂居与通婚、少数民族语言使用人口日益减少等。从以上调查结果来看,指标1—6表明荣屯布央语受到威胁,语言没有活力,处于濒危之中;指标7—9显示,荣屯布央语在政策上得到的支持力度较高,国家政策保护与支持少数民族语言发展,大多数荣屯人都支持对荣屯布央语的保持和发展,但是关于荣屯布央语的描写不充分,迫切需要进行详细、系统的描写。中国有一百二十多种语言,不少语言处于濒危的状态。语言濒危与消亡是人类传统文化失传的重要表现,抢救记录和保护濒危语言、维护语言生态多样性对学术研究、维护我国民族文化的多元化格局至关重要。①

---

① 李锦芳:《中国濒危语言研究及保护策略》,《中央民族大学学报》(哲学社会科学版)2005年第3期。

第二节 文献回顾

　　布央人是百越族的后裔，布央语属于汉藏语系壮侗语族仡央语支。"仡央语群"首先由梁敏先生提出，他认为这一语群与壮傣、侗水和黎语支同属侗台语族的平行支系①。根据其语言关系和地理位置的不同，李锦芳（1999）将布央语分为东部方言（郎架话、峨村话等为一土语，荣屯雅郎话为一土语）、西部方言（央连村巴哈话）。②

　　对布央语的调查始于20世纪50年代，但进行系统研究的时间较晚。梁敏先生曾从基本词汇异同的对比着手，结合语音特点和有关地名的历史分布、来源，对仡佬、拉基、普标、布央等语言进行研究，认为这几种语言和苗瑶语族的关系较远，可能源于我国古代百越民族的其他支系③。而后，梁敏、张均如先生又将仡央语群划为侗台语族之下与壮傣、侗水语支和黎语支平行的一个语支。梁敏先生的这一语言族群划分方法得到不少专家学者的赞同④。李锦芳对云南省富宁、广南二县布央人的语言进行研究，对这些地方的布央语语音、词汇和语法进行了描写与分析⑤。在此基础上，李锦芳将云南省广南县、富宁县和广西壮族自治区那坡县等地的几个布央语方言点进行对比研究，并出版了我国第一部关于布央语研究的专著《布央语研究》⑥。该论著丰富了这一领域的研究内容，有助于进一步认清百越诸后续语言的历史关系，对解决仡央语群各种语言的系属问题有着重要的意义。李锦芳还对巴哈布央语进行了专题探讨，指出布央语可以分为东部方言（富宁、那坡）和西部方言（广南），并进一步明确了仡央语支各方言之间的关系⑦。2006年，李锦芳和艾杰瑞发表论文《越南恩语和布央语的初步比较》，从语音、语法特征上将越南恩语与布央语进行比较，分析二者的语音对应规律，比较恩语和布央语诸方言核心词的亲疏关系，认为在发生学上恩语是一支与布央语东部方言关系最为紧密的侗台语族布央语支语言⑧。在前人研究的启发下，保明所博士通过田野调查对巴哈布央语濒危的原因、趋势

---

① 梁敏：《仡央语群的系属问题》，《民族语文》1990年第6期。
② 李锦芳：《布央语研究》，中央民族大学出版社1999年版。
③ 梁敏：《仡央语群的系属问题》，《民族语文》1990年第6期。
④ 梁敏、张均如：《侗台语族概论》，中国社会科学出版社1996年版。
⑤ 李锦芳：《布央语概况》，《中央民族大学学报》1996年第1期。
⑥ 李锦芳：《布央语研究》，中央民族大学出版社1999年版。
⑦ 李锦芳：《巴哈布央语概况》，《民族语文》2003年第4期。
⑧ 李锦芳、艾杰瑞：《越南恩语和布央语的初步比较》，《语言研究》2006年第2期。

进行研究，提出通过强化该民族群体的自主保护意识、建立濒危语言保护示范村、加强地方政府领导，建立保护濒危语言的扶持政策等策略以更好保护巴哈布央语①。这些研究和建议对布央语的保护有着重要的指导意义。另外，包括布央语在内的仡央语支的各语言也引起了国外专家的研究兴趣。艾杰瑞对仡央语支几种语言的词汇和语音特点进行研究，并使用网络软件Split Tree 4.0对这一语群的进化历史进行分析，认为仡佬和拉基组成北部语支；在南部语支中，巴哈、布央和普标关系较近，而与拉哈的关系较远②。艾杰瑞的这一研究结果和李锦芳之前的研究结论大体一致。学界的这些探索对解决仡央语群系属问题和理清仡央语支中多个方言之间的关系提供了有力的支持，有利于检验李方桂等学者提出的汉藏语系、白保罗提出的澳泰语系等假说，加深我们对东南亚诸语群历史关系的认识，促进了汉、藏缅、苗瑶、侗台和南亚等语言研究的发展。

广西那坡县龙合乡荣屯布央人独特的语言和文化吸引不少学者前往调查研究。袁少芬从民族学角度研究荣屯布央人的民族称谓、来源，详细阐述当地居民的服饰、习俗和文化，认为荣屯布央人是"土瑶"，他们的语言是与汉语、壮语差别较大的"土瑶话"③。毛宗武对荣屯语言进行简要的介绍，将此语言与仡佬等语言进行共时对比，认为当地语言是侗台语族中的一个独立语支④。李锦芳随后去荣屯进行语言调查，认为该语言为侗台语族仡央语支布央语的一种方言。虽然学术界对"仡央语支"的系属问题还存在争议，但梁敏、李锦芳的这一论断得到了Ostapirat⑤、艾杰瑞⑥和周国炎⑦等国内外许多专家的认可。以上专家、学者们从广度和深度等方面对布央语做了大量的探讨，取得了很多有益的成果，尤其是李锦芳对这一语言系统的研究加深了我们对仡央语支、布央语及其他相关支系语言的了解，为之后的研究提供了十分宝贵的语言材料和有价值的参考。然而由于种种原因，之前的研究者没有对荣屯布央语进行详细、充分的描写，荣屯布央语研究还缺乏一部参考语法。本研究将基于学界研究成果，以描写语言学和传统语言学理论为指导，以田野调查为方法对荣屯布央语这一濒危语言进行深入、系统地研究，着重描写和分析荣屯布央语的语法体系，以期为之

---

① 保明所：《巴哈布央语的濒危趋势及其应对措施》，《无锡职业技术学院》2011年第2期。
② 艾杰瑞，莫海文译：《仡央语分类补议》，《广西民族大学》（哲学社会科学版）2011年第2期。
③ 袁少芬：《那坡"土瑶"述略》，《广西民族研究》1986年第4期。
④ 毛宗武：《广西那坡荣屯"土瑶"语及其系属》，《广西民族研究》1990年第3期。
⑤ Ostapirat, Weera. Proto Kra, LTBA. 2000.
⑥ 艾杰瑞，莫海文译：《仡央语分类补议》，《广西民族大学》（哲学社会科学版），2011年第2期。
⑦ 周国炎：《仡央语群语言中的借词》，《民族语文》1999年第1期。

后的研究提供一些参考。

第三节　研究方法及语料来源

　　笔者通过查阅国内外学术期刊和专著，了解参考语法、仡央语支及布央语的相关研究动态，以现代语言学理论为依据，并借鉴国内外已有的关于参考语法描写方法来分析荣屯布央语语法。本研究主要运用田野调查的方法，借鉴刘丹青编著的《语法调查研究手册》①为语法调查及描写的框架，通过录音、记音和描写等方式记录语言材料，利用潘悟云、李龙等设计的田野调查系统 TFW 语音分析软件②处理语言材料，同时还以访谈、问卷等方式获得第一手语言材料，运用共时描写的方法对荣屯布央语进行全方位的描写，以传统语言学理论与国外类型学理论为依据对荣屯布央语语法体系进行较为深入、系统的归纳与分析。

　　本研究的语料代表音点是广西壮族自治区那坡县龙合乡仁合村荣屯。语料来源主要有两个：一为笔者田野调查，二为李锦芳调查团队的成果。2010 年 6 月至 8 月笔者到广西那坡县龙合乡仁合村荣屯进行田野调查，完成词汇部分，并整理了音系；2010 年 10 月至 12 月笔者继续到该地区调查，主要做语法调查，记录并整理了 2000 多个句子；2011 年 7 至 8 月，再次去荣屯补充调查语法，并做长篇语料记录，整理材料，查找语料的不足之处；2011 年 12 月，最后一次到荣屯进行田野补充调查。另外，长篇语料为笔者田野调查的成果，调查过程中参考了李锦芳等的《仡佬语布央语语法标记话语材料集》。③

　　本研究最主要的发音合作人为黄秀丰，女，1951 年出生，初小文化，母语为荣屯布央语，世代都在荣屯居住，会讲桂柳话、壮语，能基本听懂普通话。另外三位发音合作人：陆红由，男，1974 年出生，初中文化，为村委会副主任，会讲壮语、桂柳话、普通话及少量的粤语；真继强，1966 年出生，中专文化，原为荣屯小学教师，后学校合并后调到仁合村小学任教；陆建南，男，1956 年出生，初中文化，会讲普通话和桂柳话。这四位语言发音合作人都是荣屯土生土长的布央人，荣屯布央语是他们的母语，他们熟悉自己的语言和风俗，热爱自己的语言和文化。需要说明的是，在

---

① 刘丹青：《语法调查研究手册》，上海教育出版社 2008 年版。
② 中国社会科学院民族学与人类学研究所龙国贻博士帮助安装该软件，并在语言调查过程中提供技术指导。
③ 李锦芳：《仡佬语布央语语法标记话语材料集》，中央民族大学出版社 2011 版。

整理音系时笔者借鉴了李锦芳（1999）的研究成果《布央语研究》[①]，并在此基础上作了细微调整。

第四节 研究的意义

布央人是古代百越遗裔，布央语属于壮侗语族仡央语支，艾杰瑞将其划为仡央语的南部语支，认为它与巴哈语、普标语关系较近。[②]语言是文化的载体，同时也是文化的重要组成部分。荣屯布央语是布央语的一种方言，有着独特的语言特点和文化个性，值得我们做深入的探讨。布央语是一种濒危语言，需要我们尽快描写，全面而深入的记录，从宏观和微观两个层面进行研究。本书以学界的研究成果为基础，以现代语言学理论为指导，着重对荣屯布央语语法进行共时描写与分析，以期为之后的相关研究提供一些参考。论文选题意义主要有以下几个方面：

一、荣屯布央语是濒危语言，蕴含着丰富的语言文化信息，是宝贵的语言资源。详细记录、抢救该语言对维护语言文化的多样性有着重要的意义，有利于保护濒危语言文化和促进语言生态系统可持续发展。

二、荣屯布央语是仡央语支布央语的一种方言，布央语至今还没有一部系统的参考语法，对布央语进行系统、全面的描写是非常必要的。本研究将能够弥补这一缺憾，加深我们对荣屯布央语共时面貌的认识和了解，丰富这一研究领域的内容。

三、为汉台语关系和仡央语支的相关研究提供参考。对荣屯布央语语音、词汇和语法进行较为翔实的描写与分析，能够为仡央语支语言研究提供语言材料和参考证据，有利于将布央语和侗台语、苗瑶语等其他语言作对比分析，对解决其中一些小语种系属问题有积极的意义，并为之后的相关语言研究提供有价值的参考。

四、有助于促进汉藏语系语法研究。我国的汉语及汉语方言研究得到了长足发展，而少数民族语言，特别是少数民族濒危语言研究相对薄弱。少数民族语言的研究目前无法满足民族地区的社会及经济发展的需要。本论文着重对少数民族语言荣屯布央语语法进行探讨，旨在为汉藏语系语法研究提供一些参考，更好地促进我国少数民族语言与文化研究。

[①] 李锦芳：《布央语研究》，中央民族大学出版社1999年版。
[②] 艾杰瑞著，莫海文译：《仡央语分类补议》，《广西民族大学》（哲学社会科学版）2011年第2期。

第二章 音系

第一节 声母

荣屯布央语有 42 个声母，其中单辅音声母 29 个，复辅音声母 1 个，还有腭化音声母 9 个，唇化音声母 3 个。

单辅音声母：p、ph、ʔb、m、f、v、t、th、ʔd、n、l、ɬ、ts、tsh、s、θ、n̥、tɕ、tɕh、ɕ、ʑ、k、kh、ŋ、h、q、qh、j、w

腭化音声母：pj、phj、ʔbj、tj、ʔdj、kj、khj、ŋj、qj

唇化音声母：kw、khw、ŋw

复辅音声母：hr

一 声母说明

1. 有小舌音声母 q、qh，声母例词较多。
2. 声母出现腭化和唇化现象。
3. 有 4 个带前喉塞音的声母，ʔb、ʔd、ʔbj、ʔdj。
4. 浊擦音 v 和半元音 w 区分不明显。
5. 发塞擦音 tɕ、tɕh、ts、tsh 的词不多，tɕh、tsh 多出现在汉语借词中。
6. 元音开头的音节带有轻微的喉塞音ʔ，本书忽略不计，这一类词较少。

二 声母例词

p	piə^{31}年	pan^{24}有	khi^{24}pɔt^{33}肺
pj	pjɔ^{24}晚饭	pja^{24}贵	pjat^{53}瘦
ph	pha^{24}布	phɯ^{53}副	phet^{53}削
phj	phjɔ^{24}破（破竹）		
ʔb	ʔbɔn^{53}天	ʔbu^{53}uə^{24}水坑	ʔbiə^{24}ʔbut^{53}笋壳
ʔbj	ʔbja^{213}补（补锅）	ʔbja^{53}稀（稀布）	
m	mɔt^{31}毛	muə^{213}草	ma:i^{53}猪
f	fə^{53}擤	am^{24}fin^{31}一万	la:u^{31}fak^{31}萝卜
v	vak^{31}钩	viə^{213}扔（丢弃）	va^{24}游

续表

w	wan³¹ 风	lat³¹wo³¹ 水牛	wo²⁴kja⁵³ 扫帚
t	tuə?²⁴ 铜	tau³¹ 江	lat³¹tui²⁴ 猴子
th	thɔ⁵³ 耕（耕田）	thu²⁴ 近	thuŋ⁵³ 糖
tj	va³¹tja⁵³ 别人	tjau²¹³ 吊	tju²¹³ 跳（跳舞）
ʔd	ʔdɛ⁵³ 开（水开了）	ʔduə⁵³ 花	ʔdam⁵³ 黑
ʔdj	ʔdju⁵³ 活	ʔdet⁵³ʔdju⁵³ 酸溜溜	khi²⁴ʔdja⁵³ 身体
n	nɔ²⁴ 脸	an⁵³nak³¹ 痛苦	nin⁵³ 想
ɲ	ɲɔŋ²¹³ 甘蔗	ɲɯ²⁴ 皱纹	ɲak³¹ 打赌
l	lat³¹lau³¹ 鱼	luə²¹³lɔk³¹ 家里	khi²⁴li³¹ 船
ɬ	ɬet⁵³ 洒	ɬɯ²⁴nau⁵³ 割稻	ɬiu⁵³ 绣
ts	tseŋ⁵³ 黄牛	lat³¹tsuːn²⁴ 松鼠	tsu²⁴ 奶汁
tsh	tshou⁵³ 炸	tshun⁵³ 粗鲁	tshe²⁴ 车
s	su⁵³ 小叔子	sa³³ 沙子	se⁵³ 动
θ	θei⁵³ 柴火	θam³¹ 剁	θip⁵³ 饿
tɕ	tɕit⁵³ 黄鼠狼	ʔden⁵³tɕiŋ²⁴ 正月	tɕiə⁵³ 春
tɕh	tɕhi³¹khui?²⁴ 吃亏	tɕhiŋ³³miŋ³¹ 清明	
ɕ	ɕau⁵³ 错	ɕi²⁴ 揪	ɕiə⁵³ 本（一本书）
j	jut³¹ʔduə?⁵³ 雨	jaːk³¹ 滴	ju²¹³ 弟弟
ʑ	ʑin²¹³ 钱	ʑiə⁵³ 劈（劈柴）	ʑit⁵³ 淡
k	kuə⁵³ 角落	kep³³wo³¹ 水牛蹄	kaːi⁵³wo³¹ 水牛角
kj	kjaŋ²⁴ 沉	kjaŋ⁵³ 爬（爬山）	kjɔ²⁴ 僵
kw	kwa⁵³ 乖	kwin²⁴ 卷	kwa²⁴ 责怪
kh	khuə³¹ 避（避雨）	khɔ²⁴ 进（进屋）	khui⁵³ 骑
khj	qhɔk³¹khja²⁴ 蜘蛛	an⁵³khjan²⁴ 好像	khjak³¹ 努力
khw	lat³¹khwit⁵³ 青蛙	le³¹khwi²⁴maːt³¹ 新郎	khwan²⁴ 上（上楼）
ŋ	ŋɔ²¹³ 马	ŋat³¹ 系（系鞋带）	ŋaːi⁵³ 鼻涕
ŋj	ŋjau³¹ 逗（逗玩）	ŋjak³¹ 喂（喂鸡）	
ŋw	ŋwan²¹³tsuə⁵ 上腭		
q	qat³³ 铁	qɔ⁵³ 鸡	kɯ³¹qa²¹³ 鞋子
qj	me³¹qjɔŋ²¹³ 蓖麻	khi²⁴qja²⁴ 下巴	
qh	qhɔn⁵³ 路	lat³¹qhɛŋ²⁴ 蟋蟀	qhɔn²⁴tai⁵³ 树林里
h	hɛə²⁴ 集市	puə²¹³hit²⁴ 被子	hem⁵³ 鹅
hr	hrau³¹ 石头	hrip³¹ 凑	khi²⁴hriə³¹ 缸

第二节 韵母

荣屯布央语韵母较多，共有 72 个韵母，有单元音、复元音和带塞音韵尾的韵母：

a、ai、aːi、au、aːu、am、aːm、an、aːn、aŋ、aːŋ、ap、at、aːt、ak、aːk、aʔ，

ɛ、ɛm、ɛn、ɛŋ、ɛp、ɛt、ɛə，

e、ei、eu、em、en、eŋ、ep、et、ek，

i、iu、im、in、iŋ、ip、it、ik、iəʔ、ia、iə，

ɔ、ɔi、ɔn、ɔŋ、ɔt、ɔk，

o、oi、ou、om、oŋ，

u、ui、uːi、um、un、uːn、uŋ、uːŋ、up、ut、uk、uə、uəʔ，

ə、ən、ək，

ɯ。

一 韵母说明

1. 有 9 个单元音：i、e、ɛ、a、ə、ɔ、o、u、ɯ，其中 a、u 长短对立，但对应不整齐。

2. 有 3 个带喉塞音韵尾的韵母：iəʔ、aʔ、uəʔ，发音时喉头不是很紧张，年轻人发音紧张度稍小，年长者发音紧张度稍大些。

3. ə、ɯ、ak、aːk、ik 等韵母出现得频率较低。

二 韵母例词

iu	lat³¹miu³¹猫	iu²⁴折	liu³¹玩儿
im	lim³¹死	kim⁵³摸（摸鱼）	jim²⁴踏
in	lin³¹钢	min²¹³辣椒	nin⁵³想
iŋ	niŋ²⁴锈	kiŋ²⁴玻璃	viŋ⁵³安静
ip	θip⁵³ θip⁵³蟑螂	nip⁵³包（包药）	θip⁵³饿
it	kɯ³¹mit³¹袜子	nit³¹发芽	hrau³¹it⁵³聋子
ik	tɕik⁵³po²⁴山顶	lat³¹tɕik⁵³po²⁴野兽	sik⁵³pu⁵³斧子
iəʔ	liə²²⁴liu²⁴米汤	liə⁷²¹³粮食	tiə²²⁴钉子
ɔ	ʔdɔ³¹lɔŋ²¹³以下	ŋɔ²¹³马	qɔ⁵³鸡
ɔi	laŋ³¹θɔi²⁴欺负		
ɔn	ʔbɔn⁵³天	ɔn²⁴妹妹	ŋɔn²¹³tsuə5 牙龈

续表

ɔŋ	ŋɔŋ²¹³甘蔗	jɔŋ⁵³腿	ʔbɔŋ⁵³皮肤
ɔt	khi²⁴pɔt33 肺	tɔt³¹屁	mɔt³¹qɔ⁵³鸡油
ɔk	lat³¹nɔk³¹鸟儿	luə²¹³lɔk³¹家里	tsɔk³¹hu⁵³衣服
o	po²⁴山	lat³¹wo³¹水牛	ko⁵³南瓜
oi	noi²¹³少	piə³¹ʔden⁵³noi²¹³年轻	
ou	lou²⁴钝	tshou⁵³炸（炸油条）	lat³¹qa²¹³pou⁵³螃蟹
om	mom²¹³胡子	thom²⁴淹（淹死）	hom²⁴香
oŋ	soŋ²⁴冲（用水冲）	joŋ²¹³花（花钱）	thoŋ⁵³piu²⁴窟窿
u	ku²⁴到（到了家）	ku²⁴ŋa²¹³中午	mu²¹³磨（磨面）
ui	khui²⁴溪	lat³¹tui²⁴猴子	tui⁵³饭碗
uːi	uːi⁵³狗	hruːi²¹³串（一串辣椒）	ap33ɬuːi⁵³蒜
um	kum²⁴孵	hum⁵³相信	lat³¹lum⁵³蟒
un	vun³¹换	pun³¹陪	tun³¹震动
uːn	lat³¹tsuːn²⁴松鼠	muːn²⁴luə²¹³枕头	ŋuːn²⁴锅巴
uŋ	tsuŋ⁵³钟	uŋ⁵³养（养一家人）	luŋ²⁴大
uːŋ	fuːŋ²⁴wan³¹风箱	pau⁵³muːŋ²⁴希望	
up	kup³¹捧	ʔdup⁵³撞	kup⁵³壳
ut	ut⁵³泥（稀泥）	jut³¹ʔduə⁵³雨	hut⁵³舒服
uk	pjuk⁵³箍儿	puk⁵³ŋia⁵³手茧	khi²⁴kuk⁵³国家
uə	luə³¹褪	kuə⁵³角落	muə²⁴霉
uəʔ	uə²⁴muə²⁴水沟	tuə²⁴铜	liə⁵³luə²¹³里面
ə	thə²⁴都	pjə²⁴饼	me³¹θə⁵³凿子
ən	hən⁵³很（很高）	nən²¹³jau⁵³	jən⁵³忍耐
ək	θək³¹taːi³¹扫地	lək³¹θi33θaːi²⁴	qa²¹³sək³¹尺子
ɯ	jɯ³¹藤（蔓）	qɯ³¹	hrɯ³¹八

第三节　声调

一　调型与调值

荣屯布央语一共有5个声调：

调型	调值	例　词		
中升	24 调	hra:u^{24} 量（量布）	khiə^{24} 咆哮	muə^{24} 霉点
中降	31 调	hra:u^{31} 磨（磨刀）	kiə^{31} 歪的	tu^{24}muə^{31} 雾
中平	33 调	ʔdap^{33} 灭（火灭了）	ap^{33} 菜（饭菜）	tap^{33} 肝
高降	53 调	khi^{24}hra:u^{53} 耙（耙地）	kiə^{53} 姜	muə^{53} 灰色
曲折	213 调	hra:u^{213} 洗（洗澡）	tsa:i^{213} 糍粑	muə^{213} 草

二　声调说明

1. 荣屯布央语有中升、中降、中平、高降和曲折调各一个。

2. 中升、中降、中平都有塞声韵，其中中升调塞声韵较少，而中平调塞声韵较多。

3. 连读变调现象比较少，没有明显的规律。变调有时出现在第一个音节，如 tam$^{33\,(53)}$qɔ "鸡蛋"，tut$^{33(53)}$ʔbɔŋ^{53} "脱皮"，ʔbɔn$^{33(53)}$tɕiə^{53} "雷击" 和 ʔbɔŋ$^{33\,(53)}$tseŋ^{53} "牛皮" 主要是依循省力原则，但是 ʔbɔn^{53} ʔdaŋ^{53} "打雷"，pan^{53}kin^{53} "做梦" 又没有发生音变；变调有时出现在最后一个音节，如 am^{24} "一" 位于最后一个音节时常读做 am^{213}，如 am^{24}pɔt^{31}am$^{213(24)}$ "十一"，ta:i^{53}pɔt^{31}am$^{213(24)}$ "三十一"。

4. 24 调和 213 调有时较难区分，发音合作人偶尔也会交替使用，但两者对立。

5. 浊擦音 v、ʐ 主要出现在中升、中降这两个调上。

第四节　音节构成

音节是语流中最自然的语音单位。和汉藏语系大多数语言一样，荣屯布央语是音节性较强的语言。荣屯布央语的音节可以分为声母、韵母和声调三个部分。根据声母、韵母和声调的组合规律，我们可以将荣屯布央语的音节分为九种类型，具体如下：

1. 元音+声调：a^{24}躺　i^{24}他　ɛ^{53}旺（火很旺）

2. 元音+元音+声调：a:i^{53}依（依他说）　iu^{53}够（够得着）　iə^{53}粪（牲畜的）

3. 元音+辅音+声调：im^{24}阉（阉公鸡）　at^{33}小　an^{53} 在

4. 辅音+元音+声调：hu^{213}向（向左边走去）pa^{53} 稻米　pɛ^{31}疯子

5. 辅音+元音+元音+声调：puə^{53}裂开　lau^{31}小米（狗尾黍）　lui^{24}手镯

6. 辅音+元音+辅音+声调：laŋ²¹³阴 lut⁵³ 掉（掉牙） lɔn⁵³凋谢
7. 辅音+辅音+元音+声调：hraːi²¹³远 hraːu³¹磨（磨刀） hraːu²⁴量（量布）
8. 辅音+辅音+元音+辅音+声调：kjaŋ²⁴沉 pjɔn²⁴生（生小牛） pjan²⁴反
9. 辅音+辅音+元音+元音+声调：hrau³¹石头 hruə²¹³楼梯 hriə³¹缸

第三章 词汇

词是最小的能够独立运用的有意义的语言单位。词汇也称为"语汇"，是一种语言里词的集合体，是构成语言的建筑材料。荣屯布央语的词汇是其所有的词和短语的总和。词汇的本体系统主要包括多义词和同音词、同义词和反义词、上下位词和类义词等；来源系统包括固有词和外来词等；熟语系统包括成语、谚语和惯用语等。荣屯布央语的音节一般都具有语法或词汇的意义，其词汇可以分为单音节词、双音节词和多音节词，其中名词的双音节词最多。

第一节 词汇的特点

一 多音节

荣屯布央语有不少的词缀，如 qa²¹³、mɛ³¹、lɛ³¹、liə ʔ²¹³和 liə⁵³等。许多词都是由词缀加上词根构成，如 qa²¹³lia²⁴老鹰、mɛ³¹kem⁵³柑子等。词缀是构成荣屯布央语词汇多音节的一个重要原因，本章第二节将对此问题进行详细阐述。

荣屯布央语许多词包含多个描绘事物的语素。例如，"云" mɔk³¹ʔbɔn⁵³中的 mɔk³¹ 意思是"尘土"，ʔbɔn⁵³ 意思是"天"，mɔk³¹ʔbɔn⁵³ 意思为"天上的尘土"即"云"；"葵花子"pan⁵³tau⁵³wan³¹ 中的 pan⁵³为"种子"，tau⁵³wan³¹为"太阳"意思是"太阳的种子"；"商店" khi²⁴pen²⁴tɔŋ⁵³θɕ⁵³中的 khi²⁴为量词，表示"个"，pen²⁴为"卖"，tɔŋ⁵³θɕ⁵³为"东西"，整个词字面意思为"买东西的地方"；"东边" liə⁵³tau⁵³wan³¹khwan²⁴ 中的 liə⁵³为"地方"，tau⁵³wan³¹为"太阳"，khwan²⁴为"升起、上来"，词的字面意思为"太阳升起的地方"，"西边" liə⁵³tau⁵³wan³¹lɔŋ²¹³字面意思为"太阳落下的地方"，而"南边"和"北边"则没有相应的表达。我们可从以下词的对译更好地了解荣屯布央语的这一特点：

aŋ²⁴ʔdan²⁴ tip³¹a²⁴尿床　　　hrɔŋ³¹hrin²⁴ kin⁵³ tau⁵³wan³¹日蚀
拉　尿　床　　　　　　　月亮　吃　太阳

lat³¹mɔt³¹ ʔdi²⁴ɤə⁵³白蚁　　qa²¹³lia²⁴　ŋaːu²¹³猫头鹰
个　蚂蚁　白色的　　　　老鹰　　青色的

tɔŋ³³θɔ⁵³ kin⁵³粮食　　qa²¹³luə³¹　ʔbɔd⁵³星星
东西　　吃　　　　　　　头　　　　天

另外，荣屯布央语有不少的汉语借词，这也是构成其多音节的一个重要原因。常用荣屯布央语对译汉语的多音节词。例如：

（一）音译

li²⁴thaːŋ³¹礼堂　　pan³¹kɔŋ³³ɕi³¹办公室　　tsu²⁴θi³¹主席
礼　堂　　　　　　办　公　室　　　　　　　主　席

（二）义译

qhɔn⁵³ qat³³铁路　　qhɔn⁵³tshe²⁴公路　　qat³³ɬin⁵³铁线
路　　铁　　　　　　路　　车　　　　　　铁　　线

荣屯布央语有的词存在两种形式，既有音译的借词，也有固有词根组合构成的新词。例如"学校"可以读作 thiŋ²⁴he³¹（固有词根组合"厅堂＋学习"）或者 jɔ³¹jaːu²⁴（西南官话音译借词）；"岭"（连山或山脉）可以读作ʔdaːi³¹ut⁵³（固有词）或者 leŋ⁵³（西南官话音译借词）。

二　声调别义

荣屯布央语是一种声调语言，形态变化较少，其声调具有区别意义的作用。荣屯布央语普遍存在声调别义的现象。例如：

（一）leŋ²⁴为"背部"（名词）

leŋ⁵³为"陡峭"（形容词）或"山岭"（名词）

leŋ³¹为"零"（数词）

（二）laŋ³¹为"看"（动词）

laŋ²¹³为"阴沉沉的"（形容词）

（三）taŋ²¹³为"停"（动词）

taŋ²⁴为"搭建"（动词）

taŋ³¹为"连"（连饭也不吃）（介词）

taŋ⁵³凳子、椅子（名词）

以上 3 组词中各组的声母和韵母都相同，但是由于调值不同，各个词的意义也不相同。例如在第一组中，3 个词的声母均为 l，韵母为 eŋ，而调值不同，第一个词的调值为 24，其意义为"背部"，名词；第二个词的调值为 53，意义为"陡峭"或"山岭"，既可以做形容词，亦可以做名词；第三个词的调值为 31，意义为"零"，数词。

三　重叠

荣屯布央语叠音现象比较普遍，名词、动词、量词、形容词和副词均有叠音现象。有些叠音词为单纯词，只表示一个词语的意思，仅有一个语素。例如，tei^{53}tei^{53}臭虫、tem^{24}tem^{24}蝙蝠，它们的单个音节没有意义，重叠连用才能表示词语的整体意思。有些词是句法层面的叠音现象，这些叠音词已经成为了固定的表达，单个音节的意义与整个词的意义相近或紧密相关。例如，laŋ^{31}laŋ^{31}中的单个音节 laŋ^{31}的意思为"看"，而两个音节重叠后组成的词表示"随便看看"；po^{24}po^{24}中的单个音节 po^{24}的意思为"山"，而两个音节重叠后组成的词表示"每一座山"；lɔk^{31}un^{53}un^{53}表示"绿油油"。

四　借词

任何一种语言都不可能是孤立存在的，社会经济发展和文化交流促使语言之间相互接触和相互影响。语言间频繁接触的一个主要结果就是词语的借用。各种语言的词汇丰富程度及语义场分布有很大的差异，在语言接触中各种语言会从另一种语言中吸取自己所缺少的词语。各种语言都会从其他语言借来词语丰富自己，借词是一种语言增加新词的重要手段。布央人的历史久远，他们与周边地区的汉族及其他少数民族频繁接触，其语言和文化受到其他族群的深刻影响。汉语对布央语影响最大，自古至今从未间断，大量的汉语借词在不同的历史阶段进入布央语中。在荣屯布央语的词汇系统中，我们可以看到其词汇包含有大量的汉语借词。在云南省广南县、富宁县和广西那坡县，西南官话是一种强势语言，布央语直接或间接地借入大量的汉语词，汉语借词改变了布央语原有的词汇系统，增加了一些声母、韵母、音节和构词方式。从荣屯布央语的借词来看，其汉语借词方式大概分为完全借贷式、部分借贷合璧式和语义借贷式等三种类型。

（一）荣屯布央语汉语借词类型

1. 完全借贷式

在荣屯布央语汉语借词中，完全借贷式的借词最多，汉语的音、义被作为一个整体借入荣屯布央语，其读音与汉语相似，而且符合荣屯布央语语音格局。例如：

（1）单音节词

这一部分词有些是早期的汉语借词，还保留塞音韵尾，大部分还是近、现代汉语借词。例如：

fɔk^{53}福气　　　　lu^{31}驴　　　　li^{24}骡子

kiu^{31}桥　　　　zin^{213}钱　　　　pat^{53}笔

ɫan²⁴信　　　　　　　kɔ²⁴歌　　　　　　　　tsuŋ⁵³钟（敲的钟）

（2）多音节词

这部分多数为西南官话借词，构词方式有两种：

① 全音译，语素音译并按照汉语构词方式构词

kwaŋ²⁴jən³¹银圆　　　fei²⁴ki²⁴飞机　　　　　hɔ³³jɔ³¹火药
光　圆　　　　　　　飞　机　　　　　　　火　药

tɔŋ⁵³θɔ⁵³东西　　　　tiu³¹la:i²⁴道理　　　　lu³¹jin²⁴ki³³录音机
东　西　　　　　　　道　理　　　　　　　录 音 机

hɔ³³tshe²⁴火车　　　　li³¹tɔŋ³³立冬　　　　　jən³¹min³¹人民
火　车　　　　　　　立　冬　　　　　　　人　民

thu³¹fei³³土匪　　　　li⁵³se²⁴旅店　　　　　ta:n²⁴tshe²⁴自行车
土　匪　　　　　　　旅　店　　　　　　　单　车

② 语素音译，但按照荣屯布央语构词方式构词

ku⁵³tam⁵³蛋壳　　　　fan²⁴kɔŋ⁵³工分
壳　蛋　　　　　　　分　工

lu³¹hiŋ²⁴香炉　　　　ʑin²¹³kɔŋ⁵³工资
炉　香　　　　　　　钱　工

2. 合璧式借贷

荣屯布央语中有不少借词，其中一部分为固有词（语素），而另一部分为汉语借词（语素）。这种混合形式所构成的词叫合璧词。荣屯布央语的合璧词比较多。例如（画线部分为汉语语素）：

ju³¹pu³¹tha:u³¹葡萄藤　　tɔ³¹ qa²¹³lu³¹烟袋　　　phɔ³³ tuə²²⁴铜板（铜圆）
藤　葡萄　　　　　　　袋　烟　　　　　　　　板　铜

tɔ³¹ lep³¹麻袋　　　　　kiŋ²⁴tau⁵³眼镜　　　　　lu³¹kaŋ²⁴pi³¹墨水
袋　麻　　　　　　　　镜　眼　　　　　　　　墨 钢 笔

tshən³¹ta²⁴存放（存钱）　ʑin²¹³qa²¹³liə³¹剩钱　　　ʔden⁵³lep³¹腊月
存　放　　　　　　　　钱　剩的　　　　　　　月　腊

3. 语义借贷式

语义借贷式借词也可称为意译式借词，它是利用本族语的词素和词的组合规则对译外来的词义。荣屯布央语语义借贷式借词比较多，这一类词是由荣屯布央语固有词根依照其构词方式对译汉语的概念。例如：

qat³³ɫin⁵³铁线　　　　　kjat³³ tsɔk³¹扣子（上衣）　qa²¹³ʔbɔŋ⁵³皮鞋
线　铁　　　　　　　　扣子 衣服　　　　　　　鞋　皮

mɛ³¹mat³³tɔ⁵³剃头刀　　khu³³tsaŋ³¹秤钩　　　　　qhɔn⁵³ qat³³铁路
刀　头　　　　　　　　钩　秤　　　　　　　　路　铁

wan³¹θiə⁵³生日
日　　生

（二）荣屯布央语汉语借词历史层次

自古以来，荣屯布央人在社会生活的各方面与汉族人民接触频繁，其汉语借词比较多。从历时角度来看，荣屯布央语的汉语借词是不同时期积累起来的，存在着不同的历史层次。我们可以根据语音形式的不同特点，把汉语借词分为老借词和新借词。荣屯布央语老借词的声、韵、调配合关系与本族固有词基本相同，而且和上古、中古汉语的语音对应较有规律，新借词则与那坡话（西南官话的一种）语音接近。

1. 老借词

kiə⁵³姜　　　　　　kjam²⁴黄金　　　　　ŋu²¹³瓦
kiu³¹桥　　　　　　mit³¹袜　　　　　　hip³¹合并（合）
jim³¹嫌　　　　　　pɔk³¹佩服（服）　　ŋaːn³¹银

2. 新借词

hə³¹thaːu³¹核桃　　hu³¹tsiu⁵³胡椒　　ɬi²⁴kwa²⁴西瓜
ma⁵³liŋ³¹su³¹马铃薯　ti²¹³tsu⁵³地主　　lou³¹楼
hɔ³³tshe²⁴火车　　khin³¹裙子　　　　hun⁵³hai²⁴高兴（欢喜）

近年来，荣屯布央语的汉语借词不断增多，特别是音译借词大量出现，这主要归因于布央人和汉人接触日益频繁及汉语新词的迅速增加。借词是荣屯布央语得以丰富的重要手段，这不但不会削弱其语言特点或改变语言本身的性质，而且促进了荣屯布央语词汇系统的进一步丰富和发展。

五　暗语

布央人与壮族、布依族等不同的民族杂居在一起。布央人人口不多，大多住在大石山区，经济比较落后，曾经遭受过其他民族欺压和歧视。以前荣屯布央人由于语言和服装不同于壮族，当地壮族人将他们称为"mɔ⁵³lɔ⁵³kɛ⁵³"（"不知道"，语言听不懂）并被官府威胁说，如果他们不更换服装就不出售食盐等商品给他们，也不允许他们到平地居住。因此荣屯布央人不得不换穿壮族的服装，但仍以布央语作为族群内部的交流工具。这样，荣屯布央人才得以搬到现今的平地居住。如今大莫山山顶还遗留有荣屯布央人建造房子的地基。布央人为了更好地维护自己的利益，创造出一些暗语，以不向外界和外族人泄露秘密。这些暗语约定俗成地成为布央人所接受和使用。如今，我国实行民族平等政策，布央语的暗语已经很少被使用，年轻人懂得的暗语越来越少。荣屯布央语的暗语有着自身的特点，有的与原来表示同一事物的词构成了同义关系，如暗语"tap³¹taŋ²⁴"与常用词"tau⁵³"成为了同义词，都表示"眼睛"。

词义	常用词语	暗语
鸡	qɔ⁵³	ʔbɔŋ⁵³ʔbaŋ⁵³
喝酒	ham²⁴iu²⁴	ȵap³¹uə⁷²⁴that⁵³
碗	tui⁵³	ʔbɛ⁵³
猪	maːi⁵³	ŋan⁵³nɔ²⁴mɔt³¹
锅头	khi²⁴mu²⁴	tuə⁵³lan³¹
杀	ta⁵³	tsan²⁴
吃	kin⁵³	ȵap³¹
玉米	tɔ⁵³	mɛ³¹ɬiə³¹
牛	tseŋ⁵³	uə⁵³kaːi⁵³
狗	uːi⁵³	pju²¹³hrɔŋ²¹³hrin²⁴
红薯	θɯ³¹ʔbɔn²⁴	tɕia⁵³tai⁵³
打碎的玉米粒	jan²⁴	ʔbɔn⁵³qa²¹³
大米	pa⁵³	ɬau⁵³tu⁵³ɬim²⁴
鸭子	kep⁵³	ŋa⁵³ŋuə³¹pem²⁴
鹅	hem⁵³	ŋa⁵³ŋuə³¹hraːi²¹³
房子	khi²⁴lɔk³¹	khi²⁴ɬuə⁵³
钱	ʑin²¹³	ka³¹lip³¹
香火	hiŋ²⁴	tai⁵³ʔdam²⁴
打	tap31	jam³¹jin³¹
眼睛	tau⁵³	tap³¹taŋ²⁴
坏人	kwan²¹³jɔ²⁴	ɬam⁵³ɬai²¹³

从以上常用词和暗语的对比我们发现，荣屯布央语暗语的构词方式比常用词复杂，暗语大多由两个或者两个以上的音节构成，而常用词语多为单音节词。这可能与以前特有的社会背景及布央人的表达需求有关。暗语复杂的构词方式增加了其信息解码的难度，有利于布央人更好地保守族群内部的秘密和维护本族群的利益。

六 成语

荣屯布央语的成语大多是四音格词，它们结构固定，有的在语音上还有一定的韵律搭配。这些四音格词大多是"ABAB"和"AABB"式，少量为"AABC"和"ABAC"等其他类型的格式。荣屯布央语四音格词由四个音节按照语音及其词汇构成规律组合而成，韵律特征比较强，其中部分词的单个音节无意义，四个音节作为一个整体才有意义。例如：

第三章 词汇

hraːi²¹³hrit⁵³hraːi²¹³hrit⁵³长甩甩长
长

mɔt³¹mɔt³¹met³¹met³¹偷偷摸摸

θam²⁴θam²⁴tɔŋ³¹tɔŋ³¹邋邋遢遢
脏

pu²¹³tɕit⁵³pu²¹³tsɯ³¹冷冷清清

hun⁵³hun⁵³hai²⁴hai²⁴欢欢喜喜（高高兴兴）
欢 欢 喜 喜

khut⁵³jɔŋ³¹khut⁵³n̠iə³¹缩手缩脚
缩 脚 缩 手

ʔda⁵³hu²¹³ʔda⁵³taːu³¹说来说去
说 去 说 来

juŋ³¹juŋ³¹thə²⁴pan²⁴各式各样
样 样 都 有

tsa²⁴tsa²⁴tse²⁴tse²⁴破破烂烂
破烂

qa²¹³θaːu⁵³hə³¹hə³¹笑哈哈
笑

khuə⁵³khuə⁵³khau⁵³khau⁵³躲躲藏藏
躲

kɔŋ²¹³jɔŋ⁵³kɔŋ²¹³n̠iə³¹碍手碍脚
阻碍 脚 阻碍 手

mon³¹mon³¹mu³¹mu³¹懵懵懂懂
懵懂

tiu²¹³tiu²¹³taːu³¹taːu³¹蹦蹦跳跳
跳 跳 回 回

nak³¹nak³¹jau⁵³jau⁵³辛辛苦苦
辛 苦

leŋ³¹leŋ³¹təŋ⁵³təŋ⁵³零零碎碎
零 零 碎 碎

kju²¹³hu²¹³kju²¹³taːu³¹弯弯曲曲
绕 去 绕 回

hre³¹hre³¹hrin²¹³hrin²¹³破破烂烂
破烂

第二节 构词法

构词法是指用词素构成词的方法。荣屯布央语的构词类型首先要区分单纯词和复合词，复合词又分为偏正、联合、主谓、述宾、述补等类型。荣屯布央语以双音节词为主，其词的构造是词汇研究的一个重点。研究荣屯布央语的构词法，有助于对其词语结构的了解，对词义的理解也有重要的作用。

一 单纯词

单纯词就是指由一个语素构成的词，荣屯布央语的单纯词分为以下几种类型：

（一）单音节词

单音节词指由一个音节构成的词，这一类的单纯词在荣屯布央语中较多。例如：

kuə⁵³角落　　　　piə³¹年　　　　　ʔden⁵³月（月份）

lu³¹驴　　　　　ʔbe²⁴羊　　　　　qɔ⁵³鸡

lim²¹³舐　　　　　　ʔbɯ²⁴啄（鸡啄米）　　pan²⁴有
qa²⁴认识　　　　　　tse³¹泡水　　　　　　tseŋ⁵³黄牛

（二）联绵词

联绵词是指单个音节没有意义的双音节词。荣屯布央语联绵词常由两个音节组成，这两个音节联合起来才构成意义，单个音节无意义。例如：

tseŋ²⁴hai⁵³担心　　　ti³¹kan²⁴尊敬　　　tan³¹ʔdiə⁵³红
ta²⁴jiŋ²⁴蹲　　　　　tsɯ²¹³tu²⁴活该　　　pu³¹tha:u³¹葡萄
ti²¹³uə⁵³白　　　　　mat³³ma:i⁵³吝啬　　ti²¹³ɫɔt³¹呻吟
qhɔk³¹khɛə²⁴蜘蛛　　ma⁵³sa:ŋ²⁴立刻

（三）叠音词

荣屯布央语中有少量由相同的音节重叠而构成的叠音词。例如：

man⁵³man⁵³细小的　　tei⁵³tei⁵³臭虫　　　a:u⁵³a:u⁵³蝌蚪
tem²⁴tem²⁴蝙蝠　　　θip⁵³θip⁵³蟑螂（偷油婆）　ʔdam²⁴ʔdam²⁴屎壳郎

（四）拟声词

荣屯布央语也有一些模拟人或物发出的声音而构成拟声词，如：

hrəm³¹hrəm³¹咚咚　　vu³¹vu³¹呼呼　　　　u⁵³u⁵³呜呜

二　合成词

合成词是由两个或两个以上的语素构成，其构成语素有着不同的种类：词缀和词根。根据合成词的构成语素性质的不同，我们可以将其构词法分为形态构词法和句法构词法。

（一）形态构词法

形态构词法亦称派生构词法，是指词根和词缀按照一定的规律组合成新词的方法。荣屯布央语的词缀大多只有语法意义。例如，qa²¹³既可以做名词的前缀也可以做动词的前缀，没有具体的意义。但有的词缀还有具体的意义。例如，mɛ³¹是由"果子"虚化而成，用作水果或水果状物体的前缀。一般来讲，荣屯布央语词缀不能脱离词根独立成词，要和词根组合在一起才能构成完整的词。但是也有例外，如"儿子"可以读作lɛ³¹θa⁵³或单独读作lɛ³¹。lɛ³¹原来的意思为"儿子或细小"的意思，后来虚化成词缀。荣屯布央语派生构词法在形式上多为"词缀+词根"，也有"词缀+词缀+词根"、"词根+词缀"等不同的构词形式。例如：

1. 词缀+词根

（1）qa²¹³：　qa²¹³luə³¹ʔbɔn⁵³星星　qa²¹³na:i³¹雪　　qa²¹³tsat³³電子
　　　　　　　qa²¹³mat³³右面　　　 qa²¹³wa³¹下午　 qa²¹³lia²⁴老鹰
　　　　　　　qa²¹³lɔt³¹颠倒　　　 qa²¹³hram²¹³咬　 qa²¹³lu³¹医治

（2）tu²⁴： tu²⁴pan²⁴富翁　　　tu²⁴pən²¹³病　　　tu²⁴hɔn⁵³疤
　　　　　　tu²⁴kɛ⁵³癣　　　　tu²⁴ʔbet⁵³瘤子　　tu²⁴kwin⁵³习惯
（3）mɛ³¹： mɛ³¹pja²⁴柚子　　mɛ³¹kem⁵³橙子　　mɛ³¹ʔbaŋ⁵³桃子
　　　　　　mɛ³¹n̠ɔŋ³¹柿子　　mɛ³¹man⁵³李子　　mɛ³¹la:i²⁴梨
　　　　　　mɛ³¹piə²¹³橘子　　mɛ³¹n̠ɔŋ²¹³石榴　mɛ³¹ke³³八角
（4）lɛ³¹： lɛ³¹pei⁵³火花　　lɛ³¹ŋiə³¹手指　　lɛ³¹jɔn⁵³脚趾
　　　　　　lɛ³¹θa³³儿子　　lɛ³¹ɬa⁵³男人　　lɛ³¹tsa:u⁵³女人
　　　　　　lɛ³¹ha:u²⁴青年男子（未婚的）　　lɛ³¹θa:u²⁴青年女子（未婚的）
（5）liə⁷²¹³： khɔ²⁴liə⁷²¹³乞丐　liə⁷²¹³liu⁵³粥　liə⁷²¹³va²⁴早饭
（6）liə⁵³： liə⁵³lɯ²¹³上面　liə⁵³hrɔn³¹下面　liə⁵³lia²¹³外面
　　　　　　liə⁵³ku:n³¹前面　liə⁵³lɔn³¹后面　liə⁵³luə²¹³里面
　　　　　　liə⁵³hrɛn³¹旁边　liə⁵³lia²⁴外地　liə⁵³hrɔn³¹背面（反面）

2. 词缀+词缀+词根

　　　　　　liə⁵³qa²¹³mat³³右面　　liə⁵³qa²¹³la:u²⁴左面

3. 词根+词缀+词根

　　　　　　ju²⁴lɛ³¹khui²⁴妹夫　　ta:i³¹ta:ŋ²⁴liə⁷²¹³厨房
　　　　　　liə⁷²¹³qa²¹³ liə³¹剩饭　lau³¹qa²¹³ja:u³¹鱼刺

以上的词缀都能用于名词前，qa²¹³既可于名词前，也可用于动词前，mɛ³¹多用于表示水果的名词前，lɛ³¹用于与人相关的名词前，liə⁷²¹³用于和粮食相关的名词前，liə⁵³用于表示方位的名词前，tu²⁴大多用于疾病类名词前，但也有少量用于其他名词前。一般来讲词缀不能省略，但有的词缀可以省略，如"右边"可以为qa²¹³mat³³或者liə⁵³qa²¹³mat³³，词缀liə⁵³可以省略，但qa²¹³不能省略。

（二）句法构词法

句法构词法又称复合法，是词根和词根按照一定的规律组合成新词的构词方法。荣屯布央语主要的构词法为词根加词根的复合法。根据词根和词根的内部句法关系，我们大致可以将其分成并列、修饰、主谓、动宾、补充和重叠等六种类型。

1. 并列式

荣屯布央语两个意义相同、相近、相关或相反的词根组合可以构成新的词。这两个词根地位等同，构成并列的关系。例如：

pan⁵³ ha⁵³分别　　tsen³³ jo²⁴憎恶　　ju²¹³ti⁵³弟兄
分开 离开　　　　恨　讨厌　　　　　弟　姐夫

huŋ²¹³ tɔ⁵³皇帝　　po²⁴ mi²¹³夫妇　　ɔn²⁴ pa:i²⁴姊妹
皇　帝　　　　　　丈夫 妻子　　　　　妹妹　嫂子

2. 修饰式

修饰式是荣屯布央语重要的构词方式，两个词根在组合成新的复合词后构成修饰与被修饰的关系，一个是中心成分，另一个为修饰成分，包括正偏式和偏正式两种类型。一般来讲，中心成分名词，修饰成分多为形容词或名词。例如：

（1）正偏式

这一种构词方式的中心成分在前，而修饰成分在后。在意义上，后一个词根修饰限制前面一个词根，前为正，后为偏。这是布央语固有的构词方式，绝大部分的修饰型词汇都属于这一类。例如：

mɔk³¹ʔbɔn⁵³ ʔdam⁵³乌云	tseŋ⁵³mi²⁴母牛（已生子的）	tseŋ⁵³at³³牛仔
云　　黑色的	牛　母的	牛　小的
ʔbɛ²⁴po²⁴山羊	u:i⁵³ pe³¹疯狗	θuɐ⁵³ qhɔk³¹kheə²⁴蜘蛛网
羊　山	狗　疯癫的	房子　蜘蛛

（2）偏正式

这一种构词方式与前面的正偏式刚好相反，其中心成分在后，修饰成分在前，前为偏，后为正，此类复合词相对较少。这并非布央语固有的构词方式，可能是因为受到汉语影响的结果。例如：

pjuə³¹po²⁴半山	ki²⁴wan³¹几天	pjuə³¹ qhɔn⁵³半路
半　山	几　日	半　路
qat³³niŋ²⁴铁锈	va³³ θo³¹坏事	taŋ³¹ qa²¹³kin⁵³整晚
铁　锈	坏的 事情	整个 晚上

3. 主谓式

主谓式亦称陈述式，荣屯布央语的这类复合词的前一个词根通常为名词，是被说明的对象，而后一个词根通常为动词，用来阐释说明对象。例如：

ʔbɔn⁵³ʔdaŋ⁵³打雷	hrau³¹ it⁵³聋子	tau⁵³ ʔbu:n²⁴瞎子
天　叫	耳朵 聋	眼睛 瞎
jɔŋ⁵³pa⁵³跛子	θam³³khen²⁴粗心	ʔbɔn⁵³hrɔŋ³¹天亮
脚瘸（摆动）	心　轻视	天　亮

4. 动宾式

荣屯布央语的动宾式复合词的前一个词根通常为动词，表示动作、行为，后一个词根通常为名词，表示动作、行为所支配的事物。例如：

| pan²⁴fɔk⁵³福气 | vɛ³¹kɔŋ⁵³工作 | pa⁵³tsu²⁴拜堂 |
| 有 福气 | 做　工 | 拜　祖先 |

nam³¹mia³¹驱鬼	ʔduə³¹kiŋ⁵³念经	tit²⁴hiŋ²⁴烧香
驱赶 鬼	读 经书	点燃 香
lau⁵³lɛ⁵³ kwan²¹³骗子	pin⁵³nɔ²⁴翻脸	ham²⁴iu²⁴喝酒
骗 人	变 脸	喝 酒

5. 补充式

荣屯布央语补充式复合词中的前一个词根表示某种动作行为；后一个词根表示动作行为的经过或趋势，补充说明前一个词。例如：

taːu³¹ʔduə⁵³回来	taːu³¹hu²¹³回去	khɔ²⁴ʔduə⁵³进来
回 来	回 去	进 来
khɔ²⁴hu²¹³进去	uə⁵³ʔduə⁵³出来	uə⁵³hu²¹³出去
进 去	出 来	出 去
khwan²⁴hu²¹³上去	loŋ²¹³hu²¹³下去	loŋ²¹³ʔduə⁵³下来
上 去	下 去	下 来

6. 重叠式

重叠既是一种构词方式，也是一种语法手段。荣屯布央语的重叠型复合词由两个音、义相同的词根相叠构成，其意义和单个词的意义相同或相近。这一类型的复合词与前面所讲的单纯词叠音不同，单纯词的两个音节构成一个语素，若分开，则没有意义或者意义产生巨大变化。复合词的重叠的两个词素可以单独使用，其意义和复合词的整体意义没有很大的差别。例如：

ŋaː³¹ŋaː³¹小心	ŋim²⁴ŋim²⁴刚刚	haːu²⁴haːu²⁴迅速
慢 慢	刚 刚	快 快
hraːu³¹hraːu³¹磨刀石	laːŋ²¹³laːŋ²¹³常常	laŋ³¹ laŋ³¹随便看
磨 磨	常 常	看 看

第三节 词义关系

荣屯布央语词汇之间存在着同音、单义与多义、同义（近义）、反义和上下位等语义关系，形成了各自区别但又相互关联的语义系统。荣屯布央语多种语义关系的存在是荣屯布央人对客观世界认知的反映。

一 同音关系

同音词指语音相同但是意义完全不同的词，这些词的意义之间没有明显的联系。荣屯布央语是一种声调语言，形态变化较少，有不少词的声、韵、调相同，但意义不同的同音异义词。例如：

pan⁵³：分开（动词）；种子（名词）
mo³¹：你（人称代词）；五（数词）
pin⁵³：边（名词）；鞭子（名词）；变化（动词）
wan³¹：天（名词）；风（名词）；筋（名词）
ut⁵³：细小（形容词）；泥巴（名词）
la:i²¹³：地（旱地）；里（长度单位）
qa:i²⁴：芭蕉（名词）；旧的（形容词）
ʔbuə⁵³：盖（盖瓦）（动词）；坑（名词）
pa⁵³：拜（拜菩萨）；瘸（动词）；稻米（名词）；摆动（动词）
qa²¹³lu³¹：药（名词）；香烟（名词）；医治（动词）

荣屯布央语的同音现象比较普遍，绝大部分同音词为单音节词，多音节同音词很少。荣屯布央语的声母和韵母都已经简化，声调也只有5个，单音节词占比例较高，构词音节较短，这是荣屯布央语同音词较多的一个重要原因。

二 单义与多义关系

每一个词都有固定的意义，有的多，有的少。单义词是指只有一个固定意义的词，而多义词则是指有多个意义的词，各个意义之间往往有着密切的关系。荣屯布央语中的单义词占总词汇量的比例远远高于多义词。

（一）单义词

荣屯布央语单义词既有单音节的也有多音节的，许多动植物名称、基本行为动作和汉语借词多为单义词。如：

1. 单音节单义词

ʔbɔn⁵³天空（名词）　　uə⁷²⁴水（名词）　　nau³¹田（水田）（名词）
vuŋ²⁴官（名词）　　peŋ⁵³兵（名词）　　le⁵³垮（田坎垮了）（动词）
θiə³¹生（生小孩）（动词）　　ŋjau³¹逗（逗孩子玩）（动词）

2. 多音节单义词

tau⁵³wan³¹太阳（名词）　　hrɔŋ³¹hrin²⁴月亮（名词）　　θa²¹³jut⁵³彩虹（名词）
mɔk³¹ʔbɔn⁵³云（名词）　　ʔbɔn⁵³ʔdaŋ⁵³打雷（动词）　　jut³¹mɔk³¹雨（名词）
tu²⁴muə³¹雾（名词）　　ti²¹³uə²⁵³露水（名词）　　uə⁵³tuə⁵³嫁（动词）

（二）多义词

多义词的各个意义是语言发展的结果。一词多义是逐渐形成的，人们根据词的本义引申出新的意义。引申的意义和本义并存，形成了一词多义的现象。荣屯布央语的多义词多为单音节词。例如：

ʔda:i³¹ut⁵³：地（天、地）（名词）；岭（连山或山脉）（名词）

u:n⁵³mai³¹：以前（一个月以前）（名词）；过去（名词）
kai⁵³：灵巧（形容词）；好的（形容词）
ʔdɔ⁵³：瘦小（形容词）；秃（动词）；穷的（形容词）
pan²⁴：有（动词）；富贵（形容词）
vak³³：搂（搂肩摇背）（动词）；抱（抱小孩）（动词）
pet⁵³：发酵（动词）；发放（动词）
ŋa³¹ŋa³¹：慢慢（副词）；小跑（动词）；渐渐（副词）；小心（动词）
uə⁵³：出（出汗、出力）（动词）；生（生蛋）（动词）

三 同义（近义）关系

同义词产生的根本原因是社会发展和人类认知能力提高要求语言不断丰富发展以适应人们更好实现表达思想和情感的需要。荣屯布央语中有不少发音不同，但意义相同或者相近的同义词，它们之间构成了同义（近义）关系。另外，汉语借词和其他民族语言的借词也是构成荣屯布央语同义词的一个重要原因。例如：

（一）等义词

qa²¹³mat³³——liə⁵³qa²¹³mat³³右面　　ta:i³¹lɔk³³——ta:i³¹fuŋ³³地方
ta:i³¹lɔk³³——pun²⁴ta:i³¹本地　　　　ŋɔ²¹³lɛ³¹——ŋɔ²¹³at³³马仔
qa²¹³hra:i³¹——qa²¹³tit³¹马蜂　　　　hra:i³¹——qa²¹³tet³¹黄蜂
lat³¹kap³³ɕau⁵³——lat³¹ka³¹θɛ³¹癞蛤蟆　pa³¹lan³¹——kɔŋ²⁴tu²⁴后代
pi⁵³ɔn³³——ɔn²⁴pa:i²⁴姊妹　　　　　lɛ³¹θa⁵³——lɛ³¹儿子
mu²⁴——ku³³——mau³¹姑母（父之妹）　kho²⁴liə²¹³——ka³³vu²⁴乞丐
jɔ³¹ja:u²⁴——thiŋ²⁴hɛ³¹学校　　　pha²⁴θit⁵³——pha²⁴ʔduə⁵³花布
tui⁵³luŋ²⁴——pin²⁴大碗　　　　　　ta:i³¹a²⁴——tip³¹a²⁴床
tu³³ʔbut⁵³——nɔ²⁴ʔbuə⁵³疮　　　　tɔŋ³³θɔ⁵³kin⁵³——liə²¹³粮食
ju²⁴——mɔt³¹油　　　　　　　　　ʔda⁵³——ki⁵³说、讲
ʔdak³³——vat³³舀（舀水）　　　　　pju²⁴ti²¹³luə²¹³——pju²⁴qa²¹³jau³¹喉咙
tɔŋ³¹pɔ³¹——tep⁵³答应　　　　　　pa:k²⁴——ʔbu²⁴扎（用针扎）

（二）近义词

ta:i³¹thu²⁴附近——tiə⁵³θeŋ³¹周围　　tɔk³¹ku:n⁵³从前——u:n⁵³mai³¹以前
tseŋ⁵³tu:n²⁴公牛（阉过的）——tseŋ⁵³hriə²⁴公牛（配种的）
ma:i⁵³pɔ²⁴公猪（一般的）——ma:i⁵³tsəŋ²⁴公猪（配种的）
ma:i⁵³mi²⁴母猪——ma:i³¹tsəŋ²⁴母猪（未生过的）
kɔ²⁴歌——nam³¹θei⁵³山歌　　　　　ta:i³¹laŋ²⁴荫——lia³¹wa²⁴影子
va⁵³坏（犁头坏了）——ʔdam²⁴朽（木头朽了）

tɔ²⁴断（扁担断了）——tu:n²⁴断（绳子断了）
lut⁵³掉（掉牙）——tɔk²⁴掉（桶底掉了）
se⁵³动摇——tun³¹震动　　　　　　kwan²⁴muə²⁴发霉——hrɔŋ²¹³霉烂
pen³¹爬（蛇在地上爬）——kjaŋ³¹爬（爬树）
tut⁵³qa²¹³lip³¹蜕壳——tut⁵³ʔbəŋ⁵³脱皮　　qa²¹³ɬam²⁴咬——ket³³啃
nin⁵³想（想家）——ʔdam²⁴想（思考）　　　vɛə⁵³慌——qa²¹³ma:u⁵³怕
tsen³³jɔ²⁴憎恶——hɔn²⁴恨　　　　　　　pit⁵³nau⁵³发怒——jak³³ʔdan³¹生气

所谓的等义词虽在理性意义上完全相同，但在语义的附加色彩上会有区别，比如方言差异、语体差异、个人风格差异等。这样意义完全相同的词不存在，同义词也就是近义词。荣屯布央语大量同义词的存在是其语言丰富和发达的表现。

四　反义关系

所谓反义词就是指那些意义相反、表达概念对立的词，它们构成了反义关系。两极对立反义词处于同一个范畴、同一属性渐变连续体的两极，两极之间可有处于过渡或中间状态。互补对立反义词是指它们表示的概念的外延相加、互补，构成其上位概念外延的整体，等于类概念外延的整体。荣屯布央语表示反义关系的词语可以分为两种类型：两极对立和互补对立。具体例子如下：

（一）两极对立反义词

tsɯ²¹³tut⁵³热天——tsɯ²¹³nit⁵³冷天　　　paŋ³¹jau²⁴朋友——ti³¹jin³¹敌人
khɔ²⁴kɔŋ⁵³piə³¹长工——khɔ²⁴kɔŋ⁵³wan³¹短工
kwan²¹³kai⁵³好人——kwan²¹³jɔ²⁴坏人　　tu²⁴pan²⁴富翁——kwan²¹³ʔdɔ⁵³穷人
khwan²⁴mu⁵³上来——lɔŋ²¹³ʔduə⁵³下来　hɔn²⁴恨——ma²⁴爱
hun⁵³hai²⁴快乐——an⁵³nak³¹痛苦　　　qa²¹³θa:u⁵³大笑——n̠it³¹la³¹大哭
ʔdak³³qa²¹³luə³¹点头——vɔŋ³¹vɛə⁵³qa²¹³luə³¹摇头
liə⁵³tau⁵³wan³¹khwan²⁴东——liə⁵³tau⁵³wan³¹lɔŋ²¹³西
qa²¹³mat³³右面——qa²¹³la:u²⁴左面
liə⁵³lɯ²¹³上面——liə⁵³hrɔn³¹下面　　　liə⁵³ku:n³¹前面——liə⁵³lɔn³¹后面
liə⁵³lia²¹³外面——liə⁵³luə²¹³里面　　　liə⁵³ku:n³¹lɔk³¹房前——liə⁵³lɔn³¹lɔk³¹房后
liə⁵³ku:n³¹正面（布、纸的正面）——liə⁵³hrɔn³¹背面（布、纸的反面）

（二）互补对立反义词

khi²⁴wan³¹白天——qa²¹³wa³¹黑夜　　　tseŋ⁵³pɔ²⁴公牛——tseŋ⁵³mi²⁴母牛
ma:i⁵³pɔ²⁴公猪——ma:i⁵³mi²⁴母猪　　　qɔ⁵³θia²¹³公鸡——qɔ⁵³mi²⁴母鸡
nin⁵³ʔdɔ⁵³记得——ʔdap³³忘记　　　　　vai³¹n̠i³¹怀疑——hum⁵³相信

lim³¹死——θiə³¹生　　　　　　　tu²⁴对（说得对）——çau⁵³错

以上"liə⁵³tau⁵³wan³¹khwan²⁴东——liə⁵³tau⁵³wan³¹lɔŋ²¹³西"和"qa²¹³mat³³右面——qa²¹³la:u²⁴左面"两组反义词也可以归为互补对立反义词。

五　上下位关系

在荣屯布央语词汇系统中，各个词语之间形成纵向和横向的联系，其上下位词形成的上下位关系，属于词汇纵向的联系，构成上位词母系统和下位词子系统。从本质上来讲，上位词和下位词是一般和个别的关系。例如：

（一）上位词：tai⁵³树

下位词：tai⁵³keu⁵³枫树　　　ma:i²¹³θai³¹榕树　　　tɔŋ³¹ʔbut⁵³桑树

　　　　tai⁵³pha²⁴木棉树　　tai⁵³mai²⁴hrin²¹³苦楝树　tai⁵³mɛ³¹pja²⁴柚子树

（二）上位词：mɛ³¹水果

下位词：pu³¹tha:u³¹葡萄　　qa:i²⁴芭蕉　　　　　mɛ³¹ʔbaŋ⁵³桃子

　　　　mɛ³¹ɲɔŋ³¹柿子　　　mɛ³¹man⁵³李子　　　mɛ³¹la:i²⁴梨

　　　　pi³¹pa³¹枇杷　　　　mɛ³¹pja²⁴柚子　　　 mɛ³¹kem⁵³橙子（广柑）

　　　　mɛ³¹piə²¹³橘子　　　mɛ³¹ɲɔŋ²¹³石榴　　　hə³¹ta:u³¹核桃

（三）上位词：ap³³ŋa:u²¹³蔬菜

下位词：wan³¹tə²¹³豌豆　　ap³³nɔŋ³¹uə⁵³白菜　　min²¹³辣椒

　　　　ap³³kju²⁴韭菜　　　ap³³sɔŋ⁵³葱　　　　　pa:k³³冬瓜

　　　　ko⁵³南瓜　　　　　lɔk³¹kham⁵³苦瓜　　　hru²¹³芋头

（四）上位词：tshan⁵³sək³¹亲戚

下位词：kɔŋ²⁴ta²⁴岳父　　　tsɯ²⁴岳母　　　　　ku²⁴tsoŋ²¹³姑父

　　　　ɔ²⁴舅父　　　　　 no²¹³舅母　　　　　mu²⁴/ku³³/mau³¹姑母

　　　　pa:i²⁴表嫂　　　　va:i²⁴θen⁵³外甥　　　lu³¹ka:n⁵³外孙

（五）上位词：liə²²¹³食品

下位词：tɔ⁵³玉米　　　　　pa⁵³大米　　　　　　糯米 pa⁵³lɔ²⁴

　　　　mi³³fən⁵³米粉　　　liə²²¹³liu⁵³粥　　　　hui²⁴min³¹面粉

　　　　min³¹khat³³面条　　tsa:i²⁴糍粑　　　　　qa²¹³ut⁵³粽子

　　　　u²⁴tseŋ⁵³牛肉　　　u²⁴ma:i³¹猪肉　　　　tu²⁴pə³¹豆腐

　　　　qa²¹³tam⁵³蛋　　　 iu²⁴酒（烧酒）　　　iu²⁴it²⁴甜酒

（六）上位词：mɛ³¹mat³³刀

下位词：mɛ³¹tɕip³¹铡刀　　mɛ³¹mat⁵³çit²⁴ap³³菜刀　mɛ³¹lim³¹柴刀

　　　　mɛ³¹tham⁵³ka³¹ʔdɛ⁵³砍骨头刀　mɛ³¹mat³³θim²⁴杀猪刀（尖头刀）

　　　　mɛ³¹mat³³tun³¹平头刀　mɛ³¹kan³¹草刀　　mɛ³¹mat³³tɔ⁵³剃头刀

一般来讲，下位词都属于同一类的事物。不同的民族、不同的语言对同一下位词的表达有很大的区别，其词义概括的对象、范围也大不一样，它体现了词义的文化特征和民族色彩。例如，荣屯布央语 lat³¹lau³¹ "鱼"的下位词几乎没有，该语言没有鲤鱼、草鱼、鲢鱼、塘角鱼和鲶鱼等鱼类的表达。年轻人使用西南官话的借词来表达，年长者则把绝大部分"在水里游的动物"统称为 lat³¹lau³¹，将所有的鱼类混为一谈，这与他们生活在大石山区、水资源缺乏的环境及他们日常表达习惯有着密切的关系。年长的布央人大多不知道"空心菜"（又名通心菜、无心菜、藤藤菜、蕹菜、瓮菜、空筒菜、竹叶菜等）为何物，荣屯布央语蔬菜的下位词中也没有相应的表达。而空心菜在长江流域和广西、广东等地广泛种植。在广西，空心菜被誉为"百吃不厌"的家常菜，而荣屯布央人却没有培植，这估计与当地干旱、海拔过高的自然环境及气温偏低的气候条件有关。当笔者步入荣屯布央人家"杆栏"式的木结构房子时，就被他们独具特色的农具所吸引，其中最特别的是各种各样的刀具。荣屯布央人家家户户都有十几把刀，每种刀都有其特别的用途。笔者在调查时记下了十种刀的名字（见以上例六），每种刀又因其 ma:t³¹ "新"、qa:i²⁴ "旧"、luŋ²⁴ "大"、at³³ "小"、hra:i²¹³ "长"、ta:i²⁴ "短"等不同特征有着不同的名字。有的刀尽管形状不一，它们被统一叫做 "mɛ³¹mat³³"。在众多的刀名中，只有 θɛu⁵³tau³³ "水果刀"（小刀）是汉语借词。荣屯布央语丰富的刀类词与他们长期过着半自给自足的山区农耕生活及其独特文化有着密切的关联。

六 对应关系

荣屯布央语有许多词语的意义表现为相互对应关系，它们互为前提、相互依存。例如：

pak³¹ɬɔ²⁴锁——ʑi²⁴ɕɔ²⁴钥匙　　　　pha:u⁵³枪——mɛ³¹pha:u⁵³子弹

ʔbɔn⁵³ʔdaŋ⁵³打雷——ʔbɔn⁵³liə²⁴打闪电　　ɬia³¹mak³¹墨斗——tse³¹mak³¹墨线

mɛ³¹pat⁵³毛笔——lu³¹kaŋ²⁴pi³¹墨水　　hiŋ²⁴香——lu³¹hiŋ²⁴香炉

ha³³ʔduə⁵³开花——tu²⁴mɛ³¹结果　　hɔ³³tshe²⁴火车——qhɔn⁵³qat³³铁路

nau³¹水田——kjɔ²⁴禾苗　　　　tsu²⁴pa:u⁵³乳房——tsu²⁴奶头

第四章 词类

词的分类标准较多，而语法学上的词类则是指词的语法类别，分类的标准是词的语法特征。根据词的语法功能和语法意义，词可以分为实词（content word）和虚词（function word）。实词和虚词性质不同，它们在语言中的作用自然也不一样。实词能够独立充当句子成分，这类词大多属于开放性词类（open word class），它们随着社会、经济、文化的丰富和发展，不断涌现新的词，而旧词也在不断消亡或者词义产生延伸并获得新的意义。虚词不能够独立充当句子成分，没有完整的词汇意义，但有语法意义，它们数量有限，比较稳定，大都属于封闭式词汇（closed word class）。荣屯布央语的实词主要有名词、形容词、动词、代词、数词、量词、副词等；虚词主要有连词、助词、介词、语气助词、感叹词等。

下面我们对荣屯布央语各类词分别作介绍。

第一节 名词

一 名词的分类

名词是最重要的词类之一，是表示人、物和概念名称的词。荣屯布央语名词按其意义可分为普通名词、专有名词、时间名词、方位名词等类别。

（一）普通名词

普通名词表示各种事物或观念的名称，荣屯布央语普通名词包括人物称谓、天象地理、动物、植物、身体、生理、生活用具、武器、疾病、医学、宗教、风俗等诸多义类。

1. 人物称谓

po^{24}θiə^{53} 父亲　　　　　ju^{213} 弟弟　　　　　ɔn^{24}pɔ^{213}lɯ^{31} 弟媳

tɕi^{24} 姐姐　　　　　　ɔn^{24} 妹妹　　　　　lɛ^{31} 儿子

2. 天象地理

ʔbɔn^{53} 天　　　　　　tau^{53}wan^{31} 太阳　　　hrɔŋ^{31}hrin^{24} 月亮

qa^{213}lɯə^{31}ʔbɔn^{53} 星星　　θa^{213}jut^{53} 虹　　　　ʔbɔn^{53}ʔdaŋ^{53} 雷

3. 矿物及其他无生命的自然物矿物

kjam²⁴金子 ŋaːn³¹银子 tuə²²⁴铜

mai³¹ 煤 lin³¹钢 liu³¹waːŋ³¹硫黄

4. 动物

tseŋ⁵³黄牛 ŋɔ²¹³马 li²⁴骡子

ʔbɛ²⁴羊 maːi⁵³猪 uːi⁵³狗

5. 植物

tai⁵³pha²⁴木棉树 tai⁵³mai³¹hrin²¹³苦楝树 ʔduə⁵³花

pan⁵³种子 qaːi²⁴芭蕉 ju³¹藤（蔓）

6. 身体、生理

qa²¹³luə³¹头 nɔ²⁴脸 tap³³肝

khi²⁴hrau³¹耳朵 tau⁵³眼睛 qɔ²⁴血

7. 食品

u²⁴肉 qa²¹³ɲaːu³¹盐 iu²⁴酒（烧酒）

thuŋ⁵³糖 tu²⁴pə³¹豆腐 kjau³¹茶

8. 疾病、医学

tu²⁴pəŋ²¹³病 va³³va³¹流产 tu²⁴ho²⁴麻风

tu²⁴pɛ³¹癫痫 ŋiə³¹khwet²⁴抽筋症 tu²⁴hɔn⁵³疤

9. 生活用具、武器

tui⁵³ 碗 khi²⁴keŋ²⁴碗柜 teŋ⁵³pei³¹吹火筒

khi²⁴tsaːu⁵³锅（炒菜的） mɛ³¹tɕip³¹铡刀 mɛ³¹lim³¹柴刀

khi²⁴hraː⁵³耙 mɛ³¹ʔba³¹锄头 ka³¹kɛn⁵³扁担

khi²⁴ɬui²⁴粪箕 mɛ³¹phaːu⁵³子弹 phaːu⁵³枪

10. 经济、文化、娱乐

hɛə²⁴集市 θiə⁵³aːi²⁴生意 la³¹纸

mɛ³¹pat⁵³毛笔 ve³¹suŋ⁵³舞蹈 ɔŋ²⁴锣

11. 行政区域

θeŋ⁵³省 θɯː³¹tɕi³¹khi³³自治区 hen²⁴县

khi²⁴区 hia²⁴乡 ʔben²⁴村

12. 宗教、风俗

kɔŋ²⁴tu⁵³pin²⁴土地神 mi³¹pɔt³¹巫婆 taːi³¹pɔn²⁴坟墓

la³¹ʑin²¹³纸钱 hiŋ²⁴香 hrɯ³¹tsu²¹³八字

13. 抽象

hrɔŋ³¹阳光 lia³¹wa²⁴影子 ki²⁴jia³¹样子

θak³¹颜色 liə³¹li²¹³花纹 tsan²⁴回声

（二）专有名词

荣屯布央语专有名词主要包括人名、地名和民族称谓。人名都是直接借用汉族姓名，男子的姓名中一般都有一个字表示其在本族中的辈分，女子名字则没有相应的辈分名。在地名和民族名中，有的为汉语借词，有的为荣屯布央语特有的表达，有些地名带有词头 ti²¹³。例如：

ti²¹³hrɔŋ⁵³ 荣屯	lɔŋ³¹hau³¹ 龙合	ti²¹³kat⁵³ 那坡
tu²⁴ŋan²⁴ 都安	nan³¹niŋ³¹ 南宁	pə³¹kiŋ²⁴ 北京
nɔŋ²¹³ 壮族	mu:ŋ²⁴ 布依族	miu³¹ 苗族

（一）时间名词

u:n⁵³mai³¹ 过去	phen³¹ɕi³¹ 平时	piə³¹ 年
ʔden⁵³pit⁵³pɔt³¹mo³¹ 中秋	ham²¹³tap³³ 除夕	ʔden⁵³tɕiŋ²⁴ 春节

（二）方位名词

liə⁵³lɯ²¹³ 上面	liə⁵³hrɔn³¹ 下面	liə⁵³ku:n³¹ 对面
qa²¹³la:u²⁴ 左面	liə⁵³hreŋ³¹ 旁边	tam³¹tei³³ 中间

二 人和动物性别的表达

荣屯布央语名词本身没有表示性别（gender）的形态变化，人和动物性别的区分主要靠附加成分表示。人和动物名词性别的区别主要有以下几种方式：

（一）许多男性或雄性名词加 po²⁴，女性或雌性名词加 mi²⁴。po²⁴和 mi²⁴ 放在名词词根前面或后面。例如：

汉语	荣屯布央语（雄性）	汉语	荣屯布央语（雌性）
鳏夫	po²⁴ʔbuə²⁴	寡妇	mi²⁴ʔbuə²⁴
父亲	po²⁴θiə⁵³	母亲	mi²⁴θiə⁵³（mi²⁴）
丈夫	lɔŋ³¹po²⁴	妻子	lɔŋ³¹mi²¹³
公鸡	qɔ⁵³θiə²¹³	母鸡	qɔ⁵³mi²⁴
公牛	tseŋ⁵³po²⁴	母牛	tseŋ⁵³mi²⁴
公猪	ma:i⁵³po²⁴	母猪	ma:i⁵³mi²⁴

此处，po²⁴、mi²⁴的用法有分工：表示"鳏夫、寡妇"和"父亲、母亲"时用作中心词，而单纯表示性别时则做修饰语，后置。

（二）部分女性名词以 tsa:u⁵³为后置的修饰成分，男性名词以 ka:n⁵³为后置的修饰成分。例如：

汉语	荣屯布央语（男性）	汉语	荣屯布央语（女性）
侄儿	lɛ³¹ka:n⁵³	侄女	ka:n⁵³lɛ³¹tsa:u⁵³
孙子	lɛ³¹ka:n⁵³	孙女	ka:n⁵³lɛ³¹tsa:u⁵³

男人	lɛ³¹ɬa⁵³		女人	lɛ³¹tsaːu⁵³
女婿	lɛ³¹khui²⁴		女儿	lɛ³¹tsaːu⁵³

荣屯布央语"侄儿、孙子"不分，均为 lɛ³¹kaːn⁵³；"侄女、孙女"不分，均为 kaːn⁵³lɛ³¹tsaːu⁵³；"女人、女儿"也不分，均为 lɛ³¹tsaːu⁵³。

（三）表示年长男性的名词用 kɔŋ²⁴ "公"，年长女性的名词用 pho⁵³ "婆"。kɔŋ²⁴ 和 pho⁵³ 可以独立作为词根，kɔŋ²⁴ 表示"公公"或"爷爷"，pho⁵³ 表示"婆婆"、"奶奶"或"老太太"的意思。kɔŋ²⁴ 和 pho⁵³ 也可以作中心词，后面加上修饰成分。例如：

汉语	荣屯布央语（男性）	汉语	荣屯布央语（女性）
公公	kɔŋ²⁴	婆婆	pho⁵³
爷爷	kɔŋ²⁴	奶奶	pho⁵³
老翁	kɔŋ²⁴tsu²⁴	老太太	pho⁵³
祖父	kɔŋ²⁴tso²⁴	祖母	pho⁵³tso²⁴

（四）在荣屯布央语中，有些称谓的性别以不同的词语形式来区别。例如：

汉语	荣屯布央语（男性）	汉语	荣屯布央语（女性）
舅父	ɔ²⁴	舅母	no²¹³
岳父	kɔŋ²⁴ta²⁴	岳母	tsɯ²⁴
伯父	jɛ³¹	伯母	mau²¹³
叔父	su⁵³	叔母	sam²⁴
哥哥	kɔ²⁴	嫂子	paːi²⁴
姐夫	ti⁵³	妹妹	ɔn²⁴
青年男子	lɛ³¹haːu²⁴	青年女子	lɛ³¹θaːu²⁴
新郎	lɛ³¹khwi²⁴maːt³¹	新娘	po²¹³lɯ³¹maːt³¹
鬼师	vɛ³¹taːu³¹	巫婆	vɛ³¹pɔt³¹

三　名词数量的表达

荣屯布央语名词没有数的形态变化，其数的表示有以下几种方式：

（一）在名词前面加数量短语，表示事物的具体数量，形成"数词+量词+名词"的格式。如果数词为"1"时，数词"1"可以省，但大于或等于"2"时，数词、量词都不能省略。例如：

1. am²⁴ tu²¹³ tai⁵³ mɛ³¹pja²⁴ 一株柚子树
　　一　　株　　树　　柚子

2. am²⁴ lat³¹ qo⁵³ 一只鸡
　　一　　只　　鸡

3. θau⁵³tu²¹³ tai⁵³mɛ³¹lai²¹³ 两株梨树

　　两　株　树　梨

4. θau⁵³va³¹ɔn²⁴ 两个妹妹

　　两　个　妹妹

5. ta:i⁵³to³¹ lai²⁴ 三块地

　　三　块　地

6. lat³¹ u:i⁵³ 一只狗

　　只　狗

7. lat³¹ ŋɔ²¹³lɛ³¹ 一匹小马

　　匹　马　小

（二）荣屯布央语双数的表达有 qɯ³¹、pɯ⁵³等，表示"对"或"双"。如果是"一双"或者"一对"时，"一"可以省略，直接使用"qɯ³¹+名词"或"pɯ⁵³+名词"表示一双（对）东西，但如果表示两双（对）或两双（对）以上的话，数词不能省略，其结构为"数词+qɯ³¹+名词"或者"数词+pɯ⁵³+名词"。例如：

1. qɯ³¹ka:t⁵³ 一对筷子

　　对　筷子

2. qɯ³¹qa²¹³ 一双鞋

　　双　鞋

3. pɯ⁵³ lui²⁴ 一对手镯

　　对　手镯

4. θau⁵³ pɯ⁵³ lui²⁴ 两对手镯

　　两　对　手镯

5. tai⁵³ pɯ³¹ qa²¹³ 三双鞋

　　三　双　鞋

6. po⁵³ qɯ³¹ka:t⁵³ 四对筷子

　　四　对　筷子

（三）表示多数或概数时，除使用"数词+量词+名词"表达外，还有可以使用"am²⁴ɕit⁵³+名词"表示"一些"或者"几个"，"ki²⁴+量词+名词"表示"几个"，"ɕit⁵³+名词+nai³¹"表示"这些"，"ɕit⁵³+名词+mai³¹"表示"那些"，"am²⁴+pja⁵³+名词"表示"一群（伙）"等。例如：

1. am²⁴ ɕit⁵³ kep⁵³

　　一些　　鸭子

　　一些鸭子

2. ɕit⁵³ tai⁵³ nai³¹ jou²¹³kaːu³¹jou²¹³luŋ²⁴.
   些　树　这　又　高　又　大
   这些树又高又大。

3. ɕit⁵³ tai⁵³ nai³¹　luŋ²⁴　ʔdɔ⁵³　hən³³ kai⁵³.
   些　树　这　长　_{结构助词}　很　好
   那些树长得非常好。

4. pei⁵³ tuə⁵³ mai³¹　jan²⁴an³¹ am²⁴ pja⁵³ kwan²¹³.
   前　门　那　站着　一　群　人
   门前站着一群人。

5. i²⁴ jaŋ⁵³　ki²⁴ ɕiə⁵³ θɯ²⁴.
   他　拿　几　本　书
   他拿着几本书。

6. ɕit⁵³　kwan²¹³ mai³¹ thə²⁴ tu²⁴ tɕia³¹qa²¹³lu³¹.
   些　人　那　都　是　医生
   那些人都是医生。

7. ɕit⁵³ tseŋ⁵³ mai³¹ pa²⁴ lum²¹³　hu²¹³　kui²⁴.
   些　牛　那　被　偷　走　_{语气助词}
   那些牛被偷走了。

8. pja⁵³ qɔ⁵³　nai³¹ lat³¹ lat³¹　thə²⁴ nɔt³¹ ʔbo⁵³ o³³.
   群　鸡　这　只　只　都　肥　多　_{语气助词}
   这群鸡只只都很肥。

9. ɕit⁵³ ta²⁴mi²⁴ nai³¹　luə³¹ luŋ²⁴.
   些　黄豆　那　颗　大
   那些黄豆粒儿大。

10. ɕit⁵³ ʔduə⁵³ nai³¹ tan³¹ʔdiə⁵³hroŋ³¹, ɕit⁵³ ʔduə⁵³　mai³¹ min³¹ ŋaːt³¹　lo²⁴.
    些　花　这　鲜红的　　些　花　那　是　黄色的　淡
    这些花是鲜红的，那些是淡黄色的。

四　名词指大与指小的表达

荣屯布央语表示事物的大和小都是通过附加不同的修饰性语素来实现，具体如下：

（一）荣屯布央语表示事物面积、体积或量"大"时，一般在被修饰名词之后加上 luŋ²⁴。例如：

1. ʔduə⁵³am²⁴hro²⁴ jut³¹　luŋ²⁴, tsɔk³¹hu⁵³ hrak³¹　kui²⁴.
   下　一　场　雨　大　衣服　湿　_{语气助词}

下了一场大雨，衣服湿了。

2. tham⁵³ am²⁴tu²¹³ tai⁵³luŋ²⁴ ʔduə⁵³ vɛ³¹ tsɯ⁵³.
   砍   一株树大   来 做 柱子
   砍一株大树来做柱子。

3. pam⁵³jɔŋ⁵³ luŋ²⁴
   腿   大
   大腿

4. θaːi²⁴ luːŋ²⁴
   肠   大
   大肠

5. wan³¹ pai⁵³ luŋ²⁴ ʔbo⁵³ tu²¹³ tai⁵³ thu⁵³ʔben²⁴ mai³¹ tuːn²⁴ lɔŋ²¹³ kui²⁴.
   风   吹   大   多   颗   树边   村   那   断   下   语气助词
   大风把村边的树木吹断了。

6. lat³¹qɔ⁵³lɔk³¹mo³¹an⁵³pin⁵³ qhɔn⁵³ luŋ²⁴ mai³¹.
   只鸡 家 你 在 边   路   大   那
   你家那只鸡在那条大路旁边。

（二）荣屯布央语表示事物面积、体积或量"小"时，一般在被修饰名词后面加上 at³³ 或 lɛ³¹。 at³³ 既可以用于修饰无生命的东西，也可以修饰有生命的物体，lɛ³¹ 多用于修饰幼小的动物或人。例如：

1. lɔk³¹kjɯ⁵³ um⁵³ ʔdɔ⁵³   lat³¹ uːi⁵³ at³³.
   家   我   养   得   只   狗   小
   我家养了一只小狗。

2. qhɔn⁵³ luŋ²⁴ n̠aŋ³¹ qhɔn⁵³ at³³ hraːi²¹³   za²⁴lin³¹ ken³¹la²⁸³la³¹.
   路   大   和   路   小   远   相差   不多
   大路和小路差不多一样远。

3. pam⁵³jɔn⁵³at³³
   腿 小
   小腿

4. θaːi²⁴ at³³
   肠 小
   小肠

5. mi²⁴ ŋɔ²¹³ lɔk³¹ taːi⁵³ wan³¹nin³¹ pjɔŋ²⁴ lat³¹ ŋɔ²¹³lɛ³¹.
   母   马   家   我们   昨天   生   只   小马崽
   我家母马昨天生了一只小马崽。

6. miu³¹ kin⁵³ qɔ⁵³lɛ³¹ kui²⁴.
   猫　吃　鸡　小　语气助词
   猫把小鸡吃了。

（三）表示年龄大在名词前加上 tai³¹，或者在名词后加上 ta²¹³，表示年龄小的则在名词后加上 at³³。例如：

1. tai³¹ tɕi²¹³⁽²⁴⁾ kjɯ⁵³ ȵaŋ³¹ ɔn²⁴pjai⁵³　　hu²¹³ lɔk³¹ ʐu²⁴.
   大　姐　我　跟　幺妹（最小的妹妹）　到　家　外婆
   我大姐跟幺妹（最小的妹妹）到外婆家去了。

2. i²⁴ min³¹ tsa⁵³lɛ³¹ ta²¹³ kjɯ⁵³.
   他　是　儿子　大　我
   他是我的大儿子。

3. mi²⁴ ȵaŋ²⁴ ʔdam²⁴ kin⁵³ lai³¹ lɛ³¹ at³³.
   妈妈　还　想　吃　过　儿子　小
   妈妈比她的小儿子更想吃。

4. tai³¹ tɕi²¹³⁽²⁴⁾ tu²⁴ khi²⁴ʑia³¹ khwan²⁴ kui²⁴.
   大　姐　提　篮子　起来　语气助词
   大姐把篮子提起来了。

五　名词的重叠

荣屯布央语有些名词可重叠，表示强调多个或者逐个。例如：

1. po²⁴po²⁴pan²⁴tai⁵³.
   山　山　有　树
   每座山有树。

2. qɔ⁵³qɔ⁵³kep⁵³kep⁵³thə²⁴ pan²⁴.
   鸡　鸡　鸭　鸭　都　有
   鸡和鸭都有很多。

3. u²⁴ u²⁴ iu²⁴ iu²⁴ pa²⁴ lo⁵³　　tu²⁴ tsuə²¹³.
   酒　酒　肉　肉　摆　语气助词　是　桌
   酒和肉摆了一桌。

4. taːi³¹ taːi³¹ thə²⁴ pan²⁴ ja²⁴ iu²⁴.
   地方　地方　都　有　味　酒
   到处都有酒味。

5. ki²⁴ wan³¹nai³¹, wan³¹ wan³¹ jut³¹ʔduə⁵³.
   几　天　这　天　天　下雨
   这几天，每天下雨。

第四章 词类

6. i²⁴ piə³¹¹piə³¹thə²⁴ hu²¹³ pə³¹kiŋ²⁴.
   他 年 年　　　　都　　去　北京
   他每年都去北京。

六 名词的句法功能

荣屯布央语的名词具有多种句法功能，在句子中主要做主语（subject）、宾语（object）、定语（attribute），有时也做谓语（predicate）、状语（adverbial）及补语（complement）等，具体如下面例子所示：

（一）名词做主语时常常放在句首。例如：

1. lɛ³¹θau²⁴ an⁵³ ʔben²⁴ ȵam³¹θei⁵³.
   姑娘 正在 村 唱歌
   姑娘们在村里唱歌。

2. lɛ³¹paːu⁵³ hu²¹³ ʔduə³¹ θɯ²⁴ kui²⁴.
   孩子们 去 读 书 语气助词
   孩子们上学了。

3. tshan⁵³sək³¹ paŋ³¹jou²⁴ thə²⁴ʔduə⁵³ kho²⁴ lɔk³¹ maːt³¹.
   亲戚 朋友 都 来 进 房 新
   亲戚朋友们都来贺新房。

4. lɔk³¹ taːi⁵³ ŋim²⁴ vɛ³¹ maːt³¹.
   房 我们 刚 做 新的
   我们家的房子是新盖的。

5. khi²⁴ tsuə²¹³ nai³¹ min³¹ khi²⁴ i²⁴.
   个 桌子 这 是 个 他
   这张桌子是他的。

（二）名词做宾语时常常放在谓语动词之后。例如：

1. toŋ³¹ʑi²⁴phɔn⁵³thə²⁴ ʔduə⁵³ laŋ³¹ i²⁴.
   同志 们 都 来 看 他
   同志们都来看他。

2. kjɯ⁵³ kin⁵³ u²⁴ maːi⁵³ la³¹.
   我 吃 肉 猪 否定词
   我不吃猪肉。

3. qa²¹³va³¹ nai³¹ kjɯ⁵³ hu²¹³thja⁵³ mo³¹.
   晚上 这 我 去 找 你
   今天晚上我去找你。

4. kjɯ⁵³ laŋ³¹ tan²⁴ θɯ²⁴ mo³¹ la³¹.
   我   看   见   书 你 否定词
   我没有看见你的书。

5. i²⁴ ȵaŋ²⁴ kin⁵³ liə²¹³ ʔban²⁴ tɛ⁵³.
   他 还   吃   饭   否定词 语气助词
   他还没有吃饭呢。

（三）名词做定语时常常放在被修饰的名词之后，包括修饰方位名词的名词也后置，具体如下：

1. lɔk³¹ ta:i⁵³ piə³¹piə³¹thə²⁴ tam²⁴ tɔ⁵³.
   家   我们   年年   都   种 玉米
   我们家年年都种玉米。

2. ŋiə³¹ kjɯ⁵³ qa²¹³hra:i²¹³.
   手   我   痛
   我手痛。

3. luə²¹³ lɔk³¹ mai³¹ pan²⁴ kwan²¹³ tɔk⁵³kja³¹？
   里   房子 那   有   人   说话
   房子里有人说话？

4. lɯ²¹³ tsuə²¹³ mai³¹ pan²⁴ am²⁴ɕiə⁵³θɯ²⁴.
   上   桌子   那   有 一 本 书
   桌子上有一本书。

5. kɯ³¹qa²¹³ mo³¹ an⁵³ hron³¹ tep³¹ mai³¹.
   鞋子   你   在   底下   床   那
   你的鞋子在床底下。

（四）名词做谓语的情况较少。句子通常省略动词 min³¹ "是"或者 tu²⁴ "是"，时间名词常做谓语。例如：

1. wan³¹nai³¹ ʔden⁵³lɔk³¹ tshu⁵³kau²⁴.
   天 今   月 六   初 九
   今天是六月初九。

2. wan³¹ʔdɔ³³ ʔden⁵³ θem⁵³ tshu⁵³ ho²⁴.
   天   后   月   三   初   五
   后天是三月初五。

3. wan³¹nai³¹wan³¹ kai⁵³.
   今天   天   好
   今天真是好日子。

4. kən²⁴nai³¹　tsɯ²¹³　uə⁷²⁴ jut³¹.
现在　　　时间　水 雨

现在是雨季。

（五）方位名词、时间名词和地点名词可以做状语，具体如下：

1. am²⁴ ʔden⁵³ tɔk³¹kuːn³¹ mai³¹　kjɯ⁵³　qa²⁴　i²⁴　la³¹.
　一　月　以前　这　我　认识　他 否定词

一个月以前我还没有认识他。

2. kjɯ⁵³ kən²⁴nai³¹　hu²¹³.
　我　现在　　　去

我现在去。

3. kjɯ⁵³lak³¹　ti²¹³kat³¹　hu²¹³ tu²⁴ŋan²⁴ khiə⁵³ θau⁵³ dim²⁴tsuŋ⁵³.
　我　从　那坡　到　都安　走　两　小时

我从那坡到都安走了两个钟头。

4. i²⁴ nau⁵³nai³¹ hu²¹³ tho⁵³nau³¹, wan³¹nai²　　hu²¹³ qɔt³¹ θə³¹ʔboŋ²⁴.
　他　早上　去　犁田　下午　　去　挖　白薯

他早上犁田，下午挖白薯。

（六）名词做补语

做补语的时间名词通常是表示时间段的"数量词＋时间名词"结构，放在动词后面充当时量补语，表示动作持续的时间。例如：

1. kjɯ⁵³ jɯ³¹ tu²⁴　　θau⁵³ tim²⁴tsuŋ⁵³, mo³¹thə²⁴ʔduə⁵³ la³¹.
　我　等 完成体助词　两　小时　你 都 来 否定词

我等了两个小时，你都不来。

2. i²⁴ ʔda⁵³　tu²⁴　　pjuə³¹wan³¹, thə²⁴ ʔda⁵³məŋ³¹piə³¹ la³¹.
　他　说 完成体助词　半天　　都　说　明白 否定词

他说了半天，还没有说清楚。

3. tan³¹θiə⁵³am³¹taːi⁵³ tsou²¹³ ʔduə⁵³　ʔdɔ⁵³　mo³¹ wan³¹.
　老师　我们　才　来 结构助词　五　天

我们的老师才来五天。

第二节　代词

代词是指具有指别、称代作用的词，一般不受其他词修饰。按意义和功能的不同，荣屯布央语的代词可以分为 4 类：人称代词、反身代词、指示代词、疑问代词。

一　人称代词

（一）人称代词的语法特征

1. 荣屯布央语的人称代词起到称代作用，可以替代人或事物名词，常用的人称代词有：

	第一人称	第二人称	第三人称
单数	kjɯ⁵³ 我	mo³¹ 你	i²⁴ 他（她、它）
复数	phɔn⁵³ta:i⁵³ 我们	phɔn⁵³θa:i⁵³ 你们	phɔn⁵³mai³¹ 他们（她们、它们）

在以上人称代词中，phɔn⁵³ta:i⁵³ "我们"可以使用 am³¹ta:i⁵³或 ta:i⁵³来代替，phɔn⁵³θa:i⁵³ "你们"也可以使用 θa:i⁵³来代替，而 phɔn⁵³mai³¹ "他们、她们、它们"则不能省略为 mai³¹，phɔn⁵³为人称代词的复数前缀。另外，荣屯布央语数量结构可以直接跟人称代词。例如：

θau⁵³va³¹θa:i⁵³你们俩　　　　　θau⁵³va³¹ta:i⁵³我们俩
两　人　你们　　　　　　　　两　人　我们

ta:i⁵³ va³¹ phɔn⁵³他们三个　　　θau⁵³va³¹phɔn⁵³他们俩
三　人　他们　　　　　　　　两　人　他们

2. 荣屯布央语的人称代词有单数和复数之分，但没有性和格的区别，主格、宾格、领格都相同，没有格变位。例如：

（1）i²⁴（主格）　　　　tui⁵³　tan³¹θiə⁵³ ta:i⁵³（领格）　kai⁵³.
他（她）　　　　对　老师　我们　　　　　　好
他（她）就是对我们老师好。

（2）mo³¹（主格）tsui³¹kjɯ⁵³（宾格）sau²⁴am²⁴ɕit⁵³ tɔŋ⁵³θɔ⁵³, ʔdo⁵³ nau⁵³?
你　　　　替我　　　　　抄一点　东西　得 语气助词
你替我抄点东西，好吗？

（3）kjɯ⁵³（主格）tsui³¹mo³¹（宾格）sau²⁴am²⁴ɕit⁵³ tɔŋ⁵³θɔ⁵³, ʔdo⁵³ nau⁵³?
我　　　　替你　　　　　抄一点　东西　得 语气助词
我替你抄点东西，好吗？

（4）khi²⁴mau³¹ kjɯ⁵³（领格）　kai⁵³ ʔbo⁵³.
帽子　　　我　　　　　好　多
我的帽子好得多。

（5）lat³¹ ma:i⁵³ ʔdam⁵³　i²⁴（领格）　nɔt³¹lai³¹ ta:i⁵³　lat³¹ mai³¹.
头猪　黑　他　　　　肥过　三　头　那

他的这头黑猪比那三头都肥。

3. 荣屯布央语还有一些人称代词可用来指代不定的、泛称的人或物，主要有 taŋ³¹phɔn⁵³、taŋ³¹kuːn⁵³或 ta²¹³kja⁵³（汉借词）"咱们，大伙，大家"、va³¹tja⁵³ "别人" 等。另外，va³¹kaːi²⁴、po²¹³lɛ³¹ "自己" 在没有特指对象或指称任何人时，是泛指代词（这两个词也是反身代词，详见第二节反身代词）。这些人称代词可以单独使用也可以和其他人称代词连用，具体用法如下：

(1) wan³¹nat³¹ taːi⁵³   ta²¹³kja⁵³ hu²¹³ ȵak³¹thau⁵³.
　　明天　我们　　大家　　　去　打猎
　　明天我们大家去打猎。

(2) taŋ³¹phɔn⁵³　thə²⁴ ʔduə²⁴ kui²⁴.
　　大家　　　　都　来　语气助词
　　大家都来了。

(3) taŋ³¹kuːn⁵³ vɛ³¹ kɔŋ⁵³, jɯ⁵³sai²⁴　kin⁵³ ta²⁴.
　　大家　　　　做 工作　不能　　吃　白
　　大家要工作，不能够白吃。

(4) po²¹³lɛ³¹　vɛ³¹, po²¹³lɛ³¹ kin⁵³.
　　自己　　　做　自己　　吃
　　自己做，自己吃。

(5) va³¹kaːi²⁴ pak³¹　nən²¹³pak³¹, jɯ⁵³sai²⁴　pa²⁴ va³¹tja⁵³ pak³¹.
　　自己　　累　　就　累　　　不要　　给　别人　　累
　　宁可累自己，不能累了别人。

(二) 人称代词的句法特征
荣屯布央语人称代词在句子中可以做主语、宾语和定语。例如：
1. 做主语
荣屯布央语人称代词做主语时常位于句首。例如：

(1) kjɯ⁵³ min³¹ tɕia³¹ tai⁵³,　mo³¹　min³¹ tɕia³¹ qat⁵³,
　　我　是　匠　木　　你　是　匠　铁
　　i²⁴　min³¹ kwan²¹³　tam²⁴nau³¹.
　　他　是　人　　种田
　　我是木匠，你是铁匠，他是庄稼人。

(2) am³¹taːi⁵³ um⁵³ am²⁴ lat³¹ qɔ⁵³ θiə²¹³ ȵaŋ³¹　θau⁵³　lat³¹ mi²⁴　qɔ⁵³.
　　我们　　　养　一　只　鸡　公　和　　两　只　母　鸡
　　我们养着一只公鸡和两只母鸡。

（3）θaːi⁵³　　juɯ⁵³sai²⁴　　phaːu²⁴uə⁷²⁴.
　　　你们　　不要　　　　泼　水
　　　你们不要泼水。

（4）phɔn⁵³mai³¹　khɔ²⁴khɔ²⁴　uə⁵³uə⁵³　vɛ³¹　qa²¹³ni²¹³?
　　　他们　　　　进　　进　　出　　出　　做　　什么
　　　他们进进出出的做什么？

（5）taŋ³¹kuːn⁵³　vɛ³¹　kɔŋ⁵³, juɯ⁵³sai²⁴　　kin⁵³　ta²⁴.
　　　大家　　　　做　工作　不能　　　　　　吃　　白
　　　大家要工作，不能够白吃。

2. 做宾语

荣屯布央语人称代词充当句子宾语时通常位于谓词后面。例如：

（1）kjɯ⁵³　hən⁵³　hun⁵³hai²⁴　　i²⁴, i²⁴　ku²⁴　hən⁵³　hun⁵³hai²⁴　　kjɯ⁵³.
　　　我　　很　　喜欢　　　　　她　她　也　　很　　喜欢　　　　　我
　　　我很喜欢她，她也很喜欢我。

（2）phɔn⁵³mai³¹tsui³¹　am³¹taːi⁵³　tam²⁴　nau³¹.
　　　他们　　　　　　帮　我们　　种　　　稻子
　　　他们帮我们种稻子。

（3）kjɯ⁵³　tap³¹mo³¹　ki²⁴　ʔbɛt⁵³　ku²¹³.
　　　我　　打　你　　　几　次　　　棍
　　　我打你几棍子。

（4）i²⁴　nam³¹　mo³¹, mo³¹tsou²¹³　khɔ²⁴　lɔk³¹　hu²¹³.
　　　他　撵　　你　　你　就　　　　进去　　屋里　　去
　　　他撵你，你就往屋里跑。

（5）i²⁴　tap³¹　kjɯ⁵³, tsan⁵³wei²¹³hen⁵³.
　　　你　打　　我　　真　危险
　　　你打我，真危险。

3. 做定语

荣屯布央语代词做定语时通常位于中心名词后面，不需要结构助词。例如：

（1）va³¹　kɔŋ²⁴jən³¹mai³¹　na²⁴　i²⁴　hu²¹³　hrau⁵³　mi²⁴　i²⁴.
　　　个　工人　　　　　　那　　带　他　去　　　找　　母亲　他
　　　那个工人带他去找他的母亲。

（2）tai³¹nau²¹³　teŋ²⁴　ŋiə³¹　kjɯ⁵³　man²⁴man²⁴　thə²⁴　hrui³¹　la³¹.
　　　大娘　　　　握　手　　我　　　紧　　紧　　　都　　放　　否定词
　　　大娘紧紧地握着我的手不放。

（3）khi²⁴ lɔk³¹mo³¹ an⁵³ qa²¹³li²¹³.
    个   家   你   在   哪里
    你家在哪里？

（4）ʔdam⁵³ʔda³³ i²⁴ hən⁵³ meŋ³¹piə³¹ ɲaŋ³¹ pan²⁴hriə³¹.
    说话   他   十分   明确   和   有力
    他的话十分明确和有力。

（5）θɯ²⁴ mo³¹ nɛ²⁴?
    书   你   语气助词
    你的书呢？

（6）po²⁴θiə⁵³kjɯ⁵³min³¹ va³¹ɔ²⁴ i²⁴.
    父亲   我是   舅舅   他
    我父亲是他舅舅。

二 反身代词

（一）反身代词的功能

程工指出自然语言中的反身代词有两种主要的类型：第一种由一个代词加上表示反身意义的语素构成，英语反身代词是这一类型的代表，这类词语和它们的先行词有一种严格的一致关系；第二种类型只有一个语素没有任何性、数和人称特征的曲折，而它们的先行词则可以是具有任何性、数和人称特征的词语，如意大利语和日耳曼语的反身代词；他还总结出鉴别反身代词的三条标准：最简性、与代词在分布上的互补照应和强调用法的重叠[①]。依照程工的观点，荣屯布央语的反身代词 va³¹ka:i²⁴、po²¹³lɛ³¹ "自己"应属于第二种类型的反身代词，这两个反身代词都没有性、数和人称的特征的曲折变化，具有照应和强调的作用。例如：

1. 照应作用

（1）mo³¹ qa²⁴ʔbet⁵³ va³¹ka:i²⁴ lun⁵³ kui²⁴ nau⁵³?
    你   知道   自己   错   完成体助词 语气助词
    你不知道自己已经错了吗？

（2）i²⁴ kun²⁴ va³¹ka:i²⁴, kun²⁴ va³¹tja⁵³ la³¹.
    他 管   自己   管   别人   否定词
    他只管自己不管别人。

（3）ta:i⁵³ pan²⁴tsə³¹jən³³ laŋ³¹va³¹ lɛ⁵³pau⁵³ va³¹ka:i²⁴pa²⁴kai⁵³.
    我们   有责任   看个孩子 自己   给好

---

① 程工：《汉语"自己"一词的性质》，《当代语言学》1999 第 2 期。

我们有责任管好自己的孩子。

（4）jiŋ³³ka⁵³ va³¹ka:i²⁴vɛ³¹, jɯ⁵³sai²⁴ tseŋ²¹³jɯ³¹kwan²¹³tsui³¹!
应该 自己 做 不要 光 等 人 帮助
应该自己做，不要全靠别人帮助！

以上例（1）、（2）、（3）的 va³¹ka:i²⁴ "自己"分别和 mo³¹ "你"、i²⁴、ta:i⁵³ 形成照应的关系。例（4）是省略了主语的祈使句，va³¹ka:i²⁴ 与其省略的主语 mo³¹ "你"或者 phɔn⁵³θa:i⁵³ "你们"照应。

2. 强调作用

（1）θa:i⁵³ jɯ⁵³sai²⁴ ki⁵³, pa²⁴ i²⁴ po²¹³lɛ³¹ ki⁵³.
你们 不要 说，让 他 自己 说
你们不要说，让他自己说。

（2）mo³¹ kin⁵³ qɔ⁵³ lu²¹³ kin⁵³ lau³¹, mo³¹ po²¹³lɛ³¹ lɛ³¹.
你 吃 鸡 或者 吃 鱼 你 自己 挑
吃鸡还是吃鱼你自己挑。

（3）i²⁴ vɛ³¹ la³¹ lo³³, phɔn⁵³θa:i⁵³ po²¹³lɛ³¹ vɛ³¹.
她 做 否定词 语气助词 你们 自己 做
她不做了，你们自己做吧。

（4）tɕi²¹³ki⁵³ i²⁴ hum⁵³ la³¹, i²⁴ po²¹³lɛ³¹ hu²¹³ laŋ³¹.
如果 他 相信 否定词 他 自己 去 看
如果他不相信，他自己去看。

（5）kjɯ⁵³po²¹³lɛ³¹ qa²⁴ʔbɛt⁵³.
我 自己 知道
我自己知道。

（6）ta:i⁵³ po²¹³lɛ³¹ hu²¹³.
我们 自己 去
我们自己去。

（7）tɕi²¹³ki⁵³ mo³¹ ʔduə⁵³ la³¹, kjɯ⁵³ tsou²¹³ po²¹³lɛ³¹ hu²¹³.
如果 你 来 否定词 我 就 自己 去
如果你不来，我就自己去。

（8）kuːn⁵³mai³¹ ti²¹³hrɔŋ⁵³ piə³¹ʔden⁵³noi²¹³ ti⁵³ kwan²¹³ ʔda⁵³ len³¹ŋai²⁴
以前 荣屯 年 月 少 结构助词 人 谈 恋爱
hən⁵³ʔbo⁵³kwan²¹³ kiŋ⁵³ket²⁴ pu²¹³tsɔ³¹ kai³¹sau²⁴
很 多 人 经过 媒人 介绍
kən²⁴nai²¹³, ti²¹³hrɔŋ⁵³ piə³¹ʔden⁵³noi²¹³ ti⁵³ kwan²¹³
如今 荣屯 年 月 少 结构助词 人

thə²⁴　　po²¹³lɛ³¹ ʔda⁵³　　kui²⁴.
　　都　　　自　己　　谈　　_{语气助词}

以前，荣屯年轻人谈恋爱大多通过媒人介绍。现在，荣屯年轻人都自己谈恋爱了。

　　以上例（1）至例（8）的 po²¹³lɛ³¹ 分别强调 i²⁴"他"、mo³¹"你"、phɔn⁵³θa:i⁵³"你们"、i²⁴"他"、kjɯ⁵³"我"和 ta:i⁵³"我们"、kjɯ⁵³"我"、piə³¹ʔden⁵³noi²¹³ti⁵³kwan²¹³"年轻人"，反身代词 po²¹³lɛ³¹ 在句子中充任状语，起到强化先行词信息强度的作用。

　　从以上的讨论中我们看出，反身代词 va³¹ka:i²⁴ 和 po²¹³lɛ³¹ "自己"具有照应和强调的功能，而且两者分工尤为明显：va³¹ka:i²⁴ 主要起到照应的作用，po²¹³lɛ³¹ 主要起到强调的作用。"黎语，壮语、傣语、侗语和水语等侗台语也属于反身代词和强调代词不同形的语言"，① "武鸣壮语的反身代词是 sɯ⁶kei³，强调代词是 faen⁶；强调词缀是 kai⁵ (用于人称代词前表示强调)"；② "黎语的反身代词为 ve:ŋ¹tsaɯ³，强调代词为 pha³tsaɯ³；金平傣语的反身代词是 tsǎu²⁵to³³，强调代词是 hǎn⁵⁵"。③ 荣屯布央语反身代词的这一语法特征和壮侗语族的很多语言相似。

　　3. 反身代词的句法特征

　　va³¹ka:i²⁴ 和 po²¹³lɛ³¹ 在句子中分别起到照应和强调的功能，它们的句法特征也有很大区别。po²¹³lɛ³¹ 在句子中主要充当状语，通常位于代词或名词之后，va³¹ka:i²⁴ 在句法分布上很像代词，能够充任句子的主语、宾语、定语等，但是不能放在代词或名词之后充当状语。例如：

（1）po²¹³lɛ³¹　　lɔŋ²¹³ ŋiə³¹ vɛ³¹, lu²¹³　　kha⁵³ kwan²¹³.　　　　　　（状语）
　　　自己　　　动　手　做　或者　请　人
　　　要么自己动手，要么请别人代替。

（2）i²⁴ kun²⁴ va³¹ka:i²⁴, kun²⁴　　va³¹tja⁵³ la³¹.　　　　　　　　　　（宾语）
　　　他 管　自 己　管　　别人　_{否定词}
　　　他只管自己不管别人。

（3）i²⁴ pa²⁴ ɕiə⁵³θɯ³¹ va³¹ka:i²⁴ tɔk³¹　　kwui²⁴.　　　　　　　　　（定语）
　　　他 把　本 书　　自己　　丢　_{语气助词}
　　　他把自己的书丢了。

（4）tsui³¹mo³¹ vɛ³¹　　ɕit⁵³nai³¹ mɔt³¹　　　　　　　　　　　　　　　（定语）
　　　帮　　你 做　　这些　　完

---

①　潘立慧：《黎语的反身代词和强调代词》，《民族语文》2010 年第 3 期。
②　广西壮族自治区少数民族语言文字工作委员会壮汉英词典编委会：《壮汉英词典》，民族出版社 2007 年版。
③　潘立慧：《黎语的反身代词和强调代词》，《民族语文》2010 年第 3 期。

　　　　kjɯ⁵³　nən²¹³　ta:u³¹hu²¹³　ve³¹　　am³¹　va³¹ka:i²⁴.
　　　　我　　就　　回　去　做　　定指标记　自己
　　　帮你做完这些事后我就回去做自己的事情。
　（5）i²⁴ ʔduə⁵³ la³¹　　kui²⁴,　ta:i⁵³　po²¹³lɛ³¹ kin⁵³.　　　　　　　（状语）
　　　他　来　否定词　语气助词　我们　　自己　　吃
　　　他不来了,我们自己吃。

　　　例（1）的 po²¹³lɛ³¹ 并非主语,这其实是一个省略了主语（如 ta:i⁵³ "我们"、kjɯ⁵³ "我"或 mo³¹ "你"等）的句子,po²¹³lɛ³¹ 充当状语,起到强调的作用。其实例（1）的"主语（已省）+po²¹³lɛ³¹"可以用 va³¹ka:i²⁴ 来代替；例（2）的宾语 va³¹ka:i²⁴ 为宾语,也可以换成 i²⁴po²¹³lɛ³¹ "他自己",两者意思相同。例（3）、（4）的 va³¹ka:i²⁴ 不能用 po²¹³lɛ³¹ 代替,va³¹ka:i²⁴ 充任定语,管辖语域分别是其前面的 ɕiə⁵³θɯ²⁴ "书"和 am³¹（指事情）,分别与 i²⁴ "他"和 kjɯ⁵³ "我"照应。例（5）的 po²¹³lɛ³¹ 为状语,不能用 va³¹ka:i²⁴ 来代替,po²¹³lɛ³¹ 表示动作 kin⁵³ "吃"的方式,和汉语的"单独"、"独自"语义相对应。荣屯布央语的反身代词 va³¹ka:i²⁴、po²¹³lɛ³¹ 有其独特的用法,可以充任多种句子成分,具有照应、替代、强调等多种功能,是一个值得我们进一步深入研究的语法现象。

三　指示代词

（一）指示代词的分类

　　荣屯布央语最基本的指示代词是表示近指的 nai³¹ "这"和表示远指的 mai³¹ "那",其他指示代词大多是由这两个词派生出来的①。荣屯布央语指示代词的主要作用在于指称人、事物,在句中可以代替名词、动词、形容词或表示程度的副词,按照其性质和用法的不同,可以分为以下几种类型：

指示代词	近　指	远　指
指别或称代人、事物	nai³¹,u²⁴nai³¹这 khi²⁴nai³¹这只/个（指物） va³¹nai³¹这个（指人） ɕit⁵³nai³¹这些	mai³¹,u²⁴mai³¹那 khi²⁴mai³¹那只/个（指物） va³¹mai³¹那个（指人） ɕit⁵³mai³¹那些
称代处所	u²⁴nai³¹这里、这儿	liə⁵³ui²⁴那里（不很远） u²⁴mai³¹那里（较远）
指别或称代性质、方式、程度	khen²⁴nai³¹这么样	khen²⁴mai³¹那么样

---

① 表示近指的指示代词"这"可以读作 nai³¹或 nai²¹³,表示远指的指示代词"那"可以读作 mai³¹或 mai²¹³,为了统一,本书均标为中降调,即 nai³¹和 mai³¹。

（二）指示代词的语法特征

1. 荣屯布央语指示代词的一个显著特征就是有近指和远指之分，nai^{31} 及其派生代词表近指，mai^3 及其派生代词表远指，具体用法如下：

（1） $khi^{24}\ po^{24}\ nai^{31}\ hən^{53}ka:u^{31},\ khi^{24}\ po^{24}\ mai^{31}\ ka:u^{31}\ la^{31}$.
　　个　山　这　很　高　个　山　那　高　否定词
　　这座山很高，那座山不高。

（2） $\varsigma it^{53}\ tai^{53}\ nai^{31}\ jou^{213}\ ka:u^{31}\ jou^{213}\ luŋ^{24}$.
　　些　树　这　又　高　又　大
　　这些树又高又大。

（3） $u^{24}nai^{31}\ pan^{24}\ nau^{31},\ liə^{53}ui^{24}$（指不太远的地方）$pan^{24}\ tau^{31}$,
　　这里　　有　田　那里　　　　　　　　　　有　河，
　　$u^{24}mai^{31}$　　　$pan^{24}\ khi^{24}\ po^{24}\ luŋ^{24}$.
　　那里（比较远的地方）有　个　山　大
　　这里有田，那里有一条小河，更远的那边有一座大山。

（4） $lat^{31}\ ma:i^{53}ʔdam^{53}\ i^{24}\ nɔt^{31}\ lai^{31}\ ta:i^{53}\ lat^{31}\ mai^{31}$.
　　只　猪　黑　　他　肥　过　三　只　那
　　他的这头黑猪比那三头都肥。

（5） $u^{24}nai^{31}min^{31}mo^{31},u^{24}mai^{31}min^{31}\ i^{24}$.
　　这　　是　你　那　　是　他
　　这是你的，那是他的。

（6） $vɛ^{31}\ khɛn^{24}nai^{31}\ tu^{24}\ la^{31},\ vɛ^{31}\ khɛn^{24}mai^{31}\ tsou^{213}\ kai^{53}$.
　　做　这样　是　否定词　做　那样　才　好
　　这样做不好，那样做才好。

（7） $i^{24}\ pa^{24}\ vɛ^{31}\ khɛn^{24}mai^{31}\ la^{31}$.
　　他　给　做　那样　否定词
　　他不让那样做。

（8） $mo^{31}vɛ^{31}\ khɛn^{24}nai^{31},\ wan^{31}nat^{31}\ kjɯ^{53}\ nən^{213}\ khi^{53}$.
　　你　干　这样　明天　我　就　走
　　你要这样干下去，我明天就走。

（9） $ho^{31},\ lu^{213}vɛ^{31}\ khɛn^{24}nai^{31}\ ni^{53}$.
　　叹词　怎么　这样　语气助词
　　吓，怎么能这样呢！

（10） $kjɯ^{53}an^{53}\ nai^{31},\ mo^{31}\ an^{53}\ mai^{31},\ laŋ^{31}\ pa^{24}\ kai^{53},\ jɯ^{53}\ pa^{24}\ i^{24}\ ʔbot^{53}$.
　　我　在　这　你　在　那　看　把　好　别　让　他　跑
　　我在这儿，你在那儿，好好看着，别让他跑了。

nai^{31}和mai^{31}分别表近指和远指,通常和其他词连用,有时也单独使用。例（1）至例（9）nai^{31}和mai^{31}都与其他词连用,位于所修饰成分之后。例（10）nai^{31}和mai^{31}单独使用,分别表示"这里"和"那里"。从所掌握的语言材料来看,荣屯布央语指示代词用于区别距离远近的时候指示代词由u^{24}nai^{31}"这里"、liə^{53}ui^{24}"那里"、u^{24}mai^{31}"那里"三分系统构成,分别表近指、中指和表远指。例（3）u^{24}nai^{31}"这里"指离说话人最近的地方,表近指；liə^{53}ui^{24}"那里"指离说话人不太远的地方,表中指；u^{24}mai^{31}"那里",指离说话人比较远的地方,表远指,这三个不同的地方分别有nau^{31}"田"、tau^{31}"河流"和po^{24}"山"。u^{24}nai^{31}和u^{24}mai^{31}可以称代处所,如例（3），也可以称代物,如例（5）。指代方式或性质的代词khɛn^{24}nai^{31}"这么样"和khɛn^{24}mai^{31}"那么样"可以修饰动词,一般位于动词之后。

2. 指示代词的句法特征

荣屯布央语指示代词可以在句子充当主语、定语和状语。例如：

(1) u^{24}nai^{31} (tu^{24}) qa^{213}lu^{31} kan^{53}mau^{24}, tu^{24} qa^{213}lu^{31} lɔŋ^{53} la^{31}.
    这 （是） 药 感冒 是 药 拉肚子 _{否定词}
    这是感冒药,不是治拉肚子的。

(2) u^{24}nai^{31} (tu^{24}) kau^{213} mi^{31} pa^{24} mo^{31}.
    这 （是） 特地 要 给 你
    这是专门买给你的。

(3) u^{24} mai^{31} (min^{31}) ʔdam^{31} ti^{53}, kin^{53} ʔdɔ^{53} la^{31}.
    肉 那 （是） 生 _{结构助词} 吃 得 _{否定词}
    那肉是生的,吃不得。

(4) u^{24}nai^{31} min^{31} mo^{31}, u^{24}mai^{31} min^{31} i^{24}.
    这 是 你 那 是 他
    这是你的,那是他的。

(5) khi^{24} lɔk^{31} nai^{31} min^{31} khi^{24} i^{24}.
    个 房子 这 是 个 他
    这座房子是他的。

(6) va^{31} lɛ^{31}pa:u^{53} mai^{31} lau^{53} ʔdɔ^{53} pɔt^{31} θau^{53}ta:i^{53} piə^{31}.
    个 孩子 这 大概 得 十 二三 岁
    那个孩子大概有十二三岁。

(7) vɛ^{31} khɛn^{24}nai^{31} ku^{24} kai^{53}.
    做 这样 是 好
    这样做也好。

第四章　词类

（8）juɯ⁵³sai²⁴　vɛ³¹　khɛn²⁴nai³¹　la⁵³.
　　　不要　　 做　　 那样　　　　否定词
　　　不要那样做。

（9）u²⁴nai³¹ pan²⁴ khi²⁴ po²⁴　luŋ²⁴.
　　　这里　　 有　 个　　山　　 大。
　　　这里有一座大山。

例（1）到例（4）和例（9）的指示代词在句子中充当主语，其中例（1）到例（3）的谓语 tu²⁴ 或 min³¹ 可以省略。例（5）、例（6）的指示代词做定语，分别修饰"房子"和"孩子"。例（7）、例（8）的指示代词做状语，修饰"做"，表示方式。

四　疑问代词

疑问代词是用来表示疑问的词，它是构成疑问句的一种手段。根据疑问代词所问的内容，可将荣屯布央语的疑问词分为以下几种：

人称疑问代词	事物疑问代词	处所疑问代词	数量疑问代词	方式疑问代词	原因疑问代词	时间疑问代词
pin²¹³ni²¹³ 谁；va³¹li²¹³ 哪个	qa²¹³ni²¹³ 什么	qa²¹³li²¹³ 哪里	kjan³¹ni²¹³ 多少；ki²⁴ 几	lu²¹³ve³¹ 怎么样	vai²¹³qa²¹³ni²¹³ 为什么；lu²¹³ve³¹ 怎么	tsɯ²¹³li²¹³ 什么时候；wan³¹qa²¹³ni²¹³ 哪天

（一）人称疑问代词

荣屯布央语的人称疑问代词用 pin²¹³ni²¹³ "谁"表示，pin²¹³ni²¹³ "谁"在句中可以充当主语、宾语及定语，有时还具有任指和虚指功能。

1. 做主语

（1）pin²¹³ni²¹³ tu²⁴　li⁵³ tan³¹θiə⁵³?
　　　哪个　　　 是　 李　老师
　　　哪个是李老师？

（2）pin²¹³ni²¹³ an⁵³　liə⁵³luə²¹³　saŋ²¹³kɔ²⁴?
　　　谁　　　　 在　　里面　　　 唱歌
　　　谁在里面唱歌？

（3）pin²¹³ni²¹³ki⁵³?
　　　谁　　　 说
　　　谁说的？

（4）man⁵³mai³¹　pin²¹³ni²¹³　ʔduə⁵³?
　　　刚才　　　 谁　　　　　来

刚才是谁来过？

2. 做宾语

（1） mo^{31} li^{31} pin^{213}ni^{213} tja^{24} tshən^{24}tsaŋ^{53}?
　　 你　选　谁　　　当　村长
　　 你选谁当村长？

（2） hruɯ^{31} lai^{213} min^{31} pin^{213}ni^{213}?
　　 姓　李　　是　谁
　　 小李是谁？

（3） mo^{31} ki^{53} pin^{213}ni^{213}? kjɯ^{53} tu^{24} ki^{53} mo^{31} la^{31}.
　　 你　说　谁　　　我　是　说　你　否定词
　　 你说的是谁？我不是说你。

3. 做定语

（1） mɛ^{31}pat^{53} nai^{31} min^{31} mɛ^{31} pin^{213}ni^{213}?
　　 笔　　　这　是　笔　谁
　　 这支笔是谁的？

（2） θɯ^{24} nai^{31} tu^{24} am^{31} pin^{213}ni^{213} ni^{53}?
　　 书　这　是　定指标记　谁　　语气助词
　　 这书是谁的？

（3） u^{24}nai^{31} (tu^{24}) tsɔk^{31}hu^{53} pin^{213}ni^{213}?
　　 这　　（是）　衣服　　谁
　　 这是谁的衣服。

4. 任指

（1） pu^{213}lɔn^{213} mo^{31} pin^{213}ni^{213}, thə^{24} jau^{24} pa^{24} θɔ^{31}tseŋ^{31} pen^{53} kai^{53}.
　　 不管　　　你　谁　　　都　要　把　事　　　办　好
　　 不管谁都行，都要把事办成。

（2） khi^{24} θɔ^{31}tseŋ^{31}nai^{31}, pu^{213}lɔn^{213} va^{31}li^{213}（或 pin^{213}ni^{213}）thə^{24} qa^{24} la^{31}.
　　 个　事　　　　这　不管　　　谁　　　　　　　　　　　都　懂　否定词
　　 这事不管谁都不知道。

（3） ai^{31}sai^{31} pin^{213}ni^{213} ki^{53}, kjɯ^{53} thə^{24} ti^{213}an^{53} la^{31}.
　　 不论　　哪个　　　劝说　我　都　听　　　否定词
　　 不论哪个劝，我都听不进去。

5. 虚指

（1） pin^{213}ni^{213} ki^{53} mo^{31} qa^{213}lun^{31} toŋ^{31}kəŋ^{53} ni^{53}?
　　 谁　　　叫　你　乱　　　跑　　　　语气助词
　　 谁叫你乱跑哇？

（2）kjɯ⁵³ qha⁵³ i²⁴, pin²¹³ni²¹³ qa²⁴ʔbɛt⁵³ i²⁴ thə²⁴ lai²¹³ kjɯ⁵³ la³¹.
　　　我　喊　他　谁　　　知道　他　都　搭理　我 否定词
　　　我本来要喊他的，谁知道他都不搭理我。

荣屯布央语的人称疑问代词 pin²¹³ni²¹³ "谁"没有单数和复数之分，可以指单数，如做主语例子中的例（1），也可以指多数，如做主语例子中的例（2）和（3）。在做定语时，pin²¹³ni²¹³位于中心词后面，不用结构助词，表示领属关系。荣屯布央语人称代词 pin²¹³ni²¹³ "谁"在表虚指时没有疑问功能，不要求听话人回答，疑问代词不表示疑问，它只表示不知道或者无需指明的人；表示任指时，强调所说的全部如此，无一例外，也不表示疑问。

（二）事物疑问代词

荣屯布央语事物疑问代词 qa²¹³ni²¹³ "什么"在句子中可以充当主语、宾语及定语，也具有虚指和任指功能。

1. 做主语

（1）qa²¹³ni²¹³ thə²⁴ pan²⁴ la³¹.
　　　什么　　都　有 否定词
　　　什么都没有。

（2）i²⁴ n̩it³¹la³¹, qa²¹³ni²¹³ thə²⁴ kin⁵³ la³¹.
　　　她　哭　　　什么　　　也　吃 否定词
　　　她哭着呢，什么也不吃。

（3）lat³¹ qa²¹³ni²¹³ qa²¹³hram²¹³ mo³¹?
　　　只　什么东西　　咬　　　　你
　　　什么东西咬你？

2. 做宾语

（1）mo³¹mi³¹qa²¹³ni²¹³?
　　　你要　什么
　　　什么你才要？

（2）phɔn⁵³mai³¹khɔ²⁴khɔ²⁴ uə⁵³uə⁵³vɛ³¹ qa²¹³ni²¹³?
　　　他们　　进进　　出出　　做　　什么
　　　他们进进出出的做什么？

（3）kən²⁴nai³¹ i²⁴ an⁵³ vɛ³¹ qa²¹³ni²¹³?
　　　现在　　　他　在　干　什么
　　　现在他在干什么？

（4）mo³¹ ku⁵³ laŋ³¹ am²⁴po²¹³, u²⁴nai³¹ qa²¹³ni²¹³?
　　　你　猜　看　一下、　　　这　　什么

你猜一下看，这是什么？

(5) mo³¹ qa²¹³lun³¹ʔda⁵³ qa²¹³ni²¹³?
你 乱 说 什么
你胡说什么？

(6) i²⁴ vɛ³¹ qa²¹³ni²¹³?
他 干 什么
他在干什么？

(7) tɕi²⁴θau⁵³ ki⁵³ qa²¹³ni²¹³?
姐 二 说 什么
二姐说什么？

(8) i²⁴ hruə³¹ qa²¹³ni²¹³?
他 姓 什么
他姓什么来着？

3. 做定语

(1) u²⁴nai³¹（tu²⁴） qa²¹³ni²¹³ ʔduə⁵³?
这 （是） 什么 花
这是什么花？

(2) pan²⁴ qa²¹³ni²¹³ pan²¹³fa³¹, pa²⁴ kjɯ⁵³ ʔdam²⁴ʔdam²⁴ laŋ³¹.
有 什么 办法 让 我 想 想 看
还有什么好办法，让我想想看。

(3) mo³¹ ti²¹³an⁵³an⁵³ laŋ³¹ qa²¹³ni²¹³ həŋ⁵³?
你 听听 看 什么 声音
你听听看是什么声音？

(4) pan²⁴ qa²¹³ni²¹³ ji²¹³kin²¹³, mo³¹ nən²¹³ haːu²⁴ ʔda⁵³ u⁵³ʔduə⁵³!
有 什么 意见 你 就 快 讲 出来
有什么意见，你就快讲啊！

4. 虚指

(1) pan²⁴ qa²¹³ni²¹³ pa²⁴ qa²¹³ni²¹³.
有 什么 给 什么
有什么给什么。

(2) khiə⁵³nən²¹³ khiə⁵³, mo³¹ pan²⁴ qa²¹³ni²¹³ ʔbo⁵³!
走 就 走 你 有 什么 多
走就走，没有什么了不起！

(3) wan³¹ ȵaŋ²⁴ hraːi²¹³, mo³¹ kaːn⁵³ qa²¹³ni²¹³?
日子 还 长 你 急 什么

日子还长着呢,你急什么?

(4) hə³¹, mo³¹pan²⁴ θau⁴³ man²⁴ʑin²¹³ ɬun²⁴ qa²¹³ni²¹³?
　　叹词　你　有　两　块钱　算　什么
　　哼,你有两块钱算什么?

(5) tsai²¹³ki⁵³ kjɯ⁵³　hu²¹³ la³¹, nan³¹mo³¹ pan²⁴ qa²¹³ni²¹³ kwan³³hi²¹³?
　　就算　我　去 否定词 和　你　有　什么　关系
　　就算我不去,这和你有什么关系呢?

5. 任指

(1) i²⁴ qa²¹³ni²¹³　thə²⁴ qa²¹³maːu⁵³　la³¹.
　　他　什么　都　怕　否定词
　　他什么都不怕。

(2) va³¹tja⁵³ thə²⁴　qa²¹³maːu⁵³ la³¹,　mo³¹ qa²¹³maːu⁵³ qa²¹³ni²¹³　ni⁵³?
　　别人　都　怕　否定词　你　怕　什么　语气助词
　　别人都不怕,你怕什么?

事物疑问代词和人称疑问代词一样没有单数和复数之分,qa²¹³ni²¹³"什么"可以指单数或者复数。与人称代词不同的是,qa²¹³ni²¹³做定语时位于被修饰的中心词之前。在表虚指和任指时,qa²¹³ni²¹³不表示疑问,没有疑问功能,虚指用来指称不能或者不愿意指明的事物,任指强调所说的全部如此,无一例外。

（三）处所疑问代词

荣屯布央语处所疑问代词 qa²¹³li²¹³ "哪里" 在句中通常做主语和宾语,主要用于询问处所。例如:

1. 做主语

(1) qa²¹³li²¹³ pan²⁴ uə²²⁴?
　　哪里　有　水
　　哪里有水?

(2) qa²¹³li²¹³ mi³¹ i²⁴?
　　哪里　要　他
　　哪里要他?

2. 做宾语

(1) phon⁵³θaːi⁵³ an⁵³ qa²¹³li²¹³?
　　你们　住　哪里
　　你们住在哪里?

(2) i²⁴ la³¹ hu²¹³　qa²¹³li²¹³ hu²¹³?
　　他　要　去　哪里　去

他要到哪里去？

(3) khi²⁴lɔk³¹mo³¹　an⁵³ qa²¹³li²¹³?
　　个　家　你　　在　哪里
　　你家在哪里？

(4) mo³¹ hu²¹³qa²¹³li²¹³?
　　你　去　哪里
　　你上哪里去？

(5) mo³¹mi³¹ɕiə⁵³θɯ²⁴ta²⁴ qa²¹³li²¹³?
　　你　放　本书　放　哪里
　　你放书在哪里？

(6) mo³¹lak³¹qa²¹³li²¹³ʔduə⁵³?
　　你　从　哪里　来
　　你从哪里来？

（四）数量疑问代词

荣屯布央语数量疑问代词主要有 kjan³¹ni²¹³ "多少" 和 ki²⁴ "几"，它们主要用来询问人及事物的数量。通常"几"是用来问十以内数字，而"多少"可以问任何数字。但荣屯人很少使用 ki²⁴ "几" 来提问，一般都是用 kjan³¹ni²¹³ "多少"，回答的时候可以用 ki²⁴va³¹ "几个" 来回答。荣屯布央语数量疑问代词在句子中一般充当定语、宾语或者状语。例如：

1. 做定语

(1) ʔben²⁴ mo³¹ pan²⁴ kjan³¹ni²¹³ lɔk³¹ kwan²¹³?
　　村　　你　有　　多少　　　家　人
　　你们村子有多少家人？

(2) ap³³noŋ³¹uə⁵³　kan²⁴ kjan³¹ni²¹³ ʑin²¹³?
　　白菜　　　　　斤　　多少　　　钱
　　白菜多少钱一斤？

(3) lak³¹lɔk³¹mo³¹ mu⁵³ hen²⁴ pan²⁴kjan³¹ni²¹³ lai²¹³ qhɔn⁵³?
　　从　家　你　到　县城　有　多少　　　　里　路
　　从你家到县城有多少里路？

(4) mo³¹mi³¹kjan³¹ni²¹³ɕiə⁵³θɯ²⁴?
　　你　买　多少　　　本书
　　你买多少书？

(5) tɔk³¹kja³¹ kjan³¹ni²¹³ ɕiə⁵³po²⁴?
　　商量　　　多少　　　次
　　商量多少次？

(6) çit⁵³ tɔŋ⁵³θɔ⁵³ nai³¹ pan²⁴ kjan³¹ni²¹³ naŋ²⁴?
　　个　东西　　这　有　　多少　　重
　　lau⁵³ pan²⁴ mo³¹pɔt³¹ qa²¹³liə³¹ kan²⁴.
　　可能　有　　五十　　多　　斤
　　这个东西有多重呢？可能有五十多斤重吧。

(7) pu²¹³ki⁵³ mo³¹ pan²⁴　kjan³¹ni²¹³ va³¹ lɛ²¹³kan⁵³?
　　老人　　你　有　　几　　　个　孙子
　　您老人家有几个孙子了？

2. 做宾语

（1） kjɯ⁵³ kaːu³¹ lai³¹ mo³¹ ken³¹ la²¹³la³¹.
　　　我　　高　　过　你　差不多
　　　我不比你高多少。

（2） pɔt³¹taːi⁵³ kim²¹³　tɯ³¹ min³¹ kjan³¹ni²¹³?
　　　十三　　　减　　七　　　是　多少
　　　十三减七得多少？

3. 做状语

（1） lak³¹ nai³¹ mu⁵³　hen²⁴ kjan³¹ni²¹³ hraːi²¹³?
　　　从　　这　　去　　县城　多少　　远
　　　从这到城里还有多远？

（2） mo³¹ mu⁵³　u²⁴nai³¹　kjan³¹ni²¹³ naŋ³¹?
　　　你　到　　这里　　多少　　　久
　　　你到这里来有多久了？

（五）方式疑问代词

荣屯布央语方式疑问代词 lu²¹³vɛ³¹ "怎么样" 在句子中充当状语，主要用来提问动作的方式或者表示任指，强调所说的无例外，全部如此，不表示疑问，而且句子常常有副词 thə²⁴ "都" 跟疑问代词呼应。例如：

1. 做状语

（1） lu²¹³vɛ³¹　tsou²¹³　ʔdɔ⁵³　kai⁵³?
　　　怎样　　才　结构助词　好
　　　怎样做才好？

（2） mo³¹ʔdam²⁴　lu²¹³vɛ³¹ vɛ³¹　tsou²¹³　lu²¹³vɛ³¹.
　　　你想　　　怎么样　做　　就　　　怎么样
　　　你想怎么样就怎么样。

（3） mo³¹ la³¹　lu²¹³ vɛ³¹ vɛ³¹?
　　　你将要　　怎么　　做

你将怎么办呢？

(4) ə³¹, mo³¹ lu²¹³vɛ³¹ ki⁵³ kjan²⁴nai³¹ ni⁵³?
　　叹词　你　怎么　　说　这么　　　　语气助词
唉，你怎么能这么说呢？

(5) jo⁵³, tui⁵³ lu²¹³vɛ³¹ va⁵³ kui²⁴?
　　叹词　碗　怎么　　破　语气助词
呦，碗怎么破了？

(6) ɕit⁵³ θɔ³¹tsəŋ³¹nai³¹ lu²¹³vɛ³¹ vɛ³ ni⁵³?
　　件　事　这　　怎么　办　语气助词
这件事怎么办呢？

(7) i²⁴ lu²¹³vɛ³¹ ȵaŋ²¹³ ʔduə⁵³ ʔban²⁴?
　　他　怎么　　还　　来　否定词
他怎么还不来？

(8) mo³¹ lu²¹³vɛ³¹ ȵaŋ²¹³ hu²¹³ʔban²⁴?
　　你　怎么　　还　去　否定词
你怎么还不去？

(9) hu²¹³ loŋ²¹³hau³¹ lu²¹³vɛ³¹ khi⁵³?
　　到　龙合　　　　怎么　　走
到龙合怎么走？

(10) kjɯ⁵³kha⁵³mo³¹ʔduə⁵³, mo³¹tau²¹³kha⁵³kjɯ⁵³hu²¹³, mo³¹ lu²¹³vɛ³¹ ʔdam²⁴?
　　　我　叫　你　来　　　你　倒　叫　我　去　　　　你　怎么　　想
我叫你来，你反而叫我去，你是怎么想呢？

(11) lu²¹³vɛ³¹ tsou²¹³ khɔ²⁴hu²¹³ ʔdɔ⁵³?
　　 怎样　　才能　　进去　　　得
怎样才能进得去呀？

2. 任指

(1) kun²⁴ mo³¹ lu²¹³vɛ³¹ ki⁵³, kjɯ⁵³ thə²⁴ hu²¹³ la³¹.
　　无论　你　怎么　　说　我　都　去　否定词
不管你怎么说，我也不会去。

(2) tai³¹sai³¹ mo³¹ lu²¹³ vɛ³¹ ki⁵³, kjɯ⁵³ thə²⁴ hum⁵³ la³¹.
　　随便　　　你　怎么　　说　我　都　相信　否定词
随你怎么说，反正我是不相信的。

（六）原因疑问代词

荣屯布央语的原因疑问代词主要有 lu²¹³vɛ³¹ "怎么" 和 vai²¹³qa²¹³ni²¹³ "为什么"，它们主要用来询问原因，通常在句子中充当状语。例如：

第四章 词类

1. lu²¹³vɛ³¹ "怎么"

(1) mo³¹ lu²¹³vɛ³¹ kin⁵³liə²²¹³ la³¹?
    你 怎么   吃饭 _{否定词}
    你怎么不吃饭哪？

(2) mo³¹lu²¹³vɛ³¹ ʔduə⁵³ la³¹ ni⁵³?
    你 怎么   来 _{否定词} _{语气助词}
    你怎么不来了呢？

(3) lu²¹³vɛ³¹ n̪ɯ²¹³nau⁵³ pɛə²¹³?
    怎么   这么 贵
    怎么这么贵？

(4) a³³ja³³, mo³¹ʔdɔ⁵³ (lu²¹³vɛ³¹) n̪ɯ²¹³nau⁵³ keu²⁴ tse³¹? (lu²¹³vɛ³¹可省略)
    _{叹词}, 你 得 （怎么） 这么   瘦 _{语气助词}
    哎呀，你怎么这么瘦啊？

(5) ho⁵³, mo³¹ lu²¹³vɛ³¹ n̪aŋ²¹³ hu²¹³ ʔban²⁴?
    _{叹词}, 你 怎么   还   去 _{否定词}
    嗨，你怎么还没去？

(6) i²⁴ ki⁵³ hu²¹³lo⁵³, lu²¹³vɛ³¹ tu²⁴ pjuə³¹wan³¹ n̪aŋ²⁴khiə⁵³ʔban²⁴ ni⁵³?
    他 说 走 _{语气助词} 怎么 是 半 天   还   走 _{否定词} _{语气助词}
    他说要走，怎么半天了还没走呢？

(7) i²⁴ lu²¹³ vɛ³¹ vɛ³¹ θiə⁵³aːi²⁴ lo²⁴ nɛ⁵³.
    你 怎么 做 生意 _{语气助词} _{语气助词}
    你怎么做起生意来了。

(8) lu²¹³vɛ³¹ wan³¹nai³¹ tau²¹³pa²⁴ am³¹taːi⁵³ kin⁵³ min³¹?
    怎么   今天   让   我们   吃 面条
    怎么今天让我们吃面条了？

(9) tu²⁴ŋan²⁴ lu²¹³vɛ³¹ pan²⁴ n̪ɯ²¹³nau⁵³ tɕik⁵³po²⁴ ni⁵³?
    都安   怎么   有 这么   多 山 _{语气助词}
    都安为什么有这么多山呢？

2. vai²¹³qa²¹³ni²¹³ "为什么"

(1) mo³¹ vai²¹³qa²¹³ni²¹³ tsoŋ²⁴ ʔduə⁵³ jan²⁴ an⁵³ u²⁴mai³¹ tse³³?
    你 为什么   总是 来 站 在 那里 _{语气助词}
    你为什么总是站在那里？

(2) mo³¹ki⁵³ wan³¹nin³¹ ʔduə⁵³, vai²¹³qa²¹³ni²¹³ jou²¹³ duə⁵³ la³¹?
    你 说 昨天   来 为什么   又 来 _{否定词}
    你既然说昨天来，为什么又不来呢？

（3）i²⁴ man⁵³mai³¹ tut³¹ kjɯ⁵³ am²⁴ʔbɛt⁵³kɔŋ²⁴joŋ⁵³,
　　　他　刚才　　　踢　我　一脚
　　　qa²⁴ʔbɛt⁵³　la³¹　tu²⁴ vai²¹³qa²¹³ni²¹³?
　　　知道　　　否定词　是　为什么
　　　他刚才踢了我一脚，不知为什么？

（4）i²⁴ vai²¹³qa²¹³ni²¹³ ʔduə⁵³ la³¹?
　　　他　为什么　　　来　　否定词
　　　他为什么不来？

　　lu²¹³vɛ³¹ "怎么"询问原因的时候含有明显的惊奇或诧异的因素，有时候句首还有表示惊讶的叹词。如例（1）ho⁵³，mo³¹lu²¹³vɛ³¹ ȵaŋ²¹³hu²¹³ʔban²⁴？"唔，你怎么还没去？"表示问话人对 mo³¹ȵaŋ²¹³hu²¹³ʔban²⁴ "你不去"的事实表示惊讶，而且想知道其中的原因。而 vai²¹³qa²¹³ni²¹³ "为什么"的功能主要是询问原因，可能含有奇怪的意味，但那并不是主要的。如例（4）i²⁴ vai²¹³qa²¹³ni²¹³ ʔduə⁵³ la³¹？"他为什么不来？"表示问话人想了解 i²⁴ʔduə⁵³ la³¹ "他不来"的真正原因。因此，如果提问时只想知道问题的真正原因，而不含诧异成分的时候，一般使用 vai²¹³qa²¹³ni²¹³ "为什么"。

（七）时间疑问代词

　　荣屯布央语时间疑问代词主要有 tsɯ²¹³li²¹³ "什么时候"、wan³¹qa²¹³li²¹³ "哪天"等，它们常位于动词前面充当时间状语，有时表任指，表示周遍性，强调任何时候都如此。例如：

1. 做状语

（1）i²⁴ tsɯ²¹³li²¹³ ʔduə⁵³?
　　　他　什么时候　　来
　　　他什么时候来？

（2）tsɯ²¹³li²¹³ kin⁵³ liə⁷²¹³?
　　　什么时候　　吃　饭
　　　什么时候吃饭？

（3）mo³¹ wan³¹qa²¹³li²¹³ hu²¹³?
　　　你　哪一天　　　　走
　　　你哪一天走啊？

2. 任指

（1）i²⁴ tsɯ²¹³li²¹³ thə²⁴ a:i⁵³ ʔduə³¹θɯ²⁴ la³¹.
　　　他　什么时候　都　愿意　读书　　　否定词
　　　他什么时候也不愿意读书。

（2）tsɯ²¹³li²¹³θip⁵³ nən³¹ tsɯ²¹³li²¹³ kin⁵³.
　　什么时候 饿　 就 什么时候　吃
　　什么时候饿，就什么时候吃。

第三节　数词

数词是表示数目的词，荣屯布央语数词包括基数词和序数词两类。

一　基数词

基数是指数值，即数目的多少。荣屯布央语基数词可以分为单纯基数词和复合基数词两种。

（一）单纯基数词

荣屯布央语的单纯基数词都是单音节词，包括系数和位数两个部分。整数的系数为：leŋ³¹ "零"、am²⁴ "一"、θau⁵³ "二"、ta:i⁵³ "三"、po⁵³ "四"、mo³¹ "五"、na:m⁵³ "六"、tɯ³¹ "七"、hrɯ³¹ "八"、vo²⁴ "九"、pɔt³¹ "十"。位数词有：pɔt³¹ "十"、pɛ⁵³ "百"、ɕin²⁴ "千"、fin³¹ "万"、ji²¹³ "亿" 等。

（二）复合基数词

荣屯布央语复合基数词均为双音节或多音节词，位数与前面的系数是相乘关系，不同位数，连同前面的系数的数值是相加的关系，个位数是 "一" 时有变调现象，变调规律是中升调 24 变为曲折调 213。

1. 不带个位数的整数：系数词+位数词（中间不用连接词）

二十　θau⁵³pɔt³¹　　　三十　ta:i⁵³pɔt³¹　　　四十　po⁵³pɔt³¹　五十　mo³¹pɔt³¹
六百　na:m⁵³pɛ⁵³　　　七百　tɯ³¹pɛ⁵³　　　八百　hrɯ³¹pɛ⁵³　九百　vo²⁴pɛ⁵³
一百二十（am²⁴）pɛ⁵³θau⁵³（pɔt³¹）　　　　一百三十（am²⁴）pɛ⁵³ ta:i⁵³（pɔt³¹）
两百四十 θau⁵³pɛ⁵³ po⁵³（pɔt³¹）　　　　　五百六十 mo³¹ pɛ⁵³na:m⁵³（pɔt³¹）
一千 am²⁴ɕin²⁴　　　　两千 θau⁵³ɕin²⁴　　　三千 ta:i⁵³ɕin²⁴ 四千 po⁵³ɕin²⁴
一千五百（am²⁴）ɕin²⁴mo³¹（pɛ⁵³）
一千七百二十 am²⁴ɕin²⁴ tɯ³¹pɛ⁵³θau⁵³（pɔt³¹）
两千六百 θau⁵³ɕin²⁴ na:m⁵³（pɛ⁵³）
三千四百五十 ta:i⁵³ɕin²⁴po⁵³pɛ⁵³ mo³¹（pɔt³¹）
五万 mo³¹fin³¹　　　　六万 na:m⁵³fin³¹　　　七万 tɯ³¹fin³¹ 八万 hrɯ³¹fin³¹
一万五千（am²⁴）fin³¹mo³¹（ɕin²⁴）
一万两千六百 am²⁴ fin³¹θau⁵³ɕin²⁴ na:m⁵³（pɛ⁵³）
二十万 θau⁵³pɔt³¹fin³¹　　　三十万 ta:i⁵³pɔt³¹fin³¹　　一百万（am²⁴）pɛ⁵³fin³¹
两百万 θau⁵³pɛ⁵³fin³¹　　　一千万 am²⁴ɕin²⁴ fin³¹　　两千万 θau⁵³ɕin²⁴ fin³¹

一亿 am²⁴ ji²¹³   十亿（am²⁴）pɔt³¹ji²¹³   七百亿 tɯ³¹pɛ⁵³ ji²¹³
九十亿两千三百五十万四千五百六十
vo²⁴pɔt³¹ji²¹³θau⁵³ɕin²⁴ta:i⁵³pɛ⁵³mo³¹pɔt³¹fin³¹po⁵³ɕin²⁴mo³¹pɛ⁵³na:m⁵³pɔt³¹

要注意以上荣屯布央语一些数目的省略称法：

当数字的最高位数前的系数为 am²⁴ "一"，且数字有空位（位数词前没有系数词）在后时，可省略 am²⁴ "一" 和最后一个位数，如 "一千五百" 可以读作 am²⁴ɕin²⁴mo³¹pɛ⁵³，也可以省读为 ɕin²⁴mo³¹；如果最高位数系数不是 "一" 时，只能省略最后一个位数，如 "两百四十" θau⁵³pɛ⁵³ po⁵³pɔt³¹ 可以省读为 θau⁵³pɛ⁵³po⁵³；当位数高于 "万" 时，通常不省略，如 "一亿两千万" 读作 am²⁴ ji²¹³θau⁵³ɕin²⁴ fin³¹。

2. 带个位数的整数：整数+个位数（不用连接词）

十一（am²⁴）pɔt³¹ am²¹³ ⁽²⁴⁾   十二（am²⁴）pɔt³¹θau⁵³
十三（am²⁴）pɔt³¹ta:i⁵³   十四（am²⁴）pɔt³¹po⁵³
十五（am²⁴）pɔt³¹mo³¹   十六（am²⁴）pɔt³¹na:m⁵³
十七（am²⁴）pɔt³¹tɯ³¹   十八（am²⁴）pɔt³¹hrɯ³¹
十九（am²⁴）pɔt³¹vo²⁴
二十一 θau⁵³（pɔt³¹）am²¹³ ⁽²⁴⁾   二十二 θau⁵³（pɔt³¹）θau⁵³
二十三 θau⁵³（pɔt³¹）ta:i⁵³   三十一 ta:i⁵³（pɔt³¹）am²¹³ ⁽²⁴⁾
三十五 ta:i⁵³（pɔt³¹）mo³¹   三十六 ta:i⁵³（pɔt³¹）na:m⁵³
四十一 po⁵³（pɔt³¹）am²¹³ ⁽²⁴⁾   四十二 po⁵³（pɔt³¹）θau⁵³
四十三 po⁵³（pɔt³¹）ta:i⁵³   五十七 mo³¹（pɔt³¹）tɯ³¹
五十八 mo³¹（pɔt³¹）hrɯ³¹   五十九 mo³¹（pɔt³¹）vo²⁴
六十一 na:m⁵³（pɔt³¹）am²¹³ ⁽²⁴⁾   六十八 na:m⁵³（pɔt³¹）hrɯ³¹
七十五 tɯ³¹（pɔt³¹）mo³¹   七十八 tɯ³¹（pɔt³¹）hrɯ³¹
八十八 pɔt³¹（pɔt³¹）hrɯ³¹   八十九 pɔt³¹（pɔt³¹）vo²⁴
九十一 vo²⁴（pɔt³¹）am²¹³ ⁽²⁴⁾   九十二 vo²⁴（pɔt³¹）θau⁵³
一百二十三   am²⁴pɛ⁵³θau⁵³ pɔt³¹ta:i⁵³
一百五十九   am²⁴pɛ⁵³mo³¹pɔt³¹vo²⁴
一千七百二十一   am²⁴ɕin²⁴ tɯ³¹pɛ⁵³θau⁵³pɔt³¹ am²¹³⁽²⁴⁾
一万一千一百一十一   am²⁴fin³¹am²⁴ɕin²⁴pɛ⁵³am²⁴pɔt³¹am²¹³⁽²⁴⁾
一万两千六百五十八   am²⁴ fin³¹θau⁵³ɕin²⁴ na:m⁵³pɛ⁵³ mo³¹pɔt³¹hrɯ³¹
十亿两千五百六十六万两千六百五十六
pɔt³¹ji²¹³θau⁵³ɕin²⁴mo³¹pɛ⁵³na:m⁵³pɔt³¹na:m⁵³fin³¹θau⁵³ɕin²⁴na:m⁵³pɛ⁵³mo³¹pɔt³¹na:m⁵³

十一到十九的十位数 am²⁴ "一" 可以省略不说，如 "十四" 可以读作 pɔt³¹po⁵³；二十一到九十九带个位数数字中的位数 pɔt³¹ "十" 可以省略不说，如"三十五"可以读作 ta:i⁵³ mo³¹；如果数字大于一百时，带个位数数字中的位数 pɔt³¹ "十" 不能省略，如 "一千七百二十一" 读作 am²⁴ɕin²⁴tuɪ³¹pɛ⁵³θau⁵³pɔt³¹am²⁴。

3. 带 leŋ³¹ "零" 的整数

荣屯布央语一个数列中间有空位时，要读 leŋ³¹ "零"，同时其他位数要依次读出。例如：

一百〇五	am²⁴pɛ⁵³ leŋ³¹ mo³¹
一千〇五十一	am²⁴ɕin²⁴leŋ³¹mo³¹pɔt³¹am²¹³ ⁽²⁴⁾
一万〇五十	am²⁴fin³¹leŋ³¹mo³¹pɔt³¹
一亿〇五百〇一	am²⁴ ji²¹³leŋ³¹mo³¹pɛ⁵³ leŋ³¹ am²¹³ ⁽²⁴⁾

（三）倍数

荣屯布央语的倍数由数词加上 fan²¹³ "份" 组成，如，mo³¹fan²¹³ "五倍"，hruɪ³¹fan²¹³ "八倍" 等，具体用法请看以下句子：

1. ʔboŋ²¹³ mɛ³¹ nai³¹ ʔbo⁵³ lai³¹ ʔboŋ²¹³ mai³¹ ta:i⁵³ fan²¹³.
   堆　果子　这　多　过　堆　那　三　倍
   这堆果子比那堆多三倍。

2. na:m⁵³ min³¹ θau³¹ ti⁵³ ta:i⁵³ fan²¹³.
   六　是　二　结构助词　三　倍
   六是二的三倍。

3. piə³¹nai³¹ ti⁵³ tɔ⁵³ min³¹ piə³¹ku:n⁵³ ta:i⁵³ fan²¹³.
   今年　结构助词　玉米　是　去年　三　倍
   今年的玉米是去年的三倍。

4. piə³¹nai³¹ ti⁵³ tɔ⁵³ ʔbo⁵³ piə³¹ku:n⁵³ lai³¹ ta:i⁵³ fan²¹³.
   今年　结构助词　玉米　多　去年　过　三　倍
   今年的玉米比去年的多三倍。

（四）分数

荣屯布央语分数的通常说法是 "分母数字+ fan²¹³ + pan²⁴ +分子数字+ fan²¹³"，分母为一百的分数叫百分数，其说法为 "pɛ⁵³+ fan²¹³+ pan²⁴ +分子数字+ fan²¹³"，其中最后一个 fan²¹³ 有时候可以省略。例如：

1. pɔt³¹fan²¹³pan²⁴ta:i⁵³（fan²¹³）
   十　份　有　三　（份）
   十分之三

2. pɛ⁵³fan²¹³pan²⁴ta:i⁵³pɔt³¹（fan²¹³）
   百　份　有　三十　（份）
   百分之三十

3. mo^{31}fan^{213}pan^{24}po^{53}（fan^{213}）
   五   份   有   四   （份）
   五分之四

4. pɔt^{31}fan^{213}　to^{31}　　la^{31}　　am^{24} fan^{213}
   十　份　　够 否定词　一　　份
   不足十分之一

5. mo^{31}fan^{213}　to^{31} la^{31}　　am^{24} fan^{213}
   五　份　　够 否定词　一　　份
   不足五分之一

6. ta:i^{53} fan^{213}　kju^{53} mi^{31}　am^{24}fan^{213}, mo^{31}　mi^{31}　θau^{53}fan^{213}.
   三　份　　我　要　　一　份　　你　要　二　份
   我要三分之一，你要三分之二。

（五）概数

有时候说话人不清楚、不情愿或者没有必要说出准确的数目，就可以说一个大概的数目。荣屯布央语的概数有以下几种表达方式：

1. 两个相邻或相近的系数词连用

（1）θau^{53} ta:i^{53} wan^{31}
　　两　三　天
　　两三天

（2）hrɯ^{31} ku^{24} pɔt^{31} man^{24}
　　八　到　十　元
　　八到十元

（3）mo^{31}na:m^{53} va^{31}kwan^{31}, hrɯ^{31} vo^{24} va^{31} vɛ^{31} am^{24} tsu^{53} ku^{24} ʔcɔ^{53}.
　　五　六　个　人　　八　九　个　做　一　组　都　得
　　五六个人，八九个人编成一组可以。

（4）pin^{53} tau^{31} mai^{31} pan^{24} ta:i^{53} mo^{31} va^{31} kwan^{213} pat^{53} tsɔk^{31}hu^{53}.
　　边　河　那　有　三　五　个　人　洗　衣服
　　河边有三五个人洗衣服。

（5）va^{31}lɛ^{31}pa:u^{53} nai^{31} lau^{53} ʔdɔ^{53} pɔt^{31} θa:u^{53} ta:i^{53}piə^{31}.
　　个　孩子　这个　大约　得　十　二　三　岁
　　这个孩子大约十二三岁。

（6）po^{24}θiə^{53} i^{24} pan^{24} tɯ^{31} hrɯ^{31} pɔt^{31} piə^{31}.
　　父亲　他　有　七　八　十　岁
　　他父亲已经有七八十岁了。

荣屯布央语两个相邻或相近的数词连用表示概数时，数目小的一般在前面，数目大的在后面，如 θau⁵³ ta:i⁵³ "两三"、ta:i⁵³ mo³¹ "三五"和 mo³¹ na:m⁵³ "五六"等。但 vo²⁴ 和 pɔt³¹ 不能连用表示概数，这两个数字连用只表示数字"九十"。

2. 数词前后加上 ta²¹³khai²⁴ "大概"、qa²¹³liə³¹ "剩余"、la³¹pan²⁴ "差不多"、ku²⁴……la³¹ "不到"、lau⁵³ "大约"、lai³¹ "多"等表示概数的词，它们的具体用法如下：

（1） ta²¹³khai²⁴ mo³¹ pɛ⁵³ kan²⁴.
　　　大概　　五　百　斤
　　　五百斤左右。

（2） la³¹pan²⁴ pɔt³¹ fan²⁴ tsuŋ⁵³.
　　　差不多　十　分　钟
　　　差不多十分钟。

（3） la³¹pan²⁴ ta:i⁵³ pɔt³¹ man²⁴.
　　　差不多　三　十　元
　　　差不多三十块。

（4） la³¹pan²⁴ am²⁴pɛ⁵³kwan²¹³.
　　　差不多　一　百　人
　　　差不多一百人。

（5） la³¹pan²⁴ θau⁵³ɕin²⁴.
　　　差不多　两　千
　　　近两千。

（6） i²⁴ wan³¹nat³¹　lau⁵³　hrɯ³¹ tim²⁴tsoŋ⁵³ ʔduə⁵³　u²⁴nai³¹.
　　　他　明天　　大约　八　点钟　　来　　这里
　　　他明天八点钟左右来这里。

（7） va³¹kwan²¹³mai³¹ lau⁵³　pan²⁴ ta:i⁵³ pɔt³¹ piə³¹.
　　　个　人　那　大约　有　三　十　岁
　　　那个人那个大概有三十岁。

（8） θau⁵³ pɛ⁵³ qa²¹³liə³¹ʑin²¹³.
　　　二　百　剩余　钱
　　　二百来块钱。

（9） ta:i⁵³pɔt³¹ qa²¹³liə³¹　lo³³.
　　　三　十　剩余　语气助词
　　　三十多了。

（10） fin³¹qa²¹³ liə³¹.
　　　万　剩余

一万多。

（11）θau⁵³ ɕin²⁴ qa²¹³liə³¹.
　　　两　千　剩余
　　　两千多。

（12）ʔben²⁴ ta:i⁵³　pan²⁴ pe⁵³ qa²¹³liə³¹ lɔk³¹, lau⁵³ pan²⁴ mo³¹　pɛ⁵³ kwan³¹.
　　　村　我们　有　百　剩余　家　大约　有　五　百　人
　　　我们村有一百多家，约五百人。

（13）pɔt³¹　qa²¹³liə³¹　kwan²¹³
　　　十　剩余　人
　　　十来个人。

（14）kan²⁴lai³¹am²⁴ɕit⁵³.
　　　斤　多　一　点
　　　一斤多一点儿。

（15）ku²⁴am²⁴fin³¹　la³¹.
　　　到　一　万　否定词
　　　不到一万。

（16）la³¹　ku²⁴ θau⁵³pɛ⁵³.
　　　否定词　到　二　百
　　　近二百。

ta²¹³khai²⁴"大概"、la³¹pan²⁴"差不多"和 lau⁵³"大约"都表示"数目接近、差不多"的意思，它们都位于数词之前，用法基本相同，如例（1）到例（7）。qa²¹³ liə³¹"剩余"和 lai³¹"多"都表示"多于"的意思，qa²¹³ liə³¹ 位于数词之后，而 lai³¹ 位于量词之后，如例（8）到例（14）。ku²⁴……la³¹ 表示"将近、不到"的意思，其结构为"ku²⁴+数词+量词+la³¹"；la³¹ku²⁴ 也表示同样的意思，但用法不同，其在句子中结构为"la³¹ku²⁴+数词+量词"，如例（16）。

二　序数词

表示次序的词为序数词。荣屯布央语的序数词通常是在基数词前加上 tai³¹"第"表示普通的先后次序，另外还有一些特殊的表示序数的方法，如时间的序列和人辈分的长幼排行等。

（一）普通的先后次序

荣屯布央语借用汉语的次序表达法，通过在基数词前加上 tai³¹ 来表示次序。例如：

1. tai^{31}am$^{213\,(24)}$ 第一
   第 一
2. tai^{31}θau^{53} 第二
   第 二
3. tai^{31}ta:i^{53} 第三
   第 三
4. tɔk^{31}lɔn^{31} 最后
   最 后
5. to^{213}lai^{213} maɨ^{31} piə^{31} tai^{31}am$^{213\,(24)}$tam^{24} tɔ^{53}, piə^{31} tai^{31}θau^{53} tam^{24} ɬə^{31}ʔbɔŋ^{24}.
   块 地 那 年 第 一　　种 玉米 年 第 二　　种　红薯
   那块地第一年种玉米，第二年种红薯。
6. tai^{31}am^{24}tei^{24}, tai^{31}θau^{53}tei^{24}, tai^{31} ta:i^{53}tei^{24}…pɔt^{31}ta:i^{53}tei^{24}, θau^{53}pɔt^{31} tei^{24}.
   第 一 队 第 二 队 第 三 队　十三　 队　二十　 队
   第一队，第二队，第三队……第十三队，第二十队。

例 4 中的"第一年"piə^{31} tai^{31}am$^{213\,(24)}$ 有时也读作 piə^{31}tsan^{213}，tsan^{213} 有"早、第一"的意思。例 5 中"tai^{31}+数字+tei^{24}"表示第几队，当数字大于十的时候，tai^{31}可以省略，如"第十三队"为 pɔt^{31}ta:i^{53}tei^{24}，这是为了表达简洁的需要。

（二）特殊的序数表示法

1. 时间的先后序列

月份：

ʔden^{53}tɕiŋ^{24}正月　　　　ʔden^{53}ŋai^{31}二月　　　　ʔden^{53}θem^{53}三月
月　正　　　　　　　　月　二　　　　　　　　月　三

ʔden^{53}θa:i^{53}四月　　　　ʔden^{53}ŋu^{213}五月　　　　ʔden^{53}lɔk^{31}六月
月　四　　　　　　　　月　五　　　　　　　　月　六

ʔden^{53}tsat^{53}七月　　　　ʔden^{53}pit^{53}八月　　　　ʔden^{53}kɯ^{24}九月
月　七　　　　　　　　月　八　　　　　　　　月　九

ʔden^{53}tsap^{31}十月　　　　ʔden^{53}at^{33}十一月　　　ʔden^{53}lep^{31}十二月
月　十　　　　　　　　月　小　　　　　　　　月　腊

日期：

tshu^{53}at^{33}初一　　　　　tshu^{53}ŋai^{31}初二　　　　tshu^{53}θem^{53}初三
初　小　　　　　　　　初　二　　　　　　　　初　三

tshu^{53}θa:i$^{213\,(53)}$初四　　tshu^{53}ho^{24}初五　　　　tshu^{53}kjɔk^{31}初六
初　四　　　　　　　　初　五　　　　　　　　初　六

tshu⁵³tsat³³初七　　　　tshu⁵³pit⁵³初八　　　　tshu⁵³kau²⁴初九
初　　七　　　　　　　初　　八　　　　　　　初　　九
tshu⁵³θap³¹初十　　　　pɔt³¹am²¹³⁽²⁴⁾十一　　pɔt³¹θau⁵³十二
初　　十　　　　　　　十　　一　　　　　　　十　　二
pɔt³¹mo³¹十五　　　　　pɔt³¹tɯ³¹十七　　　　　wan³¹ʔdap³¹三十
十　　五　　　　　　　十　　七　　　　　　　天　　末尾

2. 人辈分的长幼排行

va³¹ta²¹³老大　　　　　va³¹ θa:u⁵³老二　　　　va³¹ta:i⁵³老三
个　大　　　　　　　　个　二　　　　　　　　个　三

tsa⁵³ ta²¹³,tsa⁵³θau⁵³,tsa⁵³ta:i⁵³, tsa⁵³po⁵³… tsa⁵³　pjai⁵³.
儿子 大　儿子 二　儿子三　儿子 四　　儿子 最小
大儿子、二儿子、三儿子、四儿子……么。

lɛ³¹　ta²¹³,lɛ³¹ θau⁵³,lɛ³¹ ta:i⁵³, lɛ³¹po⁵³…lɛ³¹　pjai⁵³.
女儿大　　女儿二　　女儿三　　女儿　　女儿 最小
大女儿、二女儿、三女儿、四女儿……么。

以上荣屯布央语的月份、日期名词大多为汉借词。如月份的多为合璧式汉借词，ʔden⁵³（月）为荣屯布央语固有词，而数字二到十则为老借词，十一、十二为固有词；一月、十一月和十二月为语义借贷式汉借词；超过初十之后的日期则省略 tshu⁵³"初"，直接用数字表示，"三十"则使用 wan³¹ʔdap³¹表示。长幼排行词的基数词及 ta²¹³ "大"和 pjai⁵³ "最小"位于名词 va³¹ "人"、tsa⁵³ "儿子"和 lɛ³¹ "女儿"等后面表示排行的次序。

三　数词的句法功能

（一）充当定语

如前面例子所示，荣屯布央语数词有时候可直接放在时间、辈分等名词后面，修饰名词，表示时间先后和辈分的长幼。一般来讲，荣屯布央语的数词要和量词组合构成数量短语，才能充当句法成分。数量短语位于名词的前面，一起修饰名词，在句子中主要充当定语。例如：

1. kan⁵³ po²⁴ a²⁴ an³⁵　　　　am²⁴ va³¹ kwan²¹³.
　　底　墙　睡 持续体助词　　　一　个　人
　　墙底下睡着一个人。

2. θau⁵³ va³¹kwan³¹ jou²¹³　tɔk³¹kja³¹　lo³³.
　　两　个　人　　又　　　说话　　语气助词
　　两个人又说话了。

3. am²⁴ khi²⁴ tshe²⁴   jɯ⁵³sai²⁴ tɕia²⁴   ta:i⁵³ɕin²⁴kan²⁴min³¹.
   一辆   车   不能   装   三 千 斤 麦

   一辆车装不了三千斤小麦。

4. pei⁵³tuə⁵³   jan²⁴   an⁵³   am²⁴ pja⁵³kwan²¹³.
   门口   站   持续体助词   一   群人

   门口站着一群人。

（二）充当主语或宾语

有时候，数词和数量短语在句子中可以充当主语、宾语。例如：

1. am²⁴ kja³³ θa:u⁵³ ʔdɔ⁵³ ta:i⁵³.
   一   加   二   得   三

   一加二等于三。

2. am²⁴pɛ⁵³ leŋ³¹ θau³¹ kim²¹³ am²⁴   ʔdɔ⁵³ am²⁴ pɛ⁵³   leŋ³¹   am²¹³⁽²⁴⁾.
   一 百 ○ 二 减   一   得   一 百   ○   一

   一百○二减一等于一百○一。

荣屯布央语数词和量词组成的数量短语的语法及句法特点将在第四节量词中详细探讨。

第四节　量词

一　量词的分类

表示事物或者动作数量单位的词是量词。荣屯布央语的量词分为名量词和动量词两大类。

（一）名量词

表示事物数量单位的词为名量词。荣屯布央语名量词主要包括个体量词、集体量词、度量词、不定量词和借用量词等。

1. 个体量词

（1）va³¹ "个" 一般用于人。例如：

am²⁴va³¹kwan²¹³ 一个人　　　　　θau⁵³va³¹ɔn²⁴ 两个妹妹
一　个　人　　　　　　　　　　两　个　妹妹

va³¹jɯ²¹³kjɯ⁵³ 我的弟弟　　　　at³³va³¹kwan²¹³ 每个人
个　弟　我　　　　　　　　　　小　个　人

（2）khi²⁴ "个" 主要用于物体。例如：

θau⁵³khi²⁴tshe²⁴ 两辆车　　　　　am²⁴khi²⁴tɕik⁵³po²⁴ 一座山
两　辆　车　　　　　　　　　　一　个　山

khi²⁴tau⁵³ i²⁴ 他的眼睛　　　　khi²⁴ tsuə²¹³ mai³¹ 那个桌子
个 眼睛 他　　　　　　　　　个　桌子　那

（3）lat³¹ "只" 主要用于动物。例如：

am²⁴lat³¹qɔ⁵³ 一只鸡　　　　ta:i⁵³lat³¹tseŋ⁵³ 一头牛
一　只　鸡　　　　　　　　　一　头　牛

θau⁵³lat³¹ ŋɔ²¹³ 两匹马　　　lat³¹lau³¹nai³¹ 这条鱼
两　匹　马　　　　　　　　　条　鱼　这

（4）tu²¹³ "棵" 主要用于植物

am²⁴tu²¹³tai⁵³ 一棵树　　　　am²⁴tu²¹³muə²¹³ 一棵草
一棵树　　　　　　　　　　　一　棵　草

tu²¹³tai⁵³nai³¹ 这棵树　　　　ta:i⁵³tu²¹³pu³¹tau³¹ 三棵葡萄
棵　树　这　　　　　　　　　三　棵　葡萄

（5）tu:n³¹ "段" 主要用于条状或线状物体的一部分。例如：

am²⁴ tu:n³¹tai⁵³ 一段木头　　am²⁴tu:n³¹kɔn⁵³ 一段管子
一　段　木　　　　　　　　　一　段　管

am²⁴ tu:n³¹ ɬin⁵³ 一段线　　　am²⁴ tu:n³¹qhɔn⁵³ 一段路
一　段　线　　　　　　　　　一　段　路

（6）tim²⁴ "点" 主要用于液体。例如：

am²⁴ tim²⁴ tut⁵³ 一滴汗珠　　am²⁴ tim²⁴ ti²¹³uə⁵³ 一滴露水
一　滴　汗　　　　　　　　　一　滴　露水

am²⁴ tim²⁴uə⁷²⁴ 一滴水　　　am²⁴tim²⁴qɔ²⁴ 一滴血
一　滴　水　　　　　　　　　一　滴　血

以上个体量词使用范围较为宽泛，能和多个同类的名词搭配。荣屯布央语还有一些个体量词使用范围相对较窄，能搭配的名词较少。例如：

am²⁴mɛ³¹kwa³¹ 一把锄头　　am²⁴mɛ³¹mat³³ 一把刀
一　把　锄头　　　　　　　　一　把　刀

khi²⁴luə²¹³ʔbɔn⁵³ 一颗星　　am²⁴ luə²¹³ tɔ⁵³一颗玉米
个　颗　星　　　　　　　　　一　颗　玉米

am²⁴pu²⁴hrau³¹ 一块石头　　 am²⁴ka²⁴pa²⁴ 一块肉
一　块　石头　　　　　　　　一　块　肉

am²⁴ka²⁴pa²⁴ 一块布　　　　 am²⁴kjau³¹mo²⁴to³¹ 一架摩托
一　块　布　　　　　　　　　一　架　摩托

am²⁴ʔduə⁵³ tsɔk³¹ 一件衣服　am²⁴ʔduə³¹kin³¹ 一条裙子
一　件　衣服　　　　　　　　一　条　裙

am²⁴ kʰat²⁴ tse³¹ 一条绳
一　条　绳

am²⁴fan²¹³wən³¹ken²⁴ 一份文件
一　份　文件

am²⁴ piə²⁴la³¹ 一张纸
一　张　纸

am²⁴ tam³¹taŋ²⁴ 一盏灯
一　盏　灯

am²⁴ puə²⁴ mɔk³¹ʔbɔn⁵³ 一朵云
一　朵　云

am²⁴ ɕiə⁵³θɯ²⁴ 一本书
一　本　书

am²⁴phin²⁴θɯ²⁴ 一页书
一　页　书

am²⁴tuːn⁵³liə⁷²¹³ 一顿饭
一　顿　饭

am²⁴kuə²⁴ʔdan²⁴ 一泡尿
一　泡　尿

am²⁴pʰɯ⁵³ ɲia²⁴pa³¹ 一副扑克
一　副　扑克

am²⁴ juŋ³¹θɔ³¹tseŋ³¹ 一件事
一　件　事

am²⁴lep⁵³ʔbɔŋ⁵³ 一层皮
一　层　皮

am²⁴ kuə²⁴vɔt³¹ 一节竹子
一　节　竹

am²⁴ ku²⁴ʔduə⁵³ 一朵花
一　朵　花

am²⁴ tɔ²¹³ nau³¹ 一块田
一　块　田

am²⁴ pʰɔŋ⁵³θan²⁴ 一封信
一　封　信

am²⁴ʔdam⁵³ʔda⁵³ 一句话
一　句　话

am²⁴ɬɔ²¹³jut³¹ 一阵雨
一　阵　雨

am²⁴juŋ³¹tɔŋ⁵³θɔ⁵³ 一样东西
一　样　东西

am²⁴puŋ⁵³tɕiŋ²¹³ 一堵墙
一　堵　墙

2. 集体量词

荣屯布央语的集体量词用于由两个或两个以上的个体组成的事物。例如：

am²⁴n̠iə³¹qat⁵³ 一把筷子
一　把　筷

am²⁴ hɛə³¹taŋ⁵³ 一排椅子
一　排　椅

am²⁴ qɯ³¹ qa²¹³ 一双鞋子
一　双　鞋

am²⁴pɯ⁵³ lui²⁴ 一对手镯
一　对　手镯

am²⁴pja⁵³kwan²¹³ 一群人
一　群　人

am²⁴ ɬɯːi²¹³lau³¹ 一串鱼
一　串　鱼

am²⁴n̠iə³¹ muə²¹³ 一把草
一　把　草

am²⁴lum³¹ tɔ⁵³ 一行玉米
一　行　玉米

am²⁴ qɯ³¹qat⁵³ 一双筷子
一　双　筷

am²⁴pja⁵³ʔbɛ²⁴ 一群羊
一　群　羊

am²⁴ lɔk³¹kwan²¹³ 一家人
一　家　人

am²⁴tap³¹ zin²¹³ 一叠钱
一　叠　钱

am²⁴ta³¹kwan²¹³ 一代人　　　　　　am²⁴ kɯ³¹ tsɔk³¹ 一套衣服
一　代　人　　　　　　　　　　一　套　衣服
am²⁴kam³¹ȵaːu³¹ 一撮盐　　　　　am²⁴pjak³¹θam⁵³ 一撮毛
一　撮　盐　　　　　　　　　　一　撮　毛
am²⁴kup³¹liəʔ²¹³ 一捧米　　　　　am²⁴tɐp³¹uəʔ²⁴ 一担水
一　捧　米　　　　　　　　　　一　担　水
am²⁴pɔŋ⁵³muə²¹³ 一堆草　　　　　am²⁴ pɔŋ²¹³iə⁵³θei⁵³ 一堆肥料
一　堆　草　　　　　　　　　　一　堆　肥料
am²⁴piə⁵³θei⁵³ 一捆柴
一　捆　柴

以上荣屯布央语的集体量词中有的量词表示的数量是固定的，例如 qɯ³¹ "双"、"pɯ⁵³ "对" 和 tɐp³¹ "担" 用于通常成双成对出现的同类物体。表示的数量不确定的量词占大多数，如 pja⁵³ "群" 用于三个或三个以上的人或动物的集体；kam³¹ 和 pjak³¹ "撮" 表示拇指与食指之间能撮起的量；ȵiə³¹ "把" 用来指一只手抓的量；pɔŋ⁵³ "堆" 用来计量成堆物体。

3. 度量词

荣屯布央语有不少表示度量衡及货币单位的度量词，这些词大概可以分为容量度量词、重量度量词、体积度量词、面积度量词及货币度量词。

（1）长度度量词：laːi²¹³ 里，tsuŋ³¹ 丈，sək³¹ 尺，suːn²⁴ 寸，fan²⁴ 分
（2）容量度量词：pat³³ 斗，səŋ²⁴ 升
（3）重量度量词：kan²⁴ 斤，hrɛə²¹³ 两，ʑin²¹³ 钱，laːi³¹ 厘
（4）面积度量词：mou⁵³ 亩，fan²⁴ 分
（5）货币度量词：man²⁴ 元，haːu³¹ 角，fan²⁴ 分

度量词的用法和前面的个体量词一样，和数词组成数量短语一起修饰名词，其结构为 "数词+度量词+名词"。例如：

am²⁴mou⁵³nau³¹ 一亩田　　　　　θau⁵³pat³³pa⁵³ 两斗米
一　亩　田　　　　　　　　　　两　斗　米
taːi⁵³ kan²⁴u²⁴tseŋ⁵³ 三斤牛肉　　am²⁴laːi²¹³qhɔn⁵³ 一里路
三　斤　肉牛　　　　　　　　　一　里　路
po⁵³man²⁴ʑin²¹³ 四元钱　　　　　am²⁴səŋ²⁴uəʔ²⁴ 一升水
四　元　钱　　　　　　　　　　一　升　水

4. 不定量词

荣屯布央语不定量词主要有 ɕit⁵³ "些" "点"，ɕit⁵³ 可以和 am²⁴ "一"、nai³¹ "这" 和 mai³¹ "那" 结合构成和数量短语修饰名词，表示不定量，有指称复数的功能。例如：

am²⁴ɕit⁵³ qa²¹³lɔ²¹³pei⁵³ 一些火炭　　am²⁴ɕit⁵³lau³¹ 这些鱼
一　些　火炭　　　　　　　　　　一　些　鱼

ɕit⁵³tai⁵³nai³¹ 这些树　　　　　ɕit⁵³ tɔŋ⁵³θɔ⁵³nai³¹ 这些东西
些　树　这　　　　　　　　　　　些　东西　这

ɕit⁵³mɛ³¹mai³¹ 那些果子　　　　　ɕit⁵³θɯ²⁴mai³¹ 那些书
些　果　那　　　　　　　　　　　些　书　那

ɕit⁵³和 am²⁴结合时，数词 am²⁴位于量词 ɕit⁵³之前构成数量短语，一起修饰名词，其结构为"am²⁴+ ɕit⁵³+名词"。ɕit⁵³和 nai³¹或 mai³¹结合修饰名词时，结构为"ɕit⁵³+名词+ nai³¹"或"ɕit⁵³+名词+ mai³¹"。

5. 借用量词

荣屯布央语的借用量词并非指借贷其他语言的量词，而是指该语言内部一些可以临时用作量词的名词，这些名词大多表示容器。例如：

θau⁵³tui⁵³iu²⁴两碗酒　　　　　　am²⁴tsan⁵³uə⁷²⁴ 一杯水
两　碗　酒　　　　　　　　　　　一　杯　水

am²⁴peŋ³¹juː²¹³ 一瓶油　　　　　am²⁴paːu⁵³thuŋ⁵³ 一包糖
一　瓶　油　　　　　　　　　　　一　包　糖

am²⁴ tsuə²¹³ap³³ 一桌菜　　　　　am²⁴ʔbat³³liə⁷²¹³ 一筒米
一　桌　菜　　　　　　　　　　　一　筒　米

am²⁴ʔbat³³pjə²⁴ 一盒饼　　　　　am²⁴ qa²¹³θiə²⁴ tɔ⁵³ 一筐玉米
一　盒　饼　　　　　　　　　　　一　筐　玉米

am²⁴ puə²⁴hit²⁴ 一床被子　　　　am²⁴ tɔ³¹liə⁷²¹³ 一袋米
一　床　被　　　　　　　　　　　一　袋　米

am²⁴tɛə⁵³tut⁵³ 一身汗　　　　　　am²⁴hruə³¹liə⁷²¹³ 一口饭
一　身　汗　　　　　　　　　　　一　口　饭

（二）动量词

荣屯布央语中有一些量词表示动作或变化次数的量，这些量词就是动量词，它们可以分为专用动量词和借用动量词。

1. 专用动量词

荣屯布央语专用动量词有 pɔ²¹³"次、回、趟"、tuːn⁵³"顿"、ʔbɛt⁵³"下"和 jim²⁴"步" 等。例如：

hu²¹³am²⁴pɔ²¹³ 去一次　　　　　tap³¹am²⁴ʔbɛt⁵³ 打一下
去　一　次　　　　　　　　　　　打　一　下

hu²¹³θau⁵³pɔ²¹³ 去两回　　　　　khiə⁵³am²⁴pɔ²¹³ 走一趟
去　两　回　　　　　　　　　　　走　一　趟

ʔduə³¹am²⁴lip³¹ 读一遍　　　　　　tap³¹am²⁴tuːn⁵³ 打一顿
读　一　遍　　　　　　　　　　打　一　顿

a²⁴am²⁴tuːn⁵³ 睡一觉　　　　　　khi⁵³am²⁴jim²⁴ 走一步
睡　一　顿　　　　　　　　　　走　一　步

　　荣屯布央语的专用动量词不仅表示动作或变化的量，还包含有词汇的意义，与其搭配的动词密切相关。例如，po²¹³ "次、回、趟" 是最常用的动量词，表示某一个动作在某个时间段里出现的次数，这个动作可以在一个时间段里反复出现；ʔbɛt⁵³ "下" 表示动作进行的次数，一般用于持续时间较短的动作；tuːn⁵³ "顿" 表示动作的次数，一般用于吃饭、打骂动作，荣屯布央语 a²⁴am²⁴tuːn⁵³ 表示"睡一觉"；am²⁴lip³¹ "一遍" 表示动作从开始到结束的整个过程；jim²⁴ "步" 可以指一步跨出的距离，作为长度量词，同时也可表示双脚交替的次数。

　　2. 借用动量词

　　荣屯布央语借用动量词借用动作行为所凭借的人体部位名词作为量词。例如：

tap³¹ am²⁴ʔbɛt⁵³kwin²¹³ 打一拳　　　tut³¹am²⁴ ʔbɛt⁵³ kɔn²⁴jon⁵³ 踢一脚
打　一　下　拳　　　　　　　　踢　一　下　脚

hram²¹³am²⁴hruə³¹ 咬一口
咬　　一　　口

　　借用身体部位名词为量词的动量词与其搭配的动词有对应的关系，如 tut³¹am²⁴ ʔbɛt⁵³kɔn²⁴jon⁵³ "踢一脚" 中的动词 tut³¹ "踢" 对应的借用动量词为 kɔn²⁴jon⁵³ "脚"。同样，tap³¹ "打" 与 kwin²¹³ "拳" 对应；hram²¹³ "咬" 与 hruə³¹ "口" 对应。

二　量词的语法特点

（一）量词一般位于数词之后，和数词一起修饰名词。例如：

1. θau⁵³lat³¹uːi⁵³ 两头猪
　　两　头　猪

2. taːi⁵³lat³¹pou⁵³ 三只蟹
　　三　只　蟹

3. am²⁴khi²⁴θuŋ²⁴ 一个箱子
　　一　个　箱

4. am²⁴lat³¹ lau³¹ 一条鱼
　　一　条　鱼

5. po⁵³khi²⁴ tsuə²¹³ 四张桌子
  四 张 桌

6. am²⁴ ɕiə⁵³θɯ²⁴ 一本书
  一 本 书

（二）部分量词能够重叠表示逐指，相当于"at³³+量词"，at³³原来的意思为"小的"，当它与量词结合时有"每一"的意思。例如：

1. va³¹va³¹thə²⁴ki⁵³ ta:i³¹ ta:i⁵³ kai⁵³.
  个 个 都 说 地方 我们 好
  个个都说我们家乡好。

2. pja⁵³tseŋ⁵³ nai³¹ lat³¹ lat³¹ thə²⁴ nɔt³¹ ʔbo⁵³ o³³.
  群 牛 这 头 头 都 肥 多 _{语气助词}
  这群牛每头都很肥。

3. am³¹ tse³¹ nai³¹ khat²⁴ khat²⁴ thə²⁴ hra:i²¹³ ja²¹³lin³¹.
  _{定指标记} 绳子 这 条 条 都 长 一 样
  这些绳子每条都一样长。

4. at³³ va³¹kwan²¹³ thə²⁴ qa²⁴ saŋ²¹³kɔ²⁴.
  每 个 人 都 会 唱 歌
  每个人都会唱歌。

5. at³³va³¹kwan²¹³ tɛp⁵³ta:i⁵³ tɛp³¹.
  每 个 人 挑 三 担
  每个人挑三担。

6. at³³ va³¹ kin⁵³ am²⁴khi²⁴.
  每 个 吃 一 个
  每人吃一个。

（三）荣屯布央语的量词和数词一样通常不单独使用，一般不单独充当句子成分。但在一些省略句中，量词可以充当定语或者主语。例如：

1. θau⁵³ va³¹ kwan²¹³ nai³¹ va³¹ ka:u³¹ va³¹ tɔ²¹³. （作主语）
  两 个 人 这 个 高 个 矮
  这两个人（一）个高，（一）个矮。

2. ta:i⁵³ hu²¹³ tɛp⁵³ θei⁵³, va³¹ am²⁴ tɛp³¹. （作主语）
  我们 去 挑 柴 个 一 担
  我们去挑柴，一个人挑一担。

3. lat³¹ khit⁵³ tiu²¹³ khwan²⁴ tiu²¹³ lɔŋ²¹³. （作定语）
  只 青蛙 跳 上 跳 下
  青蛙一蹦一跳地走。

4. lat³¹ ŋɔ²¹³ nai³¹ tən³¹kəŋ⁵³ ʔdɔ⁵³   hən⁵³   ɛ⁵³ .   （作定语）
   匹 马   这 跑   结构助词   很   快
   这匹马跑得很快。

（四）荣屯布央语的数词和量词一般都是连在一起使用，构成数量短语。有时量词还与指示代词 nai³¹ "这" 和 mai³¹ "那" 组合修饰名词，其结构为 "量词+名词+指示代词"，如 khi²⁴θɯ²⁴nai³¹ "这本书"、lat³¹maːi⁵³mai³¹ "那只猪"，其语法功能和数量短语基本相同。另外，指示代词 nai³¹ "这" 和 mai³¹ "那" 还可以和数量短语结合，如 θau⁵³lat³¹tseŋ⁵³mai³¹ "那两头牛"、po⁵³lat³¹ŋɔ²¹³mai³¹ "那四匹马" 等。

三　数量短语的语法特点

（一）数量短语充当定语

通常，荣屯布央语的数量结构位于名词前面，充当定语，修饰、限制名词。例如：

1. lɔk³¹ kjɯ⁵³ um⁵³ ʔdɔ⁵³ (am²⁴) lat³¹ uːi⁵³ la²¹³ at³³.
   家   我   养   得   （一）   只   狗   花的   小的
   我家养了一只小花狗。

2. kjɯ⁵³ tam²⁴ ʔdɔ⁵³ θau⁵³ tu²¹³ mɛ³¹lai²¹³.
   我   种   得   两   株   梨
   我种了两株梨树。

3. lɔk³¹ kjɯ⁵³ um⁵³ ʔdɔ⁵³ am²⁴ɕit⁵³ kep⁵³.
   家   我   养   得   一些   鸭
   我家养了一些鸭子。

4. ɕit⁵³ tai⁵³ mai³¹ luŋ²⁴ ʔdɔ⁵³ hən³³ kai⁵³.
   些   树   那   长   得   很   好
   那些树长得非常好。

5. (am²⁴) lat³¹ maːi⁵³ naŋ²⁴ lai³¹ (am²⁴) lat³¹ ʔbɛ²⁴.
   （一） 只   猪   重   过   （一） 头   羊
   猪比羊重。

通常，荣屯布央语的数量短语中间不能插入其他词，修饰名词的形容词位于名词的后面，当数词为 am²⁴ "一" 时，可以省略。如例 1，am²⁴lat³¹uːi⁵³la²¹³at³³ "一只小花狗" 中的 am²⁴ 可以省略，形容词 la²¹³ "花的" 和 at³³ "小的" 都不能放在数量短语中间。指示代词和量词组合修饰名词时，名词位于量词和指示代词中间，如例 4，ɕit⁵³ tai⁵³ mai³¹ "那些树"，tai⁵³ "树" 位于不定量词 ɕit⁵³ "些" 和指示代词 mai³¹ "那" 之间。

（二）数量短语做主语和宾语

有时候数量短语所修饰的名词可以省略，数量短语可以充当主语或宾语。例如：

1. —mo³¹kin⁵³ kjan³¹ni²¹³ tui⁵³　liə²¹³?
   　你 吃　多少　　　　碗　饭
   —kin⁵³am²⁴tui⁵³.　　　　　　　　　　　　　　　　（宾语）
   　吃　一　碗
   —你吃多少碗饭？
   —吃一碗。

2. phɔn⁵³θa:i⁵³ ka:n⁵³ qa²¹³ni²¹³, at³³va³¹thə²⁴pan²⁴.　（主语）
   　你们　　　急　　什么　　　小 个　都　有
   　你们急什么，每个人都有。

3. —mo³¹ mi³¹ kui²⁴ kjan³¹ni²¹³ kan²⁴ u²⁴tseŋ⁵³?
   　你　买 完成体助词　多少　　　　斤　肉　牛
   —kjɯ⁵³ mi³¹　kui²⁴ ta:i⁵³ kan²⁴ na:m⁵³（hrɛə²¹³）.　（宾语）
   　我　买 完成体助词 三　　斤　六　　（两）
   　你买了多少斤牛肉？
   　我买了三斤六两。

4. pɔt³¹ta:i⁵³khi²⁴ kja⁵³ tɯ³¹ khi²⁴ ʔdɔ⁵³　θau⁵³pɔt³¹ khi²⁴.　（主语、宾语）
   　十 三 个　加　七 个　得　　二 十 个
   　十三个加七个得二十个。

5. —mo³¹pan²⁴ kjan³¹ni²¹³ ɕiə⁵³θɯ²⁴?
   　你 有　　多少　　　　本 书
   —kjɯ⁵³ pan²⁴θau⁵³ ɕiə⁵³.　　　　　　　　　　　　（宾语）
   　我　有　两　　　本
   —你有多少书？
   —我有两本。

6. lɔk³¹kjɯ⁵³pan²⁴θau⁵³lat³¹ŋɔ²¹³.kjɯ⁵³ma²¹³ lat³¹nai³¹, i²⁴ ma²¹³ lat³¹mai³¹.（宾语）
   　家　我　有　　两　　只 马　我 喜欢　　只 这　他 喜欢　只 那
   　我家有两只马。我喜欢新买的这匹，他喜欢从前买的那匹（马）。

7. lat³¹ nai³¹ kai⁵³, lat³¹ mai³¹ kai⁵³la³¹.　　　　　（主语）
   　只 这　好　　只 那　好 不
   　这只好，那只不好。

当数量短语所修饰的名词是说话双方都已明确的事物或者在上文已经提及时，被修饰的名词就可省略，数量短语代替名词做主语和宾语。

（三）数量短语作谓语

荣屯布央语的数量短语在一些特别的句子中充当谓语。例如：

1. —ap³³noŋ³¹uə⁵³ kan²⁴ kjan³¹ni²¹³ ʑin²¹³？
   白菜　　　 斤　多少　钱
   —am²⁴man²⁴am²⁴kan²⁴.
   一　元　一　斤
   ——白菜多少钱一斤？
   ——一元一斤。

2. pɔ²⁴θiə⁵³ kjɯ⁵³ piə³¹nai³¹ na:m⁵³ pɔt³¹mo³¹ piə³¹.
   父亲　我　 年　这　六　十　五　岁
   我父亲今年六十五岁。

3. ta:i⁵³ ʔduə⁵³ pan⁵³　me³¹, at³³ va³¹　am²⁴ khi²⁴.
   我们 来　 分　 果子　小　 人　 一 个
   我们来分果子，一人一个。

例 1 中的 am²⁴man²⁴ "一元" 是主语，am²⁴kan²⁴ "一斤" 是谓语；例 2 中 na:m⁵³ pɔt³¹¹mo³¹ piə³¹ "六十五岁" 是句子的谓语；例 3 的 at³³ va³¹ "每人" 为主语，"at³³+名词" 表示逐指，am²⁴khi²⁴ "一个" 为谓语。

（四）数量短语做状语

1. to²¹³lai²¹³ mai³¹ piə³¹ tai³¹am²¹³⁽²⁴⁾ tam²⁴ tɔ⁵³, piə³¹ tai³¹θau⁵³ tam²⁴ ɬə³¹ʔboŋ²⁴.
   块　地　那　年　第一　　种　玉米 年　第二　　 种　红薯
   那块地第一年用来种玉米，第二年用来种红薯。

2. tan³¹θiə⁵³ ʔda⁵³ ko²⁴wən³¹ i²⁴　am²⁴jap³¹ ʔda⁵³ pa³¹ kui²⁴.
   老师　　 讲　 课文　他　一　下　讲　给　语气助词
   老师把课文一下子讲完了。

由序数词加上量词而构成的数量短语可以作状语，其结构为 "量词+tai³¹+数词"，如例 1 中的 piə³¹tai³¹θau⁵³ "第二年" 在句子中做时间状语。例 2 中的 "数词+动量词" 短语 am²⁴jap³¹ 位于动词之前，在句子中充当状语。

（五）数量短语做补语

荣屯布央语的数词和动量词可以组成数量短语，其结构为 "数词+动量词"。当这一类的数量短语位于动词后面时，数量短语充当补语。例如：

1. i²⁴ pa²⁴ u:i⁵³ hram²¹³ θau⁵³　ʔbɛt⁵³.
   他　被　狗　咬　　两　 下
   他被狗咬了两口。

2. i²⁴　kin²⁴ kjɯ⁵³　am²⁴tun⁵³　qa²¹³mɯ²⁴ ʔbo⁵³.
   他　骂　我　　一　顿　　　 臭　 多

他把我臭骂一顿。

3. piə³¹nai³¹ kjɯ⁵³ taːu³¹ lɔk³¹ am²⁴po²¹³.
   年 今 我   回 家   一 趟
   今年我回了一趟家。

4. i²⁴ tap³¹ θau⁵³ po²¹³ ŋiə³¹.
   他 拍 两 下 手
   他拍了两下手。

5. i²⁴ tap³¹ʔbɛt⁵³kwin²¹³, tut³¹ ʔbɛt⁵³ kɔŋ²⁴jɔŋ⁵³.
   他 打 下 拳   踢 下   脚
   他打一拳，踢一脚。

6. i²⁴ man⁵³mai³¹ tut³¹ kjɯ⁵³ am²⁴ʔbɛt⁵³ kɔŋ²⁴jɔŋ⁵³.
   他 刚才   踢 我 一 下   脚
   他刚才踢我一脚。

7. i²⁴ tap³¹ θau⁵³ po²¹³ ŋiə³¹.
   他 拍 两 下 手
   他拍了两下手。

8. kjɯ⁵³ θau⁵³ piə³¹ kuːn⁵³ thaːn²⁴ i²⁴ am²⁴ pɔ²¹³.
   我 两 年 前   见 他 一 次
   我两年前见过他一次。

第五节　动词

　　动词表示动作、行为、心理活动或存在、变化、消失等。荣屯布央语动词数量较多，仅次于名词，在语法体系中占有十分重要的地位，本书也将对动词作为语法研究的一个重点。荣屯布央语动词主要是做谓语，大部分动词都可以带宾语。荣屯布央语动词有丰富的体貌范畴，绝大部分动词可以带 ket²⁴ "过" 或 kui²⁴ "了" 等动态助词（动词体标记）。荣屯布央语的动词数量大，而且用法非常复杂，有必要对其全貌进行深入的研究。

一　动词的分类

（一）荣屯布央语动词以是否能带宾语为依据可分为及物动词和不及物动词两类：

1. 及物动词

khe⁵³ 守　　　　　ʔdet⁵³ 啃　　　　ki⁵³ 告诉

ʔduə³¹ 读　　　　laŋ³¹ 看　　　　tsui³¹ 帮助

ham²⁴ 喝 　　　　　　 kin⁵³ 吃 　　　　　　 hram²¹³ 咬

2. 不及物动词

ʔdam²⁴ 朽 (木头朽了) 　　 va⁵³ 坏 (犁头坏了) 　　 khɔ²⁴ 干涸

tɔ²⁴ 断 (扁担断了) 　　　 fou³¹ 浮 　　　　　　 kjaŋ²⁴ 沉

tɔk²⁴ 掉 (桶底掉了) 　　　 ʔban⁵³ 旋转 　　　　 ʔda:i²⁴ 倒

荣屯布央语动词中有些既可以做及物动词，也可以做不及物动词。例如，kin⁵³ "吃" 在 "i²⁴ȵaŋ²⁴kin⁵³liə ʔ²¹³" （他还在吃着饭）中为及物动词，后面带名词 liə ʔ²¹³ "饭" 做宾语，而在 "lau⁵³ku²⁴am²⁴jap³¹ʔdo²⁴tsou²¹³kin⁵³mɔt³¹lo³³" （大约再有一会儿就吃完了）中为不及物动词，后面带完成体助词 mɔt³¹ 和语气助词 lo³³，不带宾语。荣屯布央语的及物动词和不及物动词在形式上没有明显的区别，能带宾语的就是及物动词，不能带宾语的就做不及物动词。

（二）荣屯布央语动词按照其词汇意义和语法功能可以分动作动词、使令动词、心理动词、存现动词、趋向动词、能愿动词及判断动词等七类：

1. 动作动词

puə³¹ 邮寄 　　　　　 hrui²⁴ 馈赠 　　　　　 jaŋ²⁴ 举 (举手)

mi³¹ 拿 　　　　　　 khuk⁵³ 围抱 　　　　　 kam³¹ 握 (握刀把)

viə²¹³ 扔 (扔掉) 　　　 jəŋ²⁴ 掷 (掷石头) 　　 nap³¹ 按 (用手按着)

2. 使令动词

kjau³¹ 请 　　　　　　 tshui²⁴ 催 　　　　　　 kjau³¹ 求

jiə²¹³ 让 (让我去) 　　 qha⁵³ 叫 (叫他来)

3. 心理动词

ma²⁴ 爱 (爱看戏) 　　 tu³¹hiu²⁴ 羡慕 　　　 ta:u⁵³tut⁵³ 嫉妒

hum⁵³ 相信 　　　　 vai³¹ȵi³¹ 怀疑 　　　　 nin⁵³ 想 (想家)

ʔdam²⁴ 想 (思考) 　　 ku⁵³ 猜 (猜谜语) 　　　 ho³¹luə²⁴ 满意

4. 存现动词

pan²⁴ 有 　　　　　　 an⁵³ 在 (在这里玩)

5. 趋向动词

ʔduə⁵³ 来 　　　　　　 hu²¹³ 去 　　　　　　 ta:u³¹ 回

ta:u³¹ʔduə⁵³ 回来 　　　 ta:u³¹hu²¹³ 回去 　　　 khwan²⁴mu⁵³ 上来

khwan²⁴hu²¹³ 上去 　　 lɔŋ²¹³ʔduə⁵³ 下来 　　 lɔŋ²¹³hu²¹³ 下去

6. 能愿动词

ʔdɔ⁵³ 能 (你能来吗) 　 pan²⁴kim²⁴ 敢 　　　　 qa²⁴ 会

pok³¹ 甘心 　　　　　 kɔ³³ji⁵³ 可以 　　　　 a:i⁵³ 愿意

7. 判断动词

tu^{24} 是　　　　　　　min^{31} 是　　　　　　　hruə^{31} 姓

ʔdɔ^{53} 等于、得

二　动词的体

科姆里认为体是观察情状的内部事件构成的不同方式，体与"时间进程"有着密切的关系[①]。其实，动词"体"的语法范畴是通过一定的语法形式表示行为动作进行的状态或者方式。不同语言的体范畴所包含的语法意义有很大的差别。荣屯布央语的"体"包括完成体、经历体、反复体、同时体、起始体和持续体等六种。

（一）完成体

完成体表示已经完成或将要完成的动作方式，强调完成的动作对现在带来的影响，与现时有着紧密的联系。荣屯布央语完成体通常由动词加上体态助词 kui^{24}、mɔt^{31} 和 tu^{24} 构成，有时候句末还加上 lo^{33} 等语气助词，其中 mɔt^{31} 含有"完成、结束"的意思。例如：

1. —mo^{31} mi^{31}　kui^{24}　kjan^{31}ni^{213} kan^{24} u^{24}tseŋ^{53}?

　　你　买　完成体助词　多少　斤　肉牛

　　—kjɯ^{53}　mi^{31}　kui^{24}　ta:i^{53} kan^{24}na:m^{53}（hrɛə^{213}）.

　　我　买　完成体助词　三斤六　（两）

　　—你买了多少斤牛肉？

　　—我买了三斤六（两）。

2. mo^{31}pat^{53}　tsɔk^{31}hu^{53}　kui^{24}　lɛ^{53}?

　　你　洗　衣服　完成体助词　语气助词

　　pat^{53}　kui^{24}　lo^{33}.

　　洗　完成体助词　语气助词

　　你洗完衣服了吗？

　　洗完了。

3. kjɯ^{53} jɯ^{31}　tu^{24}　pjuə^{31}wan^{31}, mo^{31}thə^{24} ʔduə^{53}　la^{31}.

　　我　等　完成体助词　半天　你　都　来　否定词

　　我等了半天，你都不来。

4. i^{24}　khi^{24}wan^{31} kin^{53}　liə^{213}va^{24}　mɔt^{31}　nən^{213}　u^{53}　hu^{213}.

　　他　每天　吃　早饭　完成体助词　就　出　去

　　他每天吃了早饭就出去。

[①] 刘丹青：《语法调查研究手册》，上海教育出版社 2008 年版，第 457 页。

5. kjɯ⁵³ laŋ³¹ ten³¹jiŋ⁵³ mɔt³¹   nən²¹³ ta:u⁵³   hu²¹³.
   我   看   电影   完成体助词   就   回   去
   我看电影完了就回去。

(二) 经历体

经历体也称经验体。荣屯布央语的经验体一般由动词加上动态助词 ket²⁴ 构成，表示曾经做过某些事情或者发生、出现过某种情况。例如：

1. kjɯ⁵³ thja⁵³ ket²⁴   i²⁴   ki²⁴po²⁴.
   我   找   经历体助词   他   几 次
   我找过他好几次

2. i²⁴ u:n⁵³mai³¹ ve³¹ ket²⁴ θiə⁵³a:i²⁴.
   他 从前   做   经历体助词 生意
   他从前做过生意。

3. kjɯ⁵³ ɬin²⁴ laŋ³¹ ket²⁴ ɕiə⁵³θɯ²⁴nai³¹.
   我   先   看   经历体助词 本 书 这
   我早就看过这本书了。

4. kjɯ⁵³kin⁵³ ket²⁴   am³¹ ap³³ nai³¹, kin⁵³ kai⁵³ ken³¹la²¹³la³¹.
   我   吃   经历体助词 定指标记 菜 这   吃   好   差不多
   我吃过这种菜，不大好吃。

荣屯布央语的完成体和经历体有许多相同之处，相互之间有交叉的地方，但完成体强调事情的完成对现在的影响，而经历体更强调事情已发生的事实或经历性特征。

(三) 起始体

荣屯布央语起始体由动词加体态助词 lo³³ 构成，强调动作起点但不明确其终点。有时候在体态助词 lo³³ 后加上 ne⁵³ 等语气助词。

1. wan³¹nai³¹ ʔbɔn⁵³ net⁵³ lo³³,   mo³¹ le²¹³ lai³¹am²⁴ ʔduə⁵³tsɔk³¹.
   今天   天 冷 起始体助词   你   穿   多 一 件   衣服
   天气开始冷了，你多穿一件衣服。

2. phɔn⁵³mai³¹ tap³¹ lin³¹ lo³³,   mo³¹ hu²¹³ khen²⁴khen²⁴.
   他们   打架   起始体助词 你   去   劝 劝
   他们打起来了，你去劝劝。

3. kiə⁵³ naŋ²⁴ ʔduə⁵³ ʔban²⁴, i²⁴ nən²¹³ ham²⁴ iu²⁴ lo³³.
   客人   还   到   否定词   他 就   喝   酒 起始体助词
   客人没有到，他就喝起酒来。

4. i²⁴ lu²¹³ ve³¹ ve³¹ θiə⁵³a:i²⁴ lo³³ ne⁵³.
   他 怎么 做   做   生意   起始体助词 语气助词
   他怎么做起生意来了。

（四）持续体

荣屯布央语的持续体主要由动词加上体态助词 an⁵³构成，表示动作在持续中。例如：

1. tuə⁵³　ha⁵³　an⁵³,　liə⁷²¹³luə⁷²¹³pan²⁴ kwan²¹³ la³¹.
   门　　开 持续体助词　里面　　有　　人 否定词
   门开着，里面没有人。

2. ta²⁴　an⁵³,　jɯ⁵³sai²⁴　jut⁵³　khwan²⁴mo⁵³.
   坐 持续体助词　不要　　　站　　起来
   坐着，不要站起来。

3. ɕau⁵³miŋ³¹ tɔŋ³¹kɯ²¹³　qa²¹³luə³¹　an⁵³,　ʔda⁵³ŋuə⁵³ la³¹.
   小明　　　低　头　　　　　　　　持续体助词　说话　　　　否定词
   小明低着头不说话。

4. i²⁴　ma²⁴　jan²⁴　an⁵³　kin⁵³.
   他　喜欢　站 持续体助词　吃
   他喜欢站着吃。

5. luə⁷²¹³ tshe²⁴　mai³¹ pan²¹³ θau⁵³ va³¹kwan²¹³　kuk⁵³ʔdɛə⁵³ ta²⁴ an⁵³.
   里　　车子　　那里　有　两　个　人　　　国　外　　　坐 持续体助词
   车子里坐着两个外国人。

6. pat³³po²⁴ mai³¹　hui²⁴　an⁵³　am²⁴ ʔbiə²⁴　wa³¹pau²⁴.
   墙　　　那里　挂 持续体助词　一　　　幅　画
   墙上挂着一幅画。

7. pei⁵³tuə⁵³ mai³¹ jan²⁴　an⁵³　ta:i⁵³　va³¹kwan²¹³.
   门口　　　那　站 持续体助词　三　个　人
   门口那里站着三个人。

（五）反复体

荣屯布央语还存在一种持续反复体，以重叠加上一些成分构成，如"V1+hu²¹³+V2+ mu⁵³"结构，其中 hu²¹³和 mu⁵³是从行为动词 hu²¹³ "去"、mu⁵³ "来"虚化而来。刘丹青指出这一类反复从单一动作看，是反复，从整体事件来看又是动态动词的进行体或静态动词的持续体[①]。例如：

1. am³¹ta:i⁵³　ji²¹³　khi⁵³　ji²¹³　ʔda⁵³,
   我们　　　一边　　走　　一边　　说
   ʔda⁵³　hu²¹³　ʔda⁵³　mu⁵³　nən²¹³ʔduə⁵³ku²⁴ kui²⁴.
   说 反复体助词　说 反复体助词　就　　来　　到　　语气助词

[①] 刘丹青：《语法调查研究手册》，上海教育出版社2008年版，第471页。

我们边走边说，说着说着就到了。

2. i²⁴ saŋ²¹³kɔ²⁴saŋ²¹³ hu²¹³ saŋ²¹³ mu⁵³, ɬam⁵³ȵoŋ²¹³ luə²¹³ hip⁵³ kui²⁴.
   他 唱歌 唱 反复体助词 唱 反复体助词 忽然 喉咙 哑 语气助词
   他唱着唱着忽然喉咙哑了。

3. i²⁴ laŋ³¹ hu²¹³ laŋ³¹ mu⁵³, ŋa³¹ŋa³¹ nap³¹ ta:u⁵³ a²⁴ʔdak³¹ kui²⁴.
   他 看 反复体助词 看 反复体助词 慢慢 闭 眼睛 睡 语气助词
   他看着看着，慢慢闭上眼睛睡着了。

另外，荣屯布央语还可以通过词汇表达的手段来表示动作的反复，由动词加上副词 mɔt³¹jou²¹³ "又"或者副词 jou²¹³ "又"构成。mɔt³¹jou²¹³ "又"和 jou²¹³ "又"两者可以互换，差别不大，都强调动作的反复。

1. i²⁴ ŋim²⁴ŋim²⁴ ʔduə⁵³ ku²⁴, mɔt³¹jou²¹³ hu²¹³ kui²⁴.
   他 刚刚 来 到 又 走 语气助词
   他刚刚到，又走了。

2. khi²⁴ wan³¹ku:n⁵³ net⁵³ lai³¹, wan³¹nai³¹ jou²¹³ tut⁵³ lo³³.
   几 前天 冷 过 今天 又 热 语气助词
   前几天还冷，今天又热了。

3. i²⁴ kim²⁴ ʔdɔ⁵³ ta:i⁵³ wan³¹ ka²⁴lu³¹, wan³¹nai³¹ jou²¹³ pap³¹ lo³³.
   他 戒 结构助词 三 天 烟 今天 又 抽 语气助词
   他才戒了三天烟，今天又抽起来了。

4. i²⁴ pɛ⁵³ ʔbit⁵³ jou²¹³ ʔbit⁵³, tap³¹ thə²⁴ təŋ³¹ la³¹.
   他 扇巴掌 又 扇巴掌 打 都 停 否定词
   他一巴掌又一巴掌不停地扇打（她）。

5. θau⁵³va³¹kwan³¹ jou²¹³ tɔk³¹kja⁵³ lo³³.
   两个人 又 说话 语气助词
   两个人又说话了。

三 动作正在进行的表示法

荣屯布央语没有进行体标记，动作行为正在进行的表达是通过词汇表达方式构成的，通常是将 an⁵³ "在"或 ȵim²⁴ "在"加上动词构成。例如：

1. kjɯ⁵³ ȵaŋ²⁴ kin⁵³liə²¹³ ʔban²⁴, kjɯ⁵³ an⁵³ θək³¹ ta:i³¹.
   我 还 吃饭 否定词, 我 在 扫 地
   我没在吃饭，我在扫地。

2. kjɯ⁵³ hu²¹³ lɔk³¹ i²⁴ mai³¹, i²⁴ ȵim²⁴ kin⁵³ŋa²¹³.
   我 到 家 他 那 他 在 吃饭
   当我到他家的时候，他正在吃饭。

3. kjɯ⁵³ n̠.im²⁴　tɛə⁵³, n̠aŋ²⁴　tɛə⁵³ thaːn²⁴ʔban²⁴.
　　我　　在　　找　　还　　找　　到 _否定词_
　　我正在找着，还没找着呢。

4. —i²⁴　an⁵³　vɛ³¹　qa²¹³ni²¹³? i²⁴　n̠.im²⁴　kin⁵³liə⁷²¹³.
　　他　在　干　什么　　　　他　在　吃饭
　　—i²⁴　n̠.im²⁴　kin⁵³liə⁷²¹³.
　　他　在　吃饭
　　—他在干什么呢?
　　—他在吃饭呢。

5. phɔn⁵³mai³¹　n̠.im²⁴　tɔk³¹kja³¹.
　　他们　　　　在　　说话
　　他们正在说话。

6. phɔn⁵³mai³¹　n̠.im²⁴　laŋ³¹ θɯ²⁴　nɛ⁵³.
　　他们　　　　在　　　看　书　 _语气助词_
　　他们正在看书。

7. ɕiə⁵³θɯ²⁴mai³¹　i²⁴　n̠.im²⁴　laŋ³¹.
　　本　书　那　他　在　看
　　那本书他正看着。

8. phɔn⁵³mai³¹ n̠.im²⁴　ham²⁴ iu²⁴.
　　　他们　　　在　　喝　酒
　　他们正在喝酒。

9. i²⁴　n̠.im²⁴ vɛ³¹tsem⁵³.
　　他　在　玩
　　他玩着呢。

四　动作将要进行的表示法

荣屯布央语缺少将行体标记，常用能愿动词 la³¹ "要" 加上动词表示行为动作将要进行。例如:

1. mo³¹　la³¹　lu²¹³ vɛ³¹　vɛ³¹?
　　你　　要　　怎么　　做
　　你要怎么办?

2. i²⁴　la³¹　hu²¹³　qa²¹³li²¹³　hu²¹³?
　　他　要　　去　　哪里　　　去
　　他要去哪里?

3. kju⁵³ la³¹ hu²¹³ laŋ³¹ ten³¹jiŋ⁵³.
   我　　要　　去　　看　　电影
   我要去看电影。

4. kju⁵³ la³¹ hu²¹³ hεə²⁴ mi³¹ am²⁴mε³¹kwua³¹.
   我　　要　　去　　街　　要　　一　把　锄头
   我要上街买一把锄头。

5. ʔbɔn⁵³ la³¹ ʔdam³¹ lo³³, ta:u³¹hu²¹³ lo³³.
   天　　要　　黑　_{语气助词}　回去　_{语气助词}
   天快黑了，回去吧。

五　动作短暂持续的表示法

荣屯布央语没有短时体标记，通常用动词加上时间副词 am²⁴ɕit⁵³ "一会儿"或者 am²⁴jap³¹ "一下"表示动作短暂持续。am²⁴ɕit⁵³ "一会儿"和 am²⁴jap³¹ "一下"意思相差不大，可以互换，都强调动作的短暂。例如：

1. taŋ³¹ku:n⁵³ hε⁵³pak³¹　am²⁴ɕit⁵³, ŋa³¹ ve³¹ lo³³.
   大家　　休息　　　一会儿　　再　干　_{语气助词}
   大家歇歇再干。

2. ta:i³¹nai³¹　łam²⁴ ʔbo⁵³, mo³¹θək³¹（i²⁴）　am²⁴ɕit⁵³.
   地　这　　脏　多　　你　扫　（它）　一会儿
   地太脏了，你把它扫一下。

3. i²⁴ a²⁴ ʔdo⁵³ am²⁴jap³¹,　kju⁵³ laŋ³¹　ʔdo⁵³　hən⁵³　θak²⁴.
   他　睡　_{结构助词}　一下　　　我　看　_{结构助词}　很　清楚
   他睡了一下，我看得清楚。

4. tɔk³¹kja³¹　am²⁴jap³¹.
   商量　　　一下
   商量一下。

5. ti²¹³an⁵³ am²⁴jap³¹/ uə⁵³hu²¹³　am²⁴jap³¹.
   听　　一下　　出去　　一下
   听一下/出去一下。

6. mo³¹ tsui³¹ i²⁴ tεp⁵³ am²⁴jap³¹.
   你　替　他　担　一下
   你替他担一下。

7. mo³¹ hu²¹³　laŋ³¹　am²⁴jap³¹.
   你　去　　看　　一下
   你去看一下。

六 两个动作同时进行的表示法

荣屯布央语一个句子中的两个连词 ji²¹³ "一边" 加上两个不同动词表示两个动作同时进行，其结构为 "ji²¹³+V1+ ji²¹³+V2"。一个分句的 "ji²¹³+V1" 和另一个分句的 "ji²¹³+ V2" 也表示 V1 和 V2 两个动作同时发生。例如：

1. phɔn⁵³mai³¹ łeŋ²⁴ŋiə³¹ 1in³¹, ji²¹³ khiə⁵³ ji²¹³ saŋ²¹³.
   他们　　　拉手　　相互态助词　一边　走　一边　唱
   他们手拉着手，一边走一边唱。

2. taŋ³¹phɔn⁵³ ji²¹³ tsui³¹ i²⁴ ʔdaŋ²⁴uə ʔ²²⁴ʔdɛ⁵³ ʔdaŋ²⁴liə ʔ²¹³,
   大家　　　一边　帮　他　煮　　开水　　煮　饭
   ji²¹³ tsui³¹ i²⁴ hrip³¹ hiŋ³¹li⁵³.
   一边　帮　他　收拾　行李
   大伙儿一边为他烧水做饭，一边帮他收拾行李。

3. va³¹ pu²¹³ki⁵³ nai³¹ ji²¹³ laŋ³¹ pau²⁴tɕi⁵³ ji²¹³ a²⁴.
   个　老人　　　这　一边　看　报　　一边　睡
   这位老先生一边看报一边瞌睡。

有时候同时体助词可以用 jou²¹³ "又" 代替 ji²¹³ "一边"，句子意义不变，同样表示动作的同时进行。例如：

4. i²⁴ jou²¹³, ʔda⁵³, jou²¹³ qa²¹³θaːu⁵³.
   他　又　　说　又　　笑
   他一边说，一边笑。

有时候，两个同时进行的动作中的一个动作以另一动作为背景，其结构为 "V1+ ji²¹³+V2"，与前面的结构相比，省略了一个连词 ji²¹³ "一边"。例如：

5. i²⁴ qa²¹³θaːu⁵³ ji²¹³ ki⁵³.
   他　笑　　　　一边　说
   他一边笑一边说。

七 动词的态

态（voice）又叫语态，是动词的一种关乎小句整体格局的重要形态，直接影响动词带多少论元和带什么论元[①]。荣屯布央语动词的态主要有主动态、被动态、使动态和相互态，但严格来说，只有被动态和相互态是通过

[①] 刘丹青：《语法调查研究手册》，上海教育出版社 2008 年版，第 428 页。

虚词标记来表示语法范畴的，是有标记的态，而主动态和使动态是通过词汇表达方式来构成的，是无标记的态。

（一）被动态

被动态是许多语言中常见的语态，通常用于及物动词。荣屯布央语及物动词带上被动态之后，原主动态充当宾语的客体论元被提升至主语之位，动词便不带宾语，原施事变成需要介词 pa^{24} "被"介引的旁格（介词 pa^{24} 的功能下面章节还将会继续谈到，详见本章第七节介词部分）。例如：

1. khi^{24} tui^{53} pa^{24} i^{24} tap^{31} va^{53} kui^{24}.
   个　　碗　　被　　他　　打　　坏　　语气助词
   碗叫他给打坏了。

2. khi^{24} mu^{24} $kju\ddot{u}^{53}$ pa^{24} $tsa\eta^{24}san^{24}$ tap^{31} va^{53} kui^{24}.
   个　　锅　　我　　被　　张三　　　　打　　坏　　语气助词
   我的锅被张三砸破了。

3. i^{24} $lok^{31}va^{24}$ pa^{24} $\textit{ɬiau}^{33}wa\eta^{31}$ $tshen^{24}$ hu^{213}.
   他　　早晨　　　被　　小王　　　　　请　　去
   他早上被小王请去。

4. $mo^{31}\text{ʔ}da^{53}$ $\text{ʔ}dam^{53}\text{ʔ}da^{53}$ nai^{31} pa^{24} $phon^{53}mai^{31}$ $\text{ʔ}dam^{24}$ lun^{53}.
   你　讲　话　　　　　　这　　被　　人家　　　　想　　错
   你这句话会被人家误解。

5. $mu\ni^{213}$ pa^{24} $tsen^{53}$ kin^{53} kui^{24}.
   草　　　被　　牛　　吃　　语气助词
   草被牛吃了。

6. i^{24} pa^{24} $tan^{31}\theta i\ni^{53}$ kin^{24} $am^{24}tun^{53}$.
   他　被　老师　　　　骂　　一顿
   他被老师批评了一顿。

7. $lat^{31}tsen^{53}$ pa^{24} $za^{31}lum^{213}$ lum^{213} hu^{213} kui^{24}.
   头　牛　　　被　　小偷　　　　偷　　走　　语气助词
   牛被小偷偷走了。

8. khi^{24} $tep^{31}a^{24}$ nai^{31} pa^{24} $\theta iau^{53}jan^{31}$ mau^{31} mi^{31} hu^{213} a^{24} kui^{24}.
   张　床　　　这　　被　　小杨　　　　占　要　去　睡　语气助词
   这张床被小杨占去睡了。

9. khi^{24} $tshe^{24}$ i^{24} pa^{24} $phon^{53}mai^{31}$ ta^{24} hu^{213} kui^{24}.
   个　车　他　被　人家　　　　骑　走　语气助词
   他的车子被人给骑走了。

荣屯布央语的被动态减少动词的价，施事不再是主语，而成为了旁格，

第四章　词类

不再带宾语，论元的数目减少。如以上例9中"ta²¹³"（骑），原为二价动词，在被动句中不能带宾语，类似于一价动词。

（二）相互态

荣屯布央语相互态由动词加上 lin³¹ 构成，表示该动作同时作用于不同的动作行为主体。相互态要求先行词是至少为二的复数，交叉回指复数先行词内自己以外的个体。例如：

1. am³¹ta:i⁵³　ta²¹³kja⁵³　jau²⁴　tsui³¹　lin³¹.
   我们　　　大家　　　要　　帮助 相互态助词
   我们大家要互相帮助。

2. lɛ³¹pa:u⁵³　θa:i⁵³　ju⁵³sai²⁴　kin²⁴　lin³¹,　tap³¹　lin³¹.
   孩子　　　们　　不要　　　吵架 相互态助词　打架 相互态助词
   孩子们不要吵架、打架。

3. θau⁵³　va³¹phɔn⁵³　hən⁵³　ma²⁴　lin³¹.
   他们俩　　　　很　　　爱 相互态助词
   他们俩很相爱。

（三）主动态

荣屯布央语的主动态没有语法标记，强调行为动作由主体发出或完成，动词可以带或不带宾语。例如：

1. lɔk³¹kjɯ⁵³　um⁵³　ʔdɔ⁵³　lat³¹　u:i⁵³at³³.
   家　　　　我　　养　　得　　只　狗　小
   我家养了一只小狗。

2. wan³¹nin³¹　u:i⁵³　hram²¹³　pa²⁴　miu³¹　lim³¹　kui²⁴.
   昨天　　　　狗　　咬　　　把　　猫　　死 语气助词
   昨天狗把猫咬死了。

3. i²⁴　wan³¹nai³¹　ʔduə⁵³.
   他　今天　　　来
   他今天来。

4. po²¹³lɛ³¹　vɛ³¹,　po²¹³lɛ³¹　kin⁵³.
   自己　　　做　自己　　吃
   自己做，自己吃。

（四）致使态

荣屯布央语致使态表示某事物或行为动作致使其他事物产生某种行为或者结果，其常用的结构为：NP1+ pa²⁴+NP2+VP（NP1 为第一个名词性结构，pa²⁴为使令动词，NP2 为第二个名词性结构，VP 为动词性结构）。pa²⁴ "让、给、使"为单纯致使义动词，只有致使义而没有具体的词汇意义。例如：

1. θaːi⁵³ jɯ⁵³sai²⁴ ki⁵³, pa²⁴ i²⁴ pɔ²¹³le³¹ ki⁵³.
   你们 不要   说，让 他 自己   说
   你们不要说，让他自己说。

2. mo³¹ pa²⁴ phɔn⁵³ hu²¹³.
   他 让 别人 去
   他让别人去。

3. kjɯ⁵³ an⁵³ nai³¹, mo³¹ an⁵³mai³¹, laŋ³¹ pa²⁴ kai⁵³, jɯ⁵³ pa²⁴ i²⁴ ʔbɔt⁵³.
   我 在 这 你 在 那 看 把 好 别 让 他 跑
   我在这，你在那，好好看着，别让他跑了。

4. li⁵³miŋ³¹ hreŋ²¹³ ɬiau⁵³waŋ³¹ pa²⁴ i²⁴ hu²¹³ lɔk³¹ la³¹.
   李明   拉住   小王   让 他 回 家   否定词
   李明拉住了小王不让他回家。

5. mo³¹ lam³¹lam³¹ pa²⁴ kjɯ⁵³ ti²¹³an⁵³.
   你 说 说 给 我 听
   你给我说说吧。

6. θiau⁵³hoŋ³¹ mi³¹ θɯ²⁴ pa²⁴ mi²⁴ nim³¹.
   小 红 把 书 给 妈妈 保存
   小红把书交给妈妈保存。

7. jum²⁴ta²⁴ pa²⁴ i²⁴ kin⁵³.
       留   给 他 吃
   留着给他吃。

在荣屯布央语中，致使态和被动态有着密切关系，两种句子都用同一个词pa²⁴，但是各自的意义和所起的作用不同。在被动态中pa²⁴为介词，用以介引施事，而致使态pa²⁴为使令动词，表示致使的意义。

八 动词的句法特征

（一）动词在句子中一般做谓语或谓语中心

荣屯布央语的动词一般在句子中充当谓语或谓语中心，可以带宾语、补语等。例如：

1. i²⁴ phet⁵³tut⁵³, jɯ⁵³sai²⁴ kin⁵³ min²¹³.
   他 发烧 不能 吃 辣椒
   他发烧所以不能吃辣椒。

2. i²⁴ tɯ²⁴ ki⁵³ ki²⁴ ʔdam⁵³ kui²⁴.
   他 多 说 几 句   语气助词

他多说了几句话。

3. lɛ³¹paːu⁵³　kin⁵³　hruə³¹hruə³¹luŋ²⁴liŋ⁵³.
　　小孩子　　吃　　大口大口地
　　小孩子大口大口地吃。

4. i²⁴ qa²¹³θaːu⁵³ tək³¹ʔbo⁵³　o³³.
　　他　笑　　厉害　　语气助词
　　他笑得很厉害。

（二）充当宾语

1. mo³¹　ma²⁴　kin⁵³　liə⁷²¹³im²⁴　lu²¹³　liə⁷²¹³liu⁵³.
　　你　　喜欢　　吃　　干饭　　还是　　稀饭
　　你喜欢吃干饭还是吃稀饭？

2. va³¹pu²¹³ki⁵³ nai³¹　ȵaŋ³¹　va³¹ lɛ³¹　i²⁴　ma²⁴　ȵak³¹thau⁵³.
　　个　老汉　　这　和　　个　儿子　他　喜欢　　打猎
　　那位老人和他儿子都喜欢打猎。

3. i²⁴　ma²⁴　jan²⁴　an⁵³　kin⁵³.
　　他　喜欢　站　持续体助词　吃
　　他喜欢站着吃。

4. mo³¹　ma²⁴　ham²⁴　iu²⁴　nau⁵³?
　　你　爱　喝　酒　语气助词
　　你喜不喜欢喝酒？

5. mo³¹　ma²⁴　hu²¹³　nau⁵³?　mo³¹　ma²⁴　hu²¹³tsou²¹³hu²¹³,
　　你　爱　去　语气助词　你　爱　去　就　去
　　ma²⁴　hu²¹³　la³¹　tsou²¹³　hu²¹³ la³¹.
　　爱　去　否定词　就　去　否定词
　　你爱去吗？你爱去就去，不爱去就不去。

6. lɛ³¹paːu⁵³ mo³¹　piə³¹　ma²⁴　tot³¹paːu⁵³.
　　孩子　　五　岁　爱　　放鞭炮
　　五岁的孩子爱放鞭炮。

（三）作补语

荣屯布央语趋向性动词，如 khwan²⁴ "上"和 lɔŋ²¹³ "下"等在句子中常常充当动词的补语。例如：

1. ŋa³¹ŋa³¹khiə⁵³,　juɯ⁵³　tɔŋ³¹kɤŋ⁵³, ɬiu²⁴ɬam²⁴ hai⁵³tək³¹　lɔŋ²¹³ hu²¹³,
　　慢慢　走　不要　跑　小心　跌　下去
　　kjan⁵³ kwan²⁴　mo⁵³　ʔdo⁵³　la³¹.
　　爬　上　来　结构助词　否定词

慢慢走！不要跑！小心跌下去，爬不上来！

2. wan³¹ pai⁵³ luŋ²⁴ ʔbo²⁴ tu²¹³ tai⁵³ thu⁵³ ʔben²⁴ mai³¹ tuːn²⁴ lɔŋ²¹³ kui²⁴.
   风   吹   大   多   颗 树 边 村   那   断   下   _{语气助词}

   大风把村边的树木吹断了。

3. tsa⁵³ju²¹³ kjan⁵³ khwan²⁴ tai⁵³ mu⁵³ mi³¹ nɔk³¹.
   弟弟   爬   上   树   去   抓   鸟

   弟弟爬上树去抓鸟。

4. tshu³¹fei²⁴ tɔŋ³¹kəŋ⁵³, tsou²¹³ kem²⁴ ʔdɔ⁵³ khwan²⁴.
   除非   跑，   才   赶 _{结构助词} 上

   除非跑，才赶得上。

（四）及物动词在句子中能带宾语

　　荣屯布央语及物动词带宾语时，宾语位于动词的后面。在绝大部分情况下，宾语一般为名词或名词短语；少量动词或动词性短语也可做宾语。例如：

1. tseŋ⁵³ po²⁴ tho⁵³ nau³¹ ɛ³³ lai³¹ tseŋ⁵³ mi²⁴.
   牛   公   犁   田   快   过   牛   母

   公牛犁田比母牛快。

2. lɔk³¹taːi⁵³ mi²⁴qɔ⁵³ uə⁵³ tam⁵³ lo³³.
   家 我们   母鸡   下   蛋   _{语气助词}

   我们家的母鸡下蛋了。

3. am³¹taːi⁵³ khi²⁴wan³¹ kin⁵³ taːi⁵³ tuːn⁵³ liə²²¹³.
   我们   每天   吃   三   顿   饭

   我们每天吃三顿饭。

4. at³³ va³¹ kwan²¹³ thə²⁴ qa²⁴ saŋ²¹³kɔ²⁴.
   每 个   人   都   会   唱歌

   每个人都会唱歌

5. mo³¹ ma²⁴ ham²⁴ iu²⁴ nau⁵³?
   你   爱   喝   酒   _{语气助词}

   你喜欢不喜欢喝酒？

（五）动词可以被副词修饰

　　荣屯布央语的动词能够受时间副词、程度副词等修饰。修饰动词的副词一般在动词的前面。例如：

1. i²⁴ ŋim²⁴ŋim²⁴ ʔduə⁵³ ku²⁴, mot³¹jou²¹³ hu²¹³ kui²⁴.
   他 刚刚   来到   又   走   _{语气助词}

   他刚刚来，又走了。

2. kjɯ⁵³ ma⁵³saŋ²⁴ ʔduə⁵³.
   我　 立刻　 来
   我立刻来。

3. i²⁴　wan³¹nai³¹　kau²⁴　ʔduə⁵³.
   他　今天　　会　　来
   他今天会来的。

4. pa²⁴　i²⁴　tsɯ²¹³tsɯ²¹³　tu²⁴　pən²¹³.
   爸　他　　常常　　　 生　病
   他爸爸常生病。

5. ta²¹³kja⁵³　thə²⁴　ʔduə⁵³　kui²⁴.
   大家　　都　　来　　语气助词。
   大家都来了。

6. am³¹　taŋ²⁴　pha²⁴nai³¹　man²⁴　la³¹.
   定指标记　种　布　这　　结实　否定词
   这种布不太结实。

7. kjɯ⁵³　hən⁵³　hun⁵³hai²⁴　i²⁴.
   我　　很　　喜欢　　　他
   我很喜欢他。

8. i²⁴　tsei²¹³　qa²¹³ma:u⁵³.
   他　非常　　害怕
   他非常害怕。

9. mo³¹ vai²¹³qa²¹³ni²¹³ tsoŋ²⁴ ʔduə⁵³ jan²⁴ an⁵³ u²⁴mai³¹ tse³³?
   你　为什么　　　 总是　 来　 站　在　那里　语气助词
   你为什么总是站在那里?

10. mo³¹ ku²⁴ saŋ²⁴, kjɯ⁵³ ku²⁴ saŋ²⁴, ta²¹³kja⁵³ thə²⁴ saŋ²⁴.
    你　也　唱，　我　 也　唱，　大家　　都　唱
    你也唱，我也唱，大家都唱。

但是表示先后顺序的 ku:n⁵³ 或者 tɔk³¹ku:n⁵³ "先"通常放在动词之后，ɬin²⁴（汉借词）"先"则常常放在动词之前；tɔk³¹lɔn³¹ "后"常常后置。例如：

11. mo³¹ khiə⁵³　ku:n⁵³, kjɯ⁵³ khiə⁵³tɔk³¹lɔn³¹.
    你　走　　先　 我　走　　后
    你先走，我后来。

12. ɬin²⁴ ɕit²⁴ u²⁴,　am²⁴ɕit²⁴　ŋa³¹　sau²⁴　ap³³.
    先　切　肉　　一会儿　　再　　炒　　菜

先把肉切了，待一会儿炒菜。

13. ɬin²⁴ khɯ⁵³ tai⁵³kan⁵³, pa²⁴ i²⁴ hru²¹³, ŋa³¹ vɛ³¹ am²⁴ khi²⁴ tsuə²¹³.
    先   锯   木头   让 它 干   再 做 一 张 桌子
    先锯木头，让它晾干，再拿来做张桌子。

14. mo³¹ li²¹³   hu⁵³   tɔk³¹kuːn⁵³, lu²¹³ li²¹³ mit³¹ tɔk³¹kuːn⁵³?
    你 穿 裤子   先   还 穿 袜子 先
    你先穿裤子还是先穿袜子呢？

15. mo³¹kin⁵³ kuːn⁵³, ɕit⁵³ʔdɔ²⁴ kjɯ⁵³ ŋa³¹ kin⁵³.
    你 吃   先   等下   我   再   吃
    你先吃，等会儿我再吃。

16. ɬin²⁴ vɛ³¹tɕim⁵³ kuːn⁵³, ŋa³¹ hu²¹³.
    先   玩玩   先   再   走
    先玩玩再走。

荣屯布央语同时存在表示先后顺序的两种不同的表达形式，如"你先去" mo³¹ɬin²⁴hu²¹³ 或者 mo³¹hu²¹³tɔk³¹kuːn⁵³。荣屯布央语固有词 tɔk³¹kuːn⁵³ 放在动词后面，而 ɬin²⁴（汉借词）"先"常放在动词之前，这可能是受到汉语影响的结果。

荣屯布央语的否定词可以修饰动词，最常用的否定词 la³¹ "不"后置，总出现在句子末尾。例如：

17. i²⁴ aːi⁵³ ki⁵³   la³¹.
    他   肯   说   否定词
    他不愿意说。

18. —mo³¹kjan⁵³khwan²⁴ mu⁵³ ʔdɔ⁵³ nau⁵³?
     你   爬   上   去   得 语气助词
    —ʔdɔ⁵³ la³¹.
      能   否定词
    —你能爬上去吗？
    —不能。

19. kjɯ⁵³ qa²⁴ ȵam³¹θei⁵³ la³¹, mo³¹qa²⁴ nau⁵³?
    我   会   唱歌   否定词 你 会   语气助词
    我不会唱歌，你会吗？

荣屯布央语的另一种否定形式为"ȵaŋ²⁴+动词+ʔban²⁴"，否定词 ȵaŋ²⁴ 和ʔban²⁴都不能单独使用。例如：

20. kjɯ⁵³ ȵaŋ²⁴ kin⁵³liə ʔ²¹³ ʔban²⁴, kjɯ⁵³ an⁵³ θək³¹ taːi³¹.
    我   还   吃饭   否定词 我   在   扫 地

我没在吃饭，我在扫地。

21. khiə⁵³ n̠aŋ²⁴ ʔduə⁵³ ʔban²⁴, i²⁴ nən²¹³ ham²⁴ iu²⁴ lo⁵³.
    客人　还　到　否定词　他　就　喝　酒　起始体助词
    客人没有到，他就喝起酒来。

23. i²⁴ hu²¹³ʔdɔ⁵³ ʔden⁵³ qa²¹³liə³¹ lo³³, n̠aŋ²⁴ taːu³¹ʔduə⁵³ ʔban²⁴.
    他　去　得　月　剩余　语气助词　还　回来　否定词
    他去了一个多月了，还没有回来。

24. kjɯ⁵³ n̠aŋ²⁴ jaŋ⁵³ tsɔk³¹hu⁵³ taːu³¹ʔduə⁵³ ʔban²⁴.
    我　还　拿　衣服　回来　否定词
    我没有把衣服取回来。

（六）荣屯布央语少量形容词可以修饰动词，形容词通常位于动词的后面或者前面。例如：

1. ta²¹³kja⁵³ ve³¹ koŋ⁵³, jɯ⁵³sai²⁴ kin⁵³ ta²⁴.
   大家　做　工作　不能　吃　白的
   大家要工作，不能够白吃。

2. ʔda⁵³ nau³¹noi²¹³, ve³¹koŋ⁵³ nau³¹lai³¹.
   说　少　做事　多
   少说话，多做事。

3. lai³¹ kin⁵³ am²⁴ɕit⁵³.
   多　吃　一点
   多吃一点！

（七）荣屯布央语少量动词可以重叠，表示动作的短暂。例如：

1. jaŋ⁵³ ʔduə⁵³ pa²⁴ kjɯ⁵³ laŋ³¹laŋ³¹.
   拿　来　给我　看看
   拿来给我看看。

2. mo³¹ ʔdam²⁴ʔdam²⁴ laŋ³¹.
   你　想想　看
   你想想看。

3. am³¹taːi⁵³ uə⁵³hu²¹³ khiə⁵³khiə⁵³.
   咱们　出去　走走
   咱们出去走走。

4. phɔn⁵³mai³¹ kho²⁴kho²⁴ uə⁵³uə⁵³ ve³¹ qa²¹³ni²¹³.
   他们　进进　出出　做　什么
   他们进进出出的做什么？

5. phɔn⁵³mai³¹　hu²¹³hu²¹³　ta:u³¹ta:u³¹　khen²⁴　uə⁵³heə²⁴　mai³¹.
　　人们　　　去去　　　　回回　　　　像　　　赶街　　　那
人们来来往往的像赶集一样。

（八）动词后附音节

荣屯布央语少量的动词后可以带上附加音节，由一个动词加上两个重叠的音节，表示程度的加深，使表达更生动形象。例如：

qa²¹³θa:u⁵³　hə³¹hə³¹笑哈哈　　　　nau³¹　hu³¹hu³¹闹哄哄
笑　　　　　　　　　　　　　　　吵

（九）动词的趋向性

荣屯布央语一些动词有趋向性。单纯趋向性动词有：khwan²⁴ "上"、ʔduə⁵³ "来"、hu²¹³ "去"、ta:u³¹ "回"、khɔ²⁴ "进"、uə⁵³ "出"，等。合成趋向性动词有：uə⁵³ʔduə⁵³ "出来"、uə⁵³hu²¹³ "出去"、khɔ²⁴ʔduə⁵³ "进来"、khɔ²⁴hu²¹³ "进去"、khwan²⁴mu⁵³ "上来"、khwan²⁴hu²¹³ "上去"、lɔŋ²¹³ʔduə⁵³ "下来"、lɔŋ²¹³hu²¹³ "下去"、ta:u³¹ʔduə⁵³ "回来"、ta:u³¹hu²¹³ "回去"，等。合成趋向性动词的第一个词有实义，而第二个词即ʔduə⁵³ "来"、hu²¹³ "去"为虚化的助词。荣屯布央语趋向性动词有下列语法特点：

1. 趋向性动词可以附加在动词之后充当补语，表示动作的方向和趋向。例如：

（1）tham⁵³am²⁴　tu²¹³　tai⁵³　luŋ²⁴　ʔduə⁵³　vɛ³¹　tsɯ⁵³.
　　　砍　　　　一　　株　　树　　大　　　来　　做　　柱子
砍一株大树来做柱子。

（2）kha⁵³　i²⁴　ʔduə⁵³　kai³³wei³¹　ha:u²⁴.
　　　叫　　他　　来　　　开会　　　快
叫他快点来开会。

（3）jaŋ⁵³　kwa³¹　ʔduə⁵³　ha:u²⁴　am²⁴ɕit⁵³！
　　　拿　　锄头　　来　　快　　一点
快拿锄头来！

（4）khi⁵³　hu²¹³　thiŋ²⁴he³¹.
　　　走　　去　　学校
走向学校。

（5）i²⁴　laŋ³¹　lɔŋ²¹³　ʔdan⁵³po²⁴　hu²¹³,
　　　他　看　　往　　　山坡　　　去
tha:n²⁴　pan²⁴　θau⁵³lat³¹tui²⁴　an⁵³　u²⁴mai³¹　vɛt³¹tsem⁵³.
　见　　　有　　　两只　　　　猴　在那里　　玩耍
他往山坡下一看，看见两只猴子在那里玩。

第四章　词类

（6）jaŋ^{53} hu^{213}, lɔŋ^{213} ʔduə^{53}.
　　拿　去　　送　来
　　拿去，送来。

（7）pa^{24}　ʔdɔ^{53}　lɔŋ^{213} hu^{213}, pa^{24}ʔdɔ^{53}lɔŋ^{213}la^{31}.
　　摆　得　　下　去　　摆　得　下 $_{否定词}$
　　摆得下，摆不下。

（8）mi^{31}ɕiə^{53}θɯ^{24}nai^{31}　pin^{24}　khwan^{24}.
　　把　本　书　这　　收　　上
　　把这本书收起来。

（9）khaŋ^{24} kwan^{24}mo^{53}, tju^{213} kwan^{24}mo^{53}.
　　关　　起来，　　跳　　起来
　　关起来，跳起来。

2. 荣屯布央语部分趋向动词可在句子中充当谓语。例如：

（1）pan^{24} kwan^{213} ʔduə^{53} ʔben^{24} ta:i^{53}　ʔbja^{213} tsau^{53}.
　　有　人　　来　　村　　我们　补　　锅
　　补锅匠来我们村了。

（2）i^{24} wan^{31}nai^{31} ʔduə^{53}.
　　他　今天　　来
　　他今天来。

（3）ta:i^{53} thə^{24} ʔduə^{53}　lo^{53}.
　　我们　都　　来　　了
　　我们都来了。

（4）wan^{31}nai^{31} ta:i^{53} hu^{213} tham^{53}tai^{53}, phɔn^{53}θa:i^{53} hu^{213} qɔt^{31} uə$^{?24}$ muə^{24},
　　今天　　　我们　去　砍　树　　你们　　去　挖　水　渠
　　wan^{31}nat^{31} ta:i^{53} ta^{213}kja^{53} hu^{213} ȵak^{31}thau^{53}.
　　明天　　我们　大家　　去　打猎
　　今天我们去砍树，你们去挖水渠，明天咱们一起去打猎。

（5）mo^{31} ȵaŋ^{24}　ʔdam^{24}　ʔban^{24}　kau^{24}　ta:u^{31}ʔduə^{53}.
　　你　还　　　黑　　$_{否定词}$　　一定　　　回来
　　你必须在天黑之前回来。

（6）ʔbɔn^{53} la^{31}　ʔdam^{24} lo^{53},　ta:u^{31}hu^{213}　lo^{53}.
　　天　要　　　黑　$_{语气助词}$,　回　去　　　$_{语气助词}$
　　天快黑了，回去吧。

（7）kjɯ^{53}ʔdam^{24}kin^{53}　pjo^{213} mɔt^{31}, laŋ^{31} ten^{31}jiŋ^{53} mɔt^{31}, nən^{213} ta:u^{31}hu^{213}.
　　我　想　吃　晚饭　完，　看　电影　　完　就　回去我想吃了晚饭，看了电影再回去。

（十）能愿动词用法

能愿动词也叫助动词，一般表示意愿和对事物的主观判断或可能性判断。荣屯布央语能愿动词不多，大多借用汉语的说法，意义比较复杂，主要有ʔdɔ⁵³"能"、aːi⁵³"爱、喜欢、愿意"、qa²⁴"会"、lau⁵³tuɯ²⁴"可能"jiŋ³³kaʔ⁵³"应该"和 kau²⁴tau³¹"一定"等。一般来讲，荣屯布央语的能愿动词不单独做谓语，其后通常带动词性宾语。但在答话中，能愿动词可以充当谓语。例如：

1. wan³¹nai³¹ lau⁵³tuɯ²⁴ jut³¹ʔduə⁵³.
   今天　　可能　　下雨
   今天可能下雨。

2. at³³ va³¹kwan²¹³ thə²⁴ qa²⁴ saŋ²¹³kɔ²⁴.
   每个人　　　都　会　唱歌
   每个人都会唱歌。

3. —mo³¹ qa²⁴ saŋ²¹³kɔ²⁴ nau⁵³?
   　你　会　唱歌　_{语气助词}
   —kjɯ⁵³ qa²⁴ a³³.
   　我　会　_{语气助词}
   —你会唱歌吗？
   —我会啊。

4. i²⁴ aːi⁵³ ki⁵³ la³¹.
   他 肯 说 _{否定词}
   他不愿意说。

5. —mo³¹aːi⁵³ pin²⁴ pa²⁴ i²⁴ nau⁵³?
   　你 肯 嫁 给 他 _{语气助词}
   —kjɯ⁵³ aːi⁵³.
   —我　肯
   —你肯嫁给他吗？
   —我肯（嫁给他）。

6. —mo³¹aːi⁵³hu²⁴nau⁵³?
   　你 敢 去 _{语气助词}
   —aːi⁵³.
   　敢
   —你敢不敢去？
   —敢。

7. am³¹taːi⁵³ tai³¹kja³³ thə²⁴ jiŋ³³ka⁵³ lɔŋ²¹³θam³³ ve³¹koŋ³³tso³¹.
   我们   大家   都   应该   用心   做   工作
   我们大家都应该努力工作。

8. mo³¹ ȵaŋ²⁴ ʔdam⁵³ ʔban²⁴ kau²⁴tau⁵³ ʔduə⁵³.
   你   还   黑   否定词   一定   回来
   你必须在天黑之前回来。

（十一）判断动词用法

荣屯布央语的判断动词主要有 tu²⁴ "是"、min³¹ "是" 等，表示肯定、判断。当表示否定时，在句末加上否定词 la³¹ "不"。例如：

1. khi²⁴ taːi³¹ mo³¹ nai³¹ tu²⁴ ti²¹³kat⁵³ nau⁵³?
   个   地方   你   这   是   那坡   语气助词
   你这地方是那坡吗？

2. pin²¹³ni²¹³ tu²⁴ li⁵³ tan³¹θiə⁵³?
   哪个   是   李   老师
   哪个是李老师？

3. mo³¹tu²⁴ taŋ⁵³jen³¹, kjɯ²¹³ ku²⁴ tu²⁴ taŋ⁵³jen³¹.
   你 是   党员   我   也   是   党员
   你是党员，我也是党员。

4. ɕiə⁵³ θɯ²⁴nai³¹ tu²⁴ ɕiə⁵³ kjɯ⁵³ la³¹.
   本   书 这   是   本   我   否定词
   这本书不是我的。

5. wan³¹nat³¹ tu²⁴ ɬeŋ²⁴khi²¹³ten³³ nau⁵³?
   明天   是   星期天   语气助词
   明天是不是星期天？

6. kɔ²⁴ kjɯ min³¹ um⁵³ maːi⁵³ ti⁵³.
   哥哥 我   是   养   猪   结构助词
   我哥哥是养猪的。

7. i²⁴ ʔda⁵³ ɕit⁵³tsan²¹³ min³¹ tiu³¹la²¹³.
   他 讲   开头   是   道理
   他讲得头头是道。

8. va³¹ mai³¹ min³¹ mi²⁴jo⁵³ i²⁴.
   个   那   是   干妈   他
   那位是他干妈。

（十二）存现动词用法

荣屯布央语表示存现的动词主要有 pan²⁴ "有"。例如：

1. po²⁴po²⁴　pan²⁴ tai⁵³.
   山　山　　有　　树
   每座山都有树木。

2. luə²¹³ lɔk³¹　mai³¹ pan²⁴ kwan²¹³ tɔk³¹kja³¹.
   里　房子　这　有　人　　说话
   房子里有人说话。

3. lɯ²¹³tsuə²¹³　mai³¹　pan²⁴　am⁵⁴ ɕiə⁵³ θɯ²⁴.
   上　桌子　　这　　有　　一　本　书
   桌子上有一本书。

荣屯布央语"处所词语＋存现动词＋名词"表示某处所有某样东西，存现句用法将在句子类型中详解，请参看第七章荣屯布央语句型中的存现句部分。

（十三）动词名物化及关系化

1. 动词的名物化

荣屯布央语动词名物化有单纯动词名物化及动宾短语名物化两种表现。

（1）luə²¹³lɔk³¹ mai³¹ ta²⁴　an⁵³　ʔda³¹ʔdiu⁵³ kwan²¹³,
　　 屋里　　这　坐 持续体助词 很多　　人，
　　 laŋ³¹θɯ²⁴　ti⁵³　laŋ³¹ θɯ²⁴,
　　 看书 结构助词 看书,
　　 laŋ³¹pau²⁴　ti⁵³　laŋ³¹pau²⁴, la²¹³ θɯ²⁴　ti⁵³　la²¹³ θɯ²⁴.
　　 看报 结构助词 看报, 写 字 结构助词 写 字
   屋里坐着很多人，看书的看书，看报的看报，写字的写字。

（2）lat³¹tseŋ⁵³　a²⁴　an⁵³　nən²¹³ lat³¹　po²⁴,
　　 头　牛　　躺 持续体助词 是　头　公,
　　 jan²⁴　an⁵³　kin⁵³　muə²¹³ nən²¹³ lat³¹　mi²⁴.
　　 站　正在　吃　　草　　是　头　母的
   躺着的那头牛是公的，站着吃草的那头牛是母的。

（3）thɔ⁵³　ti⁵³　thɔ⁵³ nau³¹, ʔbe⁵³　ti⁵³　ʔbe⁵³muə³¹.
　　 耕 结构助词 耕田, 锄 结构助词 锄 草
   犁田的犁田，除草的除草。

2. 动词的关系化

荣屯布央语动词（短语）的关系化使得动词短语形容词化，常位于所修饰的名词后面做后置定语。例如：

(1) lat³¹tseŋ⁵³ a²⁴ an⁵³ nən²¹³ lat³¹ pɔ²⁴.
头　牛　躺 持续体助词 是　头　公
躺着的那头牛是公的。

(2) lat³¹ ŋɔ²¹³ ŋam²⁴ mi³¹ ʔduə⁵³ toŋ³¹kjeŋ⁵³ ʔdɔ⁵³ hən⁵³ ɛ⁵³.
匹　马　刚　买　来　跑 结构助词 很　快
刚买来的那匹马跑得很快。

(3) liə⁷²¹³ tseŋ²⁴ kin⁵³ kai⁵³ laɨ³¹ liə⁷²¹³ taŋ²⁴.
饭　蒸　吃　好　过　饭　煮
蒸饭比煮饭好吃。

(4) nɔk³¹ ʔban⁵³ ʔduə⁵³ tim²⁴ min³¹ ŋa³¹ŋu⁵³ la³¹.
鸟　飞　来　打　中　容易 否定词
飞行的鸟不容易被打中。

（十四）动词配价

配价（Valence）借自化学中的元素化合价，主要用以说明动词对名词性成分的支配能力。刘丹青将配价解释为必要的论元①。动词的配价是动词与不同语义角色的名词性词语即论元之间的搭配关系。国内对现代汉语配价问题的研究成果颇丰，而关于少数民族语言的配价研究甚少。研究荣屯布央语动词配价，借以说明荣屯布央语动词对名词成分的支配能力，探析该语言内部结构和各成分之间的关系及各种变化规律，对荣屯布央语语法具有更强的解释力，有利于人们更好地认识荣屯布央语的语法体系。

1. 动词"价"的分类

根据动词论元的多少，荣屯布央语的动词可以分为一价、二价和三价动词，具体如下：

（1）一价动词

只能支配一个论元的动词为一价动词，这一类动词常为不及物动词。例如：

① lat³¹nɔk³¹ ʔban⁵³ an⁵³ pjuə³¹ ʔbon⁵³ mai³¹.
鸟　飞　在　半　天　那
鸟在半空中飞翔。

② u:i⁵³ pju²¹³⁽²⁴⁾ wəu⁵³wəu⁵³.
狗　叫　汪汪
狗汪汪叫。

---

① Whaley, Lindsay J 著，刘丹青导读：Introduction to Typology: The Unity and Diversity of Languge，世界图书出版公司 2009 年版。

③ ʔbiə²⁴kaːi²⁴ ʔban⁵³.
　　红旗　　　飘
　　红旗飘。

（2）二价动词

只能支配两个论元的动词为二价动词，它们通常是及物动词。例如：

① θau⁵³va³¹taːi⁵³ thɔ⁵³nau³¹, θau⁵³wa³¹θaːi⁵³ hraːu⁵³nau³¹,
　　我俩　　　犁田，　你俩　　　耙田，
　θau⁵³wa³¹i²⁴ tam²⁴nau³¹.
　　他俩　　插田，
　　我俩犁田，你俩耙田，他俩插秧。

② piə³¹nai³¹ kjɯ⁵³　taːu³¹ lɔk³¹　am²⁴pɔ²¹³.
　　年　今　我　　回　家　一　趟
　　今年我回了一趟家。

③ i²⁴ tap³¹ θau⁵³ po²¹³ ŋiə³¹.
　　他 拍 　两　下 　手
　　他拍了两下手。

（3）三价动词

能支配三个论元的动词是三价动词，这类词在荣屯布央语中的数量不多，它们可以带双宾语。例如：

① jin³¹haŋ³¹ kam²¹³ i²⁴　θau⁵³ pɛ⁵³ man²⁴.
　　银行　　　借　 他　 两　百　元
　　银行借给他两百元。

② kjɯ⁵³ pa²⁴　i²⁴ am²⁴ ɕiə⁵³　θɯ²⁴.
　　我　给　他　一　本　书
　　我给他一本书

③ phɔn⁵³mai³¹ pin²⁴　paː²⁴ taːi⁵³　taːi⁵³ pɛ⁵³ kan²⁴ tɔ⁵³　pan⁵³.
　　他们　　　卖　给　我们　三　百　斤　玉米　种子
　　他们卖给我们三百斤玉米种子。

④ kjɯ⁵³　jaŋ⁵³　i²⁴　θau⁵³　man²⁴ʑin²¹³ o³³.
　　我　 差　 他　 两　 块钱　语气助词
　　我欠他两块钱罢了。

从语法理论角度来看，以上二价动词的例②、例③及三价动词的例③等句子的定语、补语或者状语是附接成分（ajunct），附接成分不能看作动词的价。

2. 动词的"价"变化

动词的"价"在特定的句子中可以增加或者减少，即动词所支配的论元数量的增减。但是要注意的是在特定句子中，无论动词的论元变多或变少，都不会改变动词本身"价"的性质，动词的"价位"不变。荣屯布央语动词增价方式可能极少，笔者未能调查到相关的实例，以下例子主要关注在特定语境中荣屯布央语动词"价"（论元）减少的方式。

（1）被动态

被动态是常见的动词减价方式。荣屯布央语被动句可以减少动词的价，施事成分不再是论元而成为了旁格。例如：

① lat^{31}tseŋ^{53}　pa^{24}　ʑa^{31}lum^{213} lum^{213}　kui^{24}.
　　头　牛　　被　　小偷　　　偷　　语气助词
　　牛被小偷偷走了。

② ʑa^{31}lum^{213} lum^{213}　lat^{31} tseŋ^{53}　kui^{24}.
　　小偷　　　偷　　头　牛　　语气助词
　　小偷偷走了牛。

例②为主动句，动词 lum^{213}"偷"有两个论元，即 ʑa^{31}lum^{213}"小偷"（主语）和 lat^{31}tseŋ^{53}"牛"（宾语）。在被动句例①中，原来主动句的宾语 lat^{31}tseŋ^{53}"牛"提升为主语；施事成分 ʑa^{31}lum^{213}"小偷"在被动句中变成了介词 pa^{24}（被）介引的旁格，失去了论元的资格，动词 lum^{213}"偷"只剩下一个论元。

（2）相互态

荣屯布央语使用相互态助词减少论元。例如：

① θau^{53} va^{31}phɔn^{53}　hən^{53}　ma^{24}　lin^{31}.
　　他们俩　　　很　爱　相互态助词
　　他们俩很相爱。

② i^{24}　hən^{53}　ma^{24}　lɔŋ^{31}mi^{213}　i^{24}.
　　他　很　爱　老婆　他
　　他很爱他老婆。

以上例句中的 ma^{24}"爱"为二价动词，在例②主动句中有两个论元，即 i^{24}"他"（主语）和 lɔŋ^{31}mi^{213} i^{24}"他老婆"（宾语），而在例①相互态中 ma^{24}"爱"只有一个论元 θau^{53} va^{31}phɔn^{53}"他们俩"（主语）。

（3）省略句

省略是普遍存在的语言现象。为达到语言表达简洁的目的，荣屯布央语也常在特别的语境中省略论元，这直接导致动词"价"的减少。例如：

ta:i³¹ nai³¹ ɬam²⁴ ʔbo⁵³, mo³¹ θək³¹ (i²⁴) am²⁴ɕit⁵³.
地 这 脏 多, 你 扫 (它) 一 下
地太脏了,你把它扫一下。

以上例句中的动词 ɬək³¹ "扫"是一个二价动词,有 mo³¹ "你"和 i²⁴ "它"两个论元,而当省略其中一个论元 i²⁴ "它"时,句子意思在这一独特语境中依然完整,不影响交际。

在有的语言中,动词可以通过形态变化或者不及物动词用于使动等方式增价。荣屯布央语动词增价的例子可能比较少,笔者没有调查到具体的例子。

第六节 形容词

一 形容词的构成与分类

(一)形容词的构成

形容词是荣屯布央语的一种重要词类,主要用来表示人和事物的形状和性质,或者动作、行为和变化的状态。荣屯布央语形容词的构成方式较多,主要有以下 4 种:

1. 单音节形容词

荣屯布央语绝大部分的形容词为单音节词,而且一般都为该语言的固有词。例如:

ŋa:t²¹³黄   kip³¹蓝   hrɔŋ³¹亮
ʔdam⁵³暗   it²⁴甜   ʔdet⁵³酸
qam⁵³苦   leŋ⁵³陡   ʔbap³³瘪
tut⁵³热   tin²⁴冷   ju:n³¹晚

2. 双音节形容词

荣屯布央语双音节形容词较少,有的为汉语(那坡官话)借词,如 pa:u³³mɔn⁵³ "饱满"等,有的为带前缀 qa²¹³或 ti²¹³的形容词。例如:

(1)不带词缀的形容词

tan³¹ʔdiə⁵³红   tan³¹mɛə⁵³厚   uə⁵³kɛə⁵³晴朗
pap³¹puə⁵³崎岖   pa:u³³mɔn⁵³饱满   hrak³¹ʔbet⁵³潮湿
ʔdak³¹ʔdiu⁵³许多   kin⁵³kai⁵³鲜美   nin³¹laŋ³¹难看

(2)带 qa²¹³、ti²¹³等词缀的形容词

qa²¹³mu²⁴臭   qa²¹³mit³¹歪   qa²¹³lɔt³¹倒
qa²¹³lɔ²¹³硬   qa²¹³jau³¹粗糙   ti²¹³jɔt³¹老实

ti²¹³uə⁵³白

3. 带后加成分形容词

荣屯布央语带后加成分形容词通常是主要形容词后加上一个音节重叠形式，即 ABB 式，"BB"为后附音节，没有具体的概念意义或语法意义，重叠表示程度的加深，能进一步增强形容词的生动性和韵律感。例如：

nɔt³¹lut⁵³lut⁵³胖乎乎胖   piŋ²⁴pat⁵³pat⁵³平坦坦平   lɔ²¹³ɔn⁵³ɔn⁵³软软的软

tut⁵³hu³¹hu³¹热乎乎热   ʔbɔn²¹³pɛ²⁴pɛ²⁴傻乎乎傻   naŋ²⁴nɔk²¹³nɔt⁵³重重的重

ʔdet⁵³ʔdju⁵³ʔdju⁵³酸溜溜酸   ʔdiə⁵³lim²⁴lim²⁴满满的满   tan³¹ʔdiə⁵³ʔdiə⁵³红通通通

hrak³¹ʔbet⁵³ʔbet⁵³湿漉漉湿   hrɔŋ³¹se⁵³se⁵³亮堂堂亮   ʔdam⁵³lim²¹³lim²¹³黑乎乎黑

jot³¹tɯ⁵³tɯ⁵³直条条直   ŋat²¹³hri²⁴hri²⁴黄澄澄黄   nau³¹hu³¹hu³¹闹哄哄闹

an⁵³kiu²⁴kiu²⁴瘦巴巴瘦   piŋ²⁴pat⁵³pat⁵³平坦坦平

4. 四音格形容词

四音格形容词大多为完全重叠式，即 AABB 式，也有 ABAC、ABAB 等其他重叠式，都表示程度的加深。例如：

kju²¹³kju²¹³kau²¹³kau²¹³弯弯曲曲   θam²⁴θam²⁴tɔŋ⁵³tɔŋ⁵³邋邋遢遢

hre³¹hre³¹hrin²¹³hrin²¹³破破烂烂   pu²¹³tɕit⁵³pu²¹³tsɯ⁵³冷冷清清

mon³¹mon³¹mu³¹mu³¹懵懵懂懂   hra:i²¹³hrit⁵³hra:i²¹³hrit⁵³长甩甩

θam²⁴θam²⁴tɔŋ⁵³tɔŋ⁵³邋邋遢遢   pu²¹³tɕit⁵³pu²¹³tsɯ⁵³冷冷清清

（二）形容词的分类

根据形容词的语法特征及意义，荣屯布央语形容词可以分为性质形容词和状态形容词。

1. 性质形容词

khɛm²⁴紫   it²⁴甜   mɔt²¹³辣

hom²⁴香   kju²¹³弯   hra:i²¹³长

tɔ²¹³矮   qet³¹光滑   hrak³¹潮湿

ʔbo⁵³多   tut⁵³热   ut²⁴暖和

kɔt⁵³luə³¹困   an⁵³pɯ²⁴闷   qa²¹³hra:i²¹³疼痛

2. 状态形容词

hrak³¹ʔbet⁵³ʔbet⁵³湿漉漉   piŋ²⁴pat⁵³pat⁵³平坦坦   lɔ²¹³ɔn⁵³ɔn⁵³软软的

tut⁵³hu³¹hu³¹热乎乎　　　ʔbɔn²¹³pɛ²⁴pɛ²⁴傻乎乎　　　naŋ²⁴nɔk²¹³nɔt⁵³重重的
kju²¹³kju²¹³kau²¹³kau²¹³弯弯曲曲　　pu²¹³tɕit⁵³pu²¹³tsɯ⁵³冷冷清清
hre³¹hre³¹hrin²¹³hrin²¹³破破烂烂　　θam²⁴θam²⁴tɔŋ⁵³tɔŋ⁵³邋邋遢遢

　　荣屯布央语的性质形容词表示事物的性质，通常为单音节或双音节形容词。状态形容词是指带词缀及重叠形式的形容词和四音格形容词，他们主要的作用是描写性的，表示事物的状态，这一类形容词乐律感强，词缀使得形容词在描写时更加生动形象。例如：

（1）ɕit⁵³　kjɔ²⁴pa⁵³　nai³¹　an⁵³　lɔk³¹un⁵³un⁵³.
　　　些　禾苗　　这　在　绿油油
　　禾苗长得绿油油的。

（2）ɕit⁵³　mɛ³¹　nai³¹　an⁵³　ʔdet⁵³ʔdju⁵³ʔdju⁵³.
　　　些　果子　这　在　酸溜溜
　　这些果子酸溜溜的。

（3）khi²⁴　nɔ²⁴　i²⁴　tan³¹ʔdiə⁵³lan²¹³lan²¹³（或者 tan³¹ʔdiə⁵³ʔdiə⁵³）.
　　　个　脸　他　红扑扑
　　他的脸红扑扑的。

（4）ɕit⁵³　taːi³¹　nai³¹　an⁵³　qa²¹³mɯ²⁴ɕit⁵³ɕit⁵³.
　　　个　地方　这　在　臭烘烘
　　这个地方臭烘烘的。

（5）ʔduə⁵³tsɔŋ³¹　nai³¹　an⁵³　lɔk³¹lɔk³¹.
　　　衣服　　　这　在　湿漉漉
　　这件衣服湿漉漉的。

　　状态形容词用于描写事物时可以做谓语中心语，形容词前面常常有一个系动词 an⁵³ "在"，表示人或物 "处于某种状态"。

二　形容词的比较级

（一）形容词比较级的结构

　　荣屯布央语形容词可以分为原级、比较级和最高级。形容词原级可以受程度副词修饰，其结构为本族群固有表达方式，即 "形容词原级+ʔbo⁵³（多）"，也有借自汉语的表达形式，即 "hən⁵³（很）+形容词原级"，hən⁵³ 为汉语借词。比较级 "tau²⁴nau³¹（比较）+形容词原级" 是本族群固有的表达形式。最高级为汉借词和荣屯布央语相结合的形式，即 "tsei²¹³（最）+形容词原级"。例如：

原级	比较级	最高级
luŋ²⁴ 大	tau²⁴nau³¹luŋ²⁴ 比较大	tsei²¹³ luŋ²⁴ 最大
大	比较　大	最　大
ka:u³¹ 高	tau²⁴nau³¹ka:u³¹ 较高	tsei²¹³ka:u³¹ 最高
高	比较　高	最　高
hra:i²¹³ 长	tau²⁴nau³¹hra:i²¹³ 较长	tsei²¹³ hra:i²¹³
长	比较　长	最　长

以上的三种形式总起来称为形容词的比较级别（Degree of Comparision），比较级表示"比较……"和最高级表示"最……"，比较级和最高级分别在形容词前面加 tau²⁴nau³¹ 和 tsei²¹³ 构成。

（二）形容词的比较级别的用法

当单说 A "比较……" 的时候，语序为 "A+ tau²⁴nau³¹+形容词"；当 A 和 B 作比较时，语序为 "A+形容词+ lai³¹（过）+ B" 或者 "A+形容词+ lai³¹（过）+ B+数词+量词"，其中量词一般为度量词；当要说 A "最……" 的时候，语序为 "A+ tsei²¹³+形容词"。例如：

（1）vɛ³¹ khɛn²⁴nai³¹　tau²⁴nau³¹ kai⁵³.
　　　做　这样　　　比较　　好
　　　这样做比较好。

（2）fan²¹³ kjɯ⁵³　nai³¹　tau²⁴nau³¹ ʔbo⁵³.
　　　份　我　　这　　比较　　　多
　　　我这份比较多。

（3）khi²⁴ tɕik⁵³po²⁴　nai³¹　ka:u³¹ ʔbo⁵³ o³³.
　　　座　山　　　　这　　　高　　多　语气助词
　　　这座山高极了。

（4）kjɯ⁵³ ka:u³¹ lai³¹　mo³¹, i²⁴ ka:u³¹ lai³¹ kjɯ⁵³ ʔbo⁵³.
　　　我　高　过　你，他　高　过　我　多
　　　我比你高，他比我更高。

（5）am³¹ta:i⁵³　ta:i³¹ va³¹　kwan²¹³ liə⁵³luə⁷²¹³　i²⁴　tsei²¹³ ka:u³¹.
　　　我们　　三　个　人　里面　　　　他　最　高
　　　我们三个人里面他最高。

（6）kɔ²⁴ luŋ²⁴ lai³¹　ju²¹³ θau⁵³　piə³¹.
　　　哥　大　过　　弟弟　　两　岁
　　　哥哥比弟弟大两岁。

（7）kjɯ⁵³ ka:u³¹ lai³¹mo³¹　ta:i⁵³　su:n²⁴.
　　　我　高　过　你　　三　寸

我比你高三寸。

三 形容词的语法特征与句法功能

(一) 形容词的语法特征

1. 荣屯布央语的形容词可以直接修饰名词, 通常位于名词后面。例如:

(1) am^{24} ʔduə^{53} tsɔk^{31} θit^{53} ma:t^{31}
　一　 件　　衣服　花 新
　一件新的花衣服

(2) am^{24} tu^{213} tai^{53} luŋ^{24}
　一　株　 树　大
　一株大树

(3) am^{24} khi^{24} tɕik^{53}po^{24} ka:u^{31}
　一　 座　 山　　　高
　一座高山

2. 荣屯布央语性质形容词可以受程度副词 ʔbo^{53} "多"、hən^{53} "很" 修饰。例如:

(1) khiə^{53} qhən^{53} pak^{31} ʔbo^{53}.
　走　 路　 累　多
　走路太累。

(2) wan^{31}nai^{31} tut^{53} ʔbo^{53} lo^{33}.
　今天　　 热　多 _{语气助词}
　今天天太热。

(3) san^{24}je^{31} tsut^{53} san^{24}mau^{31} am^{24} khi^{24} pan^{31}fa^{31} hən^{53}kai^{53}.
　三伯　 教　三毛　　 一　 个　办法　　 很好
　三伯教了三毛一个好办法。

(4) ʔdam^{53}ʔda^{53} i^{24} hən^{53} meŋ^{31}piə^{31} ȵaŋ^{31} pan^{24} hriə^{31}.
　　话　　 他 十分　　明确　　 和　有　 力
　他的话十分明确有力。

荣屯布央语状态形容词及性质形容词的重叠式不能再受到程度副词 hən^{53} "很" 或 ʔbo^{53} "多" 修饰。例如 qa^{213}mɯ^{24}ɕit^{53}ɕit^{53} "臭烘烘" 不能说成 hən^{53}qa^{213}mɯ^{24}ɕit^{53}ɕit^{53}, 也不能说成 qa^{213}mɯ^{24}ɕit^{53}ɕit^{53}ʔbo^{53}.

3. 荣屯布央语性质形容词可以重叠, 重叠后的用法和状态动词相同。

(1) 单音节性质形容词的重叠, 其基本式为 AA。例如:

① khi^{24} va^{31} i^{24} u^{24} an^{53} sat^{33} sat^{33}.
　个　人 他 肉 在 结实　结实

他的身体非常结实。

② ʔduə⁵³tsɔk³¹ nai³¹ an⁵³ lɔk³¹ lɔk³¹.
　件　衣服　这　在　湿　湿
　这件衣服湿漉漉的。

③ tɔŋ⁵³θɔ⁵³ nai³¹　jat³³ jat³³, kai⁵³kin⁵³ ʔbo⁵³.
　东西　这　咸　咸　好吃　多
　这东西咸咸的，挺好吃。

（2）双音节性质形容词的重叠，其基本式为 AABB。例如：

tsa²⁴tsa²⁴tse²⁴ tse²⁴破破烂烂　　　hre³¹hre³¹hrin²¹³hrin²¹³破破烂烂
　　破烂　　　　　　　　　　　　　破烂
mon³¹mon³¹mu³¹mu³¹懵懵懂懂　　　hun⁵³hun⁵³hai²⁴hai²⁴高高兴兴
　　懵　懂　　　　　　　　　　　　高兴
leŋ³¹leŋ³¹tɔŋ⁵³tɔŋ⁵³零零碎碎　　　nak³¹nak³¹jau⁵³jau⁵³辛辛苦苦
　　零　碎　　　　　　　　　　　　辛苦

（3）有些单音节性质形容词可以带上叠音词缀或其他词缀，构成状态形容词，其基本式有 ABB 式，也有 ABAC 式等。例如：

tan³¹ʔdiə⁵³ʔdiə⁵³红通通　　nau³¹hu³¹hu³¹闹哄哄　　an⁵³kiu²⁴kiu²⁴瘦巴巴
红　　　　　　　　　　　闹　　　　　　　　　　瘦
tut⁵³hu³¹hu³¹热乎乎　　　　ʔbɔn²¹³pɛ²⁴pɛ²⁴傻乎乎　　naŋ²⁴nɔk²¹³nɔt⁵³重重的
热　　　　　　　　　　　傻　　　　　　　　　　重
uə⁵³tsa³³tsa³³白花花　　　　ʔdet⁵³ʔdju⁵³ʔdju⁵³酸溜溜　lɔk³¹un⁵³un⁵³绿油油
白　　　　　　　　　　　酸　　　　　　　　　　绿
hra:i²¹³hrit⁵³hra:i²¹³hrit⁵³长甩甩　kaːu³¹kaʔ³¹ kaːu³¹kit³¹高高的
长　　长　　　　　　　　　　　　　高　　高

（二）形容词的句法功能

荣屯布央语形容词在句子中可以做定语、谓语、状语、主语和宾语等成分。例如：

1. 做定语

（1）pei⁵³tuə⁵³　pan²⁴ am²⁴ tu²¹³　tai⁵³　kaːu³¹kaʔ³¹ kaːu³¹kit³¹.
　　屋檐　　　有　一　株　树　高高的
　　房子的前面有一棵很高的树。

（2）mo³¹tu²⁴　kwan²¹³kai⁵³, i²⁴　tu²⁴ kwan²¹³ jo²⁴.
　　你　是　人　好　他　是　人　坏
　　你是一个好人，他是一个坏人。

（3） kjɯ⁵³ mi³¹ ʔdɔ⁵³ am²⁴ ʔduə⁵³ tsɔk³¹ θit⁵³ ma:t³¹.
　　 我　　买　　得　　一件　　衣服　　花　　新
　　 我买了一件新的花衣服。

（4） ʔduə⁵³ am²⁴ ɫɔ²¹³ jut³¹ luŋ²⁴, tsɔk³¹hu⁵³ hrak³¹ kui²⁴.
　　 下　　一　　场　雨　　大　　衣服　　　　湿 语气助词
　　 一场大雨把衣服都淋湿了。

2. 做谓语

（1） u²⁴ nai³¹ ŋɯ²⁴ ti⁵³, kin⁵³ʔdɔ⁵³.
　　 肉　　这　　熟 结构助词 吃　得
　　 这是熟的，吃得。

（2） va³¹ lɛ³¹pau⁵³ nai³¹ jou²¹³ nɔt³¹ jou²¹³ ti²¹³uə⁵³, tsan⁵³ ma²⁴.
　　 个　　孩子　　　这　　又　　胖　又　　白的　　　真　　可爱
　　 这孩子又胖又白真可爱。

（3） ɕit⁵³ kjɔ²⁴pa⁵³ nai³¹ an⁵³ lɔk³¹un⁵³un⁵³.
　　 些　　禾苗　　　这　　在　　绿油油
　　 禾苗长得绿油油的。

（4） ɕit⁵³ mɛ³¹ nai³¹ an⁵³ ʔdet⁵³ʔdju⁵³ʔdju⁵³.
　　 些　果子 这　　在　　酸　溜溜
　　 这些果子酸溜溜的。

（5） khi²⁴lɔk³¹ nai³¹ vɛə²⁴ o³³.
　　 间　房子　　这　宽敞　语气助词
　　 这间房子很宽敞。

（6） khi²⁴ nɔ²⁴ i²⁴ tan³¹ʔdiə²¹³lan²¹³lan²¹³.
　　 个　　脸　他　　红扑扑
　　 他的脸红扑扑的。

（7） ku²⁴ ʔduə⁵³ nai³¹ tan³¹ʔdiə⁵³hrɔŋ³¹, ku²⁴ ʔduə⁵³ mai³¹ ŋa:t²¹³ lo²⁴.
　　 朵　　花　　这　　鲜红的　　　　　　朵　　花　　那　黄色　浅
　　 这朵花是鲜红的，那朵花是淡黄色的。

（8） qa²¹³qhɔn⁵³ mai³¹ vɛə²⁴.
　　 条　　路　　那　　宽
　　 那条路宽。

（9） am³¹ tsan⁵³ nai³¹ am³¹ ma:t³¹.
　　 定指标记 杯子 这 定指标记 新
　　 这些杯子是新的。

（10）lɔŋ⁵³ qa²¹³hraːi²¹³, lɔŋ⁵³ θip⁵³.
　　　肚子　痛　　　　肚子　饿
　　　肚子痛，肚子饿。

（11）tsɔk³¹hu⁵³ hrak³¹ kui²⁴.
　　　衣服　　湿　　语气助词
　　　衣服湿了。

3. 做状语

（1）kha⁵³ i²⁴ ʔduə⁵³ kai³³wei³¹ haːu²⁴.
　　　叫　他　来　　开会　　快
　　　叫他快点来开会。

（2）ʔduə⁵³ haːu²⁴ am²⁴ɕit⁵³！ ʔduə⁵³ haːu²⁴ am²⁴ɕit⁵³！
　　　来　　快　　一　点　　来　　快　　一　点
　　　快点来！快点来！

（3）qhɔn⁵³ ʔdot³¹ ʔbo⁵³ ŋa³¹ ŋa³¹khiə⁵³.
　　　路　　滑　　多　　慢　慢　　走
　　　路太滑，慢点走。

（4）jaŋ⁵³ kwa³¹ ʔduə⁵³ haːu²⁴ am²⁴ ɕit⁵³！
　　　拿　锄头　来　　快　　一　点
　　　快拿锄头来！

（5）taŋ³¹kuːn⁵³ vɛ³¹ koŋ⁵³, juɯ⁵³sai²⁴ kin⁵³ ta²⁴.
　　　大家　　　做　工作　　不能　　吃　白
　　　大家要工作，不能够白吃。

（6）ʔda⁵³ nau³¹noi²¹³, vɛ³¹ koŋ⁵³ nau³¹lai³¹.
　　　说　少　　　　做　事　　多
　　　少说话，多做事。

（7）lai³¹ kin⁵³ am²⁴ɕit⁵³.
　　　多　吃　一　点
　　　多吃一点！

4. 做补语

（1）khiə⁵³ qhɔn⁵³ pak³¹ ʔbo⁵³.
　　　走　　路　　累　多
　　　走路太累。

（2）i²⁴ tap³¹ lim³¹ θau⁵³ lat³¹ mum³¹.
　　　他　打　死　两　只　老虎
　　　他打死了两只老虎。

5. 做主语和宾语

荣屯布央语名物化的形容词相当于名词性成分，在句子中可做主语或宾语。例如：

(1) ti²¹³uə⁵³ nən²¹³ pha²⁴tai²⁴, ŋa:t²¹³ nən²¹³ tu²⁴ pa⁵³ŋu³¹.　　（做主语）
　　白的　　是　棉花　　黄的　就　是　稻谷
　　白的是棉花，黄的是稻谷。

(2) saŋ³³ten²⁴toŋ³³θɔ³³tsan⁵³pan²⁴ʔbo⁵³, tan³¹ʔdiə⁵³, kip³¹,ʔduə⁵³ thə²⁴ pan²⁴.（做主语）
　　商店　东西　　真　有　多　红的　　蓝的　　花的　都　有
　　商店的货真多，红的、蓝的、花的都有。

(3) mo³¹mi³¹　　luŋ²⁴ lu²¹³　　mi³¹ at³³.　　　　　　　　　（做宾语）
　　你　要　　大的　还是　要　小的
　　你要大的还是要小的？

(4) ta:i²¹³　　ku²⁴ kai⁵³, hra:i²¹³　　ŋaŋ²⁴ kai⁵³ lai³¹ lo³³.　　（做主语）
　　短的　　也　好，长的　　还　好　过〔语气助词〕
　　短的好，长的更好。

第七节　副词

一　副词的概述

副词主要修饰、限定形容词和动词，常用来说明动作行为和性质状态所涉及的范围、程度、时间、语气和肯定或者否定情况。荣屯布央语副词分为范围副词、程度副词、时间副词、频率副词、方式副词、肯定及否定副词、语气副词等。具体如下：

1. 程度副词：hən⁵³ "很"、tsei²¹³ "最"、tsan⁵³ "真"、ʔbo⁵³ "太，非常，很" 等。

2. 范围副词：thə²⁴ "都"、taŋ³¹kui²⁴ "总共"、tseŋ²¹³ "只"、taŋ³¹phon⁵³ "全部"、ŋim²⁴ "仅" 等。

3. 时间、频率副词：ŋim²⁴ŋim²⁴ "刚刚"、ŋim²⁴ "正在，将要，就要"、ma⁵³saŋ²⁴ "马上，立刻"、tsɯ²¹³tsɯ²¹³ "常常、经常"、tsoŋ²⁴ "总是"、ŋaŋ²⁴ "再"、nən²¹³ "就"、ŋaŋ²⁴……ʔban²⁴ "还没有"、mət³¹jou²¹³ "又"、tək³¹ku:n⁵³ "先"、tək³¹lən³¹ "后" 等。

4. 情态、方式副词：ta²¹³kja⁵³ "一起"、kau²¹³ "特地"、tə³¹ti²¹³ "故意，特地"、ŋa³¹vɛ³¹ʔbit⁵³ "故意" 和 po²¹³lε³¹ "亲自" 等。

5. 肯定、否定副词：la³¹ "不"、tsan⁵³ "真的"、kau²¹³ "一定"、thə²⁴kau²¹³

"必须"、ji³³tiŋ²⁴"一定"、jɯ⁵³sai²⁴"不要"jɯ⁵³"别"必定、n̠aŋ²⁴……ʔban²⁴"还没有"等。

6. 语气副词：nan³¹tau²⁴"难道"、thə²⁴"偏偏，都"、究竟、sak³³ka⁵³"幸亏"、lu²¹³vɛ³¹"反正"、ku²⁴"也"、n̠im²⁴kai⁵³"恰巧"等。

有的荣屯布央语副词兼属于几个小类，有的是借用汉语，有的起到关联作用，连接动词、形容词或者短句。副词在句子中通常做状语。例如：

1. i²⁴　jou²¹³　ʔda⁵³, jou²¹³　qa²¹³θaːu⁵³.
   他　又　说，又　笑
   他一边说，一边笑。

2. i²⁴　vit³¹　tɔŋ³¹kəŋ⁵³　vit³¹　haːu²⁴.
   他　越　跑　越　快
   他越跑越快。

3. khi²⁴　po²⁴　mai³¹　jou²¹³　kaːu³¹　jou²¹³　luŋ²⁴.
   座　山　那　又　高　又　大
   那座山又高又大。

4. i²⁴　khja³¹　ʔbo⁵³, khi²⁴wan³¹　vɛ³¹　lai²¹³　la³¹　tseŋ²⁴　tham⁵³　θei⁵³.
   他　勤劳　多　整天　种　地　否定词　只　砍　柴
   他很勤劳，整天不是种地就是砍柴。

二　程度副词

荣屯布央语程度副词主要有 hən⁵³"很"、tsei²¹³"最"、tsan⁵³"真"、ʔbo⁵³"太，非常，很"等，它们的用法如下：

1. kjɯ⁵³　hən⁵³　hun⁵³hai²⁴　i²⁴.
   我　很　喜欢　他
   我很喜欢他。

2. i²⁴　tsei²¹³　qa²¹³maːu⁵³.
   他　非常　害怕
   他非常害怕。

3. lat³¹　ŋɔ²¹³　nai³¹tɔŋ³¹kəŋ⁵³　ʔdɔ⁵³　hən⁵³　ɛ⁵³.
   匹　马　这　跑　结构助词　很　快
   这匹马跑得很快。

4. kɔ²⁴　mo³¹　tsan⁵³　kai³¹.
   哥　你　真　好
   你哥哥真好。

5. kau⁵³ tau³¹ nai³¹ lak³¹ ʔbo⁵³ lo³³.
   条　河　这　深　太　语气助词
   这条河深极了。

6. ɕiə⁵³ θɯ²⁴ nai³¹ kai⁵³ ʔbo⁵³ lo³³.
   本　书　这　好　太　语气助词
   这本书好极了。

7. ki²⁴ wan³¹ nai³¹ tut⁵³ ʔbo⁵³.
   几　天　这　热　多
   这几天热得很。

8. i²⁴ tui⁵³ kjɯ⁵³ kai⁵³ ʔbo⁵³.
   他　对　我　好　多
   他对我好得很。

9. piə³¹ nai³¹ tsɯ²¹³ net⁵³ net⁵³ ʔbo⁵³.
   今　年　冬天　　冷　多
   今年冬天很冷。

10. ti²¹³ jot³¹ ʔbo⁵³.
    老实　　多
    老实得很。

11. kjɯ⁵³ nin⁵³（或者 ʔdam²⁴）mo³¹ ʔbo⁵³.
    我　想　　　　　　　　你　多
    我太想你了。

12. khi²⁴ mɛ³¹piŋ³¹kɔ⁵³ nai³¹ luŋ²⁴ ʔbo⁵³.
    个　苹果　　　　这　大　多
    这苹果很大。

13. hruə³¹wang³¹ ȵaŋ³¹ hruə³¹li⁵³ kai⁵³ ʔbo⁵³.
    小王　　　　和　　小李　　好　多
    小王和小李关系很好。

14. kaːu³¹ ʔbo⁵³ kaːu³¹ʔbo⁵³, tan³¹ʔdiə⁵³ ʔbo⁵³.
    高　多　高　多　　红　　多
    非常非常高，很红。

15. va³¹kwan²¹³mai³¹ man³¹mu³¹ ʔbo⁵³ lo³³.
    个　人　那　　麻木　　　多　语气助词
    那个人简直麻木死了。

以上的程度副词中，ʔbo⁵³ "太、非常、很"为荣屯布央语固有词，hən⁵³ "很"、tsei²¹³ "最"和 tsan⁵³ "真"都是汉语借词。在修饰形容词时，固有

词 ʔbo⁵³ "太、非常"放在形容词的后面，而其他汉借程度副词放在形容词的前面。

三 范围副词

荣屯布央语范围副词主要有 thə²⁴ "都"、taŋ³¹kui²⁴ "总共"、tseŋ²¹³ "只"、taŋ³¹phɔn⁵³ "全部"、ŋim²⁴ "仅"等，其用法如下面例子所示：

1. taŋ³¹phɔn⁵³　thə²⁴ ʔduə⁵³ kui²⁴.
   大家　　　　都　来　语气助词。
   大家都来了。

2. ɕit⁵³　tɔŋ⁵³θo⁵³　nai³¹　pa²⁴　mo³¹ taŋ³¹kui²⁴.
   这些　东西　　　这　　给　你　全部
   这些东西全给你了。

3. kjɯ⁵³ tseŋ²¹³ ʔduə⁵³ ku²⁴　u²⁴nai³¹, ku²⁴ ta:i³¹　tja⁵³　ket²⁴ la³¹.
   我　　只　　来　　到　这里，　到　地方　别的　过　否定词
   我只来过这里，没有到过别的地方。

4. mo³¹ ku²⁴ saŋ²⁴, kjɯ ku²⁴　saŋ²⁴, taŋ³¹kuːn⁵³ thə²⁴ saŋ²⁴.
   你　也　唱　我　也　唱，　大家　　　都　唱
   你也唱，我也唱，大家都唱。

5. ta²⁴ an⁵³ nai³¹ taŋ³¹phɔn⁵³ thə²⁴ tu²⁴　taŋ³¹θiə⁵³ kui²⁴.
   坐　在　这里　全部　　　都　是　老师　　　　语气助词
   在座的全是老师。

6. kjɯ⁵³ ŋim²⁴ pan²⁴ am²⁴ mɛ³¹ pat⁵³.
   我　仅　有　一　支　笔
   我仅有一支笔。

7. ki²⁴　va³¹kwan²¹³ thə²⁴ ɬam⁵³ vɛə⁵³　kui²⁴.
   几　个　人　　都　心　慌　语气助词
   几个人都慌了。

8. taŋ³¹kui²⁴ hu²¹³ mo³¹ va³¹ kwan²¹³.
   总共　　　去　五　个　人
   总共去了五个人。

9. taŋ³¹phɔn⁵³ thə²⁴ jaŋ⁵³ lɯ³¹jin²⁴ki³³.
   大家　　　都　带　录音机
   大家都带录音机。

10. taŋ³¹ kui²⁴ pan²⁴ am²⁴ki²⁴ taŋ³¹ʔdiə⁵³tuə³¹.
    一共　　　有　一　个　红

一共才红了一个。

11. phɔn⁵³mai³¹ thə²⁴ ʔduə⁵³ kui²⁴ mɔn²⁴?
    他们　　　都　来　语气助词　语气助词
    他们都来了吗？

12. ʔbɔn⁵³ thə²⁴ ʔdam⁵³ lo³³.
    天　　都　黑　语气助词
    天全都黑了。

四　时间、频率副词

荣屯布央语时间、频率副词主要有 ŋim²⁴ŋim²⁴"刚刚"、ŋim²⁴"正在，将要，就要"、ma⁵³saŋ²⁴"马上，立刻"、tsɯ²¹³tsɯ²¹³"常常、经常"、tsoŋ²⁴"总是"、ȵaŋ²⁴"再"、nən²¹³"就"、ȵaŋ²⁴…ʔban²⁴"还没有"、mɔt³¹jou²¹³"又"、tɔk³¹kuːn⁵³"先"、tɔk³¹lɔn³¹"后"等，其用法如下例所示：

1. i²⁴ ȵaŋ²⁴ ʔduə⁵³ ʔban²⁴.
   他　还　来　否定词
   他还没有来。

2. i²⁴ ȵaŋ²⁴ a²⁴ ʔban²⁴.
   他　还　睡觉　否定词
   他还没有睡觉。

3. i²⁴ ŋim²⁴ŋim²⁴ ʔduə⁵³ku²⁴, mɔt³¹jou²¹³ hu²¹³ kui²⁴.
   他　刚刚　　　来到　　又　　　走　完成体助词
   他刚刚来，又走了。

4. an⁵³ am²⁴ pjuə³¹ ʔden⁵³ ʔdo²⁴, nən²¹³ hran³¹ nau³¹.
   在　一　半　　月　语气助词，就　割　稻子
   再过半个月，就割稻子了。

5. kjɯ⁵³ ma⁵³saŋ²⁴ ʔduə⁵³.
   我　立刻　　　来
   我立刻来。

6. pa²⁴ i²⁴ tsɯ²¹³tsɯ²¹³ tu²⁴pəŋ²¹³.
   爸　他　常常　　　　生病
   他爸爸常生病。

7. mo³¹ vai²¹³qa²¹³ȵi²¹³ tsoŋ²⁴ ʔduə⁵³ jan²⁴ an⁵³ u²⁴mai³¹ tse³³?
   你　为什么　　　　　总是　来　　站　在　那里　语气助词
   你为什么总是站在那里啊？

第四章 词类

8. ȵaŋ²⁴ kin⁵³ am²⁴ tui⁵³ lo³³.
   再 吃 一 碗 语气助词
   再吃一碗。

9. mo³¹ hu²¹³ tɔk³¹kuːn⁵³.
   你 去 先
   你先去。

10. qɔ⁵³ ʔdaŋ⁵³ i²⁴ nən²¹³ lɔk³¹.
    鸡 啼 他 就 起床
    鸡一叫他就起来了。

11. ȵaŋ²⁴ kin⁵³ am²⁴ tui⁵³ ʔdo²⁴.
    再 吃 一 碗 语气助词
    再吃一碗。

12. kha⁵³ i²⁴ θau⁵³ po²⁴ lo³³ ȵaŋ²¹³ ʔduə⁵³ ʔban²⁴, mo³¹kha⁵³am²⁴po²¹³ lo³³.
    请 他 两 次 语气助词 还 来 否定词 你 请 一 次 语气助词
    请了他两次都没来，你再请一次。

13. lɔk³¹ taːi⁵³ tsɯ²¹³tsɯ²¹³ thə²⁴ kin⁵³min³¹.
    家 我们 常常 都 吃 面
    我们家常吃面。

14. i²⁴ tsoŋ²⁴ qa²¹³ta²¹³ an⁵³ mai³¹.
    他 总是 坐 在 那
    他老是在那儿坐着。

15. kjɯ⁵³ ŋim²⁴ la³¹hrau⁵³ mo³¹, mo³¹ thə²⁴ taːu³¹ʔduə⁵³ kui²⁴.
    我 正要 找 你 你 都 回来 语气助词
    正想找你，你倒来了。

16. i²⁴ ŋim²⁴ŋim²⁴ uə⁵³hu²¹³.
    他 刚刚 出去
    他刚刚出去。

17. tsa⁵³mau³¹ kən²⁴nai³¹ laŋ³¹ ten²⁴ɕi²⁴.
    阿毛 现在 看 电视
    阿毛正在看电视。

18. khiə⁵³ ʔduə⁵³ lɔk³¹ taːi⁵³ ŋim²⁴ hu²¹³.
    客人 来 家 我们 刚 走
    家中客人刚走。

19. kai⁵³ i²⁴ ŋim²⁴ an⁵³ lɔk³¹ ʔduə³¹ θɯ²⁴.
    好 他 刚 在 家 读 书

他刚好在家读书。

20. mo³¹khiə⁵³ tək³¹kuːn⁵³, kjɯ⁵³ tək³¹lon³¹.
    你   走   先   我   后
    你先走，我后来。

五　情态、方式副词

荣屯布央语情态、方式副词主要有 ta²¹³kja⁵³ "一起"、kau²¹³ "特地"、təʳ¹ti²¹³ "故意，特地"、ŋa³¹vɛ³¹ʔbit⁵³ "故意" 和 po²¹³lɛ³¹ "亲自" 等，其用法如下：

1. kjɯ⁵³ ȵaŋ³¹ mo³¹ ta²¹³kja⁵³ hu²¹³.
   我   和   你   一起   去
   我和你一起去。

2. u²⁴nai³¹ kau²¹³ mi³¹ pa²⁴ mo³¹.
   这   特地   要   给   你
   这是专门买给你的。

3. tə³¹ti²¹³ kaːu³¹ pa²⁴ qa²¹³taŋ⁵³.
   故意   搞   给   响
   故意搞得这么响。

4. i²⁴ tə³¹ti²⁴ ki⁵³ mo³¹.
   他 特地   告诉 你
   他特地告诉你

5. i²⁴ ŋa³¹vɛ³¹ʔbit⁵³ tsai²⁴ kjɯ⁵³.
   他 故意   问   我
   他故意问我。

6. tɕi²¹³ki⁵³ hum⁵³ la³¹, mo³¹ po²¹³lɛ³¹ hu²¹³ laŋ³¹.
   如果   信   否定词   你   亲自   去   看
   如果不信，你亲自去看一看。

六　肯定、否定副词

荣屯布央语否定副词主要有 la³¹ "不"、ȵaŋ²⁴……ʔban²⁴ "还没有"、jɯ⁵³sai²⁴ "不要"、jɯ⁵³ "别" 必定等，（否定副词的句法功能下面章节中还做专门讨论，详见第七章第二节中的否定句），肯定副词有 tsan⁵³ "真的"、kau²¹³ "一定"、thə²⁴kau²¹³ "必须"、ji³³tiŋ²⁴ "一定" 等，它们的用法如下：

1. am³¹ taŋ²⁴ pha²⁴ nai³¹ man²⁴ la³¹.
   定指标记 种   布   这   结实   否定词

这种布不太结实。

2. mo³¹ tsan⁵³ hu²¹³ nau⁵³?
    你　真的　去　语气助词
    你真的去吗？

3. i²⁴ wan³¹nai³¹ kau²¹³ ʔduə⁵³.
    他　今天　一定　来
    他今天一定会来的。

4. kjɯ⁵³ ji³³tiŋ²⁴ hu²¹³.
    我　一定　去
    我一定去。

5. —mo³¹ maːu⁵³ mia³¹nau⁵³ ? kjɯ⁵³ mau⁵³ la³¹.
    你　怕　鬼　吗　我　怕　否定词
    —kjɯ⁵³ mau⁵³ la³¹.
    我　怕　否定词
    —你怕不怕鬼？
    —我不怕。

6. mo³¹jɯ⁵³ qa²¹³nan³¹, jɯ⁵³ ki⁵³ phɔn⁵³mai³¹.
    你别　吵闹　别　说　人家
    你别吵闹，别说人家。

7. jɯ⁵³sai²⁴ ȵaŋ²⁴ ki⁵³ lo³³.
    不要　再　说　语气助词
    不要再说了。

8. khi²⁴tuə⁵³ ȵaŋ²⁴ ɬo²⁴ ʔban²⁴.
    个　门　还　锁　否定词
    门没有锁。

9. tsuŋ³¹tsan²¹³ nai³¹ am³¹taːi⁵³ kau²¹³ həŋ³¹.
    场　仗　这　我们　一定　赢
    这场仗我们一定赢。

10. jɯ⁵³sai²⁴ qa²¹³lun³¹ toŋ³¹kən⁵³.
    不要　乱　跑
    不要乱跑。

11. kjɯ⁵³ ʔdɔ⁵³ mi³¹ pa²⁴ mo³¹ la³¹.
    我　得　给　把　你　否定词
    我没给你买。

12. hu²¹³la³¹, ʔduə³¹θɯ²⁴   la³¹,   jɯ⁵³sai²⁴ veə⁵³.
    去 不 读 书 否定词 不要   慌
    不去/没读书/别慌

13. tai³¹sai³¹ mo³¹   lu²¹³vɛ³¹ ki⁵³, kjɯ⁵³ thə²⁴ hum⁵³ la³¹.
    随便   你   怎么   说   我 都   相信   否定词
    随你怎么说，我是不相信的。

14. ʔbɔn⁵³ ȵaŋ²⁴ hrɔŋ³¹ ʔban²⁴, ȵaŋ²⁴ a²⁴   am²⁴ nam²⁴ lo³³.
    天   还   亮   否定词 再   睡 一   觉   语气助词
    天还没亮，索性再睡一觉。

15. mo³¹ thə²⁴kau²¹³ səŋ³¹jan²¹³.
    你   必须   承认
    你必须承认。

七　语气副词

荣屯布央语语气副词主要有 nan³¹tau²⁴ "难道"、thə²⁴ "偏偏，都"、究竟、sak³³ka⁵³ "幸亏"、lu²¹³vɛ³¹ "反正"、ku²⁴ "也"、ȵim²⁴kai⁵³ "恰巧" 等，其用法如下：

1. nan³¹tau²⁴ ɕit⁵³ nak³¹   khen²⁴nai³¹   mo³¹ thə²⁴ qa²¹³maːu⁵³ ʔbo⁵³ lɛ⁵³?
   难道   些   困难   这   你 都   怕   多   语气助词
   难道这点困难就把你吓住了？

2. ʔbɔn⁵³ thə²⁴ kɛə⁵³ la⁵³.
   天   都   晴   否定词
   天偏不晴。

3. lu²¹³vɛ³¹ kjɯ⁵³ thə²⁴ hu²¹³ la²¹³.
   反正   我   都   去   否定词
   反正我是不去的。

4. vɛ³¹ kjan²⁴nai³¹ ku²⁴ kai⁵³.
   做 这样   也   好
   这样做也好。

5. pa²⁴ i²⁴ hu²¹³ la³¹, i²⁴ thə²⁴ jau⁵³ hu²¹³.
   让 他 去   否定词 他 都   要   去
   不给他去，他偏要去。

6. sak³³ka⁵³ tap³¹ va⁵³ la³¹   o³³.
   幸亏   打   破   否定词 语气助词
   幸亏没有打坏。

7. ȵim²⁴kai⁵³ pa²⁴ i²⁴ laŋ³¹ tha:n²⁴.
   恰巧　　给　他　看　见
   他刚好看见。

第八节　介词

介词是一种虚词，通常不能单独使用，也不能单独充当句子成分。介词在句子中起标记作用，依附在实词或者短语前面，构成介词短语。介词短语在句子中通常做状语，主要作用是引进和动作行为、性质有关的对象、范围、时间、方式等。部分荣屯布央语介词由动词虚化而来，其语法特征与动词有某些相似之处，有几个介词还兼属动词或连词。此外，还有部分荣屯布央语介词借自汉语。荣屯布央语介词前不能加上动态助词，也不能重叠，它们通常位于名词、名词短语或代词前面，介词之后的名词或代词是介词的宾语。下面举例介绍一些荣屯布央语介词的用法。

一　ŋaŋ³¹ "和"、kim²⁴ "跟"

这两个介词主要用于引进动作行为的对象，意思基本相同，很多情况下可以互换。例如：

1. va³¹ nai³¹ vɛ³¹ juŋ³¹ni²¹³ ȵaŋ³¹ va³¹tja⁵³ tɔŋ³¹ la³¹.
   个　这　做　件　事　　和　人家　　同　否定词
   这家伙做事和人家不同。

2. muə²¹³ nai³¹ ȵaŋ³¹ ta:i³¹tja⁵³ ja²¹³lin³¹.
   草　这　和　其他地方　一样
   这草长得和其他地方的草一样。

3. tsai²¹³ki⁵³ kjɯ⁵³ hu²¹³ la³¹, ȵaŋ³¹ mo³¹ pan²⁴ qa²¹³ni²¹³ kwan³³hi²¹³?
   就算　我　去　否定词　和　你　有　什么　　关系
   就算我不去，这和你有什么关系呢？

4. i²⁴ ȵaŋ³¹ kjɯ⁵³ a²⁴.
   他　和　我　睡
   他和我睡。

5. hruə³¹lai²¹³ ȵaŋ³¹ mo³¹ hu²¹³.
   小李　　　和　你　去
   小李同你去。

6. ta:i⁵³ kim²⁴ i²⁴ hu²¹³ liu³¹ la³¹.
   我们　跟　她　去　玩　否定词

我们不跟她玩。

7. hruə^{31}lai^{213} ȵaŋ^{31} i^{24} kam^{213} ʑin^{213} ket^{24}.
   老李   向她   借   钱   过
   老李向她借过钱。

二 pa^{24} "把，被，给"、ŋai^{31}pa^{24} "挨"

pa^{24} "把，被，给"和 ŋai^{31}pa^{24} "挨"都是用以引进对象的介词。pa^{24} 属于动词、介词兼类。作为介词时，pa^{24} "给"主要引进动作服务的对象或动作接受的对象；pa^{24} "把"引进动作的受事者；pa^{24} "被"用于被动句，引出动作的施事者，有时候句子施事可以不出现。ŋai^{31}pa^{24} "挨"相当于 pa^{24} "被"。他们的具体用法如下例所示：

1. mo^{31} mi^{31} me^{31}ta:u^{24} pa^{24} kjɯ^{53}.
   你   把   剪子   给   我
   你把剪子递给我。

2. i^{24} pa^{24} tui^{53} va^{53} am^{24}khi^{24} kui^{24}.
   她 把   碗   坏   一个   语气助词
   她把碗摔了一个。

3. i^{24} pa^{24} kjɯ^{53} qa^{213}ju:n^{24}.
   他 把   我   惊跳
   他把我吓了一跳。

4. le^{31}pau^{53} ŋai^{31}pa^{24} mi^{24} i^{24} tap^{31}.
   孩子   被   妈   他   打
   孩子被他妈打了。

5. tui^{53} pa^{24} i^{24} tap^{31} va^{53} kui^{24}.
   碗   被   他   打   破   语气助词
   碗被他打破了。

6. kjɯ^{53} ŋai^{31}pa^{24} i^{24} het^{53}taŋ^{31} qa^{213}ju:n^{24} kui^{24}.
   我   被   他   吓   惊跳   语气助词
   我被他吓了一跳。

7. ʔdia^{53}tai^{31} pa^{24} wan^{31} pai^{53} lɔn^{53}lɔŋ^{213} kui^{24}.
   树叶   被   风   吹   落 下   语气助词
   树叶被风吹落了。

8. i^{24} pa^{24} u:i^{53} hram^{213} kui^{24}.
   他 被   狗   咬   语气助词
   他被狗咬了。

9. i²⁴ pa²⁴ kjɯ⁵³ kin²⁴ ʔdak³¹ʔdiu⁵³naŋ³¹.
   他 被 我 骂　　　好久
   他被我骂了好久。

10. mo³¹ ŋai³¹pa²⁴ pin²¹³ni²¹³ tut³¹?
    你 被 谁 踢
    你被谁踢了?

11. ʔda³³ pa²⁴ mo³¹ ti²¹³an⁵³, mo³¹ ku²¹³ an⁵³ qa²⁴ la³¹.
    讲 给 你 听　　 你 也 听 懂 _{否定词}
    讲给你听,你也听不懂。

12. kuə²⁴ lɔk³¹ mai³¹ tsu⁵³ pa²⁴ phɔn⁵³ naŋ³¹ lo³³.
    间 房子 那 租 给 别人 久 _{语气助词}
    那间房子早就租给别人了。

13. pɔ²¹³ nai³¹kjɯ⁵³ ȵaŋ²¹³ lam⁵³ pa²⁴ i²⁴.
    回 这 我 还 输 给 他
    这回我还是输给他了。

三　tsui³¹ "替"

tsui³¹ "替" 属于动词、介词兼类,做介词时主要用以引进动作服务的对象。例如:

1. mo³¹ tsui³¹ kjɯ⁵³ mi³¹ θau⁵³ ɕiə⁵³ θɯ²⁴.
   你 替 我 买 两 本 书
   请你替我买两本书。

2. mo³¹ tsui³¹ kjɯ⁵³ ʔdəŋ²⁴ am²⁴ tui⁵³ uə⁽²⁾²⁴ ʔdɛ⁵³.
   你 替 我 倒 一 碗 水 开
   你替我倒一碗开水。

3. mo³¹ tsui³¹ kjɯ⁵³ sau²⁴ am²⁴ɕit⁵³ tɔŋ⁵³θɔ⁵³, ʔdɔ⁵³nau⁵³?
   你 替 我 抄 一点 东西 得 _{语气助词}
   你替我抄点东西,好吗?

4. tsui³¹ va³¹tja⁵³ vɛ³¹ θɔ³¹tseŋ³¹.
   帮 别人 做 事情
   为别人做事。

5. mo³¹ tsui³¹ i²⁴ tɛp⁵³ am²⁴jap³¹.
   你 替 他 担 一下
   请你替他担一下。

四 tui⁵³ "对、对于"

介词 tui⁵³ "对、对于" 是汉语借词，主要用以引进动作行为的对象或者关系者。例如：

1. i²⁴ tui⁵³ taːi⁵³ kai⁵³
   他 对 我们 好
   他就是对我们好。

2. am³¹ khan²⁴nai³¹ ɬən²⁴huo³¹ tui⁵³ i²⁴ mo⁵³ ʔda⁵³ ɬun²⁴ kai⁵³ ʔbo⁵³ lo³³.
   定指标记 种 这 生活 对 她 来 说 算 好 多 语气助词
   这生活，对于她算顶好了。

五 an⁵³ "在"

an⁵³ "在" 也属于动词、介词兼类。做介词时，主要用以引进动作行为的处所或动作发生的时间。例如：

1. qa²¹³ta²¹³ an⁵³ kem²¹³tuə⁵³ mai³¹.
   坐 在 门槛 那
   在门槛上坐。

2. kin⁵³liə⁷²¹³ mɔt³¹ an⁵³ lɔk³¹ vɛ³¹tsem⁵³.
   吃 饭 完 在 家 玩
   吃过饭在家玩。

3. θau⁵³va³¹mo³¹ jan²⁴ an⁵³ ɬi²⁴lin³¹.
   你们俩 站 在 一起
   你们俩站在一起。

4. lat³¹nɔk³¹ ʔban³¹ an⁵³ pjuə³¹ ʔbɔn⁵³ mai³¹.
   鸟 飞 在 半 天 那
   鸟在半高中飞翔。

5. hrau⁵³ tu²⁴ pjuə³¹wan³¹, kaŋ²⁴pi³¹ an⁵³ u²⁴ tɔ³¹θɯ²⁴ mai³¹.
   找 到 半天 钢笔 在 里面 书包 那
   找了半天，钢笔在书包里。

6. i²⁴ an⁵³ pə³¹kiŋ²⁴ mai³¹ vɛ³¹ kɔŋ⁵³.
   他 在 北京 那 做 事
   他在北京做事。

7. qa²¹³va³¹nai³¹ an⁵³ lɔk³¹ mo³¹ a²⁴.
   今晚 在 屋 你 睡
   今晚就睡在你屋里。

8. i²⁴ an⁵³ lɯ²¹³tuə⁵³ mai³¹ vɛ³¹ ki²⁴ha:u²⁴.
   他 在 门上 那 做 记号
   他在门上做记号。

9. an⁵³ kuə⁵³ mai³¹, vɛ³¹ khi²⁴ kuə³¹ma:i⁵³.
   在 角落 那 盖 个 猪圈
   在那个角落盖了一个猪圈。

10. jan²⁴ an⁵³ ku²⁴ tu²⁴ŋan²⁴.
    站 在 到 都安
    站到都安。

六 lai³¹ "过"

介词 lai³¹ "过" 主要用于比较句，用以引进比较的对象。例如：

1. vɛ³¹ juŋ³¹ nai³¹, i²⁴ vɛ³¹kai⁵³ lai³¹ mo³¹.
   做 事情 这 他 做好 过 你
   在这方面，他比你好。

2. tseŋ⁵³ po²⁴ tho⁵³ nau³¹ ɛ³³ lai³¹ tseŋ⁵³ mi²⁴.
   牛 公 犁 田 快 过 牛 母
   公牛犁田比母牛快。

3. i²⁴ ka:u³¹ lai³¹ mo³¹ la³¹.
   他 高 过 你   否定词
   他不比你高。

4. am³¹ta:i⁵³ piə³¹nai³¹ tshan⁵³liaŋ²⁴ ʔbo⁵³ lai³¹ piə³¹ku:n⁵³.
   我们 今年 产量 多 过 去年
   我们今年的产量比去年高。

七 lak³¹ "从"

介词 lak³¹ "从" 主要用于引进动作行为的起点或者通过的处所。例如：

1. lak³¹ tu²⁴ŋan²⁴ mu⁵³ ku²⁴ ti²¹³kat⁵³.
   从 都安 出发 到 那坡
   从都安出发就到那坡。

2. lak³¹ ti²¹³kat⁵³ ɬen⁵³ kwan²⁴,ʔduə⁵³ ku²⁴nai³¹ pan²⁴ θau⁵³pɔt³¹qa²¹³liə³¹ li⁵³.
   从 那坡 算 起 来 到 这 有 二十多 里
   从那坡算起，到这儿大概有二十多里。

3. mo³¹ lak³¹ qa²¹³li²¹³ ʔduə⁵³?
   你 从 哪里 来

你从哪里来的？

4. kjɯ⁵³ lak³¹ ti²¹³kat⁵³ hu²¹³ tu²⁴ŋan²⁴ khiə⁵³ θau⁵³dim²⁴tsuŋ⁵³.
   我　 从　 那坡　 到　 都安　 走　 两个钟头
   我从那坡到都安走了两个钟头。

5. mo³¹ khiə⁵³ qhɔn⁵³luŋ²⁴ tai³¹ hra:i²¹³ ʔbo⁵³,
   你　 走　 大路　 太　 远　 多
   kjɯ⁵³ khiə⁵³ qhɔn⁵³at³³ thu²⁴ lai³¹ am²⁴ɕit⁵³.
   我　 走　 小路　 近　 过　 一点
   你走大路远，我从小路走近点。

6. hruə³¹lai²¹³ wan³¹nin³¹ lak³¹ ti²¹³kat⁵³ ŋim²⁴ ʔduə⁵³.
   小李　　　 昨天　　 从　 那坡　　 刚　 来
   小李昨天刚从那坡回来。

7. lak³¹ wan³¹nai³¹ khwan²⁴, lak³¹ at³³mai³¹ khwan²⁴.
   从　 今天　 起　　　 从　 小时候　 起
   从今天起，从小时候起。

8. lak³¹ tɯ³¹tim³¹ ku²⁴ hrɯ³¹tim²⁴.
   从　 七点　　 到　 八点
   从七点到八点之间。

八　hu²¹³ "到、往"

hu²¹³ "到、往" 也属于动词、介词兼类，做介词时，主要用于引进动作行为的终点或方向。例如：

1. tɯ²⁴ qa²¹³luə³¹ kwan²⁴, laŋ³¹ hu²¹³ liə⁵³ku:n³¹.
   抬起　 头　　　 上　　 看　 向　 前
   抬起头来，向前看。

2. i²⁴ nam³¹ mo³¹, mo³¹tsou²¹³ khɔ²⁴ lɔk³¹ hu²¹³.
   他　 撵　 你　　 你就　　 进去　 屋里　 去
   他撵你，你就往屋里跑。

3. mo³¹ laŋ³¹ hu²¹³ liə⁵³ku:n³¹.
   你　 看　 往　 前头
   你往前头看。

4. mo³¹ tap³¹ko³¹ qa²¹³luə³¹hu²¹³, tsan⁵³wei²¹³hen⁵³.
   你　 打对　　 头　 去　　　 真　 危险
   你对着头上打一下，真危险。

九 jɔt³¹aːi⁵³ "沿着"、aːi⁵³ "按照、顺着"

介词 jɔt³¹aːi⁵³ "沿着" 和 aːi⁵³ "顺着" 用于引进动作行为经过的路线，aːi⁵³ "按照" 用于引进某种规定、条件或做法。例如：

1. jɔt³¹aːi⁵³　ka²⁴tai⁵³　kjan⁵³, tsou²¹³　mi³¹ ʔdɔ⁵³.
   沿着　　　树　　　爬　　就　　拿　得
   沿着树往上爬，就拿到了。

2. aːi⁵³　ka²⁴qhɔn⁵³tshe²⁴　khiə⁵³.
   顺着　条　　公路　　　　走
   顺着公路走。

3. jɔt³¹aːi⁵³　pin⁵³tau³¹　khiə⁵³.
   沿着　　　河边　　　走
   沿着河边走。

4. aːi⁵³　u²⁴nai³¹　hu²¹³vɛ³¹.
   按照　这样　　去　做
   照着这个样子做。

十 tshən²⁴ "趁"、wei²¹³kui²⁴ "为了"、joŋ²¹³ "用"、noi²¹³ "除了"

tshən²⁴ "趁" 表示利用机会或者条件，wei²¹³kui²⁴ "为了" 表示目的，joŋ²¹³ "用" 表示使用的工具，这三个介词都是汉语借词。noi²¹³……mɔt³¹ "除了……之外" 是荣屯布央语固有介词，表示不计算在内。例如：

1. tshən²⁴ i²⁴　an⁵³　lɔk³¹　la³¹, mo³¹ hrui²¹³　i²⁴ ket²⁴ hu²¹³.
   趁　　他　在　家　　否定词　你　送　　　他　过　去
   趁他不在家，你给他送去。

2. tək³¹kuːn⁵³ ku²⁴　wei²¹³kui²⁴ lɛ³¹tsau⁵³, jaŋ⁵³pai²¹³ phɔn⁵³mai³¹hən⁵³ʔbo⁵³ ʑin²¹³.
   从前　　　　姑　为了　　　儿女　　　欠　　　　人家　　　很　多　　钱
   从前姑妈为了儿女，欠下了人家很多债。

3. joŋ²¹³ la³¹　la²¹³ θɯ²⁴.
   用　　纸　　写　字
   用纸写字。

4. joŋ²¹³mat³¹ tɕhit²⁴, joŋ²¹³ ȵiə³¹ kup³¹.
   用　刀　切　　　用　手　捧
   用刀切、用手捧。

5. noi²¹³　hruə³¹ɲat³³　mɔt³¹, taŋ³¹pɔn⁵³　thə²⁴　qa²⁴.
   除了　　小王　　　完　　大家　　　都　　知道

除了小王，大家都知道。

6. noi²¹³ taŋ²⁴ liə²²¹³ mɔt³¹ juŋ³¹ tja⁵³ pan²⁴ juŋ³¹ la³¹.
   除了 做 饭 完 件 别的 有 件 _{否定词}
   除了做饭，没别的事。

第九节 连词

连词是虚词的一种，只表示一定的语法意义，没有词汇意义。连词不能充当句子成分，其作用主要在于连接不同的词、短语和分句。荣屯布央语连词不多，其中一些为汉语借词，可以表示被连接的词、短语和分句之间的各种语法关系，如并列、选择、条件、假设、因果和转折等关系。以下举例说明荣屯布央语常用连词的用法。

一 ȵaŋ²⁴ "和"

连词 ȵaŋ²⁴ "和"是兼词，既做介词又做连词。ȵaŋ²⁴ "和"做连词时，一般用来连接名词和名词性短语，表示并列关系，但不能连接分句。例如：

1. va³¹ta²¹³ ȵaŋ³¹ va³¹θau⁵³ thə²⁴ ȵaŋ²⁴ ʔduə³¹θɯ²⁴.
   老大 和 老二 都 还 读书
   老大和老二都还在读书。

2. kjɯ⁵³ ȵaŋ²⁴ i²⁴ thə²⁴ tu²⁴ tu²⁴ŋan²⁴ kwan²¹³.
   我 和 他 都 是 都安 人
   我和他都是都安人。

3. mo³¹ ȵaŋ³¹ kjɯ⁵³ hu²¹³ laŋ³¹ ten³¹jiŋ⁵³.
   你 和 我 去 看 电影
   你和我去看电影。

4. i²⁴ mi³¹ puə⁵³ ȵaŋ³¹ qa²¹³.
   他 买 毛巾 和 鞋
   他买毛巾和鞋。

5. me³¹paŋ⁵³ ȵaŋ³¹ me³¹la:i²¹³ thə²⁴ hrɔŋ²¹³ kui²⁴.
   桃子 和 梨 都 烂 _{语气助词}
   桃子和梨都烂了。

6. i²⁴ pan²⁴ am²⁴ va³¹ kɔ²⁴ ȵaŋ³¹ am²⁴ va³¹ɔn²⁴.
   他 有 一个 哥 和 一个 妹
   他有一个哥哥和一个妹妹。

7. kjɯ⁵³ naŋ³¹ i²⁴　thə²⁴ ket²⁴ hu²¹³.
   我　和　他　都　去　过
   我和他都去过。

8. hruə³¹tsaŋ²⁴　naŋ³¹ hruə³¹lai²¹³　kɛ³¹vun²⁴.
   老张　　　　跟　小李　　　　结婚
   老张要跟小李结婚。

9. tuŋ⁵³ naŋ³¹qa²¹³lu³¹ thə²⁴ pan²⁴ pin²⁴.
   糖　和　香烟　　都　有　卖
   糖和香烟都有卖。

10. va³¹ po²⁴ki⁵³ mai³¹ naŋ³¹ va³¹le³¹ i²⁴　ma²⁴　nak³¹thau⁵³.
    个　老汉　　　那　和　儿子　他　喜欢　　打猎
    那位老人和他儿子都喜欢打猎。

11. ʔben²⁴ taːi⁵³ naŋ³¹ʔben²⁴ ʔdau⁵³ mai³¹ ta²¹³kja⁵³ lau³¹ am²⁴ka²⁴　uə²²⁴muə²²⁴.
    村　我们　和　村子　　对面　那　共同　　修　一　条　水渠
    我们村和对面村一起修了一条水渠。

naŋ²⁴ "和" 所连接的两个成分结构之间是平等的，可以互换位置，而且被连接的两个成分后面可以用 thə²⁴ "都" 总括前面的连接内容，而 naŋ²⁴ "和" 作为介词时候，被连接的两个成分位置不能互换，也不能用 thə²⁴ "都" 总括前面的连接内容。

二　ji²¹³……ji²¹³……"一边……一边……"

ji²¹³……ji²¹³……"一边……一边……" 是表示并列关系的连词，通常连接两个动词或动词短语，表示两个动作同时进行。例如：

1. i²⁴　ji²¹³　khiə⁵³qhɔn⁵³　ji²¹³　saŋ⁵³kɔ²⁴.
   他　一边　走路　　　　　一边　唱歌
   他一边走路，一边唱歌。

2. taŋ³¹phɔn⁵³ tsui³¹ i²⁴ ʔdaŋ²⁴uə²²⁴ʔdɛ⁵³ ʔdaŋ²⁴ liə²²¹³,
   大家　　　　帮　他　煮开水　　　　　　煮　饭
   jou²¹³　tsui³¹　i²⁴　hrip³¹　hiŋ³¹li⁵³.
   一边　　帮　　他　　收拾　　行李
   大伙儿一边为他烧水做饭，一边帮他收拾行李。

3. va³¹ po²⁴ki⁵³ nai³¹ ji²¹³ laŋ³¹ pau²⁴tɕi⁵³, ji²¹³　a²⁴.
   个　老人　　　这　一边　看　报　　　　一边　瞌睡
   这位老先生一边看报，一边瞌睡。

三 lu²¹³ "还是，或者"

lu²¹³ "还是，或者"是表示选择关系的连词，可以连接词、短语、分句或者句子。lu²¹³在用来构成选择问句时表示"还是"的意思，用于陈述句时表示"或者"的意思。例如：

1. lɔk³¹va²⁴ hu²¹³ lu²¹³ jun³¹ tsou²¹³ hu²¹³?
   上午　　去　还是　下午　　就　去
   上午去，还是下午去？

2. kjɯ⁵³ hu²¹³ lu²¹³ mo³¹ hu²¹³?
   我　　去　还是　你　去
   我去还是你去呀？

3. ɕiə⁵³ θɯ²⁴nai³¹ tu²⁴ mo³¹ lu²¹³ tu²⁴ kjɯ⁵³?
   本　书　这　　是　你　还是　我
   这本书是你的还是我的？

4. mo³¹ ma²⁴ kin⁵³ liə²¹³im²⁴ lu²¹³ liə²¹³liu⁵³?
   你　喜欢　吃　干饭　　　还是　稀饭
   你喜欢吃干饭还是吃稀饭？

5. am³¹ta:i⁵³ ta:u³¹ lɔk³¹, lu²¹³ an⁵³ nai³¹.
   我们　　回　　家　或者　在　这里
   我们要么回家要么留在这里。

6. mo³¹ kin⁵³ qɔ⁵³ lu²¹³ kin⁵³ lau³¹, mo³¹ po²¹³lɛ³¹ le³¹.
   你　吃　鸡　或者　吃　鱼　　你　自己　　挑
   吃鸡还是吃鱼你自己选。

7. mo³¹ hu²¹³ lu²¹³ i²⁴ hu²¹³, kau⁵³ hu²¹³ am²⁴ va³¹.
   你　去　或者　他　去　必须　去　一　个
   要么你去，要么他去，必须得有一个人去。

8. kin⁵³liə²¹³ lu²¹³ ham²⁴iu²⁴, thə²⁴ ʔdɔ⁵³.
   吃饭　　或者　喝酒　　　都　得
   要么吃饭，要么喝酒都行。

9. mo³¹ hu²¹³ lu²¹³ i²⁴ hu²¹³.
   你　去　或者　他　去
   要么你去，要么他去。

10. po²¹³lɛ³¹ lɔŋ³¹ ŋiə³¹ vɛ³¹, lu²¹³ kha⁵³ kwan²¹³.
    自己　　　动　手　做　或者　请　人
    要么自己动手，要么请别人代替。

11. saŋ²¹³kɔ²⁴ lu²¹³ teu²¹³u⁵³, kjɯ⁵³ thə²⁴ qa²⁴ la³¹.
   唱歌　　或　跳舞　　我　都　会　否定词
   唱歌或跳舞我都不会。

12. mo³¹hu²¹³ lu²¹³ hu²¹³ la³¹?
   你　去　还是　去　否定词
   你去还是不去?

13. mo³¹mi³¹ luŋ²⁴ lu²¹³ mi³¹ at³³.
   你　要　大的　还是　要　小的
   你要大的还是要小的?

四 ku²⁴ki⁵³ "可是、但是、不过"

荣屯布央语在表示转折关系的时候, 前一分句通常不用表示"虽然"、"尽管"意思的连词, 后一分句用 ku²⁴ki⁵³ "可是、但是"表示转折。例如:

1. ŋai³¹pa²⁴ i²⁴ kin²⁴ am²⁴tun⁵³, ku²⁴ki⁵³ khi²⁴ɬam⁵³kjɯ⁵³ ku²⁴ pɔk³¹ i²⁴ la³¹.
   挨　他　骂　一顿,　可是　个　心　我　也　服气　他 否定词
   被他骂了一顿, 可我心里头有点不服气。

2. am³¹ tɔŋ⁵³θɔ⁵³ nai³¹ kai⁵³ kau²¹³ kai⁵³, ku²⁴ki⁵³ pja²¹³ ʔbo⁵³.
   定指标记 东西　这　好　一定　好　可是　贵　多
   这东西好是好, 可是太贵了。

3. am³¹ tɔŋ⁵³θɔ⁵³ nai³¹ pja²¹³ kau²¹³ pja²¹³, ku²⁴ki⁵³ man²⁴.
   定指标记 东西　这　贵　一定　贵　可是　结实
   这东西贵是贵, 可是结实。

4. ɕit⁵³ mɛ³¹kem⁵³ nai³¹ khi²⁴ hən⁵³ luŋ²⁴, ku²⁴ki⁵³ kin⁵³ it²⁴ la³¹.
   些　橘子　这个　很　大　但是　吃　甜 否定词
   这些橘子虽然大, 但是不很甜。

5. pan²⁴ uə²²⁴ʔdɛ⁵³, ku²⁴ki⁵³ tsam²¹³ kui²⁴.
   有　开水,　不过　凉 语气助词
   有开水, 不过是凉的。

6. i²⁴ kwan²¹³ kjau⁵³ at³³, ku²⁴ki⁵³ tok³¹hriə³¹ pan²⁴.
   他　人　架子　小　但是　力气　有
   他个子虽小, 但力气很大。

五 pu²¹³lɔn²¹³ "不管"、kun²⁴ "管"、tai³¹sai³¹ "无论"

pu²¹³lɔn²¹³ "不管"、kun²⁴ "管"、tai³¹sai³¹ "无论"都是表示条件关系的连词, 表示无条件、无例外, 一般用来连接分句, 后面常有 thə²⁴ "都"

与之呼应。例如：

1. pu²¹³lɔn²¹³ mo³¹ pin²¹³ni²¹³, thə²⁴ jau²⁴ pa²⁴ θɔ³¹tseŋ³¹ pen⁵³ kai⁵³.
   不管　　你　　谁　　　　都　要　把　事　　办　好
   不管谁都行，都要把事办成。

2. khi²⁴θɔ³¹tseŋ³¹nai³¹, pu²¹³lɔn²¹³ va³¹li²¹³（或者 pin²¹³ni²¹³）thə²⁴ qa²⁴ la³¹.
   个　事　这　　不管　　谁　　　　　　都　懂 否定词
   这事不管谁都不知道。

3. kun²⁴ mo³¹ lu²¹³ve³¹ ki⁵³, kjɯ⁵³ thə²⁴ hu²¹³ la³¹.
   管　你　怎么　说　我　都　去 否定词
   不论你怎么说，我也不去。

4. tai³¹sai³¹ pin²¹³ni²¹³ ki⁵³, kjɯ⁵³ thə²⁴ ti²¹³an⁵³ la³¹.
   不论　谁来　劝说　我　都　听 否定词
   不论哪个劝，我都听不进去。

六　tshu³¹fei²⁴……tsou²¹³……"除非……才……"

连词 tshu³¹fei²⁴……tsou²¹³……"除非……才……" 为汉语借词，表示条件关系，通常用以连接分句。例如：

1. tshu³¹fei²⁴ tɔŋ³¹kəŋ⁵³, tsou²¹³ kim²⁴ ʔdɔ⁵³ khwan²⁴.
   除非　　跑　才　赶　得　上
   除非跑，才赶得上。

2. tshu³¹fei²⁴ mo³¹ ʔduə⁵³, i²⁴ tsou²¹³ ʔduə⁵³.
   除非　你　来　他　才　来
   除非你来，他才会来。

七　tɕi²¹³ki⁵³ "如果、要是"

tɕi²¹³ki⁵³ "如果" 表示假设关系，通常用来连接分句，有时后面有 tsou²¹³ "就" 与之呼应。例如：

1. tɕi²¹³ki⁵³ khi²⁴ʔdja⁵³ kai⁵³, ɕit⁵³nai³¹ kjɯ⁵³ tsou²¹³ ve³¹ ʔdɔ⁵³.
   如果　身体　好　这些　我　就　干　得
   如果身体好，这些活我一个人干。

2. tɕi²¹³ki⁵³ jut³¹ ʔduə⁵³ la³¹, kjɯ⁵³ tsou²¹³ ʔduə⁵³.
   如果　下雨　来 否定词 我　就　来
   如果不下雨，我就来。

3. tɕi²¹³ki⁵³ wan³¹nat³¹ jut³¹ʔduə⁵³, kjɯ⁵³ tsou²¹³ ʔduə⁵³ la³¹.
   如果　明天　下雨　我　就　来 否定词

如果明天下雨，我就不来。

4. tɕi²¹³ki⁵³ hum⁵³ la³¹, mo³¹ po²¹³lɛ³¹ hu²¹³ laŋ³¹.
　如果　　信　否定词　你　亲自　去　看
　如果不信，你亲自去看一看。

5. tɕi²¹³ki⁵³　i²⁴　ʔduə³¹ la³¹, kjɯ⁵³ tsou²¹³ hu²¹³　la³¹　lo³³.
　如果　　他　来　否定词　我　就　去　否定词　语气助词
　他如果不来，我就不去了。

6. tɕi²¹³ki⁵³　mo³¹ ʔduə⁵³ la³¹,　kjɯ⁵³ tsou²¹³ po²¹³lɛ³¹　hu²¹³.
　如果　　你　来　否定词　我　就　自己　去
　你如果不来，我就自己去。

7. tɕi²¹³ki⁵³ wan³¹nat³¹ mo³¹hu²¹³θəŋ³¹, tsui³¹kjɯ⁵³ mi³¹ am²⁴ɕit⁵³ tɔŋ⁵³θo⁵³.
　要是　　明天　你　去　城　替　我　买　一点　东西
　要是明天进城去，替我买点东西来。

8. tɕi²¹³ki⁵³　va³¹tja⁵³, khat²⁴ θo³¹tsəŋ³¹ nai³¹　ve³¹ tu²⁴ la³¹.
　要是　　别人　个　事情　这　办　成　否定词
　要是别人，这事办不成。

八　jən²⁴wei²¹³ "因为"

介词 jən²⁴wei²¹³ "因为" 是汉语介词，表示因果关系，有时后面有 mɔt³¹ "所以" 与之相呼应。例如：

1. jən²⁴wei²¹³ qhɔn⁵³ nau³¹kap³¹, tshe²⁴　tsou²¹³ ket²⁴　ʔdɔ⁵³　la³¹.
　因为　　路　窄　车子　就　过　得　否定词
　因为路太窄了，车子过不去了。

2. jən²⁴wei²¹³kɔŋ²⁴ kjɯ⁵³ min³¹ um⁵³ nɔk³¹　ti⁵³,　mɔt³¹ kjɯ⁵³ tsou²¹³ qa²⁴ʔbet⁵³.
　因为　爷　我　是　养　鸟　结构助词　所以　我　就　懂得
　因为我爷爷是养鸟的，所以我知道。

荣屯布央语的连词不丰富，有些连词借自汉语，很多复合句不用连词而以意合为主。例如：

1. va³¹kaːi²⁴ pak³¹ nən²¹³pak³¹, jɯ⁵³sai²⁴　pa²⁴ va³¹tja⁵³ pak³¹.
　自己　累　就　累　不要　给　别人　累
　宁可累自己，不能累了别人。

2. am³¹taːi⁵³ lai³¹ khiə⁵³ ki²⁴ jim²⁴, jɯ⁵³sai²⁴　sa²⁴ lɔŋ²¹³ kjɔ²⁴ nau³¹　hu²¹³.
　我们　多　走　几　步　不要　踏　下　庄稼　地里　去
　我们宁可多走一步路，也不能踩地里的庄稼。

3. li³¹vun²⁴ nau³¹ha:u²⁴, thɔ²⁴ an⁵³ vɛ³¹ ni²¹³.
   离婚　　快点　　　拖　在　做　什么
   与其这样拖着，不如早点离婚。

4. mo³¹ qa²⁴ khan²⁴nai³¹ tu²⁴ la³¹, lən²¹³vai²¹³ ʔdam²⁴ pan²¹³fa³¹.
   你　知道　这样　　是 否定词　另外　　想　办法
   你知道这样不好，不如另想办法。

5. hruə³¹viə³¹ pan⁵³ ʔdɔ⁵³ kui²⁴, po²¹³nai³¹ ku²⁴ kjɯ⁵³ʔdɔ⁵³.
   老王　　　分　得 语气助词 次　这　到　我　得
   老王上次分到了，这次来轮到我了。

第十节　助词

助词通常是由一些功能不同的虚词充当，只表示语法意义，没有词汇意义。荣屯布央语助词不发达，数量尽管不多，但使用频率高，用法复杂。绝大部分助词都依附于其他实词、短语或者句子，不能够单独使用。按照功能，荣屯布央语助词可以分为结构助词、动态助词和语气助词。

一　结构助词

（一）ti⁵³ "的"

ti⁵³ "的" 为汉语借词。在与汉语的接触过程中，荣屯布央语受到汉语的影响，借进了汉语结构助词 ti⁵³ "的"。荣屯布央语结构助词 ti⁵³ "的" 可以用在名词、代词或者动词等后面，构成名物化结构，指代具体的人或物。例如：

1. jən²⁴wei²¹³kɔŋ²⁴　kjɯ⁵³ min³¹ um⁵³ nɔk³¹　ti⁵³,　mɔt³¹ kjɯ⁵³ tsou²¹³ qa²⁴ʔbɛt⁵³.
   因为　　　　　爷　我　是　养　鸟 结构助词 所以　我　就　懂得
   因为我爷爷是养鸟的，所以我知道。

2. u²⁴　nai³¹ ŋɯ²⁴ ti⁵³,　kin⁵³ ʔdɔ⁵³.
   肉　这　熟 结构助词 吃　得
   这肉是熟的，吃得。

3. u²⁴mai³¹（min³¹）ʔdam²¹ ti⁵³,　kin⁵³ ʔdɔ⁵³ la³¹.
   肉　那 （是）　生 结构助词 吃　得 否定词
   那肉是生的，吃不得。

4. luə²¹³lɔk³¹ mai³¹ ta²⁴ an⁵³　ʔda³¹ʔdiu⁵³ kwan²¹³,
   屋里　　　这　坐 持续体助词 很多　　　　人

laŋ³¹θɯ²⁴ ti⁵³ laŋ³¹ θɯ²⁴,
看书 结构助词 看 书
laŋ³¹pau²⁴ ti⁵³ laŋ³¹pau²⁴, la²¹³ θɯ²⁴ ti⁵³ la²¹³ θɯ²⁴.
看报 结构助词 看报 写字 结构助词 写 字
屋里坐着很多人，看书的看书，看报的看报，写字的写字。

5. thɔ⁵³ ti⁵³ thɔ⁵³ nau³¹, ʔbɛ⁵³ ti⁵³ ʔbɛ⁵³ muə³¹.
犁 结构助词 犁 田 锄 结构助词 锄 草
犁田的犁田，锄草的锄草。

通常，荣屯布央语形容词做定语时一般位于所修饰名词的后面，不带有语法标记 ti⁵³ "的"。荣屯布央语的领属性结构也不使用助词 ti⁵³ "的"，偶尔使用 ti⁵³ "的" 语法现象主要是受到汉语影响的结果，此类句子也可以用荣屯布央语的表达方式代替。例如：

1. i²⁴ mi³¹ ʔdɔ⁵³ am²⁴ ʔduə⁵³ tsɔk⁵³ ma:t³¹.
他 买 得 一 件 衣服 新
他买了一件新衣服。

2. mo³¹tu²⁴ kwan²¹³kai⁵³, i²⁴ tu²⁴ kwan²¹³ jɔ²⁴.
你 是 人 好 他 是 人 坏
你是一个好人，他是一个坏人。

3. qɔ⁵³ lɔk³¹ i²⁴ pa²⁴ kai²⁴ kin⁵³ kui²⁴.
鸡 家 他 被 野猫 吃 语气助词
他家的鸡被野猫吃了。

4. po²⁴θiə⁵³kjɯ⁵³ min³¹ va³¹ɔ²⁴ i²⁴.
父亲 我 是 舅舅 他
我父亲是他舅舅。

5. khi²⁴tui⁵³ kjɯ⁵³ luŋ²⁴ lai³¹ khi²⁴ mo³¹.
个 碗 我 大 过 个 你
我的碗比你的大。

6. çiə⁵³ θɯ²⁴ mai³¹ min³¹ çiə⁵³ kɔ²⁴ i²⁴ ti⁵³.
本 书 那 是 本 哥 他 结构助词
那本书是他哥哥的。

7. hruə²¹³ lai²¹³ ti⁵³ θɯ²⁴.
姓 李 的 书
老李的书。

8. kjɯ⁵³ ti⁵³ kaŋ²⁴pi³¹.
我 的 钢笔

我的钢笔。

例6、7、8的表达是受到汉语影响的结果,其中例7"老李的书"可以读作 hruə²¹³ lai²¹³ ti⁵³θɯ²⁴或者 θɯ²⁴hruə²¹³ lai²¹³,但后者用得更多;"我的钢笔"也有两种读法 kjɯ⁵³ ti⁵³ kaŋ²⁴pi³¹和 kaŋ²⁴pi³¹kjɯ⁵³,后者用得更广泛。

(二) ʔdɔ⁵³/taŋ³¹ "得"

结构助词ʔdɔ⁵³/taŋ³¹ "得"置于动词或形容词及补语之间,表示它们之间的补充说明关系。例如:

1. miu³¹ tiu²¹³ ʔdɔ⁵³ ka:u³¹, u:i⁵³ toŋ³¹kən⁵³ ʔdɔ⁵³ ɛ⁵³.
   猫 跳 结构助词 高 狗 跑 结构助词 快
   猫跳得高,狗跑得快。

2. am³¹ta:i⁵³ qa²¹³θa:u⁵³ taŋ³¹ jɔ²¹³tau⁵³ kai⁵³ ʔduə⁵³ kui²⁴.
   我们 笑 结构助词 眼泪 流 来 语气助词
   我们笑得眼泪都流出来了。

3. i²⁴ tɛp⁵³ ʔdɔ⁵³ pɛ⁵³ θau⁵³kan²⁴.
   他 挑 结构助词 百 二 斤
   他挑得一百二十斤。

4. kjɯ⁵³nɛt⁵³ taŋ³¹ θan³¹ kui²⁴.
   我 冷 结构助词 发抖 语气助词
   我冷得发抖。

5. i²⁴ la²¹³ θɯ²⁴ ʔdɔ⁵³ kai⁵³.
   他 写 字 结构助词 好
   他的字写得好。

6. i²⁴ qa²¹³θa:u⁵³ taŋ³¹ jut⁵³ ʔdɔ⁵³ la³¹ kui²⁴.
   他 笑 结构助词 站 结构助词 否定词 语气助词
   他笑得腰都直不起来了。

7. qa²¹³hra:i²¹³ taŋ³¹ i²⁴ khi⁵³ kui²⁴.
   痛 结构助词 他 叫 语气助词
   他痛得直叫。

8. kɯk³¹ taŋ³¹ ɲit³¹ kui²⁴.
   急 结构助词 哭 语气助词
   急得直哭。

9. kun²⁴ ʔdɔ⁵³ ɲɯ²¹³nau⁵³ vɛə²⁴.
   管 结构助词 这么 宽
   管得这么宽。

（三）没有表示状语标记的结构助词

荣屯布央语没有类似于汉语"地"的结构助词作为状语标记，状语直接置于谓语动词的前面或后面。例如：

1. qhɔn⁵³ ʔdot³¹ ʔbo⁵³ ŋa³¹ ŋa³¹ khiə⁵³.
   路　滑　多　慢　慢　走
   路很滑，慢慢地走。

2. ŋa³¹ ŋa³¹ khiə⁵³　am²⁴ɕit⁵³!
   慢　慢　走　　一　些
   走慢一些！

3. ʔduə⁵³ ha:u²⁴ am²⁴ɕit⁵³!
   来　快　一点
   快点来！

4. ȵan³¹ ʔda⁵³ ȵan³¹ʔda⁵³, thə²⁴təŋ³¹ la³¹.
   总是　讲　总是　讲　　都　停　否定词
   不停地讲。

5. i²⁴ la²¹³ thə²⁴ təŋ³¹ la³¹.
   他　写　都　停　否定词
   他不停地写。

6. at³³ va³¹ at³³va³¹ khɔ²⁴ʔduə⁵³.
   一　个　一　个　　进来
   一个一个地进来。

7. ŋa³¹ŋa³¹ pɛ⁵³ am²⁴ɕit⁵³.
   轻轻　　拍　一点
   轻轻地拍一下。

8. hun⁵³hun⁵³hai²¹³hai²¹³ ket²⁴piə³¹.
   欢　欢　喜　喜　　过年
   欢欢喜喜地过年。

9. i²⁴ voŋ³¹vu²⁴voŋ³¹vɛə⁵³ khiə⁵³ ket²⁴ hu²¹³.
   他　大　摇　大　摆　　走　过　去
   他大摇大摆地走过去。

10. qa²¹³luə³¹ʔbɔn⁵³ hrɔŋ³¹ɕe⁵³ɕe⁵³ thuə⁵³ khɔ²⁴tau⁵³ ʔduə⁵³.
    星星　　　　亮晶晶　　　眨眼睛　　　来
    星星忽闪忽闪地眨着眼睛。

11. ta²⁴ pa²⁴　tseŋ²⁴tseŋ²⁴.
    坐　给　　整整齐齐

整齐地坐着。

二 动态助词

动态又叫"体"或"貌",指的是动作或性状在变化过程中的情况。动态助词表示动词时态,在第四章第五节动词的体和态部分已经提过,现在只对荣屯布央语主要的几个动态助词 an^{53} "着"、$kui^{24}/mɔt^{31}$ "了"、ket^{24} "过"、lo^{33} "起来"、lin^{31} "互相"的语法功能作简要的归纳。

（一）$kui^{24}/mɔt^{31}$ "了"

完成体助词 $kui^{24}/mɔt^{31}$ "了"可用在动词的后面,表示动作行为的发生和状态的出现。例如:

1. i^{24}　hu^{213}　kui^{24}　$nən^{213}$　$ʔduə^{53}$　la^{31}　lo^{33}.
   他　去　完成体助词　就　来　　否定词　语气助词
   他一去就不回来了。

2. $ʔda^{53}$ lun^{53}　kui^{24}　$kjaŋ^{53}jau^{213}$　la^{31},
   讲　错　完成体助词　要紧　　否定词
   $ʔda^{53}$ $am^{24}lip^{31}$ $ma:t^{31}$ $nən^{213}$ $ʔcɔ^{53}$　lo^{33}.
   讲　一　遍　新　就　得　语气助词
   讲错了没关系,再讲一遍就是了。

3. $kin^{53}liə^{ʔ213}$ $mɔt^{31}$　$ŋa^{31}$ hu^{213}.
   吃　饭　完成体助词　再　去
   吃了饭去。

（二）ket^{24} "过"

荣屯布央语经历体助词 ket^{24} "过"表示曾经发生某一动作或存在某一状态,而现在该动作、状态已经不再继续。例如:

1. $loŋ^{31}hau^{31}$ mo^{31} $ʔdɔ^{53}$ hu^{213}　ket^{24}　nau^{53}?
   龙合　你　得　去　经历体助词　语气助词
   龙合你去过没有?

2. mo^{31} $tsai^{213}$　ket^{24}　kui^{24}　$lɛ^{53}$?
   你　问　经历体助词　语气助词　语气助词
   你调查过吗?

3. $hruə^{31}lai^{213}$ $n.aŋ^{31}$　i^{24}　$kam^{213}ʑin^{213}$　ket^{24}.
   老李　向　他　借　钱　经历体助词
   老李向她借过钱。

4. $kjɯ^{53}$ $naŋ^{24}$　i^{24} $thə^{24}$　hu^{213}　ket^{24}.
   我　和　他　都　去　经历体助词

我和他全去过。

5. kjɯ⁵³ hu²¹³ ket²⁴ saŋ²⁴hai⁵³.
   我   到 经历体助词 上海
   我到过上海。

6. kjɯ⁵³ ki²⁴wan³¹ kuːn⁵³ ʔdɔ⁵³ hu²¹³ ket²⁴.
   我   几天   前   得   去 经历体助词
   我前几天曾经去过。

（三）an⁵³ "着"

荣屯布央语的持续体助词 an⁵³ 通常用于动词后面，表示动作正在进行或者状态持续保持。例如：

1. i²⁴ a²⁴ an⁵³ nɛ⁵³.
   他 躺 持续体助词 语气助词
   他躺着呢。

2. lat³¹tseŋ⁵³ a²⁴ an⁵³ nən²¹³ lat³¹ po²⁴,
   头牛   躺 持续体助词 是 头   公
   jan²⁴ an⁵³ kin⁵³ muə²¹³ nən²¹³lat³¹ mi²⁴.
   站 持续体助词 吃草   是   头   母
   躺着的那头是公的，站着吃草的那头是母的。

3. tuə⁵³ ha⁵³ an⁵³, liə⁵³luə ʔ²¹³ pan²⁴ kwan²¹³ la³¹.
   门   开 持续体助词 里面   有   人   否定词
   门开着，里面没有人。

（四）lo³³ "起来"

荣屯布央语用 lo³³ "起来" 来表示动作的起始态。lo³³ "起来" 通常位于动词的后面，强调动作起点但不明确其终点。例如：

1. ɔn²⁴ mo³¹ ȵit³¹ lo³³ nɛ⁵³.
   妹妹 你   哭   起始体助词 语气助词
   你妹妹怎么哭起来了。

2. wan³¹nai³¹ ʔbɔn⁵³ tut⁵³ lo³³.
   今天   天   热   起始体助词
   天气热起来了。

3. phɔn⁵³θaːi⁵³ lu²¹³ vɛ³¹ tap³¹ lin³¹ lo³³.
   你们   怎么   打 相互态助词 起始体助词
   你们怎么打起来了。

4. kjɯ⁵³ ȵaŋ²⁴ an⁵³ ɕi³¹faŋ³¹ taŋ²⁴liə ʔ²¹³ ni⁵³.
   我   还   在   厨房   煮饭   语气助词

phɔn⁵³mai³¹　　nən²¹³　ham²⁴　iu²⁴　lo³³.
他们　　　　　　就　　　喝　　酒　_{起始体助词}
我还在厨房煮饭，就喝起酒来了。

（五）lin³¹ "互相"

荣屯布央语相互态助词 lin³¹ "互相" 通常放在动词的后面，表示动作同时作用于两个或两个以上不同的动作行为主体。例如：

1. phɔn⁵³θa:i⁵³　jin³³ka⁵³　tsui³¹　lin³¹,　jɯ⁵³sai²⁴　tap³¹　lin³¹.
你们　　　　应该　　帮助　_{相互态助词}　不要　　打　_{相互态助词}
你们应该互相帮助，不要打架。

2. θau⁵³ va³¹phɔn⁵³　pan²⁴　ʑin²¹³　la³¹,　ku²⁴ki⁵³hən⁵³　ma²⁴　lin³¹.
他们俩　　　　有　　钱　_{否定词}　但是　　很　　爱　_{相互态助词}
他们俩没有钱，但是很相爱。

三　语气助词

语气助词可以单独或与语调以及其他词类一起表示各种不同的语气。荣屯布央语语气助词较丰富，主要有 lo³³ "啦，呀，了"、pɛ³¹ "吧"、a³³ "啊"、nɛ⁵³/ni⁵³ "呢"、tɛ⁵³/ ti⁵³ "的"、ma³¹ "嘛"、nau⁵³/ lɛ⁵³ "吗"、tsɛ⁵³ "啊"、o³³/pə⁵³ "哦" 等。语气助词出现的频率也比较高，通常位于句子末尾，是荣屯布央语表达语气的重要手段之一。这些语气助词主要的功能就是缓和句子语气，位于句尾的语气助词通常读轻声，使得句子变长，节奏减慢，语气舒缓。下面对荣屯布央语主要的语气助词分别进行分析。

（一）lo³³ "啦，呀，了"

语气助词 lo³³ "啦，呀，了" 主要用于陈述句，有时候也用于祈使句，位于句子末尾。

1. 用于陈述句

语气助词 lo³³ 用于陈述句时通常为肯定的语气，语调也比较低。例如：

(1) kjɯ⁵³ tha:n²⁴ i²⁴ ʔduə⁵³ lo³³.
　　我　见　他　来　_{语气助词}
　　我见他来了。

(2) kjɯ⁵³ ʔdɔ⁵³ ta:i⁵³ pɔt³¹ piə³¹ lo³³.
　　我　得　三　十　岁　_{语气助词}
　　我都三十岁啦。

(3) kjɯ⁵³ hu²¹³liu³¹ lo³³.
　　我　去玩　_{语气助词}
　　我玩去了啊。

（4）pan²⁴ piau²⁴ la³¹, kjɯ⁵³ tsou²¹³ hu²¹³ la³¹ lo³³.
　　　有　票　否定词　我　　就　　去　否定词　语气助词
　　没有票，我就不去呗。

（5）kjɯ⁵³ ȵaŋ²⁴ qa²¹³la²¹³ pan²⁴ qa²¹³ʔbɛt⁵³ min³¹ am³¹ta:i⁵³ həŋ⁵³ lo³³.
　　　我　再　　早　　　有　　知道　　是　我们　　　赢　　　语气助词
　　我早就知道是我赢的了。

（6）tau⁵³ laŋ³¹ lun⁵³ lo³³.
　　　眼睛　看　错　语气助词
　　眼睛看错啦。

（7）am³¹ta:i⁵³ kin⁵³ mɔt³¹ lo³³.
　　　我们　　　吃　完成体助词　语气助词
　　我们吃过了。

（8）mo³¹ ʔduə⁵³ la³¹, kjɯ⁵³ khiə⁵³ lo³³.
　　　你　来　否定词　我　走　语气助词
　　你不来，我走啦。

2. 用于祈使句

lo³³用在祈使句时也有缓和语气的作用，语调下降，含有命令、提醒或埋怨的意味。例如：

（1）hruə³¹lai²¹³ a³³, jɯ⁵³sai²⁴ qa²¹³nan³¹ lo³³！
　　　老李　　　　语气助词　不要　　吵　　　　语气助词
　　老李呀，不要吵了！

（2）ta²¹³je³¹ a³³, vɛ³¹ θɔ³¹tseŋ³¹ tu²⁴ la³¹ lo³³！
　　　大伯　语气助词　做　事　　　　是　否定词　语气助词
　　大伯呀，把事办糟了！

（3）jut³¹ ʔduə⁵³ lo³³！
　　　雨　来　语气助词
　　下雨了！

（4）kai⁵³ lo³³, jɯ⁵³sai²⁴ ʔda⁵³ lo³³！
　　　好　语气助词　不要　　说　语气助词
　　好了！别说了！

（二）a³³ "啊"

语气助词 a³³ "啊"可以用于陈述句、疑问句和祈使句，通常位于句子末尾，其功能主要是缓和语气。例如：

1. 用于陈述句

a³³ "啊"用于陈述句时带有解释或提醒的意味，位于句末缓和语气，句末语调降低。例如：

(1) ki⁵³ min³¹ a³³.
　　说　对　语气助词
　　说的对啊。

(2) kjɯ⁵³ ki⁵³ taŋ²⁴jen³¹ tu²⁴ la³¹ a³³.
　　我　说　当然　　是　否定词　语气助词
　　我说当然不是啊。

(3) kjɯ⁵³ ki⁵³ kjan²⁴nai³¹ kai⁵³ a³³.
　　我　说　这样　　　好　语气助词
　　我说这样好啊。

2. 用于疑问句

a³³ "啊"用于疑问句时表示说话人对某事情感到意外，有点怀疑，要求说话人作出解释或证实。例如：

(1) —tsou²¹³ he³¹ ʔdɔ⁵³ taːi⁵³ ʔden⁵³.
　　才　　学　得　三　　月
　　—tsan⁵³ a³³?
　　真　语气助词
　　—才学了三个月。
　　—真的啊？

3. 用于祈使句

a³³ "啊"用于祈使句末，起到缓和语气的作用，语调较低，使得命令的语气缓和，含有催促、提醒或嘱咐的意味。例如：

(1) haːu²⁴ɕit⁵³ a³³!
　　快　点　语气助词
　　快点啊！

(2) kɔ²⁴hu²¹³ haːu²⁴ a³³!
　　进去　　快　语气助词
　　快进哪！

（三）pɛ³¹ "吧"

语气助词 pɛ³¹ "吧"一般用于陈述句或疑问句，表示同意某种意见或者请求，句末语调低降，其功能主要也是缓和语气。

1. 用于陈述句

用 pɛ³¹ "吧"的陈述句通常表示同意某种意见或要求，同时还包含有"无可奈何"的意思，句末语调较低。例如：

(1) tsou²¹³　kjan²⁴nai³¹　pɛ³¹.
　　就　　　这样　　　　语气助词
　　就这样吧。

(2) pa²⁴　i²⁴　lau³¹　am²⁴ɕit⁵³　lo³³　pɛ²¹³！
　　给　他　修　　一下　　　语气助词　语气助词
　　给他修一下吧！

(3) ki⁵³　tsou²¹³　ki⁵³　lo³³　pɛ³¹.
　　说　　就　　　说　　语气助词　语气助词
　　说就说呗。

2. 用于疑问句

pɛ³¹"吧"用于疑问句末，句子通常含有估计、揣测的语气，表示说话者对答案有明显的倾向，句子有时还有 lau⁵³tɯ²⁴"可能"等表示推测意思的副词。例如：

(1) ʔbɔn⁵³　lau⁵³tɯ²⁴　jut³¹　ʔduə⁵³　la³¹　pɛ³¹？
　　天　　　大概　　　下雨　　　　　否定词　语气助词
　　天大概不会再下雨了吧？

(2) pan²⁴　ȵɯ²¹³naːu⁵³　ŋa³¹　la³¹　pɛ³¹？
　　有　　那么　　　　　容易　　　　语气助词
　　有那么容易吗？

（四）nɛ⁵³/ni⁵³"呢"

语气助词 nɛ⁵³/ni⁵³"呢"可以用于特殊疑问句、选择疑问句或陈述句末尾，起到缓和语气的作用。nɛ⁵³多用于陈述句，ni⁵³多用于疑问句。

1. 用于特殊疑问句

语气助词 nɛ⁵³/ni⁵³"呢"用在特殊疑问句末时，句子疑问代词通常有 pin²¹³ni²¹³ "谁"、qa²¹³ni²¹³ "什么"、lu²¹³vɛ³¹ "怎么"等疑问词承担疑问功能，nɛ⁵³/ni⁵³ "呢"的作用是缓和语气。这类疑问句往往含有说话人感到"惊奇"或者"疑惑"的成分，句末语调通常比较高扬。例如：

(1) θɯ²⁴　nai³¹　tu²⁴am³¹　pin²¹³ni²¹³　ni⁵³？
　　书　　这　　是这　　　谁　　　　　语气助词
　　这书是谁的？

(2) mo³¹　lu²¹³vɛ³¹　ʔduə⁵³　la³¹　ni⁵³？
　　你　　怎么　　　来　　　否定词　语气助词
　　你怎么不来了呢？

(3) va³¹tja⁵³　thə²⁴　qa²¹³mau⁵³　la³¹, mo³¹　qa²¹³mau⁵³　qa²¹³ni²¹³　ni⁵³？
　　别人　　　都　　怕　　　　　否定词　你　　怕　　　　什么　　　　语气助词
　　别人都不怕，你怕什么？

(4) çit⁵³ θɔ³¹tsən³¹nai³¹ lu²¹³vɛ³¹ pen⁵³ ni⁵³?
　　些　　件　事　这　　怎　么　办　语气助词
　　这件事怎么办呢？

(5) wan³¹nai³¹ i²⁴ an⁵³lɔk³¹vɛ³¹ qa²¹³ni²¹³ ni⁵³.
　　今天　　他　家里　　做　什么　语气助词
　　今天他家里有什么事呢？

有些特殊疑问句可以不用疑问代词，直接将语气助词 nɛ⁵³/ni⁵³ "呢" 放在名词、名词短语或代词之后表示疑问。这一类特殊问句通常是问话者或者物 an⁵³ qa²¹³li²¹³ "在哪里"。要注意的是这一类特殊问句对语境有特别的要求，只有问话者认为听话者可能知道答案的时候才能使用这一种问句。例如：

(6) kɔ²⁴ mo³¹ nɛ²⁴?
　　哥　你　语气助词
　　你哥哥呢？

(7) khi²⁴ tui⁵³ mo³¹ nɛ²⁴?
　　个　碗　你　语气助词
　　你的碗呢？

可以在语气助词 nɛ⁵³/ni⁵³ "呢" 的前面加上 an⁵³qa²¹³li²¹³ "在哪里"，句子意思基本不变。例如：

例（6）可以转换成：kɔ²⁴ mo³¹ an⁵³ qa²¹³li²¹³ nɛ²⁴?
　　　　　　　　　　哥　你　在　哪里　　语气助词
　　　　　　　　　　你哥哥在哪里呢？

例（7）可以转换成：khi²⁴ tui⁵³ mo³¹ an⁵³ qa²¹³li²¹³ nɛ²⁴?
　　　　　　　　　　个　碗　你　在　哪里　　语气助词
　　　　　　　　　　你的碗在哪里呢？

2. 用于选择疑问句

语气助词 nɛ⁵³/ni⁵³ "呢" 用于选择问句后，起到缓和语气的作用，句末的语调通常比较低缓。这一类问句常常用于表示商量、询问或征求意见。例如：

(1) i²⁴ ʔduə³¹ ʔduə³¹ la³¹ ni⁵³?
　　他　来　　来　　否定词　语气助词
　　他来不来呢？

(2) mo³¹ kin⁵³ kin⁵³ la³¹ ni⁵³?
　　你　吃　吃　否定词　语气助词
　　你吃不吃呢？

（3）mo³¹ ki⁵³ kai⁵³ kai⁵³ la³¹ ni⁵³?
你　说　好　好　否定词　语气助词
你说好不好呢？

3. 用于陈述句

句末带语气助词 nɛ⁵³/ni⁵³ "呢" 的陈述句表示说话人想告诉对方一些新的情况或提醒对方，句末语调稍微高扬。例如：

（1）min³¹ kwan²⁴　an⁵³ lɔk³¹un⁵³un⁵³　nau⁵³　nɛ⁵³.
麦　长　在　绿油油　语气助词　语气助词
麦苗长得绿油油的呢。

（2）pau²¹³tɕi³³　jɔ²⁴　pin²⁴ tu²⁴　ʑin²¹³　nɛ⁵³.
报纸　坏的　卖　成　钱　语气助词
废报纸可以卖钱呢。

（3）ȵaŋ²⁴　va²⁴　ɕi²¹³　nɛ⁵³.
还　早　是　语气助词
时间还早着呢。

（4）lɔk³¹　kjɯ⁵³　jai³¹ hɛə²⁴　hra:i²¹³ ʔbo⁵³　ni⁵³.
家　我　离　市场　远　多　语气助词
我家离市场远着呢。

（5）ʔdɔ⁵³pin²¹³　ʔduə⁵³ qa²¹³ta²⁴　am²⁴ɕit⁵³　nɛ⁵³.
有空　来　坐　一会　语气助词
有空不妨来坐坐吧。

（6）i²⁴　ȵaŋ³¹　a²⁴　ʔban²⁴　ni⁵³.
他　还　睡觉　否定词　语气助词
他还没有睡觉啊。

（7）kjɯ⁵³　hu²¹³　la³¹　ɕi²¹³　nɛ⁵³.
我　去　否定词　是　语气助词
我才不去呢。

（8）i²⁴ ȵaŋ²⁴ laŋ³¹ θɯ²⁴ nɛ⁵³.
他　还　看　书　语气助词
他看着书呢。

（9）i²⁴　a²⁴　an⁵³　nɛ⁵³.
他　躺　持续体助词　语气助词
他躺着呢。

（10）an⁵³ ɕi³¹faŋ³¹ taŋ²⁴liə⁽ʔ⁾²¹³　ni⁵³.
在　厨房　煮饭　语气助词

在厨房煮饭呢。

(11) i²⁴ kha⁵³ mo³¹ wan³¹nat³¹ hu²¹³ ni⁵³.
他 叫 你 明天 去 _{语气助词}
他叫你明天去呢。

(12) tsuə⁵³ ɲaŋ²⁴ qa²¹³hraːi²¹³ ni⁵³.
牙齿 还 疼 _{语气助词}
牙齿还在疼呢。

(13) i²⁴ aːi⁵³ ʔduə⁵³ la³¹ ni⁵³.
他 愿意 来 _{否定词} _{语气助词}
他不愿意来呢。

（五）tɛ⁵³/ti⁵³ "的"

语气助词 tɛ⁵³/ti⁵³ "的" 通常用于陈述句末尾，起到加强语气的作用。有的句子谓语前面往往还有 tu²⁴/min³¹ "是"，这可能是在和汉语长期接触的过程中，受汉语影响的结果。例如：

1. ho³¹, tu²⁴ kjan²⁴nai³¹ la³¹ ti⁵³.
   _{叹词} 是 这样 _{否定词} _{语气助词}
   嗳，不是这样的。

2. ho³¹, ʔdam⁵³ nai³¹ mo³¹ ʔda⁵³ tu²⁴ la³¹ ti⁵³.
   _{叹词} 话 这 你 讲 是 _{否定词} _{语气助词}
   呃，你这话是不对的！

3. wan³¹nai³¹ jut³¹ʔduə⁵³ la³ tɛ⁵³.
   今天 下雨 来 _{否定词} _{语气助词}
   今天不下雨了。

4. o³³, khi²⁴ ji⁵³ɬan⁵³ nai³¹ khi²⁴ mo³¹ la³¹ ti⁵³ ma⁵³?
   _{叹词} 把 雨伞 这 把 你 _{否定词} _{结构助词} _{语气助词}
   啊，这把雨伞不是你的吗？

5. piau²⁴ mo³¹ min³¹ wan³¹nai³¹ tɛ⁵³.
   票 你 是 今天 _{语气助词}
   你的票是今天的。

6. i²⁴ pan²⁴ lau⁵³lɛ⁵³ mo³¹ la³¹ tɛ⁵³.
   他 有 骗 你 _{否定词} _{语气助词}
   他是不会骗你的。

7. i²⁴ lau⁵³lɛ⁵³ mo³¹ tɛ⁵³.
   他 骗 你 _{语气助词}
   他是骗你的。

8. taŋ³¹phɔn⁵³ thə²⁴ ja²¹³lin³¹ tɛ⁵³.
   大家　　　都　一样　_{语气助词}
   大家都是一样的。

9. o²¹³, qa²¹³la³¹ phɔn⁵³θa:i⁵³ vɛ³¹ ti⁵³, nin³³ kwa³³ lo³³.
   _{叹词}　原来　你们　做　_{语气助词}　难　怪　_{语气助词}
   喔，原来是你们干的，难怪啰。

（六）ma³¹ "嘛"

语气助词 ma³¹ "嘛" 用于陈述句末尾，表示说话人认为 "应该如此"，有 "理所当然" 的语气，句末语调稍微低。例如：

1. i²⁴ pən³³lai³¹ thə²⁴ ɕau⁵³ la³¹ ma³¹.
   他　本来　　都　错　_{否定词}　_{语气助词}
   他本来就不错嘛。

2. kjuɯ⁵³ qa²⁴ʔbet³³ la³¹ ma³¹.
   我　　知道　_{否定词}　_{语气助词}
   我不知道嘛。

3. juɯ⁵³sai²⁴ tap³¹ ma³¹!
   不要　　　打　_{语气助词}
   不要打嘛！

（七）nau⁵³/lɛ⁵³ "吗"

语气助词 nau⁵³/lɛ⁵³ "吗" 通常位于陈述句末尾，构成是非问句。通常这两个语气助词可以互换，意思相差不大，但是如果句子有完成体助词 kui²⁴ 或 mɔt³¹，则用 lɛ⁵³。例如：

1. mo³¹ jau²⁴ laŋ³¹ tɔŋ⁵³θɔ⁵³, ʔdɔ⁵³ nau⁵³?
   你　要　　检查　行李　　得　_{语气助词}
   你要检查行李，可以吗？

2. i²⁴ wan³¹wan³¹ thə²⁴ an⁵³ nau⁵³?
   他　天　天　　　都　在　_{语气助词}
   他每天都在吗？

3. am³¹ θɔ³¹tseŋ³¹ nai³¹ mo³¹ qa²⁴ nau⁵³?
   _{定指标记}　事情　　　这　你　知道　_{语气助词}
   这事情你知道了吗？

4. mo³¹ ȵaŋ²⁴ la²¹³ ɬan²⁴ nau⁵³?
   你　在　　写　信　_{语气助词}
   你在写信吗？

5. wan³¹nai³¹　hu²¹³heə²⁴　nau⁵³?
   今天　　　去　赶集　语气助词
   今天是赶集吗？

6. wan³¹nat³¹　ȵaŋ²⁴khai²⁴vei²¹³　nau³¹?
   明天　　　还　开会　　　语气助词
   明天还开会了吗？

7. mo³¹ham²⁴　tui⁵³　iu²⁴　nau⁵³?
   你　喝　　碗　　酒　　语气助词
   你喝一碗酒吗？

8. wan³¹nai³¹　mo³¹　kwan²⁴pen⁵³　nau⁵³?
   今天　　　你　　上班　　　语气助词
   今天你上班吗？

9. jaŋ⁵³　ʔdɔ⁵³　kwan²⁴　nau⁵³?
   拿　　得　　上　　　语气助词
   拿得动吗？

10. tɔŋ⁵³θɔ⁵³　ȵaŋ²⁴　an⁵³　nau⁵³?
    东西　　　还　　在　　语气助词
    东西还在了吗？

11. ʔdam⁵³am²⁴ɕit⁵³　i²⁴　ʔduə⁵³　nau⁵³?
    晚　一点　　　　他　来　　　语气助词
    晚一会儿他来吗？

12. mi³¹am²⁴　pɛ⁵³kan²⁴　nau⁵³?
    买一　　　百斤　　　语气助词
    买一百斤吗？

13. nan³¹tau²⁴　tu²⁴　θau⁵³ta:i⁵³ʔden⁵³　nau⁵³?
    难道　　　是　　两　三　月　　　　语气助词
    难道是两三个月吗？

14. kuːn⁵³mai³¹　ʔdɔ⁵³　hu²¹³　tu²⁴ŋan²⁴　nau⁵³?
    以前　　　　得　　　去　　都安　　　语气助词
    以前去过都安吗？

15. i²⁴　lau⁵³　thə²⁴　ʔduə⁵³　la³¹　lɛ⁵³?
    他　恐怕　都　　来　　　否定词　语气助词
    他恐怕不会来吧？

16. wan³¹nat³¹　i²⁴　ʔduə⁵³　lɛ⁵³?
    明天　　　他　来　　　语气助词

明天他会来了吗？

17. i²⁴ hu²¹³ heə²⁴ kui²⁴ lɛ⁵³?
    他 上 街 _{完成体助词} _{语气助词}
    他上街去了吗？

18. mo³¹ hrau²¹³ va³¹ kui²⁴ lɛ⁵³?
    你 洗 身 _{完成体助词} _{语气助词}
    洗过澡了吗？

19. kin⁵³ tsəŋ²¹³ thuŋ⁵³ lɛ⁵³?
    吃 光 糖 _{语气助词}
    吃完糖了吗？

20. i²⁴ hu²¹³ kui²⁴ lɛ⁵³?
    他 走 _{完成体助词} _{语气助词}
    他走了？

21. mo³¹ ʔdɔ⁵³ hu²¹³ lɔk³¹ i²⁴ ket²⁴ mɔt³¹ lɛ⁵³?
    你 得 去 家 他 过 _{完成体助词} _{语气助词}
    你去过他家没有哇？

（八）tsɛ⁵³ "啊"

语气助词 tsɛ⁵³ "啊"用得较少，主要用在反问句及祈使句末尾。以 tsɛ⁵³ "啊"结尾的反问句含有责备或者质问的意味，祈使句含有请求的意思。例如：

1. ɕit⁵³ nai³¹ noi²¹³ ŋa³¹ tsɛ⁵³?
   些 这 少 容易 _{语气助词}
   这还不容易吗？

2. tsui³¹ am²⁴ɕit⁵³ tsɛ³¹!
   帮 些 _{语气助词}
   帮帮忙吧！

（九）o³³/pə⁵³ "哦、啊"

语气助词 o³³/pə⁵³ "哦、啊"主要用在祈使句和感叹句句末。o³³和 pə⁵³ 可以互换，意思相差不大。

1. 用于祈使句

语气助词 o³³/pə⁵³用于祈使句末，句子语调稍微高扬。这种祈使句表示提醒或者警告，例如：

（1）juɯ⁵³sai²⁴ kin²¹³ tuə⁵³ pə⁵³!
    不要 关 门 _{语气助词}
    不要关门哦！

(2) tɕi²¹³ki⁵³　mo³¹ pɔŋ²¹³ i²⁴, tsui³¹ kjɯ⁵³　kan⁵³θe²⁴　i²⁴　pə⁵³!
　　如果　　你　碰　他　替　我　　感谢　　　他　语气助词
　　你要是碰到他，就替我道谢。

(3) ŋa³¹ŋa³¹　u:i⁵³ hram²¹³ mo³¹　o³³!
　　小心　　狗　　咬　　你　语气助词
　　小心狗咬你！

(4) jɯ⁵³sai²¹³　pa²⁴　khi²⁴ tui⁵³　kin⁵³kjau³¹ va²⁴　pə⁵³!
　　不要　　　把　　个　　碗　　喝茶　　　　坏　语气助词
　　不要把茶碗砸了！

(5) jan²⁴an⁵³, khi⁵³ qhɔn⁵³ ɬiu²⁴ɫam⁵³ am²⁴ɕit⁵³ pə⁵³!
　　站着　　去　　路　　　小心　　一点　语气助词
　　站着！路上小心一点！

(6) nim⁵³　kin⁵³ qa²¹³lu³¹　o³³!
　　记着　　吃　药　　语气助词
　　记着吃药哇！

(7) mo³¹hu²¹³ha:u²⁴　o³³!
　　你　去　快　语气助词
　　你快点去哦。

(8) jɯ⁵³sai²¹³　ʔdam⁵³lim²¹³　tsou²¹³ ta:u³¹ʔduə⁵³　o³³!
　　不要　　　晚　　　　　才　　回来　　语气助词
　　不要太晚才回来呀！

(9) mo³¹ wan³¹nat³¹ jau²⁴ ʔduə⁵³　o³³!
　　你　明天　　　要　来　语气助词
　　你明天要来呀！

2. 用于感叹句

语气助词 o³³/pə⁵³"哦、啊"常常用于感叹句末，句末语调高降。以 o³³/pə⁵³ 为句末的感叹句表示说话者对人或事物的感叹、夸奖、叹息等。例如：

(1) va³¹ lɛ³¹pau⁵³ mai³¹　laŋ³¹kai⁵³ ʔbo⁵³　o⁵³!
　　个 孩子　　那　　　好看　　多　语气助词
　　那个男孩长得好帅啊！

(2) u²⁴nai³¹　fɔŋ²⁴kəŋ⁵³　laŋ³¹kai⁵³　ʔbo⁵³　o³³!
　　这儿　　风景　　　　好看　　　多　语气助词
　　这儿风景多好哇！

(3) va³¹kwan²¹³　i²⁴ at³³, i²⁴ ʔdam qa²⁴　ʔbo⁵³　o³³!
　　个 人　　　他小　他　想　知道　多　语气助词

他人还小，但心眼可不少喔！

（4）mo³¹ piə³¹nai³¹　an⁵³　nau³¹　kai⁵³　pə⁵³！
　　　你　今年　在　很　健康　_{语气助词}
　　　你今年很健康啊！

第十一节　叹词

　　叹词是人们用来表达强烈感情或表示呼唤、应答的词，没有具体实在的词汇意义。叹词是一种特殊的词类，在句子中是一种独立的成分，不与句子的任何成分发生关系，也不充当任何句子成分。荣屯布央语叹词比较丰富，叹词都表达一定的意思，可以用来表示着急、惊讶、叹息及恐惧等不同的情感。荣屯布央语叹词通常位于句首，有时候也位于句尾。下文以荣屯布央语叹词表达的不同情感为依据将荣屯布央语叹词的用法归纳为以下九类。

一　表示高兴、欢乐

1. ha³¹ha³¹, ʔdɔ⁵³kai⁵³　o⁵³, ȵaŋ²⁴　hun⁵³hai²⁴ ʔban²⁴！
　_{叹词}　丰收　_{语气助词}　还　高兴　_{否定词}
　哈哈！丰收啦，还不高兴啊！

2. hə³¹hə³¹, mo³¹　lam⁵³ pa²⁴ kjɯ⁵³ kui²⁴　lo³³.
　_{叹词}　你　输　给　我　_{语气助词}　_{语气助词}
　呵呵！这下可输给我了。

二　表示痛苦

1. ai³¹ja³¹, qa²¹³luə³¹　qa²¹³hra:i²¹³ ʔbo⁵³, ai³¹jo³³！
　_{叹词}　脑袋　痛　多　_{叹词}
　哎哟，头好痛哦，哎呦哟！

2. ai⁵³jo⁵³, kjɯ⁵³　lɔŋ⁵³ qa²¹³ hra:i²¹³ lo⁵³.
　_{叹词}　我　肚　痛　_{语气助词}
　哎哟，我肚子好痛！

3. jo⁵³,　mo³¹ sa²⁴　jɔŋ⁵³ kjɯ⁵³ kui²⁴.
　_{叹词}　你　踩　脚　我　_{语气助词}
　哟，你踩中我的脚啦。

三 表示叹息、烦恼

1. hə³¹, ʔda⁵³ i²⁴ la³¹, kjɯ⁵³ ȵaŋ²⁴ qa²¹³hraːi²¹³θam⁵³ la³¹ ni⁵³.

叹词 　说 他 否定词 我 还 痛 　心 否定词 语气助词

哎，不说他我还不伤心呢！

2. a³³ja³³, mo³¹ʔdɔ⁵³ ȵɯ²¹³naːu⁵³ keu²⁴ tse³¹?

叹词 　你 得 这么 　　瘦 语气助词

哎呀，你怎么那么瘦啊？

3. hai³¹, ȵaŋ³¹ mo³¹ ʔda⁵³tsan⁵³ mo³¹ jou²¹³ hum⁵³ la³¹.

叹词 　跟 你 　说真话 　你 又 信 否定词

哎，和你说真话你又不信。

4. hai³¹, pəŋ²¹³ ʔdɔ⁵³ θau⁴³ʔden⁵³ ȵu²¹³ koŋ⁵³ lo⁵³.

叹词 　病 得 两个月 耽误 工作 语气助词

哎，生病两个月，工作都给耽搁了。

5. ai³¹, jou²¹³ jut³¹ ʔduə⁵³ lo⁵³！

叹词 　又 下雨 来 语气助词

啊，又下雨了！

四 表赞叹、羡慕

1. ho⁵³, va³¹lɛ³¹pau⁵³ nai³¹ kai⁵³ ʔbo⁵³ o⁵³！

叹词 　个 小伙子 这 好 多 语气助词

嚆，这小伙子真棒！

2. ho⁵³, piə³¹nai³¹ kjɔ²⁴ nau³¹kai⁵³ ʔbo⁵³ o⁵³！

叹词 　今年 庄稼 很好 多 语气助词

啊，今年的庄稼长得真好哇！

3. ho⁵³, lat³¹ lau³¹ luŋ²⁴ ʔbo⁵³ o⁵³！

叹词 　条 鱼 大 多 语气助词

噢，好大的鱼！

4. ai³³jo⁵³, khi²⁴ku⁵³nai³¹luŋ²¹³ o⁵³！

叹词 　个 瓜 这 大 语气助词

哎呀，这个瓜好大啊！

五 表示意外、惊讶

1. ai³¹ja³³, khi²⁴ mu²⁴ nai³¹ ȵim²⁴mi²⁴ʔduə⁵³, tsou²¹³tap³¹pa⁵³ va⁵³ kui²⁴！

叹词 　　个 锅 这 刚 买 来 　就 打 给 破 语气助词

第四章 词类

哎呀，这个锅刚买来就打破了！

2. o²¹³, qa²¹³la³¹ phɔn⁵³θaːi⁵³ vɛ³¹ ti⁵³, nin³¹kwa³³ lo³³.
   叹词 原来 你们   做 语气助词 难怪 语气助词
   喔，原来是你们干的，难怪啰。

3. ja³¹, lɔŋ²¹³ qa²¹³naːi²¹³ n̠ɯ²¹³naːu⁵³ haːu²⁴!
   叹词 下 雪 这么 早
   哎呀，这么早下雪啦！

4. o²¹³, qa²¹³lai³¹ tu²⁴ mo³¹!
   叹词 原来 是 你
   啊，原来是你！

六　表示责怪、埋怨、不同意

1. hai³¹, kjɯ⁵³ n̠ɯ²¹³naːu⁵³ mon³¹mu³¹ ni⁵³.
   叹词 我 怎么 懵懂 语气助词
   咳，我怎么这么糊涂。

2. ai³¹ja³¹, va³¹tja⁵³ n̠aŋ²⁴ kin⁵³ ʔban²⁴, mo³¹ tsou²¹³ kin⁵³ tɔk³¹kuːn⁵³ lɛ⁵³!
   叹词 别人 还 吃 否定词 你 就 吃 先 语气助词
   哎呀呀，别人没吃，你就先吃啦！

3. o⁵³, mo³¹ ʔda⁵³ qa²¹³ni²¹³ a³¹!
   叹词 你 讲 什么 语气助词
   嘿，这是什么话！

4. ə³¹, mo³¹ lu²¹³vɛ³¹ ki⁵³ kjan²⁴nai³¹ ni⁵³!
   叹词 你 怎么 说 这么 语气助词
   唉，你怎么能这么说呢！

5. ho³¹, tu²⁴ kjan²⁴nai³¹ la³¹ ti⁵³.
   叹词 是 这样 否定词 语气助词
   嗳，不是这样的。

6. ho³¹, ʔdam⁵³ nai³¹ mo³¹ ʔda⁵³ tu²⁴ la³¹ ti⁵³!
   叹词 话 这 你 讲 是 否定词 语气助词
   呃，你这话可不对呀！

七　表示不满意、气愤、轻蔑

1. ho³¹, lu²¹³vɛ³¹ kjan²⁴nai³¹ ni⁵³!
   叹词 怎么 这样 语气助词
   吓，怎么能这样呢！

2. **hə³¹**, mo³¹ pan²⁴ θau⁵³ man²⁴ zin²¹³ ɬun²⁴qa²¹³ni²¹³!
   叹词　你　有　两　块　钱　算　什么
   哼，你有两块钱算什么！

3. **pi⁵³**, mo³¹ lɛ³¹pau⁵³ kwan²¹³mo³¹ θɔk³¹　la³¹!
   叹词　　你　小伙子　人　　　你　出息　否定词
   呸！你这个小伙子好没出息！

4. **hə³¹**, mo³¹ ȵaŋ²⁴ nau²¹³!
   叹词　你　还　闹
   哼，你还闹哇！

5. **hə³¹**, mo³¹hum⁵³ i²⁴.
   叹词　你　信　他
   哼，你信他的。

八　表呼唤、应答、领会

1. **ja³³**, an⁵³ u²⁴nai³¹ nɛ⁵³,　mo³¹ laŋ³¹ thaːn²⁴　la³³?
   叹词　在　这里　语气助词　你　看到　　否定词
   呀，在这里，你没看到吗？

2. **vei⁵³**, wan³¹nat³¹ mo³¹ lɔŋ²¹³pen⁵³　mɔt³¹, mi³¹ mu²⁴ ʔuə⁵³.
   叹词　　明天　　你　下班　　　语气助词　买　锅　来
   喂，明天你下班买个锅来。

3. **hai⁵³**, jɯ⁵³　uə⁵³　həŋ⁵³!
   叹词　别　出　声
   嘘，别做声！

4. **ə³¹**, kai⁵³!
   叹词　好
   啊，好吧！

5. **ə³¹**, kjɯ⁵³ ʔduə⁵³ lo⁵³!
   叹词　我　来　语气助词
   呃，我就来！

6. **ə³¹**, kjɯ⁵³ qa²⁴ kui²⁴.
   叹词　我　知道　语气助词
   咿，我知道了。

7. **ə³¹**, kjɯ⁵³ tsau²¹³vɛ³¹.
   嗯　我　照办
   嗯，我照办。

8. vei⁵³, mo³¹ pa²⁴ tsui³¹ nau⁵³?
   喂 你 给 帮 语气助词
   喂，你需要帮助吗？

9. ei⁵³, mo³¹ ʔduə⁵³ haːu²⁴ am²⁴ɕit⁵³!
   唉 你 来 快 一点
   唉，你快来！

10. ai³³jo³³, kja³³jou³¹ vɛ³¹!
    嗨哟 加油 做
    嗨哟，加油做！

11. o²¹³, kjɯ⁵³ qa²⁴ kui²⁴.
    哦 我 懂 语气助词
    哦，我懂了。

九 表示追问或出乎意料

1. jo⁵³, tui⁵³ lu²¹³vɛ³¹ va⁵³ kui²⁴?
   叹词 碗 怎么 破 语气助词
   呦，碗怎么破了？

2. vei⁵³, wan³¹nat³¹ mo³¹ hu²¹³ nau⁵³?
   叹词 明天 你 去 语气助词
   啊，你明天去不去啊？

3. um³³, qa²¹³ni²¹³?
   叹词 什么
   嗯，什么？

4. um³³, tsu²¹³ nai³¹qa²¹³ni²¹³θɯ²⁴?
   叹词 字 这 什么 字
   嗯，这是什么字？

5. ho⁵³, mo³¹ lu²¹³vɛ³¹ ȵaŋ²¹³ hu²¹³ ʔban²⁴?
   叹词 你 怎么 还 去 否定词
   嗯，你怎么还没去？

6. a³¹, u²⁴nai³¹ lu²¹³tu²⁴?
   叹词 这 怎么回事
   啊，这是怎么回事啊？

7. vei⁵³, kjɯ⁵³ ki⁵³ mo³¹ an⁵³jak³¹ nau⁵³?
   叹词 我 说 你 听见 语气助词
   喂，我说的话你听见了没有？

8. o³³, khi²⁴ ji⁵³ɫan⁵³ nai³¹ khi²⁴　mo³¹　la³¹　　ti⁵³　　ma⁵³?
　　叹词 把 雨伞　　这 把　你　否定词 结构助词　语气助词

啊，这把雨伞不是你的吗？

　　从以上例子中我们可以看出，荣屯布央语叹词通常位于句首，叹词后有短暂的停顿，书面上用逗号或者叹号表示出来。有叹词的句子，句末有时使用语气助词来缓和语气。有些荣屯布央语叹词，同一个叹词在不同的语境中表达的感情也不同。例如以上例子中的 ai³¹ja³³ "哎呀" 在不同的语境中可以表达痛苦、惊讶和叹息等不同的感情。

第五章 短语结构

短语是词与词按一定的规则组合起来表达一定意义的词组。一般来讲，语素是比词小的语言单位，短语是大于词而又小于句子的语言单位，有的短语加上句调也可以构成句子。荣屯布央语短语从结构上来看，可以分为主谓短语、动宾短语、修饰短语、中补短语、联合短语、同位短语、连谓短语、兼语短语、量词短语、方位短语、介词短语等十一种不同的类型。

第一节 主谓短语

荣屯布央语主谓短语的前一个词是主语，是动作的施事者或者说明描写的对象；后一个词是谓语，是对前一个词的叙述说明或描写。主谓短语的谓语主要有三种：

一 动词性谓语

1. lɛ³¹θau²⁴ ȵam³¹θei⁵³ 姑娘唱歌
   姑娘　　　唱歌
2. i²⁴ ʔduə⁵³ 他来
   他　来
3. kjɯ⁵³ hu²¹³ 我去
   我　去

（一）形容词性谓语

1. wan³¹nai³¹ net⁵³ 今天天气冷
   今天　　　冷
2. loŋ⁵³ qa²¹³hraːi²¹³ 肚子痛
   肚子　痛
3. tsɔk³¹hu⁵³ hrak³¹ 衣服湿
   衣服　　　湿

二　名词性谓语

1. wan³¹nai³¹　ʔden⁵³lɔk³¹ tshu⁵³kau²⁴　今天六月初九
   今天　　　月　六　　初 九
2. wan³¹ʔdɔ³³　ʔden⁵³ θem⁵³　tshu⁵³ho²⁴　后天三月初五
   后天　　　月　三　　初　五
3. u²⁴nai³¹　qa²¹³lu³¹ kan⁵³mau²⁴　这感冒药
   这　　药　　　感冒

第二节　动宾短语

荣屯布央语的动宾短语由动词和宾语两个部分组成。动词在前，宾语在后，它们之间为支配与被支配、关涉与被关涉的关系。例如：

1. kin⁵³　liə²¹³ 吃饭
   吃　饭
2. ʔduə³¹ θɯ²⁴ 读书
   读　书
3. tam²⁴ tai⁵³ 种树
   种　树
4. kin⁵³ u²⁴ 吃肉
   吃　肉
5. tho⁵³nau³¹ 犁田
   犁　田
6. tot³¹ pau⁵³ 放鞭炮
   放　鞭炮
7. ham²⁴ am²⁴ɕit⁵³uə²²⁴ 喝些水
   喝　一些　水
8. kin⁵³ qa²¹³lu³¹ 抽烟
   吃　烟

第三节　修饰短语

荣屯布央语修饰短语由修饰语和中心语两部分组成，他们之间构成修饰关系。修饰短语可以分为中定短语、定中短语和状中短语等类型。

一 中定短语

中定短语就是指中心词加上修饰语（定语）构成的短语。荣屯布央语中心语通常在前头，修饰语在后头。中心词和修饰词之间不用结构代词 ti^{53} "的"连接。例如：

1. u^{24}　ma:i^{53}　猪肉
　　肉　　猪

2. ŋiə^{31} kjɯ^{53}　我的手
　　手　　我

3. lɔk^{31} ma:t^{31}　新房
　　房　　新

4. lau^{31} tau^{31}　河鱼
　　鱼　　河

5. tan^{31}θiə^{31}　ta:i^{53}　我们的老师
　　老师　　　我们

6. kwan^{213} pə^{31}kiŋ^{24}　北京人
　　人　　　北京

7. kiə^{53} ta:i^{31} ta:i^{53}　本地姜
　　姜　　地　我们

二 定中短语

定中短语是指修饰语（定语）加上中心词构成的短语，短语的修饰语可以为数词、量词、名词、形容词等。有的定中短语使用结构代词 ti^{53} "的"连接修饰语和中心词，是受到汉语影响的结果。例如：

1. pjuə^{31}po^{24}　半山
　　半　　山

2. va^{53}　θɔ^{31}坏事
　　坏　　事

3. lat^{31}tseŋ^{53}一头牛
　　只　　牛

4. θau^{53} va^{31}　ɔn^{24} 两个妹妹
　　两　　个　　妹妹

5. ki^{24}　wan^{31}nai^{31}　近来
　　几　　今天

6. qat^{33} niŋ^{24}　铁锈
　　铁　　锈

7. piə³¹nai³¹nau³¹ 今年的水稻
   年　今　田

8. hruə²¹³ lai²¹³　　ti⁵³　　θɯ²⁴ 老李的书
   姓　　李　结构助词　　书

9. kjɯ⁵³　　ti⁵³　　kaŋ²⁴pi³¹ 我的钢笔
   我　结构助词　　　钢笔

例 8 和例 9 是受到汉语影响的结果，hruə²¹³ lai²¹³ ti⁵³θɯ²⁴ "老李的书" 也可以说成 θɯ²⁴hruə²¹³ lai²¹³；kjɯ⁵³ ti⁵³ kaŋ²⁴pi³¹ "我的钢笔" 亦可说成 kaŋ²⁴pi³¹kjɯ⁵³。

三　状中短语

荣屯布央语的状中短语是指修饰语（状语）加上中心语构成的短语，它们之间构成修饰关系。状中短语不用任何结构助词。例如：

1. ŋim²⁴ŋim²⁴ ʔduə⁵³ku²⁴ 刚刚来到
   刚刚　　　来到

2. ma⁵³saŋ²⁴ hu²¹³ 立刻出发
   立刻　　　走

3. tsɯ²¹³tsɯ²¹³ tu²⁴pəŋ²¹³ 常常生病
   常常　　　　生病

4. hən⁵³ hun⁵³hai²⁴ 很高兴
   很　　高兴

5. tsei²¹³　qa²¹³maːu⁵³
   非常　　害怕

6. hən⁵³　ɛ⁵³ 很快
   很　　快

7. tai³¹kja⁵³　hu²¹³ 一起去
   一起　　　　去

8. n̩ɯ²¹³nau⁵³ pɛə²¹³ 这么贵
   这么　　　贵

9. lak³¹ tɕik⁵³po²⁴ loŋ²¹³ʔduə⁵³ 从山上下来
   从　山　　　　下来

第四节　中补短语

荣屯布央语中补短语由中心语和补语两部分组成，中心语在补语的前面，两者是补充与被补充的关系。有时候补语前面带结构助词ʔdɔ⁵³"得"。例如：

1. juɯ³¹   tu²⁴   pjuə³¹wan³¹ 等了半天
   等   完成体助词   半天

2. pin²⁴ ʔdɔ⁵³ tsai³¹sap³¹sap³¹ 收拾得整整齐齐
   收拾 得   整整齐齐

3. ʔdak⁵³ ta:i⁵³ wan³¹ ta:i⁵³ qa²¹³va³¹ 讲了三天三夜
   讲   三   天   三   晚

4. jaŋ⁵³ ʔdɔ⁵³ se⁵³ 拿得动
   拿   得   动

5. ʔda⁵³ ɕit⁵³tsan²¹³ min³¹ tiu³¹la²¹³ 讲得头头是道
   讲   开头   是   道理

6. la²¹³ ʔdɔ⁵³ hen⁵³ tsai³¹ 写得很整齐
   写   得   很   整齐

7. ta:u³¹ʔduə⁵³ nau³¹ha:u²⁴ 快回来
   回来   快

8. tap³¹ va⁵³ 打烂
   打   烂

9. ta²⁴ an⁵³ pin⁵³ tau³¹ 坐在河边
   坐 在 边   河

10. ȵan²¹³ pem²⁴am²⁴ɕit⁵³压扁一些
    压   扁   一些

11. hu²¹³   tɔk³¹ku:n⁵³ 先去
    去   先

12. ʔduə⁵³ tɔk³¹lɔn³¹ 后面来
    来   后

13. tut⁵³   ʔbo⁵³ 非常热
    热   多

14. lak³¹ ʔbo⁵³ 非常深
    深   多

15. ʔda⁵³   hən⁵³ke³¹ki²¹³ 很客气地讲话
    讲话   很   客气

有的时候，表达同一意思既可以用中补短语也可以用状中短语，可能是受到汉语影响的结果。例如，中补短语 hu²¹³tɔk³¹ku:n⁵³"先去"也可以用状中短语 ɬin²⁴hu²¹³来表达，ɬin²⁴"先"为汉借词；tut⁵³ʔbo⁵³ "太热"可以说成hən⁵³ʔbo⁵³，hən⁵³"很"为汉语借词。汉借副词ɬin²⁴"先"、hən⁵³"很"

常放在动词前面,而荣屯布央语固有副词 tɔk³¹kuːn⁵³ "很"、ʔbo⁵³ "多" 放在动词后面。

第五节 联合短语

荣屯布央语的联合短语是由两个或几个语法地位平等的词或短语组成,它们之间构成并列、选择或递进等关系。例如:

1. tsɔk³¹hu⁵³ ȵaŋ³¹ qa²¹³ 衣服和鞋子
   衣服　　和　鞋

2. am²⁴ lat³¹ qɔ⁵³θiə²¹³ ȵaŋ³¹　θau⁵³　lat³¹ qɔ⁵³ mi²⁴ 一只公鸡和两只母鸡
   一　只　鸡公　　和　　两　　只　鸡　母

3. qɔ⁵³　ȵaŋ³¹ maːi⁵³ 鸡和猪
   鸡　和　猪

4. hen²⁴tseŋ⁵³ lu²¹³　mi³¹θei⁵³ 放牛或者砍柴
   放牛　　或者　砍柴

5. taːu³¹lɔk³¹ lu²¹³ an⁵³ nai³¹ 回家或者在这里
   回家　　或者 在　这里

6. kin⁵³ qɔ⁵³　lu²¹³　kin⁵³　lau³¹ 吃鸡或者吃鱼
   吃　鸡　或者　吃　鱼

7. mo³¹ hu²¹³　lu²¹³　i²⁴ hu²¹³ 你去或者他去
   你　去　或者　他　去

8. kin⁵³liə²¹³　lu²¹³　ham²⁴iu²⁴ 吃饭或者喝酒
   吃饭　　或者　喝酒

9. vɛ³¹ ʔdɔ⁵³ haːu²⁴ jou²¹³ vɛ³¹ ʔdɔ⁵³ kai⁵³ 做得快且做得好
   做　得　快　又　做　得　好

10. kaːu³¹ jou²¹³ leŋ⁵³ 高且陡峭
    高　又　陡

第六节 同位短语

荣屯布央语的同位短语前后成分所指的内容相同,而且在句子中的句法成分及语法地位也相同,共作一个成分,其间形成复指关系。例如:

1. θau⁵³ va³¹　phɔn⁵³ 他们俩
   俩　个　他们

2. am³¹θaːi⁵³　ki²⁴ va³¹ 你们几个
　　你们　　　几 个

3. sou³³tu³³ pə³¹kiŋ²⁴ 首都北京
　　首都　　 北京

4. kjɯ⁵³ po²¹³lɛ³¹ 我自己
　　我　　 自己

5. mo³¹　po²¹³lɛ³¹ 你自己
　　你　　 自己

6. am³¹taːi⁵³　ta²¹³kja⁵³ 我们大家
　　我们　　　 大家

7. su⁵³　mo³¹ va³¹ 五个叔叔
　　叔叔　五 个

8. tu²⁴ tei²¹³tsaŋ⁵³ taːi³¹　lau²⁴waŋ³¹我们队长老王
　　个　 队长　　 我们　 老王

9. pu²¹³ki⁵³　mo³¹ 你老人家
　　老人　　 你

10. am³¹taːi⁵³　mo³¹ va³¹我们五个
　　 我们　　　五 个

第七节　连谓短语

荣屯布央语连谓短语由两个或两个以上谓词性成分组成，谓词性成分之间没有任何关联词连接，表示几个连续的动作。连谓短语的动作通常由主语所代替的主体发出，并且几个动作往往有时间先后的顺序，各构成成分不能随意换位置。例如：

1. khwan²⁴　tɕik⁵³po²⁴　tim²⁴ nɔk³¹ 上山打鸟
　　上　　　山　　　　打　 鸟

2. lɔŋ²¹³ tau³¹ ȵak³¹ lau³¹ 下河捕鱼
　　下　　 河　 打　 鱼

3. hu²¹³　tsui³¹　phɔn⁵³mai³¹　tam²⁴　nau³¹ 帮他们种稻子
　　去　　帮　　 他们　　　　种　　 稻子

4. hu²¹³ mi³¹ pa³¹ ʔdua³¹ ve³¹ tsɔk⁵³hu³¹ 买布回来做衣服
　　去　 买 布　 来　　 做　 衣服

5. tɔŋ³¹kəŋ⁵³　uə⁵³hu²¹³ laŋ³¹ 跑出来看
　　跑　　　　出去　　　看

第八节　兼语短语

　　荣屯布央语的兼语短语通常是一个动宾短语和一个主谓短语套叠而成，动宾短语的宾语兼做主谓短语的主语。一般来讲，兼语短语的谓语动词具有使动性，动词后面没有语气停顿，两个动作之间有一定的因果关系。例如：

1. phai²⁴ mo³¹　hu²¹³　派你去
　　派　　你　　去
2. ki⁵³　va³¹　lɛ³¹pau⁵³ nai³¹　vɛ³¹　叫这个孩子做
　　叫　　个　　孩子　　这　　做
3. qha⁵³　am²⁴ va³¹　tan³¹θiə⁵³　ʔduə⁵³　ti²¹³kat⁵³　请一个老师来那坡
　　请　　一　个　老师　　　　来　　　那坡
4. ta²⁴　i²⁴ kwan²¹³ ken²⁴　领他上楼
　　带　他　上　　楼
5. mi³¹ θɯ²⁴　pa²⁴　mi²⁴　nim³¹　把书交给妈妈保存
　　把　书　　给　　妈妈　保存

第九节　量词短语

　　荣屯布央语量词短语由数词或者指示代词等词语加上量词组合而成，其结构为"数词+量词"和"数词+量词+指示代词"。例如：

1. ta:i⁵³ lat³¹　三只
　　三　只
2. θau⁵³ va³¹　两个
　　两　个
3. mo³¹ khi²⁴ mai³¹　这五个
　　五　个　　这
4. khat³³ nai³¹　那条
　　条　那
5. lat³¹ mai³¹　这只
　　只　这
6. am²⁴mɛ³¹　一把
　　一　把
7. θau⁵³khi²⁴　两颗
　　两　个

8. am^{24}tu:n^{53} 一顿
   一 顿

9. am^{24}ka^{24} 一块
   一 块

10. mo^{31}ʔduə^{53} 五件
    五 件

11. ta:i^{53} khat^{24} 一条
    三 条

12. am^{24}fan^{213} 一份
    一 份

13. am^{24} piə^{24} 一张
    一 张

第十节 时间、方位短语

荣屯布央语时间、方位短语是由时间名词或方位词直接附在名词性、动词性词语前面或者后面组成，主要表示时间、处所或范围意义。例如：

1. lɯ^{213} tsuə^{213}/ hrɔn^{31} tsuə^{213}桌子上/桌子下
   上面 桌子 下面 桌子

2. luə^{213} lɔk^{31} mai^{31}房子里面
   里 房子 那

3. lɯ^{213} tsuə^{213} mai^{31} 桌子上面
   上 桌子 那

4. hrɔn^{31} tep^{31} mai^{31} 床底下
   底下 床 那

5. liə^{53}ku:n^{31} lɔk^{31} mai^{31} 房子前面
   前面   房子那

6. liə^{53}lɔn^{31} lɔk^{31} mai^{31} 房子后面
   后面   房子 那

7. am^{24} ʔden^{53} tɔk^{31}ku:n^{53} mai^{31} 一个月以前
   一   月   以前   那

8. θau^{53} piə^{31} ku:n^{53} 两年前
   两   年   前

9. ki^{24}wan^{31} ku:n^{53} 几天前
   几 天   前

10. toŋ³³ʑi²⁴ mɔt³¹ 冬至以后
    冬至   以后
11. kin⁵³ liə⁷²¹³ mɔt³¹ 吃完饭以后
    吃   饭   以后

第十一节 介词短语

荣屯布央语的介词短语是由介词加上其他词语组合而成的，主要用以引进跟动作相关的对象，包括时间、处所、施事、受事等。例如：

1. lak³¹ lɔk³¹va²⁴ ʔdɛ²⁴ ʔdam⁵³ 从早上到天黑
   从   早上   到   黑

2. kai⁵³ lai³¹ 比……更好
   好   比

3. lak³¹ lɔk³¹ mo³¹ mu⁵³ hen²⁴ 从你家到县城
   从   家   你   到   县城

4. pa²⁴ qa²¹³tet³¹ tsut⁵³ 被黄蜂刺
   被   黄蜂   蜇

5. an⁵³ tɕik⁵³po²⁴ mai³¹ 在山上
   在   山上   这

6. aːi⁵³/jɔt³¹ pin⁵³ tau³¹ hu²¹³ 沿着河流去
   沿着   边   河流   去

7. lak³¹ kjau⁵³sɔn⁵³ ku²⁴ kən²⁴nai³¹ 从立春到现在
   自从   立春   到   现在

8. jɔŋ²¹³pat⁵³la²¹³ 用笔写
   用   笔   写

9. kim²⁴/ ȵaŋ³¹ i²⁴ hu²¹³ liu³¹ 和他去玩耍
   跟/和   他   去   玩

掌握以上的短语结构关系非常重要。荣屯布央语的词、短语、句子以及由语素构成的复合词都采用以上的结构方式。荣屯布央语短语通常都能充当句子成分，部分短语加上句调还可以独立成句。可以说，正确理解以上短语结构中的各种关系是分析和掌握荣屯布央语词语之间关系，分析和理解其句子及其他语法结构的关键。

第六章 句法成分

荣屯布央语的句法成分可以分为主语、谓语、宾语、定语、状语、补语。本章主要介绍这六种句子成分的构成、结构类型和意义类型等。

第一节 主语

一 主语的构成

主语是谓语叙述、说明、描写的对象。荣屯布央语主语可分为名词性主语和谓词性主语。

（一）名词性主语

荣屯布央语的主语大多为名词性主语，主要由表示人或者物的名词、名词短语、代词、代词短语、数词、数量短语等名词性词语充当。

1. 名词或名词短语做主语

（1）le³¹pa:u⁵³ kjɯ⁵³　hu²¹³ ʔduə³¹θɯ²⁴　kui²⁴.
　　 孩子　　我　去　读 书　语气助词
　　 我孩子上学去了。

（2）ʔdak³¹ʔdju⁵³ kwan²¹³　an⁵³ ʔben²⁴ ȵam³¹θei⁵³.
　　 许多　　　　人　　　在　村　　唱歌
　　 许多人在村边唱歌。

（3）ta:i⁵³ va³¹ kwan²¹³ mai³¹ thə²⁴　tu²⁴ ʔben²⁴　ta:i⁵³.
　　 三　个　人　　那　都　　是　村　　我们
　　 那三个人都是我们村里的。

（4）am²⁴ pja⁵³ nɔk³¹　an⁵³　lur²¹³ mai³¹ ʔban⁵³　hu²¹³ ʔban⁵³ ta:u³¹.
　　 一　群　鸟　　在　上　那　飞　来　飞　回
　　 一群鸟在空中飞来飞去。

（5）lau³¹ tau³¹　kin⁵³ kai⁵³ lai⁵³ lau³¹ ʔbuə⁵³.
　　 鱼　河　　吃　好　过　鱼　塘
　　 河鱼比池塘鱼好吃。

2. 代词或代词短语做主语

（1）kjɯ⁵³ kin⁵³ khi²¹³ at³³, mo³¹ kin⁵³ khi²¹³ luŋ²⁴.
　　我　 吃　 个　 小　 你　 吃　 个　 大
　　我吃这个小的，你吃那个大的。

（2）i²⁴ tap³¹ ʔbet³¹ kwin²¹³,tut³¹　ʔbet³¹ koŋ²⁴joŋ⁵³.
　　他 打　一下　拳　　踢 一下　 脚
　　他打一拳，踢一脚。

（3）am³¹ta:i⁵³ piə³¹　 nai³¹ tam²⁴ θau⁵³ pɔt³¹ mou⁵³　ta²⁴ut⁵³.
　　我们　　年　　今　种　二　十　亩　　花生
　　我们今年种了二十亩花生。

（4）am³¹ta:i⁵³ ta²¹³kja⁵³　jau²⁴　tsui³¹　lin³¹.
　　我们　　　大家　　　　要　　帮助　相互态助词
　　我们大家互相帮助。

（5）θau⁵³ va³¹phɔn⁵³　thə²⁴ tu²⁴ kwan²¹³ ti²¹³kat⁵³.
　　他们俩　　　　都　是　人　　那坡
　　他们俩都是那坡人。

3. 数词或数量短语做主语

（1）at³¹va³¹　kɔ²⁴ʔduə⁵³.
　　一个　　　进来
　　一个进来。

（2）pɔt³¹khi²⁴ pan²⁴ am²⁴kan²⁴.
　　十　个　　有　一　斤
　　十个有一斤。

（3）am²⁴　kja⁵³ θau⁵³ ʔdɔ⁵³ ta:i⁵³.
　　一　　加　二　得　三
　　一加二等于三。

（4）mo³¹ na:m⁵³　va³¹, hrɯ³¹ vo²⁴　va³¹ ve³¹ am²⁴tsu⁵³ ku⁵³　ʔdɔ⁵³.
　　五　六　个　　八　九　个　做　一　组　也　得
　　五六个、八九个编成一组也可以。

（5）pɛ⁵³ θau⁵³　kan²⁴　nən²¹³ ʔdɔ⁵³　lo³³.
　　百　二　　斤　　　就　　得　　语气助词
　　一百二十斤就够了。

（二）谓词性主语

荣屯布央语谓词性主语主要由动词、动词短语、形容词等谓词性词语充当。

1. 动词或动词词组做主语

(1) kin⁵³liə˧ ȵaŋ³¹ a²⁴ tu²⁴ am³¹ta:i⁵³ thə²⁴ ɬi²⁴jau²⁴.
　　吃饭　　和　睡觉　是　我们　都　必需
　　吃饭和睡觉是我们必需的

(2) θei³¹pen²⁴ tsuə⁵³am²⁴ɕit⁵³ nən²¹³ ʔdɔ⁵³　lo³³.
　　随便　　　洗　一点　　就　得　语气助词
　　随便地洗一下就好了。

(3) qa²¹³lun³¹kin⁵³ lɔŋ⁵³ qa²¹³hra:i²¹³.
　　乱　吃　肚子　疼
　　乱吃会肚子疼的。

(4) khiə⁵³qhɔn⁵³ pak³¹ ʔbo⁵³.
　　走　路　累　多
　　走路太累。

2. 形容词或形容词短语做主语

(1) ta:i²¹³　ku²⁴ kai⁵³,hra:i²¹³ ȵaŋ²⁴ kai⁵³ lai³¹ lo³³.
　　短的　　也　好　长的　　还　好　过　语气助词
　　短的也行，长的更好。

(2) saŋ³³ten²⁴tɔŋ³³θɔ³³ tsan⁵³pan²⁴ʔbo⁵³, tan³¹ʔdiə⁵³, kip³¹, ʔduə⁵³ thə²⁴ pan²⁴.
　　商店　　　　　　东西　真　有　多　红的　蓝的　花的　都　有
　　商店的货真多，红的、蓝的、花的都有。

(3) ti²¹³uə⁵³　nən²¹³　pha²⁴tai²⁴, ŋa:t²¹³ nən²¹³　tu²⁴　pa⁵³ŋu³¹.
　　白的　　是　棉花　黄的　就　是　稻谷
　　白的是棉花，黄的是稻谷。

(4) tan³¹ʔdiə⁵³ laŋ³¹ tu²⁴ la³¹.
　　红的　　看　是　不
　　红的不好看。

二　主语的意义类型

根据主语与谓语的语义关系，荣屯布央语句子主语可以分为施事主语、受事主语、当事主语三种类型。

1. 施事主语

施事主语句是荣屯布央语最常用的句式类型，其主语是动作和行为的主体与发出者，主语与谓语的语义关系为"施事+动作"。例如：

(1) i²⁴　qa²⁴　la³¹.
　　他　知道　否定词

他不知道。

(2) ɔn²⁴ kjɯ⁵³ joŋ²¹³θam⁵³　jɔ³¹ɕi³¹　la³¹.
　　妹妹　我　用心　　　　学习　　否定词
　　我妹妹不用心学习。

(3) mo³¹ jɯ⁵³sai²⁴ ʔda⁵³ lau⁵³lɛ⁵³.
　　你　不要　　　说　谎话
　　你不要说谎。

(4) i²⁴ tsuə⁵³ nɔ²⁴　kui²⁴　　lo³³.
　　他　洗　　脸　完成体助词　语气助词
　　他洗完脸了。

(5) va³¹ lɛ³¹pau⁵³ mai³¹ ta:u³¹ lɔk³¹　kui²⁴.
　　个　孩子　　那　　回　　家　　语气助词
　　那个孩子回家了。

2. 受事主语

受事主语句的主语是动作行为的承受者，也是动作行为所涉及的对象，谓语动词通常是及物动词，动词后一般不会出现宾语，主语和谓语的语义关系为"受事主语+动作"。例如：

(1) khi²⁴ lɔk³¹ je³¹ lau³¹ kai⁵³　kui²⁴.
　　个　房子　伯父　修　好　　语气助词
　　伯父的房子已经修好了。

(2) khi²⁴tuə⁵³　n̠aŋ²⁴　ɬɔ²⁴　ʔban²⁴.
　　个　门　　还　　锁　　否定词
　　门没有锁上。

(3) khi²⁴　mu³¹　kjɯ⁵³ pa²⁴　tap³¹ va⁵³　kui²⁴.
　　个　　锅　我　　被　　打　破　　语气助词
　　我的锅被打坏了。

(4) muə²¹³　pa²⁴ tseŋ⁵³ kin⁵³　kui²⁴.
　　草　　被　牛　　吃　　语气助词
　　草被牛吃了。

(5) ɕit⁵³ qɔ⁵³ mai³¹ pa²⁴ lum²¹³　hu²¹³ kui²⁴.
　　些　鸡　那　被　偷　　　走　语气助词
　　那些鸡被偷走了。

3. 当事主语

当事主语是与动作有一定关联的、非施事、非受事的人或物，只要不是施事、不是受事而且又位于句子的谓语动词前面充当主语的名词成分，都可以看做当事主语。荣屯布央语的当事主语范围比较广，人、事物、时间、工具、处所等都可以充任当事主语。例如：

（1）va³¹ lɛ³¹pau⁵³ nai³¹ va³¹va³¹ thə²⁴ ma²⁴.
　　个　孩子　这　个个　都　喜欢
　　这个孩子大家都喜欢他。

（2）kan⁵³ po²⁴ pan²⁴ am²⁴ va³¹ kwan²¹³.
　　底　墙　有　一　个　人
　　墙底下睡着一个人。

（3）khi²⁴ tɕik⁵³po²⁴ nai³¹ jou³¹kaːu³¹jou³¹leŋ⁵³
　　座　山　这　又　高　又　陡
　　这座山高而且陡。

（4）luə²¹³lɔk³¹　mai³¹ ta²⁴ an⁵³　ʔda³¹ʔdiu⁵³　lɛ³¹ hɛ³¹.
　　屋里　　那　坐 持续体助词　很多　　学生
　　房间里坐着很多学生。

（5）wan³¹nat³¹ θeŋ²⁴khi²¹³u⁵³.
　　明天　　　星期五
　　明天星期五。

（6）am²⁴kan²⁴ am²⁴man²⁴ʑin²¹³.
　　一　斤　一　块　钱
　　一斤一块钱。

第二节　谓语

一　谓语的构成

荣屯布央语的谓语通常由动词、形容词等谓词性词语充当，但在特定的条件下，有的句子的谓语由名词、名词短语、主谓短语等充当。谓语一般位于主语的后面，对主语进行叙述、说明和描写。

（一）动词或动词短语充当谓语

（1）wan³¹mai³¹　i²⁴ ham²⁴ to³¹　am²⁴ kan²⁴　iu²⁴.
　　那天　　　他　喝　够　一　斤　　酒
　　那天他喝了足有一斤酒。

（2）am³¹taːi⁵³ uə⁵³hu²¹³　khiə⁵³khiə⁵³.
　　咱们　　出去　　走　走
　　咱们出去走走。

（3）lat³¹ khit⁵³　　tiu²¹³ khwan²⁴ tiu²¹³ lɔŋ²¹³
　　　只　青蛙　　跳　　上　　跳　　下
　　　青蛙一蹦一跳地跳。

（4）kɔ²⁴　kjɯ⁵³ tuɯ²⁴ ki⁵³　ki²⁴ ʔdam⁵³ kui²⁴.
　　　哥哥　我　　多　　说　　几　句　　语气助词
　　　我哥哥多说了几句话。

（5）mo³¹ kin⁵³　liə²¹³　mɔt³¹　　　lɛ⁵³?
　　　你　吃　　饭　完成体助词　　语气助词
　　　你吃饭了没有？

（二）形容词或形容词短语充当谓语

（1）ki²⁴　wan³¹nai³¹　net⁵³　ʔbo⁵³.
　　　这　　几天　　　冷　　多
　　　这几天很冷。

（2）khi²⁴ tsuə²¹³ mai³¹ naŋ²¹³ ʔbo⁵³.
　　　张　桌子　　那　　重　　多
　　　那张桌子很沉。

（3）lat³¹ ʔbɛ²⁴ θau⁵³ lai³¹　lat³¹ma:i⁵³.
　　　只　羊　干净　过　头　猪
　　　羊比猪干净。

（4）ta²⁴mi²⁴　ɕit⁵³nai³¹　luə⁵³ luŋ²⁴.
　　　黄豆　　那些　　　颗　　大
　　　那些黄豆粒儿大。

（5）ɕit⁵³ tai⁵³ nai³¹ jou²¹³ ka:u³¹ jou²¹³ luŋ²⁴.
　　　些　树　这　　又　　高　　又　　大
　　　这些树又高又大。

（三）名词或名词短语充当谓语

（1）tan³¹θiə³¹ ta:i⁵³　kwan²¹³ pə³¹kiŋ²⁴.
　　　老师　　　我们　　人　　北京
　　　我们老师是北京人

（2）ɔn²⁴　i²⁴　piə³¹nai³¹ θau⁵³ pɔt³¹　ta:i⁵³ piə³¹.
　　　妹妹　他　年　这　二　十　三　岁
　　　他妹妹今年二十三岁。

（3）at³³ va³¹ kwan²¹³ am²⁴ khi²⁴ me³¹.
　　　小　个　人　　一　个　果
　　　一个人一个果。

（4）am²⁴man²⁴ʑin²¹³am²⁴kan²⁴ap³³noŋ³¹uə⁵³.
　　一　元　钱　一　斤　　白菜
　　一元钱一斤青菜。

（5）ɕiə⁵³ θɯ²⁴ mai³¹ɕiə⁵³ i²⁴.
　　本　书　那　本　他
　　那本书是他的。

（四）主谓短语充当谓语

（1）lat³¹ miu³¹ mai³¹ kjɯ⁵³ ma²⁴ la³¹.
　　只　猫　那　我　喜欢　否定词
　　那只猫我不喜欢。

（2）i²⁴ kɔŋ²⁴ vɛ³¹ kui²⁴　　lo³³.
　　他 工作 做 完成体助词　语气助词
　　他工作做完了。

（3）piə³¹ ʔden⁵³ i²⁴ lai³¹ am²⁴ɕit⁵³.
　　年　月　他　大　一些
　　年龄他大一些。

（4）am³¹ta:i⁵³ va³¹ ʔdap³³ ʔdɔ⁵³ va³¹ la³¹.
　　我们　个　忘　得　个 否定词
　　我们大家谁也别忘了谁。

二　谓语的意义类型

根据谓语与主语语义关系的不同，我们可将荣屯布央语句子的谓语分为叙述性谓语、描写性谓语和说明性谓语三种类型。

（一）叙述性谓语

叙述性谓语由动词性词语充当，着重叙述主语所做的或与主语相关的事情。例如：

（1）ju²¹³ i²⁴ tap³¹ lim³¹ lat³¹ tsa:i⁵³ nai³¹.
　　弟弟　他　打　死　只　老鼠　这
　　他弟弟打死了这只老鼠。

（2）lɛ³¹pau⁵³ jan²⁴ ʔdɔ⁵³ lo³³.
　　小孩　站　得 语气助词
　　小孩站起来了。

（3）θau⁵³lat³¹ u:i⁵³　mai³¹　tɔŋ³¹kəŋ⁵³　ʔdɔ⁵³　hən⁵³　ɛ⁵³.
　　两只　狗　那　　跑　　结构助词　很　快
　　那两只狗跑得很快。

（4）ju²¹³　kjɯ⁵³　hu²¹³　ʔduə⁴¹　θɯ²⁴　kui²⁴.
　　　弟弟　我　　去　　　　读　书　语气助词
　　我弟弟上学去了。

（5）i²⁴　tap³¹　kjɯ⁵³　khi²⁴　ʔbet⁵³　ku²¹³　kui²⁴.
　　　他　打　我　　几　　下　　棍　语气助词
　　他打了我几棍子。

（二）描写性谓语

描写性谓语主要由形容词性词语充当，着重描写主语的性状。例如：

（1）khi²⁴　lɔk³¹　nai³¹　vɛə²⁴　o³³.
　　　间　　房子　这　　宽敞　语气助词
　　这间房子很宽敞。

（2）khi²⁴　nɔ²⁴　i²⁴　tan³¹ʔdiə⁵³lan²¹³lan²¹³.
　　　个　　脸　他　　红扑扑
　　他的脸红扑扑的。

（3）mu²⁴　liə⁷²¹³　nai³¹　an⁵³　hum²⁴pjɔk³¹pjɯ²⁴.
　　　锅　　饭　　　这　　在　　香喷喷
　　这锅饭香喷喷的。

（4）kau⁵³　tau³¹　nai³¹　lak³¹　ʔbo⁵³　lo³³.
　　　条　　河　　这　　深　　多　语气助词
　　这条河深极了。

（5）juŋ³¹　θɔ³¹tsəŋ³¹　nai³¹　kan⁵³　ʔbo⁵³.
　　　件　　事　　　　这　　急　　多
　　这件事很急。

（三）说明性谓语

说明性谓语通常由判断动词 min³¹/tu²⁴ "是"充当，解释、说明主语的类属或者情况。例如：

（1）pin²¹³ni²¹³　tu²⁴　tɕia³¹qa²¹³lu³¹?
　　　哪个　　　是　　医生
　　哪个是医生？

（2）phɔn⁵³mai³¹　ku²⁴　tu²⁴　tan³¹θiə⁵³.
　　　他们　　　　也　　是　　老师
　　他们也是老师。

（3）wan³¹nai³¹　tu²⁴　ɬeŋ²⁴khi²¹³ten³³　nau⁵³?
　　　今天　　　是　　星期天　　　　　语气助词
　　今天是星期天吗？

（4）i²⁴ tu²⁴ kwan²¹³ ti²¹³kat⁵³ nau⁵³?
　　 他　是　人　　那坡　　语气助词
　　 他是那坡人吗？

（5）va³¹ nai³¹ min³¹ kɔŋ²⁴ta²⁴ kjɯ⁵³, va³¹ mai³¹ min³¹ tsɯ²⁴ kjɯ⁵³.
　　 个　这　是　岳父　　我　个　那　是　岳母　我
　　 这位是我岳父，那位是我岳母。

第三节　宾语

宾语是动作行为所涉及的人或物。荣屯布央语的宾语通常位于动词后面，直接与动词结合，中间不带虚词，宾语能够使得动词所表示的动作更为明确。

一　宾语的构成

荣屯布央语的宾语可以由名词、名词短语、代词、代词短语、动词、数量短语、名物化结构等充当。

（一）名词或名词短语充当宾语

（1）mi²⁴　kjɯ⁵³　hu²¹³ mi³¹ tsɔk⁵¹hu⁵³naŋ³¹ qa²¹³.
　　 妈妈　我　去　买　衣服　　　 和　鞋
　　 我妈妈去买衣服和鞋。

（2）phɔn⁵³taːi⁵³ um⁵³ ʔdɔ⁵³ am²⁴ lat³¹ miu³¹ at³³.
　　 我们　　 养　 得　一　只　猫　小的
　　 我们养了一只小猫。

（3）kjɯ⁵³ nau⁵³　nai³¹　hu²¹³ tho⁵³ nau³¹.
　　 我　早上　　这　　去　　犁　田
　　 我早上去犁田。

（4）am³¹taːi⁵³ tam²⁴　nau³¹ kui²⁴.
　　 我们　　 种　　水稻　语气助词
　　 我们种稻子了。

（5）am³¹　　 pja⁵³ kwan²¹³ʔbɛ⁵³ut⁵³, am³¹　　 pja⁵³ kwan²¹³ tɛp⁵³ ut⁵³.
　　 定指标记　群　人　挖　土　定指标记　群　人　挑　土
　　 有些人挖土，有些人挑土。

（二）代词或代词短语充当宾语

（1）am³¹taːi⁵³　thə²⁴　ʔduə⁵³ laŋ³¹　i²⁴.
　　 我们　　　 都　　 来　　 看　他

我们都来看望他。

(2) θau⁵³piə³¹ tɔk³¹ku:n³¹ kjɯ⁵³ qa²⁴ phɔn⁵³θa:i⁵³ la³¹.
　　两年　　以前　　我　认识　你们　　否定词
　　两年以前我还不认识你们。

(3) qa²¹³va³¹ nai³¹ kjɯ⁵³ hu²¹³ thja⁵³ mo³¹.
　　晚上　　这　　我　去　找　你
　　今天晚上我去找你。

(4) kjɯ⁵³ θau⁵³piə³¹ ku:n⁵³ tha:n²⁴ phɔn⁵³mai³¹ am²⁴pɔ²¹³.
　　我　两年　　前　见　他们　　一次
　　我两年前见过他们一次。

(5) phɔn⁵³θa:i⁵³ kun²⁴ va³¹ka:i²⁴,kun²⁴ am³¹ta:i⁵³ la³¹.
　　你们　　管　自己　管　我们　否定词
　　你们只管自己，不管我们。

(三) 数词、数量短语和指量短语充当宾语

(1) at³³va³¹kwan²¹³ tɛp⁵³ ta:i⁵³ tɛp³¹.
　　每个人　挑　三　担
　　每个人挑三担。

(2) mi²⁴ kjɯ⁵³ khi²⁴wan³¹ kin⁵³ θau⁵³ tu:n⁵³.
　　妈妈 我　每天　　吃　两　餐
　　我妈妈每天只吃两餐。

(3) ta:i⁵³ fan²¹³ kjɯ⁵³ mi³¹ am²⁴fan²¹³.
　　三　份　我　要　一　份
　　我要三分之一。

(4) am²⁴pɛ⁵³ liŋ³¹θau⁵³ kim²¹³am²⁴ ʔdɔ⁵³ am²⁴ pɛ⁵³ liŋ³¹am²⁴.
　　一　百　〇　二　减　一　等于　一　百　〇　一
　　一百〇二减一等于一百〇一。

(5) pɔt³¹ khi²⁴ tam³³qɔ⁵³ ta³¹kai²⁴ pan²⁴ am²⁴kan²⁴.
　　十　个　蛋鸡　大概　　有　一　斤
　　十个鸡蛋大概有一斤。

(6) kjɯ⁵³ mi³¹ khi²⁴ nai³¹,mi³¹ khi²⁴ mai³¹ la³¹.
　　我　要　个　这　要　个　那　否定词
　　我要这个，不要那个。

(四) 动词、动词短语、名物化结构充当宾语

(1) am³¹ta:i⁵³ thə²⁴ qa⁵³ saŋ²¹³kɔ⁵³ la³¹.
　　我们　都　会　唱　歌　否定词

我们不都会唱歌。

(2) mo³¹ ʔdam²⁴ hu²¹³ lu²¹³ hu²¹³ la³¹?
　　你　　打算　　去　　还是　　去　 否定词
　　你打不打算去？

(3) i²⁴ ma²⁴ kin⁵³ min²¹³ nau⁵³?
　　他　爱　吃　辣椒　 语气助词
　　他爱吃辣椒吗？

(4) mo³¹ tsam⁵³ki⁵³ vɛ³¹ ŋa³¹ŋu³¹?
　　你　　以为　　做　容易
　　你以为容易做？

(5) ɔn²⁴ tsɯ²¹³li²¹³ thə²⁴ ma²⁴ kin⁵³ thuŋ⁵³.
　　妹妹　什么时候　　都　喜欢　吃　糖
　　妹妹什么时候都喜欢吃糖。

(6) kjɯ⁵³ mi³¹ tan³¹ʔdiə⁵³ n̩aŋ²⁴ kip³¹.
　　我　要　红的　　　和　蓝的
　　我要红的和蓝的。

(7) po²⁴θiə⁵³ i²⁴ min³¹ um⁵³ ma:i⁵³ ti⁵³.
　　父亲　　他　是　养　猪　 结构助词
　　他爸爸是养猪的。

（五）小句充当宾语

(1) pu²¹³ki⁵³ le³¹tsau⁵³ ʔdam²⁴ kjan³¹ni²¹³ ʑin²¹³ thə²⁴ jau²¹³kjan⁵³ la³¹.
　　老人　　　女方　　　认为　　多少　　　钱　　都　要紧　　 否定词
　　女方老人认为多少礼金都没关系。

(2) i²⁴ qa²⁴ʔbɛt⁵³ mo³¹ ʔduə⁵³ pə³¹kiŋ³³ nau⁵³?
　　他　知道　　　你　来　　北京　 语气助词
　　他知道你来北京吗？

(3) kjɯ⁵³ n̩aŋ²⁴ qa²¹³la²¹³ pan²⁴ qa²¹³ʔbɛt⁵³ min³¹ am³¹ta:i⁵³ hən⁵³ lo³³.
　　我　　再　早　　　　有　知道　　　　是　我们　　赢　 语气助词
　　我早就知道是我赢的了。

(4) i²⁴ ki⁵³ i²⁴ pan²⁴ ʑi²⁴ɬɔ²⁴ la³¹.
　　他　讲　他　有　钥匙　 否定词
　　他说他没有钥匙。

(5) va³¹ va³¹thə²⁴ki⁵³ ta:i³¹ ta:i⁵³ kai⁵³.
　　个　个　都　说　　地方　我们　好
　　个个都说我们家乡好。

二 宾语的语义类型

荣屯布央语的宾语和动词之间有着密切的联系，动词和宾语构成复杂多样的语义关系，常见的有以下几种类型。

（一）受事宾语

受事宾语表示动作行为的对象或者结果，是动作行为支配或者关涉的人或物。例如：

(1) phɔn⁵³mai³¹ piə³¹piə³¹thə²⁴ tam²⁴ tɔ⁵³.　　　　　（对象）
　　他们　　　年年　　都　种　玉米。
　　他们年年都种玉米。

(2) mo³¹　thja⁵³　pin²¹³ni²¹³?　（对象）
　　你　　找　　谁
　　你找谁？

(3) am³¹ta:i⁵³　khi²⁴wan³¹　kin⁵³　ta:i⁵³　tu:n⁵³　liə⁷²¹³.　　（对象）
　　我们　　　每天　　　吃　　三　　顿　　饭
　　我们每天吃三顿饭。

(4) kjɯ⁵³ mi³¹θau⁵³pɔt³¹khi²⁴ tui⁵³.　　　　　　　　　（对象）
　　我买　二十　　　只　碗
　　我买了二十只碗。

(5) phɔn⁵³θa:i⁵³ jɯ⁵³sai²⁴　qa²¹³lun³¹　tham⁵³ tai⁵³.　　　（对象）
　　你们　　不要　　　乱　　　砍　树
　　你们不要乱砍树。

(6) i²⁴　ta²⁴　tshe²⁴ hu²¹³ kui²⁴.　　　　　　　　　　　（对象）
　　他　骑　　车　　走　语气助词
　　他骑车走了。

(7) phɔn⁵³mai³¹　qɔt³¹　uə²²⁴ muə²²⁴　kui²⁴.　　　　　（结果）
　　他们　　　挖　　水　渠　　语气助词
　　他们挖水渠了。

(8) i²⁴　la²¹³　tui⁵³len³¹　kui²⁴.　　　　　　　　　　　（结果）
　　他　写　　对联　　语气助词
　　他写对联了。

(9) mi²¹³ ŋɔ²¹³　lok³¹ ta:i⁵³　wan³¹nin³¹　pjɔn²⁴ lat³¹ ŋɔ²¹³ le³¹.　（结果）
　　母马　家　我们　昨天　　生　只　马　小
　　我们家里的母马昨天下小马驹了。

（二）施事宾语

施事宾语表示动作行为的发出者。例如：

(1) ʔduə⁵³　ket²⁴　　am²⁴ ɬɔ²¹³ jut³¹　luŋ²⁴.
　　来　完成体助词　一　场　雨　大
　　下过一场大雨。

(2) lɔk³¹ i²⁴　lim³¹　θau⁵³ lat³¹ qɔ⁵³ kui²⁴.
　　家　他　死　　两　　只　鸡　语气助词
　　他家死了两只鸡。

荣屯布央语宾语做施事的句子比较少，其动词通常为不及物动词，有时候动词后有 ket²⁴ "过"、kui²⁴ "了"等动态助词。

（三）当事宾语

当事宾语表示施事、受事以外的跟动词有一定关系的宾语。例如：

(1) kɯ³¹qa²¹³　mo³¹ an⁵³　hrɔn³¹ tep³¹　mai³¹.
　　鞋子　　你　在　　底下　　床　那
　　你的鞋子在床底下。

(2) wan³¹nin³¹ i²⁴　ta:u³¹　lɔk³¹　kui²⁴.
　　昨天　　他　回　家　语气助词
　　昨天他回家了。

(3) i²⁴ ʔdɔ⁵³ hu²¹³ pə³¹kiŋ²⁴, ȵaŋ²⁴ʔdɔ⁵³hu²⁴saŋ³¹səŋ³¹.
　　他　得　到　北京　还　得　去　长城
　　他到过北京，还去过长城。

(4) i²⁴　tu²⁴　li⁵³ tan³¹θiə⁵³.
　　他　是　李　老师
　　他是李老师。

(5) po²⁴θiə⁵³ kjɯ⁵³　min³¹ va³¹ ɔ²⁴ i²⁴.
　　父亲　　我　是　舅舅　他
　　我父亲是他舅舅。

(6) ʔban⁵³ hu²¹³ min³¹ lat³¹　a:k⁵³.
　　飞　去　是　只　乌鸦
　　那只飞的鸟是乌鸦。

(7) wan³¹nai³¹ tu²⁴ θeŋ²⁴khi²¹³θan²⁴.
　　今天　　是　星期三
　　今天是星期三。

(8) pan²⁴ kwan²¹³ ʔduə⁵³ ʔben²⁴ ta:i⁵³　ʔbja²¹³　tsa:u⁵³.
　　有　人　来　村　我们　补　锅

有人来我们村子补锅。

(9) qa²¹³li²¹³ pan²⁴ uə⁷²⁴?
哪里　有　水
哪里有水？

(10) ʔben²⁴　mo³¹　pan²⁴ kjan³¹ni²¹³ lɔk³¹ kwan²¹³?
村　你　有　几　家　人
你们村子有几家人？

(11) tu²¹³mɛ³¹ mai³¹　lau⁵³　pan²⁴ θau⁵³khi²⁴ mɛ³¹.
棵树　那　大概　有　两个　果
树上大概有两个果子。

例（1）至例（3）的宾语表示处所，指明动作的起点或终点。例（4）至例（11）的宾语和动词之间不存在施受关系，其动词不表示动作或者行为。

第四节　定语

一　定语的构成

定语是一种修饰语。荣屯布央语的定语可以由形容词、形容词短语、名词、名词短语、代词、代词短语、数量短语、指量短语和 ti⁵³ "的"字结构等充当。

（一）形容词和形容词短语充当定语

形容词和形容词短语充当定语时常常位于被修饰中心词的后面。例如：

(1) mo³¹tu²⁴ kwan²¹³kai⁵³,　i²⁴ tu²⁴ kwan²¹³　jɔ²⁴.
你是　人　好　他是　人　坏
你是个好人，他是个坏人。

(2) wan³¹nin³¹i²⁴　mi³¹　ʔdo⁵³　am²⁴ khi²⁴ tshe²⁴ ma:t³¹ kui²⁴.
昨天　他　买　得　一　辆　车　新　　语气助词
昨天他买了一辆新车。

(3) lɛ³¹θau²⁴ tsei²¹³　θɯŋ²¹³　min³¹ pin²⁴ni²¹³?
姑娘　最　漂亮的　是　谁
那个最漂亮的姑娘是谁？

(4) i²⁴　pɔt³¹ ʔdo⁵³ khat²⁴　tse³¹　hra:i²¹³hrit³¹.
他　搓　得　条　绳子　长长的
他搓了一条很长的绳子。

（5）pei⁵³tuə⁵³　　pan²⁴ am²⁴ tu²¹³ tai⁵³　ka:u³¹ka³¹ka:u³¹kit³¹.
　　　屋檐　　　有　一　株　树　　高高的
　　　房子的前面有一棵很高的树。

（6）tham⁵³　am²⁴ tu²¹³ tai⁵³　luŋ²⁴　ʔduə⁵³ ve³¹ tsɯ⁵³.
　　　砍　　一　株　树　大　来　做　柱子
　　　砍一株大树来做柱子。

（二）名词和名词短语充当定语

名词和名词短语充当定语时常位于被修饰中心词的后面。例如：

（1）nau³¹ tan⁵³　po²⁴ mai³¹　un²⁴ lai³¹ nau³¹tɕik⁵³ po²⁴.
　　　田　脚　　山　那　　肥　过　田　坡　山
　　　山脚的田比山坡的田肥沃。

（2）khi²⁴ tshe²⁴　ju²¹³lɛ³¹khui²⁴　lau³¹ kai⁵³　kui²⁴.
　　　个　车　　妹夫　　　　修　好　　语气助词
　　　妹夫的车已经修好了。

（3）u²⁴nai³¹ qa²¹³lu³¹ kan⁵³mau²⁴, tu²⁴ qa²¹³lu³¹ lɔŋ⁵³　la³¹.
　　　这　药　　感冒　　是　药　　拉肚子　否定词
　　　这是感冒药，不是治拉肚子的。

（4）mi²¹³ ŋɔ²¹³　lɔk³¹ ta:i⁵³　wan³¹nin³¹　pjoŋ²⁴　lat³¹ ŋɔ²¹³lɛ³¹.
　　　母　马　　家　我们　　昨天　　　生　　只　马小
　　　家里的马昨天下小马驹了。

（5）lau³¹ tau³¹　kin⁵³ kai⁵³ lai³¹ lau³¹ ʔbuə⁵³.
　　　鱼　河　　吃　好　过　鱼　塘
　　　河鱼比池塘鱼好吃。

（三）代词和代词短语充当定语

代词和代词短语充当定语时通常位于被修饰中心词的后面。例如：

（1）ʔben²⁴ ta:i⁵³ ɳaŋ³¹ ʔben²⁴ʔdau⁵³ mai³¹　ta²¹³kja⁵³ lau³¹ am²⁴ka²⁴ uə²⁴muə²⁴.
　　　村　我们　和　村子　对面　那　　共同　　修　一　条　水渠
　　　我们村和对面村一起修了一条水渠。

（2）qo⁵³　lɔk³¹　i²⁴ pa²⁴　kai²⁴　kin⁵³ kui²⁴.
　　　鸡　家　　他　被　野猫　　吃　语气助词
　　　他家的鸡被野猫吃了。

（3）khi²⁴ tsuə²¹³　i²⁴ nai³¹　min³¹　qa:i²⁴.
　　　张　桌子　　他　这　　是　　旧
　　　他的这张桌子是旧的。

(4) θau⁵³ va³¹lɛ³¹pau³¹ i²⁴ thə²⁴ tu²⁴ tan³¹θiə⁵³.
两　个　孩子　　他　都　是　老师
他的两个孩子都是老师。

(5) mi³¹ qa²⁴ ken⁵³ mo³¹ pa²⁴ kjɯ⁵³ khu²⁴ am²⁴ɕit⁵³.
把　条　扁担　你　给　我　用　一点
请把你的扁担借给我用一下。

(6) lɛ³¹ mo³¹ ɲit³¹ noi²¹³ lai³¹ lɛ³¹ kjɯ⁵³.
孩子　你　哭　少　过　孩子　我
你的孩子比我的孩子哭得少。

（四）数量短语、指量短语充当定语

数量短语充当定语时，常位于被修饰中心词的前面。而指量短语做定语时，被修饰中心词位于量词和指示词 nai³¹ "这"或 mai³¹ "那"之间，其结构为 "量词+中心词+ nai³¹/mai³¹"，量词前面也可以加上数词。例如：

（1）tu²⁴pet⁵³ tu²⁴pet⁵³lau³¹.
　　　脸盆　　脸盆　鱼
一脸盆一脸盆的鱼。

（2）kjɯ⁵³ ŋim²⁴ pan²⁴ am²⁴ mɛ³¹ pat⁵³.
　　我　仅　有　一　支　笔
我仅有一支笔。

（3）ki²⁴ va³¹kwan²¹³ thə²⁴ ɬam⁵³ vea⁵³ kui²⁴.
　　几　个人　　　都　心　慌　　　语气助词
几个人都慌了。

（4）kjɯ⁵³ pan²⁴ am²⁴ va³¹ ju²¹³,θau⁵³ va³¹ ɔn²⁴.
　　我　有　一　个　弟弟　两　个　妹妹
我有一个弟弟两个妹妹。

（5）ɕit⁵³ tɔŋ³¹ʔbut⁵³ mai³¹ jou²¹³ kaːu³¹ jou²¹³ luŋ²⁴.
　　些　桑树　　那　又　高　又　大
那些桑树又高又大。

（6）va³¹lɛ³¹paːu⁵³ nai³¹ pan²⁴ vo²⁴ piə³¹.
　　个　孩子　　这　有　九　岁
这个孩子已有九岁了。

（7）θau⁵³ va³¹ kwan²¹³ mai³¹ jɔŋ²¹³θam⁵³ vɛ³¹kɔŋ⁵³ la³¹.
　　两　个　人　　那　用心　　工作　　　否定词
那两个人不用心工作。

（五）动词和动词短语充当定语

动词和动词短语充当定语时，通常位于被修饰中心词的后面。例如：

(1) liə$^{?213}$　tseŋ^{24}　kin^{53} kai^{31} lai^{31} liə$^{?213}$ taŋ^{24}.
　　饭　　　蒸　　　吃　好　过　饭　　煮
　　蒸饭比煮饭好吃。

(2) kɯ^{31}qa^{213}nai^{31}, kɯ^{24} mi^{31} mai^{31}khjan^{24}at^{33} am^{24}ɕit^{53},li^{213} mai^{31} naŋ^{24} ʔdo^{53}.
　　双鞋　　　　这时候买　　那好像　小　一些　穿　那　还　得
　　这双鞋，买的时候觉得小一些，穿的时候还可以。

(3) kɯ^{24}　la^{213} mai^{31}, kɯ^{24} saŋ^{213} mai^{31}.
　　时候　　写　那　　时候　唱　　那
　　写的时候/唱的时候。

(4) lat^{31}tseŋ^{53}　　a^{24}　　an^{53}　　　nən^{213}　lat^{31}　po^{24}.
　　头牛　　　　躺 _持续体助词_　　　是　　　头　公
　　躺着的那头牛是公的。

(5) kɯ^{24}li^{213} mo^{31} hu^{213} tu^{24}ŋan^{24}, tsui^{31} kjɯ^{53} jaŋ^{53} am^{24}ɕit^{53} toŋ^{53}θo^{53} hu^{213}.
　　那时候　　你　去　都安，　　帮　我　带　一些　　东西　去
　　你去都安的时候，给我捎些东西去。

(6) lat^{31} ŋɔ^{213} ŋam^{31} mi^{31} ʔduə^{53} toŋ^{31}kjeŋ^{53} ʔdo^{53}　　hən^{53} ɛ^{53}.
　　匹　马　刚　买　来　　　　跑 _结构助词_　　　很　快
　　刚买来的那匹马跑得很快。

(7) kwan^{213} ŋe^{31}　lau^{31}　jɔt^{31} pin^{53}　tau^{31} hu^{213}.
　　人　　打　鱼　沿　边　河　去
　　打鱼的人沿着河边走去。

(8) nɔk^{31} ʔban^{53} ʔduə^{53} tim^{24} min^{31} ŋa^{31}ŋu^{31}　la^{31}.
　　鸟　　飞　　来　　打　中　容易 _否定词_
　　飞行的鸟不容易被打中。

（六）ti^{53} "的"字结构充当定语

由于受到汉语影响，荣屯布央语也有类似于汉语"的"字结构的成分充当定语，其结构为"名词+ti^{53}+中心词"。例如：

(1) hruə^{213} lai^{213}　ti^{53}　θu^{24}　naŋ^{24} kjɯ^{53} ti^{53} kaŋ^{24}pi^{31} thə^{24} an^{53} u^{24}nai^{31}.
　　姓　李　　的　书　和　　我　的　钢笔　　都　在　这里
　　老李的书和我的钢笔都在这里。

(2) u^{24}nai^{31} ti^{53}　　kwan^{213}　thə^{24}　ham^{24} u^{24}nai^{31}　ti^{53}　　uə^{724}.
　　这里 _结构助词_　人　　全　喝　这里 _结构助词_　水
　　这里的人全喝这里的水。

（3）piə³¹ nai³¹　ti⁵³　　　tɔ⁵³ min³¹ piə³¹kuːn⁵³ taːi⁵³fan²⁴.
　　　年　这　结构助词　玉米　是　年　前　　　三　倍
　　今年的玉米是前年的三倍。

ti⁵³ "的"字结构充当定语时，可以变为荣屯布央语固有的修饰关系结构，即"中心词+修饰语"。如例（1）hruə²¹³ lai²¹³ ti⁵³θɯ²⁴ "小李的书"可以转变为 θɯ²⁴hruə²¹³ lai²¹³，kjɯ⁵³ ti⁵³ kaŋ²⁴pi³¹ "我的钢笔"可以改为 kaŋ²⁴pi³¹ kjɯ⁵³；例（2）u²⁴nai³¹ ti⁵³ kwan²¹³ "这里的人"可改为 "kwan²¹³u²⁴nai³¹"，u²⁴nai³¹ti⁵³uə²²⁴ "这里的水"可改为 uə²²⁴u²⁴nai³¹；例（3）piə³¹nai³¹ti⁵³tɔ⁵³ "今年的玉米"可改为 tɔ⁵³piə³¹nai³¹。

（七）关系小句充当定语

关系小句充当定语时位于被修饰中心词前面。例如：

（1）mo³¹ mi³¹ ʔduə³¹tsɔk³¹　nai³¹　at³³ ʔbo³¹　lo⁵³.
　　你　买　上衣　　　　　这　　小　多　语气助词
　　你买的这件上衣太小。

（2）i²⁴　ki⁵³　ʔdam⁵³ʔda⁵³,ʔdam⁵³ʔdam⁵³ ki⁵³　ti²⁴jot³¹.
　　他　说　话　　　　　句　句　说　实话
　　他说的话，句句都是实话。

（3）lok³¹　taːi³¹　piə³¹kːun⁵³　tam²⁴　tu²¹³ qaːi²⁴ piə³¹nai³¹ tək³¹lu³¹　kui²⁴.
　　家　我们　年　前　　种　棵　芭蕉　年　今　结果　语气助词
　　我们家前年种的芭蕉今年结果了。

以上三个例子中的关系小句分别充当ʔduə³¹tsɔk³¹ "上衣"、ʔdam⁵³ʔda⁵³ "话"和tu²¹³qaːi²⁴ "芭蕉"的定语，位于中心词前面。

二　定语的语义类型

荣屯布央语的定语和中心语之间关系较为复杂，定语可以从不同方面修饰中心语。依据定语与中心语语义关系的不同，我们可以将荣屯布央语的定语分为限制性和描写性两种类型。

（一）限制性定语

限制性定语主要起到限定中心语所表示的事物或者人的范围的作用。当使用限制性定语时，通常表示说话人认为有必要将中心词区别于其他类别的人或物。荣屯布央语的限制性定语主要从以下几个方面限制中心语：

1. 表示范围

（1）ɕit⁵³　tɔŋ⁵³θɔ⁵³　nai³¹　pa²⁴　mo³¹ taŋ³¹kui²⁴.
　　这些　东西　　这　给　你　全部
　　这些东西全给你了。

（2）ɕit⁵³ tai⁵³ mai³¹ luŋ²⁴ ʔdɔ⁵³ hən⁵³ kai⁵³.
　　 些　 树　 那　 长　结构助词　很　 好
　　 那些树长得非常好。

（3）qɔ⁵³ lɔk³¹ i²⁴ pa²⁴ kai²⁴ kin⁵³ kui²⁴.
　　 鸡　 家　 他　 被　 野猫　吃　语气助词
　　 他家的鸡被野猫吃了。

（4）khi²⁴tiŋ²⁴he³¹ ta:i⁵³ ŋim²⁴ vɛ³¹ ma:t³¹.
　　 所　学校　　 我们　刚　 做　 新的
　　 我们学校的房子是新盖的。

（5）khi²⁴ tsuə²¹³ nai³¹ min³¹ khi²⁴ i²⁴.
　　 张　 桌子　 这　 是　 张　 他
　　 这张桌子是他的。

2. 表示数量

（1）mo³¹ pan²⁴ kjan³¹ni²¹³ va³¹ lɛ²¹³kan⁵³.
　　 你　 有　　几　　　 个　 孙子
　　 你有几个孙子了？

（2）ta:i⁵³ khi²⁴ mɛ³¹,kin⁵³ hu²¹³ θau⁵³ ki²⁴.
　　 三　 个　 梨　 吃　 去　 两　 个
　　 三个梨我吃了两个。

（3）pei⁵³tuə⁵³ mai³¹ jan²⁴ an⁵³ ta:i⁵³ va³¹ kwan²¹³.
　　 门口　　 那　 站　持续体助词　三　 个　 人
　　 门口站着三个人。

（4）phɔn⁵³mai³¹ pin²⁴ pa²⁴ ta:i⁵³ ta:i⁵³ pɛ⁵³ kan²⁴ tɔ⁵³ pan⁵³.
　　 他们　　 卖　 给　 我们　三　 百　 斤　 玉米　种子
　　 他们卖给我们三百斤玉米种子。

（5）mo³¹ tsui³¹ kjɯ⁵³ mi³¹ θau⁵³ ɕiə⁵³ θɯ²⁴.
　　 你　 替　 我　 买　 两　 本　 书
　　 请你替我买两本书。

3. 表示处所

（1）am³¹ta:i⁵³ jɯ⁵³sai²⁴ sa²⁴ lɔŋ²¹³ kjɔ²⁴ nau³¹ hu²¹³.
　　 我们　　不要　　 踏　 下　　 庄稼　地　 去
　　 我们不能踩地里的庄稼。

（2）ŋɔ²¹³ lɔk³¹ ta:i⁵³ wan³¹nin³¹ lim⁵³ kui²⁴.
　　 马　 家　 我们　昨天　　 死　 语气助词
　　 我们家里的马昨天死了。

（3）lau³¹ tau³¹ kin⁵³ kai⁵³.
　　鱼　河　吃　好
　　河鱼好吃。

（4）nau³¹ tan⁵³ po²⁴ mai³¹ un²⁴ lai³¹ nau³¹ tɕik⁵³ po²⁴.
　　田　脚　山　那　肥　过　田　坡　山
　　山脚的田比山坡的田肥沃

4. 表示时间

（1）piə³¹nai³¹　ti⁵³　　tshan⁵³liaŋ²⁴ ʔbo⁵³ lai³¹　piə³¹kuːn⁵³.
　　今年　　结构助词　　产量　　　多　　过　　去年
　　今年的产量比去年多。

（2）piə³¹nai³¹　ti⁵³　tɔ⁵³ min³¹ piə³¹kuːn⁵³ taːi⁵³fan²⁴.
　　今年　　结构助词　玉米　是　去年　　三倍
　　今年的玉米是前年的三倍。

5. 表示领属

（1）khi²⁴mau³¹　kjɯ⁵³ kai⁵³ ʔbo⁵³.
　　个　帽　　我　好　多
　　我的帽子好得多。

（2）θɯ²⁴ mo³¹ nɛ²⁴?
　　书　你　语气助词
　　你的书呢？

（3）kjɯ⁵³ tu²⁴ kɔ²⁴ i²⁴ ja³³.
　　我　是　哥哥　他　语气助词
　　我是他的哥哥。

（4）lɔk³¹taːi⁵³　mi²⁴qɔ⁵³ uə⁵³ tam⁵³ lo³³.
　　家　我们　母鸡　　下　蛋　语气助词
　　我们的母鸡下蛋了。

（5）lɔŋ³¹mi²¹³ hruə³¹laːi²¹³ khiə⁵³ kui²⁴.
　　妻子　　老李　　　走　语气助词
　　老李的妻子走了。

（二）描写性定语

描写性定语的主要作用在于对中心语进行描写。荣屯布央语的描写性定语从性质、状态、用途、来源、质地、材料等方面来描写中心语。例如：

1. 描写人或者物的性质、状态

（1）lɔk³¹ kjɯ⁵³ um⁵³ ʔdɔ⁵³ lat³¹ uːi⁵³ la²¹³ at³³.
　　家　我　养　得　只　狗　花的　小的

我家养了一只小花狗。

（2）u²⁴mai³¹ pan²⁴ khi²⁴ po²⁴ luŋ²⁴.
　　那里　　有　个　山　大
　　那里有一座大山。

（3）lat³¹ ma:i⁵³ʔdam⁵³ i²⁴ nɔt³¹ lai³¹ ta:i⁵³ lat³¹ mai³¹.
　　只　猪　黑　他　肥　过　三　只　那
　　他的这头黑猪比那三头都肥。

（4）u²⁴mai³¹ pan²⁴ θau⁵³ tu²¹³ tai⁵³ ka:u³¹ka³¹ ka:u³¹kit³¹.
　　那里　　有　两　株　树　　高高的
　　那里有两株高高的树。

（5）lu²¹³va³¹ li²¹³ am²⁴ ʔduə⁵³ tsɔk³¹ pə³¹sən²¹³.
　　身上　穿　一　件　衣服　白的
　　上身穿着一件白衣服。

2. 表示人的职业或类别

（1）kjɯ⁵³ min³¹ tɕia³¹ tai⁵³.
　　我　是　匠　木
　　我是木匠。

（2）i²⁴ min³¹ kwan²¹³ tam²⁴nau³¹.
　　他　是　人　　种田
　　他是庄稼人。

（3）mo³¹ min³¹ tɕia³¹ qat⁵³.
　　你　是　匠　铁
　　你是铁匠。

（4）mo³¹ tu²⁴ kwan²¹³ loŋ²¹³hau³¹ nau⁵³?
　　你　是　人　　龙合　　语气助词
　　你是不是龙合人？

（5）tan³¹θiə³¹ ta:i⁵³ min³¹ kwan²¹³ pə³¹kiŋ²⁴.
　　老师　　我们　是　人　北京
　　我们的老师是北京人。

3. 描写物的用途、来源、质地、材料

（1）i²⁴ le²¹³ qɯ³¹ qa²¹³ʔbɔŋ⁵³.
　　他　穿　双　鞋　皮
　　他穿着一双皮鞋。

（2）i²⁴ ŋiə³¹ jaŋ³¹ an⁵³ am²⁴ me³¹ mat³³ ap³³.
　　他　手　拿　持续体助词　一　把　刀　菜

他手拿着一把菜刀。

（3）u²⁴nai³¹ pan²⁴ qhɔn⁵³ qat³³ la³¹.
　　 这里　　有　　路　铁　否定词
　　 这里没有铁路。

（4）ɔn²⁴ i²⁴ hrui²¹³ pa²⁴ kɔ²⁴ kjɯ⁵³ am²⁴ kɯ³¹ qa²¹³ pha²⁴.
　　 妹妹 她 送 给 哥哥 我 一 双 鞋 布
　　 她妹妹送一双布鞋给我哥哥。

第五节　状语

状语主要用来修饰动词或者形容词。荣屯布央语状语通常位于动词或者形容词的前面或后面，对谓语中心进行限制和修饰，是句子中谓语部分的修饰成分。当位于主语前面或者句首时，状语修饰整个句子。

一　状语的构成

荣屯布央语中的副词、否定词、形容词、名词、名词短语、动词、动词短语、数量结构、介词短语等都可以充当状语。

1. 副词充当状语

副词充当状语时，位于被修饰的动词及形容词的前面或后面。例如：

（1）i²⁴ tsei²¹³ qa²¹³maːu⁵³.
　　 他　非常　　害怕
　　 他非常害怕

（2）ju²¹³ mo³¹ ŋim²⁴ŋim²⁴ ʔduə⁵³ ku²⁴.
　　 弟弟　你　　刚刚　　 来　到
　　 你弟弟刚刚来到。

（3）wan³¹nin³¹ tut⁵³ ʔbo⁵³ lo³³.
　　 昨天　　　热　多　语气助词
　　 昨天太热了。

（4）ɔn²⁴ kjɯ⁵³ hən⁵³ hun⁵³hai²⁴ i²⁴.
　　 妹妹 我 很 喜欢 他
　　 我妹妹很喜欢他。

（5）mi²⁴ kjɯ⁵³ tsɯ²¹³tsɯ²¹³ hu²¹³ ti²¹³kat⁵³.
　　 妈妈 我 常常 去 那坡
　　 我妈妈常常去那坡。

(6) lɛ³¹θa⁵³ i²⁴ tsen³³ hu²¹³ pə³¹kiŋ²⁴ nau⁵³?
　　小孩　他　真　去　北京　_{语气助词}
　　他小孩真的去北京吗？

(7) juŋ³¹ θɔ³¹tsəŋ³¹ mai³¹ kan⁵³ ʔbo⁵³.
　　件　事　那　急　多
　　那一件事非常紧急。

(8) mo³¹ ku²⁴ kin⁵³, kjɯ⁵³ ku²⁴ kin⁵³, ta²¹³kja⁵³ thə²⁴ kin⁵³.
　　你　也　吃　我　也　吃　大家　都　吃
　　你也吃，我也吃，大家一起吃。

2. 否定词充当状语

否定词 la³¹ 和 ʔban²⁴ 修饰动词或形容词时，通常位于句子末尾；表示否定意义的 jɯ⁵³ 和 jɯ⁵³sai²⁴ 则常常位于形容词或动词的前面。例如：

(1) am³¹ min³¹ khat²⁴ nai³¹ kai⁵³ la³¹.
　　_{定指标记}　面条　这　好　_{否定词}
　　这种布不太好。

(2) am³¹taːi⁵³ thə²⁴ ʔdam²⁴ kin⁵³ qa²¹³ut⁵³ la³¹.
　　我们　都　想　吃　粽子　_{否定词}
　　我们不太想吃粽子。

(3) mi²⁴ i²⁴ ȵaŋ²⁴ ʔduə⁵³ ʔban²⁴.
　　妈妈　她　还　来　_{否定词}
　　她妈妈还没有来。

(4) mo³¹ jɯ⁵³ qa²¹³nan³¹.
　　你　不要　吵闹
　　你别吵闹。

(5) ta²⁴ an⁵³, jɯ⁵³sai²⁴ jut⁵³ khwan²⁴mo⁵³.
　　坐　_{持续体助词}　不要　站　起来
　　坐着，不要站起来。

3. 形容词充当状语

充当状语的形容词有时位于动词前面或后面。例如：

(1) phɔn⁵³mai³¹ ʔduə⁵³ lo³³, pin²¹³ nau³¹haːu²⁴.
　　他们　来　_{语气助词}　准备　快
　　他们来了，快准备。

(2) ʔbɔn⁵³ ʔdam⁵³ lo³³, taːu³¹ʔduə⁵³ nau³¹haːu²⁴.
　　天　黑　_{语气助词}　回来　快
　　天黑了，快回来。

（3）ŋa³¹ŋa³¹khiə⁵³!
　　慢　慢　走
　　慢慢走！

（4）kjɯ⁵³ ʔdɔ⁵³ tai²¹³nam²¹³ laŋ³¹　la³¹.
　　我　得　详细　　看　否定词
　　我没详细看过。

（5）mo³¹ lai³¹ kin⁵³ u²⁴ am²⁴ɕit⁵³.
　　你　多　吃　肉　一　点
　　你多吃一点肉。

（6）ta²¹³kja⁵³ vɛ³¹ koŋ⁵³, jɯ⁵³sai²⁴　kin⁵³　ta²⁴.
　　大家　　做 工作　不能　　吃　白的
　　大家要工作，不能够白吃。

（7）am³¹taːi⁵³　jiŋ²⁴ka⁵³ ʔda⁵³　nau³¹noi²¹³,　vɛ³¹koŋ⁵³　nau³¹lai³¹.
　　我们　　　应该　说　　少　　　　做事　　　多
　　我们应该少说话，多做事。

4. 名词或名词短语充当状语

表示时间和地点的名词或名词短语可以充当状语，表示事情发生的时间或地点，有时候位于句首。例如：

（1）kjɯ⁵³ ȵaŋ²⁴ ju²¹³ wan³¹nai³¹ hu²¹³ tam²⁴ tai⁵³.
　　我　和 弟弟　　今天　　去　种　树
　　我和弟弟今天去种树。

（2）wan³¹nin³¹ uːi⁵³ hram²¹³ pa²⁴ miu³¹ lim³¹ kui²⁴.
　　昨天　　狗　　咬　　把　猫　死　语气助词
　　昨天狗把猫咬死了。

（3）qa²¹³va³¹　nai³¹　kjɯ⁵³　hu²¹³ thja⁵³ mo³¹.
　　晚上　　　这　　我　　　去　找　你
　　今天晚上我去找你。

（4）am²⁴ ʔden⁵³ tɔk⁵³kuːn⁵³ mai³¹　kjɯ⁵³　qa²⁴　i²⁴　la³¹.
　　一　月　　以前　　　这　　　我　　认识　他　否定词
　　一个月以前我还不认识他呢。

（5）ʔden⁵³ tsat⁵³ pit⁵³mai³¹　nən²¹³ hran³¹ nau³¹.
　　月　　七　八　那　　　就　　割　稻子
　　七八月收割水稻。

（6）kjɯ⁵³ kən²⁴nai³¹ hu²¹³.
　　我　　现在　　去

第六章 句法成分

我现在去。

(7) tɔk³¹kuːn⁵³ pan²⁴ kin⁵³ la³¹ pan²⁴ lɛ²¹³ la³¹.
从前　　　有　吃 否定词 有　穿 否定词

从前没有吃，没有穿。

(8) luə⁷²¹³ lɔk³¹ mai³¹ ʔdit²⁴ am²⁴khi²⁴ tam³¹taŋ²⁴.
里　　房间　那　点　一　　盏　　灯

房间里点了一盏灯。

(9) lɯ²¹³ taŋ⁵³hraːi²¹³ mai³¹ pan²⁴ taːi⁵³ khi²⁴ mɛ³¹pja²⁴.
上　长凳　　　那　有　三　个　柚子

那只长凳上有三个柚子。

(10) tam³¹tei⁵³ lɔk³¹ pan²⁴ am²⁴ khi²⁴ tsuə²¹³ pu⁵³kuə⁵³.
中间　　房间　有　一　张　桌　四方的

屋子当中放着一张方桌。

5. 介词短语充当状语

介词短语可以引出时间、对象和地点等充当状语，通常位于句首。例如：

(1) lɔk³¹ va²⁴ te²⁴ ʔdam⁵³ i²⁴ thə²⁴ an⁵³ laːi²¹³ vɛ³¹kɔŋ⁵³.
从　早上　到　晚　他　都　在　地　干活

从早上到晚上，他都在田里干活。

(2) i²⁴ an⁵³ pin⁵³ qhɔn⁵³ mai³¹ hɛ⁵³pak³¹.
他　在　边　路　那　休息

他在路边休息。

(3) tsɔk³¹hu⁵³ tɛ³¹ an⁵³ pei⁵³tuə⁵³ mai³¹.
衣服　　晾　在　外面　　那

衣服晾在房子外面。

(4) lak³¹ naːi³¹ mu⁵³ ti²¹³kat⁵³ kjan³¹ni²¹³ hraːi²¹³?
从　这里　去　那坡　　多少　　远

从这里到那坡有多远？

(5) i²⁴ tui⁵³ kwan²¹³ hen⁵³ ma²⁴.
他　对　人　很　热情

他对人热情极了。

(6) jɔt³¹aːi⁵³ ka²⁴tai⁵³ kjan⁵³ tsou²¹³ mi³¹ ʔdɔ⁵³.
沿着　　树　　爬　　就　拿　得

沿着树往上爬，就拿到了。

(7) aːi⁵³ u²⁴naːi³¹ hu²¹³vɛ³¹.
按照　这样　　去做

照着这个样子做。

6. 数量结构充当状语

数量结构充当状语时位于动词的前面，表示动作发生的量化方式。例如：

(1) at³³ va³¹ at³³va³¹ kɔ²⁴ʔduə⁵³.
　　一　个　一个　　进来
　　一个一个地进来。

(2) at³³ ɕiə⁵³ at³³ɕiə⁵³ ɬin⁵³.
　　一　本　一本地　数
　　一本一本地数。

(3) khi²⁴ ku²¹³θə²¹³ nai³¹ʔdak⁵³ta:i⁵³wan³¹ta:i⁵³qa²¹³va³¹ʔdak⁵³ kui²⁴　la³¹.
　　个　故事　这　讲　三　天　三　夜　讲 完成体助词 否定词
　　这个故事讲三天三夜都讲不完。

(4) at³³ khat²⁴ at³³ khat²⁴ pɔt³¹.
　　一　条　一　条　搓
　　一条一条地搓（绳子）。

二　状语的语义类型

从上一节我们可以看出，荣屯布央语有很多词语可以构成状语。状语可从不同的方面修饰动词、形容词或者句子。根据状语功能的不同，我们可以将状语分为描写性状语和限制性状语两大类。

（一）描写性状语

描写性状语可以分为两种：一种是描写动作发出者的情态，另一种是描写动作状态。

1. 描写动作发出者情态的状语

这一类状语描写的对象通常是人，主要描写其发出动作时的表情、神态和心理活动等。例如：

(1) i²⁴ voŋ³¹vu²⁴voŋ³¹veə⁵³ khiə⁵³ ket²⁴　hu²¹³.
　　他　大摇大摆　　　走　过去
　　他大摇大摆地走过去。

(2) lɛ³¹pa:u⁵³ mai³¹tiu²¹³ khwan²⁴ tiu²¹³ lɔŋ²¹³　tɔŋ³¹kəŋ⁵³.
　　小孩　那　跳　上　跳　下　跑
　　那小孩一蹦一跳地跑。

(3) i²⁴　lum²¹³ lum²¹³　　qa²¹³θa:u⁵³.
　　他　偷偷（暗暗）　笑
　　他偷偷笑。

例（1）的 voŋ³¹vu²⁴voŋ³¹vɛə⁵³ "大摇大摆"描写 i²⁴ "他"走路时候的神态；例（2）的 tiu²¹³ khwan²⁴ tiu²¹³ loŋ²¹³ "一蹦一跳"描写 lɛ³¹paːu⁵³mai³¹ "那小孩"走路的姿态；例（3）lum²¹³ lum²¹³ "偷偷"描写 i²⁴ "他"的神态和心理活动。

2. 描写动作状态的状语

描写动作状态的状语主要是对动作的方式进行描写。例如：

(1) lat³¹　ŋo²¹³ po²⁴　nai³¹　laŋ³¹ kai⁵³, jou²¹³　toŋ³¹kəŋ⁵³　ɛ⁵³.
　　匹　　马　公　　这　　看　好　又　　跑　　　快
　　这匹公马又好看，又跑得快。

(2) qhɔn⁵³　ʔdot³¹　ʔbo⁵³, ŋa³¹ŋa³¹ khiə⁵³.
　　路　　　滑　　　多　　慢慢　　走
　　路太滑，慢点走。

(3) jaŋ⁵³　θɯ²⁴　ʔduə⁵³ haːu²⁴　am²⁴ɕit⁵³.
　　拿　　书　　来　　快　一　点
　　快点拿书来！

(4) i²⁴ laŋ³¹　hu²¹³　laŋ³¹　mu⁵³, ŋa³¹ŋa³¹ nap³¹ taːu⁵³　a²⁴ʔdak³¹ kui²⁴.
　　他 看　去　　看　来　　慢慢　　闭　眼睛　　睡着 语气助词
　　他看着看着，慢慢闭上眼睛睡着了。

(5) phɔn⁵³mai³¹ tsɯ²¹³tsɯ²¹³　thə²⁴ kin⁵³ khwit⁵³.
　　他们　　　常常　　　　都　吃　青蛙
　　他们常常吃青蛙。

(6) i²⁴　pɛ⁵³ ʔbit⁵³　jou²¹³　ʔbit⁵³,　tap³¹ thə²⁴ təŋ³¹ la³¹.
　　他　扇巴掌　　又　　扇巴掌　打　都　停 否定词
　　他一巴掌又一巴掌不停地扇打（她）。

例（1）到例（4）用形容词 ɛ⁵³/ haːu²⁴ "快"、ŋa³¹ "慢"表示的动作的快慢和方式。例（5）用表示情态方式的副词 tsɯ²¹³tsɯ²¹³ "常常"表示动作的频率高。例（6）用 jou²¹³ "又"表示动作的反复。

（二）限制性状语

限制性状语没有描写的作用，主要从时间、方位、范围、关涉对象等对谓语或动词、形容词加以限制。根据意义的不同，可以将限制性状语分为以下几种类型。

1. 表示时间

表示时间的名词、副词和介词短语可以充当限制性状语。例如：

(1) piə³¹nai³¹ nau³¹　hən⁵³ kai⁵³.
　　今年　　稻子　　很　好

今年稻子很好。

(2) kjɯ⁵³nau⁵³nai³¹ham²⁴θau⁵³tui⁵³iu²⁴, wan³¹nai³¹ hu²¹³ve³¹θau⁵³tim²⁴tsuŋ⁵³ kɔŋ⁵³.
我 早上 喝 两 碗 酒 下午 去 做 两个小时 工作
我早上喝两碗酒，下午去做两个小时工作。

(3) i²⁴ ŋən³¹ tu²⁴ hruə³¹, qa²¹³wan³¹nin³¹ hruə²¹³ taŋ³¹ qa²¹³kin⁵³.
他 总是 咳嗽 昨晚 咳 整个 晚上
他老是咳嗽，昨天咳了一个晚上。

(4) laŋ³¹ ku²⁴ n̠aŋ²⁴ laŋ³¹ tu²⁴, liŋ²⁴kɯ²⁴ tu³¹θiaŋ²⁴ laŋ³¹ θeŋ²⁴ la³¹.
看 也 还 看 成 有时 图像 看 清晰 否定词
看是可以看，有时图像不大清晰。

(5) phɔn⁵³mai³¹ kɯ²⁴mai³¹ ve³¹ qa²¹³ni²¹³?
他们 那时 做 什么
他们那个时候做什么？

2. 表示方位、处所和方向

这一类状语通常由方位名词和介词短语充当。例如：

(1) liə⁵³lɔn³¹ lɔk³¹ mai³¹ pan²⁴ khau⁵³ tau³¹.
后面 房子 那 有 条 河
那房子后面有一条河。

(2) lɛ³¹pau⁵³ an⁵³ lɯ²¹³ut⁵³ mai³¹ kwiŋ³¹hu²¹³kwiŋ³¹ta:u³¹.
小孩 在 地上 那 滚来滚去
小孩在地上乱滚。

(3) kjɯ⁵³ an⁵³ tɕik⁵³po²⁴ mai³¹ tham⁵³ θei⁵³.
我 在 山 那 砍 柴
我在山上砍柴。

(4) lak³¹ ti²¹³kat⁵³ mu⁵³ pə³¹kiŋ²⁴ kjan³¹ni²¹³ hra:i²¹³?
从 那坡 去 北京 多少 远
从那坡到北京还有多远？

3. 表示语气或者猜测

表示语气或者猜测的状语主要由副词充当。例如：

(1) nan³¹tau²⁴ɕit⁵³na:k³¹ khen²⁴nai³¹ mo³¹thə²⁴qa²¹³ma:u⁵³?bo⁵³ le⁵³? （表示语气）
难道 些 困难 这样 你 都 怕 多 语气助词
难道这点困难就把你吓住了？

(2) pa²⁴ i²⁴ kin⁵³ min²¹³ la³¹, i²⁴ thə²⁴ jau²¹³ kin⁵³. （表示语气）
给 他 吃 辣椒 否定词 他 都 要 吃
不给他吃辣椒，他偏要吃。

(3) khat²⁴ θɔ³¹tseŋ³¹ nai³¹ lau⁵³thə²⁴ ʔden⁵³nai³¹   vɛ³¹ kui²⁴.　　（表示猜测）
　　件　工作　　这　　可能　月　这　　　做　完
　　这工作可能这个月底结束。

(4) mo³¹lat³¹ lau³¹ mai³¹ ta³¹kai²⁴　pan²⁴ θau⁵³ kan²⁴.　　（表示猜测）
　　五　条　鱼　那　大概　　有　两　斤
　　那五条鱼大概有两斤。

4. 表示目的、关涉、协同、依据和对象
这一类状语通常由介词短语充当。例如：

(1) ku²⁴wei²¹³kui²⁴ lɛ³¹tsau⁵³ ȵaŋ⁵³pai²¹³ phɔn⁵³mai³¹hən⁵³ʔbo⁵³ʑin²¹³.（表示目的）
　　姑　　为了　　儿女　　欠　　人家　　很多　　钱
　　姑妈为了儿女欠下了人家很多债。

(2) am³¹khan²⁴nai³¹ɬən²⁴huo³¹tui⁵³i²⁴ mu⁵³da⁵³ ɬun²⁴ kai⁵³ʔbo⁵³ lo³³.（表示关涉）
　　定指标记　种　这　生活　对　她　来　说　算　好　多　语气助词
　　这生活，对于她算顶好了。

(3) va³¹ta²¹³ ȵaŋ³¹ va³¹θau⁵³　tai²¹³kja⁵³　hu²¹³ ti²¹³kat⁵³.（表示协同）
　　老大　　和　老二　　　一起　　去　那坡
　　老大和老二去那坡。

(4) ai⁵³ u²⁴nai³¹　hu²¹³ vɛ³¹.　　　　　　　　　　（表示依据）
　　按　这样　　去　画
　　按着这个样子画一画。

(5) mo³¹ tsui³¹ kjɯ⁵³ ʔdən²⁴ am²⁴ tui⁵³ uə̃²²⁴dɛ⁵³.（表示对象）
　　你　替　我　倒　一　碗　开水
　　你替我倒一碗开水。

5. 表示否定、程度、重复、范围、关联
这一类状语通常由副词充当。例如：

(1) ɕiə⁵³ θɯ²⁴ kjɯ⁵³ than²⁴ la³¹　kui²⁴.　　　　（表示否定）
　　本　书　我　见　不　语气助词
　　我的书不见了。

(2) tɔŋ³³θɔ⁵³　tsen⁵³ ʔbo⁵³　lo³³.　　　　　　（表示程度）
　　东西　　　真　多　语气助词
　　东西非常多。

(3) kha⁵³θau⁵³pɔ²⁴lo³³　ȵaŋ²¹³ʔduə⁵³ʔban²⁴, mo³¹kha⁵³ am²⁴po²¹³ lo³³.（表示重复）
　　请　两次　语气助词　还　来　否定词　你　请　一　次　语气助词
　　请了两次都没有来，你就再请一次吧。

(4) tɔŋ³³θɔ⁵³ taŋ³¹pɔn⁵³ tap³¹va⁵³ kui²⁴.　　　　　（表示范围）
　　东西　　 全部　　　 打　 烂 语气助词
　　东西全打烂了。

(5) mo³¹hruə³¹veə³¹, kjɯ⁵³ku²⁴hruə³¹veə³¹.　　　　　（表示关联）
　　你　姓　王　　我 也 姓 王
　　你姓王，我也姓王。

三　多层状语的词序

荣屯布央语句子有时会存在多项状语，构成多层状语。荣屯布央语左边的状语修饰右边的中心语，而且多层状语的排列顺序不太固定。有时候状语位置不同也会导致意思的差异，所以状语的语序取决于谓语内部逻辑关系及其表达意思的需要。例如：

1. 主语＋时间状语＋处所状语＋协同状语＋谓语核心
   am³¹ta:i⁵³ wan³¹nin³¹an⁵³lɔŋ³¹hau³¹ ȵaŋ²⁴ phɔn³¹mai³¹ tap³¹ lin³¹.
   　我们　　 昨天　 在龙合　　 和　 他们　　打架
   我们昨天在龙合和他们打架。

2. 主语＋时间状语＋范围状语＋助动词状语＋谓语核心＋否定词
   phɔn³¹mai³¹ kən²⁴nai³¹　thə²⁴ pan²⁴kim²⁴ hu²¹³　la³¹.
   　他们　　　 现在　　 都　　　 敢　　 去 否定词
   他们现在都不敢去。

3. 主语＋时间状语＋语气状语＋工具状语＋谓语核心＋否定词
   kjɯ⁵³ wan³¹nai³¹ fan⁵³tsəŋ²⁴ jɔŋ²¹³pat⁵³mo³¹ la²¹³　la³¹.
   　我　　 今天　　 反正　　 用　 笔　 你　写 否定词
   我今天反正不用你的笔写字。

第六节　补语

一　补语的构成

荣屯布央语补语通常为动词或者形容词后面的谓词性成分，对所涉及的人或物起到补充说明的作用。荣屯布央语补语的构成比较复杂，形容词、动词、数量短语、介词短语以及小句等都可以充当补语。

（一）形容词充当补语

形容词充当补语时，通常位于中心语的后面，有时要加上结构助词ʔdɔ⁵³"得"。例如：

1. kjɯ⁵³ tsui³¹ i²⁴ vɛ³¹ ɕit⁴ θɔ³¹tseŋ³¹ nai³¹ mɔt³¹.
   我　帮　他　做　些　事情　这　完
   我帮他做完这件事。

2. i²⁴ kɔŋ²⁴ vɛ³¹ kui²⁴ lo³³.
   他　工作　做　完　语气助词
   他工作做完了。

3. khat²⁴ θɔ³¹tseŋ³¹nai³¹ lau⁵³thə²⁴ ʔden⁵³ nai³¹ və³¹ kui²⁴.
   件　事情　这　可能　月　这　做　完
   这工作可能在这个月做完。

4. qa²¹³lu³¹ kin⁵³ kui²⁴ nau⁵³?
   药　吃　完　语气助词
   药吃完了吗?

5. phɔn⁵³mai³¹ tap³¹ lim³¹ lat³¹ u:i⁵³ pɛ³¹ mai³¹.
   他们　打　死　只　狗　疯的　那
   他们打死了那只疯狗。

6. i²⁴ jɔŋ²¹³ mɛ³¹pat⁵³ la²¹³ θɯ²⁴ la²¹³ ʔdɔ⁵³ kai⁵³ o³³.
   他　用　毛笔　写　字　写　结构助词　好　语气助词
   他毛笔字写得好。

(二) 动词或动词短语充当补语

动词或动词短语充当补语时，常位于中心语的后面，有时要加上结构助词ʔdɔ⁵³ "得" 或者 taŋ³¹ "得"。例如：

1. jaŋ⁵³ mɛ³¹ mat³¹ ʔduə³¹.
   拿　把　刀　来
   拿把刀来。

2. ta:i⁵³ nɛt⁵³ taŋ³¹ θan³¹ kui²⁴.
   他　冷　结构助词　发抖　语气助词
   他冷得发抖了。

3. i²⁴ qa²¹³θa:u⁵³ taŋ³¹ jut⁵³ ʔdɔ⁵³ la³¹ kui²⁴.
   他　笑　结构助词　站　结构助词　否定词　语气助词
   他笑得腰都直不起来了。

4. i²⁴ khɔ²⁴ lɔk³¹ hu²¹³ kui²⁴.
   他　进　屋　去　完成体动词
   他进屋里去。

5. ju²¹³ kjɯ⁵³ kɯk³¹ taŋ³¹ ȵit³¹ kui²⁴.
   弟弟　我　急　结构助词　哭　语气助词

我弟弟急得直哭。

（三）数量短语充当补语

数量短语充当补语时通常位于谓语中心词或宾语后面。例如：

1. kjɯ⁵³ tap³¹ lat³¹u:i⁵³ mai³¹ θau⁵³ ʔbɛt⁵³　ku²¹³.
   我　　打　　只　狗　那　　两　　次　　棍
   我打了那只狗两棍子。

2. kɔ²⁴　hu²¹³ lɔk³¹　ɔ²⁴　　am²⁴pɔ⁵³　kui²⁴.
   哥哥　去　　家　　舅舅　　一趟　　　语气助词
   哥哥去了趟舅舅家。

3. am³¹ta:i⁵³ tsou²¹³　he³¹　ʔdɔ⁵³　　ta:i⁵³　ʔden⁵³.
   我们　　　才　　学　结构助词　三　　　月
   我们才学了三个月。

4. kjɯ⁵³ θau⁵³piə³¹　ku:n⁵³ tha:n²⁴ i²⁴　am²⁴pɔ²¹³.
   我　　两　年　前　　见　　他　　一　次
   我两年前见过他一次。

5. va³¹ lɛ³¹pau⁵³ nai³¹ ki⁵³hum⁵³　la³¹, tsou²¹³ pa²⁴ i²⁴ pe⁵³ ki²⁴ ʔbit⁵³　kui²⁴.
   个　小孩　　　这　听话　　否定词　就　　被　他　揍　几　下　　语气助词
   那个小孩不乖，就被他揍了几下。

6. i²⁴ man⁵³mai³¹　tut³¹ kjɯ⁵³ am²⁴ʔbɛt⁵³ kɔŋ²⁴joŋ⁵³.
   他　刚才　　　踢　　我　　一　下　　　脚
   他刚才踢了我一脚。

7. i²⁴　pa²⁴ u:i⁵³ hram²¹³ θau⁵³　ʔbɛt⁵³.
   他　被　　狗　咬　　　两　　口
   他被狗咬了两口。

8. kjɯ⁵³ jɯ³¹　　tu²⁴　　　pjuə³¹wan³¹,　mo³¹thə²⁴ʔduə⁵³ la³¹.
   我　　等　　完成体助词　半　天　　　你　都　来　　　否定词
   我等了半天你都不来。

（四）介词短语充当补语

介词短语可以放在谓语中心词后面充当补语，表示通过动作使得人或物到达的处所、对象等。例如：

1. mo³¹ vai²¹³qa²¹³ni²¹³ tsoŋ²⁴　ʔduə⁵³ jan²⁴ an⁵³　u²⁴mai³¹　tse³³?
   你　　为什么　　　　总是　　来　　站　在　　那里　　　语气助词
   你为什么总是站在那里？

2. am²⁴ lat³¹ ui³¹ a²⁴ an⁵³ tam³¹tei⁵³ qhɔn⁵³.　　　　　（处所）
   一　　条　 狗　躺　在　 中间　　　路

有一条狗躺在路中间。

3. i²⁴ a²⁴ an⁵³ tep³¹a²⁴ mai³¹ laŋ³¹ θɯ²⁴.　　　　　　（处所）
　　他　躺在　　床　　那　看　书
　　他躺在床上看书呢。

4. jum²⁴ ta²⁴ pa²⁴ kɔ²⁴ kin⁵³.　　　　　　　　　　　　（对象）
　　留　着　给　哥哥　吃
　　留着给哥哥吃。

5. mo³¹mi³¹ mɛ³¹ta:u²⁴ pa²⁴ kjɯ⁵³.　　　　　　　　　　（对象）
　　你　　把　剪子　　给　我
　　你把剪子递给我。

6. mo³¹ mi³¹ am³¹ toŋ³¹θɔ⁵³ wan³¹nin³¹ mi³¹ʔduə⁵³ mai³¹ jaŋ⁵³ ta²¹³qa⁵³li²¹³?
　　你　把 定指标记 东西　　昨天　　买　来　那　放在　哪儿　　（处所）
　　jaŋ⁵³ ta²¹³ lɯ²¹³ tsuə²¹³ mai³¹.
　　放　在　　上　桌子　那
　　——你把昨天买的东西放在哪儿了？
　　——放在桌子上。

7. mi²⁴ i²⁴ ma²⁴ ta²⁴ an⁵³ pin⁵³tau³¹.　　　　　　　　（处所）
　　妈妈　她　喜欢　坐　在　边　河
　　她妈妈喜欢坐在河边。

（五）小句充当补语

关系小句可以放在谓语中心词后面充当补语。例如：

1. qa²¹³hra:i²¹³ taŋ³¹ i²⁴ khi²⁴ kui²⁴.
　　痛　　 结构助词　 他　叫　 语气助词
　　他痛得直叫。

2. am³¹ta:i⁵³ qa²¹³θa:u⁵³ taŋ³¹ jɔ²¹³tau⁵³ kai⁵³ ʔduə⁵³ kui²⁴.
　　我们　　笑　 结构助词　　眼泪　　流　来　 语气助词
　　我们笑得眼泪都流出来了。

以上例 1、2 的关系小句分别补充说明其前面谓语 qa²¹³hra:i²¹³ "痛" 和 qa²¹³θa:u⁵³ "笑" 的程度。

二　补语的语义类型

补语通常位于中心语之后，对谓语起到补充说明的作用。补语有时补充说明动作经历的时间、结果、程度、数量或趋向，有时形容或说明事物的性状、状态等。根据其与谓语语义关系的不同，补语可以分为以下几类：

（一）结果补语

结果补语通常位于谓语动词后，表示动作、行为产生的结果。结果补语和中心语结合得较为紧密，主要由动词和形容词充当。例如：

1. khi²⁴　mu²⁴　　kjɯ⁵³ pa²⁴ tsaŋ²⁴san²⁴　tap³¹ va⁵³　kui²⁴.
   个　　锅　　　我　　被　张三　　　　打　坏　　语气助词
   我的锅被张三砸破了。

2. laŋ³¹ am²⁴ɕit⁵³ nən²¹³ laŋ³¹ qa²⁴　kui²⁴.
   看　一　点　　就　　看　会　　语气助词
   看了一眼就看清了。

3. i²⁴ laŋ³¹　than²⁴　la³¹.
   他　看　　　见　　否定词
   他看不见。

4. kjɯ⁵³ thja⁵³　tu²⁴　　ta:i⁵³　pɔ²¹³,thə²⁴thja⁵³ than²⁴ i²⁴　　la³¹.
   我　　找　　完成体助词　三　　趟　　都　　　找　　　见　他　　否定词
   我找了三趟都没找到他。

5. i²⁴　tap³¹ lim³¹　θau⁵³ lat³¹　qɔ⁵³.
   他　打　　死　　两　　只　　鸡
   他打死了两只鸡。

6. phɔn⁵³mai³¹　tap³¹ lim³¹　lat³¹ u:i⁵³　pɛ³¹　mai³¹.
   他们　　　　打　　死　　只　　疯的　　狗　　那
   他们打死了那只疯狗。

7. am²⁴ hro²⁴　jut³¹　luŋ²⁴ hrip³¹　hrak³¹ tsɔk³¹hu⁵³　kui²⁴.
   一　场　　　雨　　大　　淋　　　湿　　　衣服　　语气助词
   一场大雨把衣服淋湿了。

8. i²⁴　tap³¹ lat³¹　mum³¹　ʔdɔ⁵³qa²¹³hra:i²¹³.
   他　打　　只　　老虎　　受伤
   他打伤了一只老虎。

9. wan³¹ luŋ²⁴ pai⁵³ tu²¹³　tai⁵³　mai³¹　tu:n²¹³　lɔŋ²¹³　kui²⁴.
   风　　大　　吹　　颗　　树　　那　　　断　　　下　　语气助词
   大风把树木吹断了。

10. kja⁵³ kjan⁵³ te⁵³　lai²¹³u:t⁵³　puə⁵³　kui²⁴.
    太阳　　晒　　田　　　裂　　语气助词
    太阳晒得田都裂了。

有的结果补语和动词结合得比较紧密，如例3的 laŋ³¹ "看" 和 than²⁴ "见到"，例4的 tja⁵³ "找" 和 than²⁴ "到" 紧密结合在一起，构成中补短语，两者通常不能分开，后面紧跟宾语，构成"动词＋补语＋宾语"的表达形式。一些结果补语（多为形容词充任的补语）既可以和动词结合在一起后再加上宾语，构成"动词＋补语＋宾语"的表达形式，又可以和动词分开，置于宾语的后面，构成"动词＋宾语＋补语"的表达形式。如例6、7可以分别变换成以下结构：

例6的变换式：phɔn^{53}mai^{31}　tap^{31}　lat^{31}　u:i^{53}　pɛ^{31}　mai^{31} lim^{31}.
　　　　　　　他们　　　　打　只　狗　疯的　那　　　死
　　　　　　　他们打死了那只疯狗。

例7的变换式：am^{24} hro^{24}　jut^{31}　luŋ^{24} hrip^{31}　tsɔk^{31}hu^{53}　kui^{24}　hrak^{31}.
　　　　　　　一　场　　雨　　大　　淋　　　衣服　语气助词　湿
　　　　　　　一场大雨把衣服淋湿了。

但是并非所有的形容词充当的结果补语都可以像例6、7那样，可用两种不同的句式表达同一个意思。如例8，如果将ʔdɔ^{53}qa^{213}hra:i^{213} "受伤"放在宾语之后，句子就会产生相反的意思：

i^{24}　tap^{31}　ʔdɔ^{53}qa^{213}hra:i^{213}　lat^{31}　mum^{31}.
他　打　　受伤　　　　　　只　老虎
他打一只老虎，他受伤了（老虎没有受伤）。

另外，有的形容词充任的结果补语只能放在宾语之后，不能使用"动词＋补语＋宾语"的表达形式。如例9、10，如果将补语和动词紧密结合在一起再加上宾语，句子则不成立。

＊wan^{31} luŋ^{24} pai^{53} tu:n^{24}　lɔŋ^{213} tu^{213}　tai^{53}　mai^{31}　kui^{24}. （错误的表达）
　风　大　　吹　　断　　下　　颗　　树　那　语气助词

＊kja^{53} kjan^{53} te^{53}　puə^{53} lai^{213}u:t^{53}　kui^{24}. （错误的表达）
　太阳　　晒　　裂　田　语气助词

（二）数量补语

数量补语位于谓语中心词后边，补充说明动作经历的时间、次数或者事物的长度、高度等。

例子请参见本节第一点补语的构成中的（三）数量短语充当补语。

（三）趋向补语

趋向补语位于谓语动词中心语之后，补充说明动作的趋向。例如：

1. tai^{31} tɕi$^{213(24)}$　tu^{24} khi^{24}ʑia^{31} khwan^{24}　kui^{24}.
　　大　姐　　提　篮子　　起来　语气助词
　　大姐把篮子提起来。

2. it^{24}　at^{33}wan^{31} thə^{24} kjan^{53} khwan^{24} tai^{53} mu^{53}　mi^{31} nɔk^{31}.
　　他　　每天　　都　爬　　上　　树　去　抓　鸟

他每天爬上树去抓鸟。

3. tu²¹³ tai⁵³ nai³¹, mo³¹ ku²⁴ ʔbiə⁵³ khwan²⁴.
   根 木头 这   你 也   扛   起来
   这根木头，你也扛起来。

4. i²⁴ tsai⁵³ tuə⁵³ khɔ²⁴ hu²¹³.
   他 推开   门   走   去
   他推开门走进去。

5. ʔbɔn³¹ ʔdam⁵³ lo³³, mo³¹ taːu³¹ ʔduə⁵³ nau³¹haːu²⁴.
   天   黑   语气助词 你   回   来   快
   天黑了，快回来。

6. mi²⁴ kjɯ⁵³ wan³¹nin³¹ lak³¹ ti²¹³kat⁵³ ŋim²⁴ taːu³¹ ʔduə⁵³.
   妈妈 我   昨天   从   那坡   刚   回   来
   我妈妈昨天刚从那坡回来。

（四）程度补语

程度补语通常位于谓语中心词之后，补充说明动作进行的程度，或者事物的性状、情态。中心语和程度补语之间常有结构助词 ʔdɔ⁵³ "得"。例如：

1. mo³¹ jɯ⁵³sai²⁴ kun²⁴ ʔdɔ⁵³   ȵɯ²¹³nau⁵³ veə²⁴.
   你   不要   管   结构助词   这么   宽
   你不要管得这么宽。

2. kin⁵³ liə²¹³ ʔbo⁵³ lo³³.
   吃   饭   多   语气助词
   吃得饱极了。

3. ɔn²⁴ kjɯ⁵³ ve³¹ kɔŋ²⁴ ʔdɔ⁵³ haːu²⁴, jou²¹³ ve³¹ ʔdɔ⁵³ kai⁵³.
   妹妹 我   做   工作 结构助词 快   又   做   结构助词 好
   我妹妹工作做得快，又做得好。

4. i²⁴ jɔŋ²¹³ me³¹pat⁵³ la²¹³ θɯ²⁴ la²¹³ ʔdɔ⁵³ kai⁵³ o³³.
   他 用   毛笔   写   字   写   结构助词 好   语气助词
   他毛笔字写得好。

5. ɕit⁵³ ap³³kju²⁴ nai³¹ luŋ²⁴ ʔdɔ⁵³ hən³³ kai⁵³.
   些   韭菜   这   长   结构助词 很   好
   这些韭菜长得很好。

第七章 句型

从表达的角度来说，句子是一个基本的表达单位。但从语法角度来说，句子是最大的语法单位，也是句法分析的重点之一。句型是按照句子结构模式划分出来的类型系统。根据句子结构的简单和繁复，荣屯布央语的句子类型可以分为单句和复句。

第一节 语序

语序就是词和短语在组成句子时的顺序。荣屯布央语的句子有其内在的语序，语序是其最重要的语法手段之一。和其他侗台语族语言一样，布央语属于分析型语言，语序也基本相同。前面章节已经对荣屯布央语的词类、构词法等进行了分析，对词和短语的结构特点及其组成部分都作了详细的说明，在此不再赘述。荣屯布央语句子的基本语序为主语—谓语、主语—谓语—宾语。数量词和部分汉借形容词做定语时位于中心词之前，荣屯布央语固有形容词、名词、代词做定语时通常位于中心词之后；修饰动词的状语有时候位于谓语动词前面，有时候位于动词后面；补语常常出现在动词或宾语之后。例如：

1. i^{24}　kin^{53}　kui^{24}　lɛ^{53}.
   他　　吃　　完成体助词　语气助词
   他吃了。

2. lat^{31}　uːi^{53}　nai^{31}　jɔ^{24}　o^{33}.
   只　　狗　　这　　凶恶　语气助词
   这个狗可厉害了。

3. tshe^{24}　ʔduə^{53}　lo^{33}.
   车　　来　　语气助词
   车快来了。

4. va^{31}　kwan^{213}　nai^{31}　n̪ɯ^{213}　nau^{53}　kai^{53}.
   个　　人　　这　　那么　好
   这个人很好。

5. lɔk³¹ kjɯ⁵³ um⁵³ ʔdɔ⁵³ am²⁴ɕit⁵³ kep⁵³.
   家 我   养   得   一些   鸭
   我家养了一些鸭子。

6. wan³¹nin³¹ uːi⁵³ hram²¹³ pa²⁴ miu³¹ lim³¹ kui²⁴.
   昨天   狗   咬   把 猫   死 语气助词
   昨天狗把猫咬死了。

7. phɔn⁵³mai³¹ ȵim²⁴ ham²⁴ iu²⁴.
   他们   正在 喝   酒
   他们正在喝酒。

8. kjɯ⁵³ tam²⁴ ʔdɔ⁵³ θau⁵³ tu²¹³ me³¹lai²¹³.
   我   种   得   两   株   梨
   我种了两株梨树。

9. ŋa³¹ŋa³¹ vɛ³¹.
   慢慢   做
   别忙，慢慢做。

10. i²⁴ vɛ³¹ ʔdɔ⁵³ haːu²⁴.
    他 做 结构助词 快
    他做得快。

11. khiə⁵³ nau³¹haːu²⁴!
    走   快
    快点走!

第二节 单句

荣屯布央语单句可以分为主谓句和非主谓句，是不能再分析成两个或两个以上的句子，结构相对比较简单。

一 主谓句

荣屯布央语的主谓句是由主谓短语构成的句子，主谓句可以分析出主语和谓语两个直接成分。根据谓语性质的不同，荣屯布央语主谓句可以细分为动词性谓语句、形容词性谓语句、名词性谓语句。

（一）动词性谓语句

动词性谓语句的谓语由动词或者动词性短语构成，常用的句型有以下几种：

1. 动词谓语句

荣屯布央语动词谓语句的谓语由动词或者动词短语构成，动词不带有宾语。例如：

（1）ta:i⁵³　thə²⁴　ʔduə⁵³　lo³³.
　　　我们　都　来　语气助词
　　　我们都来了。

（2）kjɯ⁵³　thə²⁴　qa²⁴　la³¹.
　　　我　都　知道　否定词
　　　我都不知道。

（3）mo³¹　hu²¹³　la³¹.
　　　你　去　否定词
　　　你不去。

（4）i²⁴　wan³¹nat³¹　lau⁵³tɯ²⁴　hrɯ³¹　tim²⁴tsoŋ⁵³　ʔduə⁵³.
　　　他　明天　大概　八　点钟　来
　　　他明天大概八点钟来。

（5）am³¹ta:i⁵³　hu²¹³　kɯi²⁴.
　　　我们　走　完成体助词
　　　我们走了。

2. 述宾谓语句

荣屯布央语述宾谓语句的动词或者动词词组带宾语。例如：

（1）wan³¹nai³¹　ta:i⁵³　hu²¹³　tham⁵³　tai⁵³.
　　　今天　我们　去　砍　树
　　　今天我们去砍树。

（2）i²⁴　hu²¹³　qɔt³¹　uə²⁴muə²⁴.
　　　他　去　挖　水渠
　　　他去挖水渠。

（3）mo³¹　jɯ⁵³sai²⁴　ki⁵³　va³¹tja⁵³.
　　　你　不要　告诉　别人
　　　你不要告诉别人。

（4）mo³¹　thja⁵³　pin²¹³ni²¹³?
　　　你　找　谁
　　　你找谁？

（5）am³¹ta:i⁵³　khi²⁴wan³¹　kin⁵³　ta:i⁵³　tu:n⁵³　liə²¹³.
　　　我们　每天　吃　三　顿　饭
　　　我们每天吃三顿饭。

（6）θau⁵³　va³¹　kwan²¹³　kɯ⁵³　tai⁵³.
　　　两　个　人　锯　木
　　　两个人锯木头。

3. 述补谓语句

荣屯布央语述补谓语句的谓语部分由述语和补语构成。例如：

(1) kjɯ⁵³　jɯ³¹　　　tu²⁴　　pjuə³¹wan³¹.
　　 我　　等　　完成体助词　　半　天
　　 我等了半天。

(2) i²⁴　tap³¹ lim³¹　θau⁵³ lat³¹ mum³¹.
　　 他　打　 死　　 两　 只　 老虎
　　 他打死了两只老虎。

(3) jaŋ⁵³ khat²⁴ toŋ³¹jɯ²⁴　ʔduə³¹.
　　 拿　　条　　棍子　　　来
　　 拿一条棍子来。

(4) i²⁴　khɔ²⁴ lɔk³¹ hu²¹³ kui²⁴.
　　 他　进　　屋　　去　 完成体助词
　　 他进屋里去。

(5) tsa⁵³ju²¹³ kjan⁵³　khwan²⁴ tai⁵³.
　　 弟弟　　　爬　　　上　　　树
　　 弟弟爬上树。

(6) kjɯ⁵³ am²⁴ va³¹　tuə³¹　ku²⁴　ʔbiə⁵³ khwan²⁴.
　　 我　　一　 个　　独　　 也　　扛　　 起
　　 我一个人也扛得起。

(7) khi²⁴ tuə⁵³ nai³¹ ha⁵³　ʔdɔ⁵³　la³¹.
　　 个　　门　　 这　　开　　得　　 否定词
　　 这扇门开不了。

(8) kaːu⁵³tɕit³³ nai²⁴ kin⁵³　ʔdɔ⁵³　la³¹.
　　 菌子　　　　这　　 吃　　 得　　 否定词
　　 这种菌子吃不得。

荣屯布央语动词性谓语句的结构种类比较多，也较为复杂，本节第二部分"几种特殊的动词谓语句"中将专门探讨几种结构复杂的动词性谓语句。

（二）形容词性谓语句

荣屯布央语形容词性谓语句的谓语通常是形容词或者形容词短语。例如：

1. vɛ³¹ khen²⁴nai³¹　hən⁵³ kai⁵³.
　　 做　 这样　　　 很　　 好
　　 这样做很好。

2. khi²⁴ tɕik⁵³po²⁴ nai³¹ ka:u³¹ ʔbo⁵³ o³³.
   座   山   这   高   多   语气助词
   这座山高极了。

3. θɯ²⁴ kjɯ⁵³ nai³¹ hən⁵³ ʔbo⁵³.
   书   我   这   很   多
   我的书很多。

4. khiə⁵³qhɔn⁵³ pak³¹ ʔbo⁵³.
   走   路   累   多
   走路太累了。

5. lɔŋ⁵³   i²⁴   qa²¹³hra:i²¹³.
   肚子   他   痛
   他的肚子痛。

6. am³¹   taŋ²⁴ pha²¹³ nai³¹ man²⁴ ʔbo⁵³.
   定指标记   种   布   这   结实   多
   这种布非常结实。

7. kau⁵³ tau³¹ nai³¹ lak³¹ ʔbo⁵³   lo³³.
   条   河   这   深   太   语气助词
   这条河深极了。

(三) 名词性谓语句

荣屯布央语名词性谓语句的谓语是由名词或者名词短语构成。例如：

1. wan³¹nin³¹ ʔden⁵³lɔk³¹ tshu⁵³kau²⁴.
   昨天   月   六   初   九
   昨天是六月初九。

2. wan³¹ʔbui⁵³ ʔden⁵³ θem⁵³ tshu⁵³ho²⁴.
   大前天   月   三   初   五
   大前天是三月初五。

3. po²⁴θiə⁵³ kjɯ⁵³ piə³¹nai³¹ na:m⁵³ pɔt³¹¹mo³¹ piə³¹.
   父亲   我   年 这   六   十 五   岁
   我父亲今年六十五岁。

4. ta:i⁵³ ʔduə⁵³ pan³¹ mɛ³¹, at³³ va³¹ am²⁴ khi²⁴.
   我们   来   分   果子   小 人 一   个
   我们来分果子，一人一个。

5. 一ap³³nɔŋ³¹uə⁵³ kan²⁴ kjan³¹ni²¹³ ʑin²¹³?
   白菜   斤   多少   钱

—am²⁴man²⁴am²⁴kan²⁴.
　　一　元　一　斤
——白菜多少钱一斤？
——一元一斤。

6. va³¹ nai³¹ kɔ²⁴ kjɯ⁵³, va³¹ nai³¹ tɕi²⁴ kjɯ⁵³.
　　个　这　哥哥　我　个　这　姐姐　我
　　这位是我哥哥，这位是我姐姐。

（四）主谓谓语句

荣屯布央语的主谓谓语句的谓语由主谓短语充当。荣屯布央语主谓句的谓语是主谓短语，主语相当于"话题"，谓语相当于"述题"。例如：

（1）i²⁴　piə³¹　ʔden⁵³　lai³¹　am²⁴ɕit⁵³.
　　　他　年　月　大　一些
　　他年龄大一些。

（2）li⁵³min³¹　tsuo³¹ne²⁴　n̻im²⁴ ve³¹　ʔdɔ⁵³　am²⁴pjuə³¹.
　　　李明　　作业　　只　做　结构助词　一半
　　李明作业只做了一半。

（3）va³¹ lɛ³¹pau⁵³ nai³¹ va³¹va³¹ thə²⁴ ma²⁴.
　　　个　孩子　这　个　个　都　喜欢
　　这个孩子大家都喜欢他。

（4）am³¹taːi⁵³ va³¹ ʔdap³³ ʔdɔ⁵³ va³¹ la³¹.
　　　我们　个　忘　得　个　否定词
　　我们大家谁也别忘了谁。

二　几种特殊的动词谓语句

荣屯布央语主谓句的动词谓语句结构最为复杂，我们根据句子的局部特点划分出以下几种特殊句式。这些句式能够集中体现荣屯布央语句子在结构及语义表达上的特色。

（一）连动句

荣屯布央语连动句的谓语由两个或两个以上的动词连用而构成，动词短语中间没有停顿，也不用关联词语连接，两个动词通常共用一个主语。连动短语所表示的动作大多是由主语所代表的主体按照顺序发出，连动短语中动词的先后顺序不能互换，否则句子的意思会改变。根据动词之间的意义关系，我们可以将荣屯布央语连动句分为以下几种类型：

1. 表示先后两个动作，前一个动作完成之后，后一个动作接着进行。例如：

(1) i²⁴ tsai⁵³ tuə⁵³ khɔ²⁴ hu²¹³.
　　他　推开　门　走　去
　　他推开门走进去。

(2) i²⁴ tɔŋ³¹kən⁵³ u⁵³ hu²¹³ laŋ³¹.
　　他　　跑　　　出　去　看
　　他跑出去看。

(3) kɔ²⁴ khwan²⁴ tɕik⁵³pɔ²⁴ tim²⁴ nɔk³¹.
　　哥　　上　　　山　　　打　　鸟
　　哥哥上山打鸟。

(4) ju²¹³ lɔŋ²¹³tau³¹ ȵak³¹ lau³¹.
　　弟　　下　河　　打　　鱼
　　弟弟下河捕鱼。

2. 后一个动作是前一个动作的目的,连动短语常常包含有ʔduə⁵³"来"、hu²¹³"去"等词。例如:

(1) i²⁴ hu²¹³ mi³¹ pa²⁴ ʔduə⁵³ vɛ³¹ tsɔk³¹hu⁵³.
　　他　去　买　布　来　　做　衣服
　　他去买布回来做衣服。

(2) mi²⁴ i²⁴ hu²¹³ ha:u²⁴ kin²¹³ tuə⁵³ khɔ²⁴.
　　妈妈　他　去　　快　　关　　　门　上
　　他妈妈飞快地走去把门关上。

(3) tɔŋ³¹ʑi²⁴ phɔn⁵³ thə²⁴ ʔduə⁵³ laŋ³¹ i²⁴.
　　同志　　们　　都　　来　　　看　他
　　同志们都来看他。

(4) am³¹ta:i⁵³ hu²¹³ kha⁵³ va³¹kwan²¹³mai³¹ ʔduə⁵³.
　　大家　　去　　叫　个　人　　那　　来
　　大家去叫那个人来。

(5) kjɯ⁵³ hu²¹³ thja⁵³ i²⁴.
　　我　　去　　找　　你
　　我去找他。

(6) kjɯ⁵³ hu²¹³ tsui³¹ phɔn⁵³mai²⁴ tam²⁴ nau³¹.
　　我　　去　　帮　　他们　　种　　水稻
　　我去帮他们种水稻。

(7) kjɯ⁵³ mo⁵³ hɛə²⁴ mi³¹ θɯ²⁴.
　　我　　来　街　　买　　书
　　我上街买书去。

（8）kjɯ⁵³ hu²¹³ pə³¹kiŋ²⁴ hu²⁴ liu³¹.
　　　我　　去　　北京　　　去　　玩
　　　我到北京去玩。

（9）mi³¹taːi ɕiə⁵³ θɯ²⁴ ʔduə⁵³ laŋ³¹.
　　　买　　三　本　书　来　看
　　　买三本书来看。

（10）mo³¹ wan³¹nat³¹ ʔduə⁵³ ku²⁴ lɔk³¹ kjɯ⁵³ ʔduə⁵³ kin⁵³ liə⁷²¹³.
　　　你　明天　　　　来　　到　　家　　我　　来　　吃饭
　　　你明天到我家来吃饭。

3. 前一个动作是后一个动作的方式。例如：

（1）kjɯ⁵³ khui⁵³ ŋɔ²¹³ mo⁵³ heə²⁴.
　　　我　骑　马　上　街
　　　他骑马上街。

（2）i²⁴ ha⁵³ tshe²⁴ pɔŋ²¹³ kwan²¹³.
　　　你　开　车　　撞　　人
　　　你开车撞了人。

（3）i²⁴ joŋ²¹³ mɛ³¹pat³³ la²¹³ θɯ²⁴.
　　　他　用　　毛笔　　　写　字
　　　他用毛笔写字呢。

4. 前一个动词为 pan²⁴ "有" 的连动句。pan²⁴ "有" 后面的宾语通常是抽象名词，这类句子隐含有"应该"或者"能够"的意思。例如：

（1）am³¹taːi⁵³ pan²⁴ tsə³¹jən³¹ laŋ³¹ va³¹ lɛ³¹pau³¹ pa²⁴ kai⁵³.
　　　我们　　有　责任　　　看　个　孩子　　给　好
　　　大家有责任管好孩子。

（2）i²⁴ kən²⁴nai³¹ pan²⁴ ɕi³¹ken²⁴ hu²¹³ pin⁵³ la³¹.
　　　他　现在　　　有　时间　　　去　办　否定词
　　　他现在没时间去办。

5. 后一个动作是前一个动作的结果，前后两个动作是因果关系。例如：

（1）kjɯ⁵³ laŋ³¹θɯ²⁴ laŋ³¹ pak³¹ ʔbo⁵³.
　　　我　看　书　看　累　多
　　　我看书看累了。

（2）i²⁴ vɛ³¹ kɔŋ⁵³ vɛ³¹ pak³¹ kui²⁴.
　　　他　做　工　做　累　语气助词
　　　他工作累了。

6. 前后两个动词从正反两个方面说明一件事情，前一个动作为肯定的表达，而后一个动词为否定的表达，但是前后表达的意思基本相同。例如：

(1) ai³¹nau²¹³ teŋ²⁴ ɲiə³¹　kjɯ⁵³ man²⁴man²⁴　thə²⁴ hrui³¹　la³¹.
　　大娘　　握手　　我　　紧紧　　　都　放　　否定词
　　大娘紧紧地握着我的手不放。

(2) ɕau⁵³miŋ³¹ tsap³³ ŋuə³¹　　an⁵³　　ʔda⁵³ŋuə³¹　la³¹.
　　小明　　　闭　嘴巴　持续体助词　说话　　　　否定词
　　小明闭着嘴巴不说话。

（二）兼语句

荣屯布央语兼语谓语句的谓语由一个动宾短语和一个主谓短语套叠而成的兼语短语充当，动宾短语的宾语兼做主谓短语的主语。兼语句主谓短语的动词，即兼语句的第二个动词和整句话的主语不存在主谓关系，兼语句的两个动词不共用一个主语。根据动词意义的不同，我们可以将其分为以下几种类型：

1. 表示使动、命令的兼语句

这类句子的第一个动词具有使令意义，如 phai²⁴ "叫"、ki⁵³ "派"、kha⁵³ "请"等，第二个动词所表示的动作是第一个动词表示的动作引起的。例如：

(1) liŋ⁵³tau⁵³ phai²⁴ kjɯ⁵³　hu²¹³ saŋ²⁴hai⁵³.
　　领导　　　派　　我　　去　　上海
　　领导派我去上海。

(2) mi²⁴　ki⁵³ mo³¹　ta:u³¹ hu²¹³　ha:u²⁴ kin⁵³ liə²¹³.
　　妈妈　叫　你　　回　　去　　　快　　吃　　饭
　　妈妈叫你快点回去吃饭。

(3) kjɯ⁵³ ta²⁴　i²⁴　khwan²⁴ ken²⁴.
　　我　　带　　他　　上　　　楼
　　我领他上楼

(4) mi²⁴　i²⁴　ki⁵³　i²⁴　tak³¹ am²⁴ tui⁵³　kjɔ²¹³　pa²⁴ ju²¹³.
　　妈妈　他　叫　他　盛　一　碗　　粥　　给　弟弟
　　他妈叫他盛一碗粥给弟弟吃。

(5) kɔ²⁴　kjɯ⁵³ kha⁵³　i²⁴　ʔdɯ⁵³.
　　哥　　我　　请　　他　　来
　　我哥哥请他来。

(6) θiau⁵³hoŋ³¹　mi³¹　θɯ²⁴　pa²⁴　mi²⁴　nim³¹.
　　小红　　　　把　　书　　给　　妈妈　保存
　　小红把书交给妈妈保存。

2. 表示选举、认定意义的兼语句

（1）am³¹ta:i⁵³ li³¹   i²⁴   tja²⁴ mo³¹fan²⁴.
　　我们　　选　他　当　　模范
　　我们选他当模范。

（2）phɔn⁵³mai³¹ li³¹ mi²⁴   mo³¹ tja²⁴ tshən²⁴tsaŋ⁵³.
　　他们　　　选　妈妈　你　　当　　村长
　　他们选你妈妈当村长。

3. 第一个动词是 pan²⁴ "有" 的兼语句

含有 pan²⁴ "有" 的兼语句与连动句是不同的。连动句的 pan²⁴ "有" 与另一个动词共用一个主语，主语通常是两个动词的施事；而兼语句中的 pan²⁴ "有" 与另一个动词不共用一个主语，pan²⁴ "有" 的宾语为兼语，是表示存在的人或者物，兼语的谓语对其说明或者叙述描写。例如：

（1）i²⁴ pan²⁴ am²⁴va³¹   le³¹   an⁵³ tsi²⁴nan³¹.
　　他 有　　一　个　　孩子　在　济南
　　他有一个孩子在济南。

（2）pan²⁴ kwan²¹³ ʔduə⁵³ ʔben²⁴ ta:i⁵³ ʔbja²¹³   tsa:u⁵³.
　　有　　人　　来　　村　　我们　　补　　　锅
　　有人到我们村补锅匠。

（3）pan²⁴ kwan²¹³ hrau⁵³ kjɯ⁵³ nau⁵³?
　　有　　人　　找　　我　　吗
　　有没有人来找我？

（4）khi²⁴ tsuə²¹³ nai³¹ pan²⁴ va³¹ ʔduə⁵³ khu²⁴ nau⁵³?
　　张　桌子　　这　有　人　来　借　语气助词
　　这张桌子有没有人来借？

（5）pan²⁴ am²⁴ lat³¹ u:i³¹   a²⁴ an⁵³   tam³¹tei⁵³ qhɔn⁵³
　　有　一　条　狗　　躺 在　中间　　路
　　有两只小狗躺在路中间。

（6）pan²⁴ kwan²¹³ tɔk³¹ lɔŋ²¹³ tau³¹ hu²¹³ lo³³!
　　有　　人　　掉　下　　河　去　语气助词
　　有人掉下河啦！

（7）pan²⁴ ki²⁴ lat³¹ liə³¹ pan⁵³ khɔ⁶²⁴ ʔduə⁵³.
　　有　几　只　苍蝇　飞　　进来
　　有几只苍蝇飞了进来。

（8）ʔben²⁴ ta:i⁵³ pan²⁴ va³¹ kau²⁴ khwan²⁴ ta²¹³jɔ³¹.
　　村　我们　有　　人　考　　上　　大学
　　我们村有人考上大学了。

（三）双宾语句

荣屯布央语双宾语句的谓语中心先后出现指人和物两个宾语，通常第一个宾语（间接宾语）是人，第二个宾语（直接宾语）是物，直接宾语位于间接宾语后面。例如：

(1) kjɯ⁵³　pa²⁴　i²⁴ am²⁴ ɕiə⁵³ θɯ²⁴.
　　我　　给　他　一　本　书
　　我给他一本书。

(2) pʰɔn⁵³mai³¹　pin²⁴　pa²⁴ ta:i⁵³　ta:i⁵³ pɛ⁵³　kan²⁴　tɔ⁵³　pan⁵³.
　　他们　　　　卖　　给　我们　三　百　斤　玉米　种子
　　他们卖给我们三百斤玉米种子。

(3) jin³¹haŋ³¹　kam²¹³ pa²⁴ i²⁴　θau⁵³ pɛ⁵³ man²⁴.
　　银行　　　借　　给　他　两　百　元
　　银行借给他两百元。

(4) san²⁴je³¹ tsut⁵³　san²⁴mau³¹ am²⁴ kʰi²⁴　pan³¹fa³¹　hən⁵³ kai⁵³.
　　三伯　教　　　三毛　　一　个　办法　　很　好
　　三伯教了三毛一个好办法。

荣屯布央语的双宾语句可以转换成非双宾语句，通常将指物的宾语（直接宾语）提前，并在指人的宾语（间接宾语）前加上介词 pa²⁴ "给"。例如以上的五句双宾语句子可以分别变成以下的非双宾语同义句：

(1) kjɯ⁵³　pa²⁴ am²⁴ ɕiə⁵³ θɯ²⁴　pa²⁴　i²⁴.
　　我　　给　一　本　书　　　给　他
　　我把一本书给他。

(2) pʰɔn⁵³mai³¹　pin²⁴ ta:i⁵³pɛ⁵³ kan²⁴ tɔ⁵³　pan⁵³ pa²⁴　ta:i⁵³.
　　他们　　　　卖　三　百　斤　玉米　种子　给　我们
　　他们卖三百斤玉米种子给我们。

(3) jin³¹haŋ³¹　kam²¹³θau⁵³ pɛ⁵³ man²⁴ pa²⁴ i²⁴.
　　银行　　　借　两　百　元　给　他
　　银行借两百元给他。

(4) san²⁴je³¹ tsut⁵³ am²⁴ kʰi²⁴ pan³¹fa³¹　hən⁵³ kai⁵³ pa²⁴ san²⁴mau³¹.
　　三伯　教　一　个　办法　很　好　给　三毛
　　三伯教一个好办法给三毛。

（四）话题句

1. 荣屯布央语话题和主语

话题是语法学界关注的热点，是句法、语用研究的重要对象。话题和主语有着密切关系，以前不少语言学家将主语和话题等同起来。后来，人们逐渐意识到主语不一定都是话题。陆俭明（1986）[①]、刘丹青[②]（2008）将主语和话题区别看待，认为话题不等于主语，主语不一定是话题，话题也不一定是主语。荣屯布央语属于话题型语言，句子由"话题"和"述题"两个部分组成，句子的基本结构为"话题+述题"。话题通常可以用话题助词或者语序来表达，荣屯布央语没有明显的话题标记，其话题主要以语序、停顿等手段来体现。荣屯布央语话题一般位于句首，后接述题，在很多情况下主语和话题重合，但句子的时间状语、地点状语和受事宾语等也都可以作为话题。例如：

(1) mo^{31}laŋ^{31} tan^{24} θɯ^{24} kjɯ^{53} nau^{53} （话题是施事主语）
　　你　　　看见　书　我　语气助词
　　你看见我的书了吗？

(2) taːi^{53} ȵaŋ^{24}　kin^{53}liə^{ʔ213} ʔban^{24}　tɕ^{53}. （话题是施事主语）
　　我们　还　　　吃饭　　　否定词　语气助词
　　我们还没有吃饭呢。

(3) man^{53}mai^{31}　pin^{213}ni^{213}　ʔduə^{53}? （话题是时间状语）
　　刚才　　　　谁　　　　来
　　刚才是谁来过？

(4) tu^{24}ŋan^{24} mo^{31}　ʔdɔ^{53}　hu^{213} ket^{24} nau^{53}? （话题是处所宾语）
　　都安　　　你　得　　去　过　　语气助词
　　你到过都安没有？

(5) an^{53}u^{24} nai^{31}, i^{24} tsei^{213} kaːu^{31}. （话题是地点状语）
　　在　这里　　他　最　　高。
　　在这里，他最高。

(6) wan^{31}nai^{31} i^{24} an^{53}lɔk^{31}vɛ^{31} qa^{213}ni^{213} ni^{53}? （话题是时间状语）
　　今天　　　　他　家里　　　做　　　　什么　语气助词
　　今天哪，他家里有什么事呢？

(7) θɯ^{24} jaŋ^{53} ta^{24} qa^{213}li^{213}? （话题是受事宾语）
　　书　放　　在　哪儿
　　书放在哪儿？

(8) qa^{213}lu^{31} kin^{53}　kui^{24}　　nau^{53}? （话题是受事宾语）
　　药　　　吃　　完成体助词　语气助词
　　药吃完了吗？

[①] 陆俭明：《周边性主语及其他》，《中国语文》1986年第3期。
[②] 刘丹青：《语法调查研究手册》，上海教育出版社2008版。

2. 荣屯布央语话题句成分

根据荣屯布央语句子中充当话题成分语法性质的不同，我们可以把话题划分为以下几种类型。

（1）名词话题

名词话题句的话题由普通名词、专有名词、时间名词、名词短语和省略了名词的数量结构等充当。例如：

① am³¹　　taŋ²⁴　pha²⁴　nai³¹　　man²⁴　　la³¹.
　　定指标记　　种　　布　　这　　　结实　　否定词
　　这种布不太结实。

② lən³¹ tan³¹θiə⁵³　mi³¹ ʔdɔ⁵³ am²⁴ ʔduə⁵³ tsɔk⁵³　laŋ³¹ hən⁵³ kai⁵³.
　　林　老师　　　买　得　一　　件　　衣服　　看　很　好
　　林老师买到一件很好看的衣服。

③ pei⁵³tuə⁵³　　pan²⁴ ʔdak³¹ʔdju⁵³ kwan²¹³.
　　门口　　　　有　　许多　　　　人
　　门口挤了许多人。

④ luə²²¹³ lɔk³¹　mai³¹ʔdit²⁴am²⁴khi²⁴ tam³¹taŋ²⁴.
　　里　房间　　那　点　一　　盏　　灯
　　房间里点了一盏灯。

⑤ wan³¹ʔdɔ³³ hraːu⁵³　nau³¹ pa²⁴　tu²⁴.
　　后天　　　耙　　　田　　给　　好
　　后天能把田耙好。

⑥ wan³¹a²²⁴　　ŋan²¹³　　hu²¹³　　heə²⁴　　ni³³.
　　前天　　　还　　　　上　　　街　　　语气助词
　　前天还上街呢。

⑦ wan³¹nai³¹　jut³¹ʔduə⁵³　la³¹　　　tɛ⁵³.
　　今天　　　下雨　　　　否定词　　语气助词
　　今天不会下雨的。

⑧ hem⁵³　lɔk³¹　kjɯ⁵³ pa²⁴　qa²¹³liə²⁴　kin⁵³　kui²⁴.
　　鹅　　家　　我　　被　　老鹰　　　吃　　语气助词
　　我家的鹅被老鹰吃了。

⑨ va³¹ kaːu³¹ va³¹ tɔ²¹³.
　　个　高　个　矮
　　一个高一个矮

⑩ am²⁴ kan²⁴ am²⁴man²⁴.
　　一　斤　一　元
　　一斤一元。

（2）代词话题

代词话题句的话题由人称代词、指示代词、疑问代词充当。例如：

① mo³¹ tsen³³　hu²¹³　nau⁵³?
　　你　真　去　语气助词
　　你真的去吗？

② ɕit⁵³nai³¹　pa²⁴ mo³¹ taŋ³¹kui²⁴.
　　这些　　给　你　全部
　　这些全给你了。

③ kjɯ⁵³ȵaŋ³¹ mo³¹ tai³¹kja⁵³　hu²¹³.
　　我　和　你　一起　　去
　　我和你一起去。

④ pin²¹³ni²¹³　tu²⁴　mi²⁴　mo³¹?
　　哪个　　是　妈妈　你
　　哪个是你妈妈？

⑤ pin²¹³ni²¹³ an⁵³　liə⁵³luə²¹³　vɛ³¹kɔŋ⁵³.
　　谁　　在　里面　　工作
　　谁在里面工作？

⑥ am³¹taːi⁵³　juɯ³¹ am²⁴jap³¹ʔdo²⁴　ŋa³¹　hu²¹³.
　　我们　　等　一会儿　　再　去
　　我们等一会儿再去。

⑦ phɔn⁵³mai³¹　ȵim²⁴　tɔk³¹kja³¹.
　　他们　　正在　说话
　　他们正在说着话。

⑧ θau⁵³va³¹mo³¹　jan²⁴　an⁵³　ɬi²⁴lin³¹.
　　你们俩　　站　在　一起
　　你们俩站在一起。

（3）动词话题

动词话题句的话题由动词或者动词短语充当，有的是动词名物化做话题。例如：

① kwan²⁴lɯ²¹³ mu⁵³ am²⁴tsan²¹³ nən²¹³ ku²⁴.
　　向前　　走　一会　就　到
　　向前走一会就到了。

② khiə⁵³　qhɔn⁵³ pak³¹　ʔbo⁵³.
　　走　路　累　多
　　走路太累了。

③ pin²⁴ap³³ ti⁵³ ta:u³¹ ʔduɔ⁵³ lo³³.
   卖 菜 结构助词 回 来 语气助词
   卖菜的来了。

④ jaŋ⁵³ mɛ³¹su:n²⁴ lu²¹³ mɛ³¹ʔba²⁴ ku²⁴ tu²⁴.
   拿 铲子 或 锄头 都 行
   拿铲子或锄头来都行。

⑤ kin⁵³liə ʔ²¹³ mɔt³¹ hu²¹³ liu³¹.
   吃饭 完成体助词 去 玩
   吃完饭以后去玩。

⑥ kin⁵³ am²⁴ tui⁵³ liə ʔ²¹³ nən²¹³ nia²⁴ kui²⁴.
   吃 一 碗 饭 就 饱 语气助词
   吃了一碗饭就饱了。

⑦ laŋ³¹θɯ²⁴ ti⁵³ laŋ³¹ θɯ²⁴.
   看 书 结构助词 看 书
   看书的看书。

⑧ vɛ³¹ khen²⁴nai³¹ tau²⁴nau³¹ kai⁵³.
   做 这样 比较 好
   这样做比较好。

（4）形容词话题

形容词话题句的话题由形容词、形容词短语构成，有的为形容词名物化做话题。例如：

① ti²¹³uə⁵³ nən²¹³ pha²⁴tai²⁴.
   白的 是 棉花
   白的是棉花。

② ŋa:t²¹³ nən²¹³ tu²⁴ pa⁵³ŋu³¹.
   黄的 就 是 稻谷
   黄的是稻谷。

③ luŋ²⁴ lu²¹³ at³³ kjɯ⁵³ thə²⁴ mi³¹.
   大的 还是 小的 我 都 要
   大的或者小的我都要。

④ ta:i²¹³ ku²⁴ kai⁵³.
   短的 也 好
   短的也好。

⑤ ʔdam³¹ ti⁵³ kin⁵³ ʔdɔ⁵³ la³¹.
   生 结构助词 吃 结构助词 否定词
   生的吃不得。

⑥ tan³¹ʔdiə⁵³, kip³¹, ʔduə⁵³ thə²⁴ pan²⁴.
　红的　　　蓝的　　花的　都　有
　红的、蓝的、花的都有。

（5）方位词话题

方位词话题句的话题是由方位短语构成。方位词通常位于名词前面或者后面，表示处所或者时间。例如：

① lɯ²¹³ khi²⁴ keŋ²⁴ mai³¹　pan²⁴ am²⁴ khi²⁴ tui⁵³ luŋ²⁴.
　上　个　碗柜　这　　有　一　个　碗　大
　碗柜上有一个大碗。

② tam³¹tei⁵³ lɔk³¹ pan²⁴ am²⁴ khi²⁴ tsuə²¹³ pu⁵³kuə⁵³.
　中间　　　房间　有　一　　张　　桌　四方的
　屋子当中放着一张方桌。

③ liə⁵³kuːn³¹ lɔk³¹　mai³¹ pan²⁴ khau⁵³ tau³¹.
　前面　　　房子　那　有　　条　　河
　房子前面有一条河。

④ liə⁵³lɔn³¹ lɔk³¹ mai³¹ pan²⁴　tɕik⁵³po²⁴.
　后面　　房子　那　有　　　山
　房子后面有一座山。

⑤ luə²¹³ lɔk³¹　mai³¹ pan²⁴ kwan²¹³ tɔk³¹kja³¹？
　里　房子　这　有　　人　　说话
　房子里有人说话？

（6）宾语话题

有时候，处所宾语、受事宾语、结果宾语可以放在句首，充当话题。例如：

① ti²¹³kat⁵³ i²⁴ hu²¹³ ket²⁴　la³¹.
　那坡　　他　去　过　否定词
　那坡他没有去过。

② liəʔ²¹³ am³¹taːi⁵³ kin⁵³ mɔt³¹ lo³³.
　饭　　我们　　吃　完　语气助词
　饭我们已经吃饭了。

③ tuə⁵³ kin²¹³ kui²⁴ lo³³.
　门　关　语气助词　语气助词
　门关了。

④ khi²⁴ʔbɔ²⁴ jaŋ⁵³ ta²⁴ lɯ²¹³tsuə²¹³ mai³¹.
　个　球　放　在　上　桌子　那
　球放桌子上

⑤ iu²⁴ ham²⁴　la³¹　lo³³.
　　酒　喝　　否定词　语气助词
　　酒不喝了。

⑥ uə²²⁴　jɔŋ²¹³　kui²⁴　nau⁵³?
　　水　　用　　完成体助词　语气助词
　　水用完了吗?

⑦ lat³¹ uːi⁵³ at³³ nai³¹ am³¹taːi⁵³ thə²⁴ ma²⁴.
　　只　狗　小　这　我们　都　喜欢
　　这只小狗我们都喜欢。

(7) 从句话题

表示主从关系复句的从句可以充当主句的话题。例如:

① ju²¹³　kjɯ⁵³　kwan²¹³kjau⁵³　luŋ²⁴　la³¹,　ku²⁴ki⁵³ tok³¹hriə³¹　pan²⁴.
　　弟弟　我　　个子　　　大　否定词　但是　力气　　有
　　我弟弟个子不大,但是有力气。

② çit⁵³ mɛ³¹ṉɔŋ²¹³ mai³¹ khi²⁴　at⁵⁵,　ku²⁴ki⁵³ kin⁵³　hən⁵³ it²⁴.
　　些　石榴　　那　个　小　　但是　吃　　很　甜
　　那些石榴尽管小,但是吃起来很甜。

③ tçi²¹³ki⁵³　qa²¹³va³¹ jut³¹ʔduə⁵³,　kjɯ⁵³　nən²¹³ hu²¹³ lok³¹ mo³¹ la³¹.
　　如果　　下午　　　下雨　　　我　　就　去　家　你　否定词
　　如果下午下雨,我们就不去你家了。

④ tçi²¹³ki⁵³　i²⁴　hum⁵³ la³¹,　i²⁴　po²¹³le³¹ hu²¹³ ve³¹.
　　如果　　他　相信　否定词　他　自己　　去　做
　　如果他不相信,他就自己去做。

⑤ hu²¹³ tsai²⁴ ket²⁴, tsou²¹³ ki⁵³ ʔdo⁵³.
　　去　问　过　　就　讲　得
　　只有调查研究,才有发言权。

⑥ kjɯ⁵³ an⁵³an⁵³ nən²¹³　laŋ³¹, tsou²¹³　nin⁵³ ʔdo⁵³.
　　我　常　常　就　看　才　记　得
　　我要常常看,才能够记得住。

⑦ ɔn²⁴　kjɯ⁵³　tu²⁴lɔŋ⁵³,　jɯ⁵³sai²⁴ ham²⁴　uə²²⁴　tsam²¹³.
　　妹妹　我　拉肚子　　不能　喝　水　凉的
　　我妹妹拉肚子,不能喝冷水。

⑧ wan³¹nat³¹ mo³¹ ʔduə⁵³ nau³¹haːu²⁴, kjɯ⁵³ min²¹³ jɯ³¹ mo³¹.
　　明天　你　来　早　我　免　等　你
　　明天你来早些,免得我等你。

3. 荣屯布央语话题句的分类

根据话题的多少，我们可以将荣屯布央语话题句分为单话题、双话题和多话题句三种类型。单话题句指的是只有一个话题的句子；双话题句是指有两个话题的句子；多话题句是有三个或者三个以上话题的句子。荣屯布央语的单话题句数量最多，使用最广泛，双话题句较少，多话题句更少。

（1）单话题句

单话题句只有一个话题和一个述题，其基本结构为"话题+述题"，话题一般位于句首，述题位于句末。例如：

① i²⁴ hu²¹³ ʔduə³¹ θɯ²⁴ kui²⁴.
　他　去　读　书　语气助词
　他上学去了。

② le³¹paːu⁵³ an⁵³ qa²¹³li²¹³ʔ
　孩子们　住　哪里
　你们住在哪里？

③ qa²¹³li²¹³ pan²⁴ iu²⁴ ni⁵³ʔ
　哪里　有　酒　语气助词
　哪里有酒呢？

④ at³³va³¹kwan²¹³ kin⁵³ taːi⁵³ khi²⁴.
　每个人　吃　三　个
　每个人吃三个。

⑤ mi²⁴ ȵaŋ²⁴ kin⁵³ liə²¹³ ʔban²⁴.
　妈妈　还　吃　饭　否定词
　妈妈还没有吃饭。

（2）双话题句

双话题句有两个话题和述题，其结构为"话题$_1$+话题$_2$+述题"，这一结构也可以称为主谓谓语句（详见第七章第二节第一部分的第二小点"主谓谓语句"）。按照两个话题之间的语义关系，我们可以将双话题句划分为以下几种类型：

① 整体与部分的关系

am³¹taːi⁵³ va³¹ ʔdap³³ ʔdɔ⁵³ va³¹ la³¹.
我们　个　忘　得　个　否定词
我们大家谁也别忘了谁。

pja⁵³tseŋ⁵³ nai³¹ lat³¹ lat³¹ thə²⁴ nɔt³¹ ʔbo⁵³ o³³.
群　牛　这　头　头　都　肥　多　语气助词
这群牛个个都很肥。

phɔn⁵³mai³¹ va³¹ va³¹ thə²⁴ ki⁵³ ta:i³¹ ta:i³¹ kai⁵³.
他们　个　个　都　说　地方　我们　好
他们个个都说家乡好。

② 领属与被领属的关系

piə³¹ ʔden⁵³ i²⁴ lai³¹ am²⁴ɕit⁵³.
年　月　他　大　一些
年龄他大一些。

hruə³¹lai²¹³ kɔŋ²⁴ ŋim²⁴ŋim²⁴ vɛ³¹ kui²⁴.
老李　工作　刚刚　做　完成体助词
老李工作刚刚做完。

ŋiə³¹ kjɯ⁵³ qa²¹³hra:i²¹³.
手　我　痛
我的手痛。

③ 同位关系

am³¹ θa:i⁵³ ki²⁴va³¹ thə²⁴ min³¹ tan³¹θiə⁵³ nau⁵³?
定指标记 你们　几位　都　是　老师　语气助词
你们几位都是老师吗?

pu²¹³ki⁵³ mo³¹ pan²⁴ kjan³¹ni²¹³ va³¹ lɛ²¹³kan⁵³.
老人　你　有　几　个　孙子
你老人家有几个孙子了?

su⁵³ mo³¹ an⁵³qa²¹³li²¹³?
叔　你　在　哪儿
叔叔你在哪儿?

am³¹ta:i⁵³ mo³¹ va³¹ thə²⁴ tu²⁴ min³¹pin²⁴.
我们　五　个　都　是　民兵
我们五个都是民兵。

④ 其他关系

ɔn²⁴ tsɯ²¹³li²¹³ thə²⁴ ma²⁴ kin⁵³ thuŋ⁵³.
妹妹　什么时候　都　喜欢　吃　糖
妹妹任何时候都喜欢吃糖。

iu²⁴ am³¹ta:i⁵³ thə²⁴ ham²⁴.
酒　我们　都　喝
酒我们都喝。

(3) 多话题句

有三个或者三个以上话题的句子是多话题句。荣屯布央语多话题句较少，多话题句一般大多为三个话题，句子基本结构为"话题$_1$+述题$_1$【话题$_2$+述题$_2$+话题$_3$+述题$_3$】"。例如：

① i^{24} wan^{31}nai^{31} hu^{213} loŋ^{31}hau^{31}, wan^{31}nat^{31} hu^{213} ti^{213}kat^{53}.
　她　今天　去　龙合　　明天　去　那坡
　她今天去龙合，明天去那坡。

② to^{213} lai^{213} mai^{31} piə^{31} tai^{31}am$^{213(24)}$ tam^{24} tɔ^{53},
　块　地　那　年　第一　　种　玉米
　piə^{31} tai^{31}θau^{213} tam^{24} ɬə^{31}ʔboŋ^{24}.
　年　第　二　种　红薯
　那块地第一年种玉米，第二年种红薯。

③ va^{31} kwan^{213}　i^{24} at^{33}, i^{24} ʔdam^{24}　qa^{24}　ʔbo^{53}　o^{33}!
　个　人　　他小　他想　知道　多　语气助词
　他人小，知道得多！

（五）比较句

比较句用来表示两个或多个事物之间在性状、程度等方面的差异或等同关系。荣屯布央语比较形式较多，可以分为比较事物的相同点和比较事物的相异点两种类型，即等比和差比两种结构。

1. 等比句

荣屯布央语等比句最常用的结构为"A+ ȵaŋ^{31}（和）+B +ja^{213}lin^{31}（一样）"。A 和 B 代表两种相比的事物或者性状，A 是比较主体，B 是比较基准；ja^{213}lin^{31}（一样）是等比句的标记，也是比较的结果和句子的谓语主体；"ȵaŋ^{31}（和）+B"是修饰 ja^{213}lin^{31}（一样）的状语。有时候 ja^{213}lin^{31}（一样）前面可以加上形容词或者某些动词短语，"ȵaŋ^{31}（和）+B+ ja^{213}lin^{31}（一样）"作形容词或者动词的状语，其结构为""A+ ȵaŋ^{31}（和）+B +形容词/动词+ja^{213}lin^{31}（一样）"。例如：

（1）muə^{213} nai^{31}　ȵaŋ^{31}　tai^{31}tja^{53}　ja^{213}lin^{31}.
　草　这　和　其他地方　一样
　这草长得和其他地方的草一样。

（2）u^{53}li^{53}　koŋ^{33}kɔ^{24}　ȵaŋ^{31} θiau^{53}waŋ^{31} kai^{53} ja^{213}lin^{31}.
　小李　功课　和　小王　好　一样
　小李的功课和小王的一样好。

（3）kjɯ^{53} ȵaŋ^{31} mo^{31}　kaːu^{31}　ja^{213}lin^{31}.
　我　跟　你　高　一样
　我跟你一般高。

(4) ju²¹³　i²⁴　khi²⁴ʔdeə⁵³　n̠aŋ³¹　i²⁴　kai　ja²¹³lin³¹.
　　弟弟　他　身体　　　和　　他　健壮　一样
　　他弟弟身体像他那样健壮。

如果表示两个相比较事物不一样时，则使用否定形式，即在等比句后面加上否定词 la³¹，ja²¹³lin³¹（一样）也可以用 tɔŋ³¹（同）代替。例如：

(1) va³¹ nai³¹　　ve³¹ juŋ³¹ni²¹³　n̠aŋ³¹　va³¹tja⁵³　tɔŋ³¹　　la³¹.
　　个　这　　　做　件　事　　和　　人家　　同　　　否定词
　　这家伙做事和人家不同。

(2) am³¹ta:i⁵³ ʔda⁵³　n̠aŋ³¹　phɔn⁵³θa:i⁵³ ʔda⁵³　ja²¹³lin³¹　la³¹.
　　我们　话　跟　　　你们　话　　　一样　　　否定词
　　我们的话跟你们的话不同。

如果相比较的两种事物相似，可以使用"ʑa²⁴lin³¹ken³¹la²¹³la³¹"（差不多）代替比较句中的 ja²¹³lin³¹。例如：

qhɔn⁵³ luŋ²⁴ n̠aŋ³¹　qhɔn⁵³ at³³ hra:i²¹³　　ʑa²⁴lin³¹　ken³¹la²¹³la³¹.
路　大　和　　　路　小　　远　　　相差　　　　不多
大路和小路差不多远。

2. 差比句

荣屯布央语差比句可以用来表示"超过"的比较语义，其基本结构为"A+谓语+ lai³¹（比）+B"，表示"A 比 B……"。A 是主语和比较的主体；"lai³¹+B" 是状语，lai³¹ 是差比句标记，B 是比较的基准。形容词、形容词短语、动词、动词短语及主谓短语都可以充当荣屯布央语差比句的谓语，是比较的结果。例如：

(1) khi²⁴ nai³¹　kai⁵³ lai³¹ khi²⁴　mai³¹.
　　这　个　　　好　过　个　那
　　这个比那个好。

(2) am³¹　　kɔŋ³³fən³¹ mo³¹ ʔbo⁵³　lai³¹　　am³¹i²⁴.
　　定指标记　工分　　你　多　　过　　他的
　　你的工分比他多。

(3) lɛ³¹　mo³¹ n̠it³¹ noi²¹³ lai³¹　lɛ³¹　kjɯ⁵³.
　　孩子　你　哭　少　　过　　孩子　我
　　你的孩子比我的孩子哭得少。

(4) ten²¹³teŋ³³　hrɔn³¹　lai³¹ tam³¹taŋ²⁴.
　　电灯　　　亮　　　过　　油灯
　　电灯比油灯亮。

（5）mi²⁴ ȵaŋ²⁴ ʔdam²⁴ kin⁵³　lai³¹ le³¹.
　　　妈妈　还　　想　　吃　　过　儿子
　　　妈妈比小儿子更想吃。

（6）i²⁴ luŋ²⁴ lai³¹ mo³¹ lu²¹³　mo³¹ luŋ²⁴ lai³¹ i²⁴?
　　　他　大　过　你　还　　你　大　过　他
　　　他比你大还是你比他大呀?

荣屯布央语差比句的比较基准之后可以加上 am²⁴ɕit⁵³ "一点"、ʔbo⁵³ "多" 或者其他数量结构做补语。例如：

（1）mi²⁴　kjɯ⁵³ luŋ²⁴ lai³¹　po²⁴ kjɯ⁵³ ta:i⁵³　piə³¹
　　　妈妈　我　　大　过　　爸爸　我　　三　　岁
　　　我妈妈比我爸爸大三岁。

（2）θiau⁵³waŋ³¹ ka:u³¹　lai³¹　θiau⁵³li³¹　am²⁴ɕit⁵³.
　　　小王　　　　高　　过　　小李　　　一点
　　　小王比小李高一点。

（3）kjɯ⁵³ ka:u³¹ lai³¹　mo³¹, i²⁴ ka:u³¹ lai³¹ kjɯ⁵³ ʔbo⁵³.
　　　我　　高　　过　　你　　他　高　　过　我　　多
　　　我比你高，他比我高得多。

荣屯布央语差比句的否定形式是在差比句句末加上否定词 la³¹，表示 "不如、不及" 的意思。否定句可以用 khan²⁴（过）代替 lai³¹（过）作为比较标记。例如：

（1）kjɯ⁵³ pan²⁴ hriə³¹　khan²⁴　mo³¹　la³¹.
　　　我　　有　力气　　　过　　　你　　否定词
　　　我不比你有力气。

（2）kjɯ⁵³ ka:u³¹ lai³¹ mo³¹　ken³¹la²¹³la³¹.
　　　我　　高　　过　你　　　不多
　　　我不比你高多少。

（3）i²⁴ nɔt³¹　lai³¹ kjɯ⁵³　la³¹.
　　　他　胖　　过　　我　　否定词
　　　他不如我胖。

（4）pa³¹　ma:t³¹　kai⁵³ khan²⁴　pa³¹　qa:i²⁴　la³¹.
　　　牌子　新　　　好　如　　　牌子　老　　否定词
　　　新牌子不如老牌子好。

（六）判断句

荣屯布央语判断句通常用 tu²⁴ "是"、min³¹ "是" 等表示判断意义的词做谓语，可以用来肯定或否定事物的性质或状态，或者用来表示定义、归类及说明、解释原因等。tu^{24}和min^{31}意思相同，通常可以互换，但tu^{24}用得更多。荣屯布央语判断句的基本结构为"主语+ tu^{24}/ min^{31}+宾语"，格式和汉语"是"字句基本相同。

1. 荣屯布央语判断句的语法特点

（1）tu^{24}/ min^{31}可以受副词修饰。例如：

① mo^{31}tu^{24} tɕia^{31}tai^{53}, kjɯ^{53} ku^{24} tu^{24} tɕia^{31}tai^{53}.
　　你　是　木匠　　　　我　也　是　　木匠
　　你是党员，我也是党员。

② ta^{24} an^{53} nai^{31} taŋ^{31}phon^{53} thə^{24}　min^{31}　tan^{31}θiə^{53} kui^{24}.
　　坐　在　这里　　全部　　　都　　是　　老师　　　语气助词
　　在座的全是老师。

③ kjɯ^{53}　ki^{53}　taŋ^{24}jen^{31}　tu^{24}　　la^{31}　　a^{33}.
　　我　　说　　当然　　　是　　　否定词　语气助词
　　我说当然不是。

④ min^{31} la^{31}.
　　是　　不
　　不是。

（2）不能用肯定和否定并列形式放在句子中间进行提问，但tu^{24} lu^{213}tu^{24} la^{31}或tu^{24} tu^{24} la^{31} "是不是"能放在陈述句末尾，构成选择问句，通常情况下tu^{24}不能重叠。例如：

① mo^{31}ma^{24}kin^{24} lok^{31}kham^{53}, tu^{24}　lu^{213} tu^{24}　la^{31}?
　　你　爱　吃　　苦瓜　　　是　还是　　否定词
　　你爱不爱吃苦瓜？

② kjɯ^{53}　ki^{53}　mai^{31}　tu^{24}　tu^{24}　la^{31}?
　　我　　讲　　那　　是　　是　　否定词
　　我讲的对不对？

③ mo^{31} piə^{31}nai^{31}　an^{53}　nau^{31}kai^{53}　pə^{53},　tu^{24} lu^{213} tu^{24}　la^{31}?
　　你　今年　　　在　健康　　　　语气助词　是　还是　　否定词
　　你今年身体很好，是不是？

④ mi^{31} taːi ɕiə^{53} θɯ^{24}, tu^{24}　tu^{24}　la^{31}?
　　买　三　本　书　　是　是　　否定词
　　买来三本书，是不是？

（3）tu^{24}可以单独用来回答问题，充当谓语，否定式为tu^{24}la^{31}，不能用jɯ^{53}sai^{24}tu^{24}等其他否定形式。例如：

① —phɔŋ⁵³θan²⁴　nai²⁴　tu²⁴　mo³¹　la²¹³　nau⁵³?
　　封信　　　这　　是　　你　　写　　语气助词
—tu²⁴.
　是
—这封信是不是你写的?
—是。

② —u²⁴nai³¹　tu²⁴　thiŋ²⁴　he³¹　nau⁵³?
　　这里　　　是　　学校　　吗
—tu²⁴　la³¹.
　是　　否定词
—这里是学校吗?
—不是。

（4）在判断句中 tu²⁴ 是句子的谓语动词，但不是句子的语义重点，重点在宾语上。有时候判断动词 tu²⁴ 还可以省略。例如:

① wan³¹nai³¹　θeŋ²⁴khi²¹³θan²⁴　lu²¹³　θeŋ²⁴khi²¹³u⁵³?
　　今天　　　　星期三　　　　还是　　星期五
今天是星期三还是星期五呢?

② wan³¹nat³¹　ʔden⁵³　θem⁵³　pɔt³¹am²¹³⁽²⁴⁾.
　　明天　　　月　　　三　　　十一
明天是三月十一。

③ ɕiə⁵³θɯ²⁴nai³¹　ɕiə⁵³mo³¹.
　　本　书　这　本　　你
这本是你的书。

④ u²⁴nai³¹　qa²¹³lu³¹　kan⁵³mau²⁴.
　　这　　　药　　　　感冒
这是感冒药。

⑤ khi²⁴　tsuə²¹³　mai³¹　pəu⁵³kuə³¹.
　　张　　桌子　　这　　四方形
那张桌子是四方形的。

⑥ khi²⁴　ji⁵³ɬan⁵³　nai³¹　khi²⁴　mo³¹　la³¹　　ti⁵³.
　　把　　雨伞　　　这　　把　　你　　否定词　结构助词
这不就是你的雨伞吗。

2. 荣屯布央语判断句的结构特点和语义类型

能够充当荣屯布央语判断句的主语和宾语的词类和短语比能够充当普通动词的主语和宾语的词类和短语多。前者可以由名词、代词、数词、量词、动词等各种词语及短语充当。按照主语和宾语的语义关系，判断句可以分为以下几种类型：

（1）表示等同

主语和宾语同指一个事物或人，两者可以互换位置，句子的意思基本不变。例如：

① θau⁵³pɔt³¹　kim²¹³　vo²⁴　min³¹　pɔt³¹am²¹³⁽²⁴⁾.
　　二十　　　减　　　九　　是　　十一

二十减九等于十一。

② khi²⁴ ta:i³¹　kjɯ⁵³ nai³¹　tu²⁴　ti²¹³kat⁵³.
　　个　地方　　我　这　　是　　那坡

我这里是那坡。

③ i²⁴　tu²⁴　li⁵³tan³¹θiə⁵³.
　　他　是　　李　老师

他是李老师。

④ va³¹nai³¹lɔŋ³¹mi²¹³ i²⁴,
　　个　这　妻子　　他

va³¹ nai³¹ ju²¹³ i²⁴, va³¹mai³¹ lɛ³¹tsa:u⁵³　kjɯ⁵³.
个　这　弟弟　他　那　女儿　　　　　　我

这个是他妻子，这个是他弟弟，那个是我女儿。

⑤ ta:i⁵³ va³¹ kja⁵³ mo³¹ va³¹　min³¹ hrɯ³¹ va³¹.
　　三　个　　加　五　个　　是　八　个

三个加五个是八个。

（2）表示归类

主语表属概念，宾语表示类概念，主语属于宾语的一部分，主语和宾语不能换位置。例如：

① ju²¹³lɛ³¹khui²⁴　kjɯ⁵³　tu²⁴　kwan²¹³ lɔŋ²¹³hau³¹.
　　妹夫　　　　　我　　　是　　人　　　龙合

我妹夫是龙合人。

② khi²⁴ mɛ³¹　tu²⁴ mɛ³¹nɔŋ²¹³.
　　个　果　　是　石榴

这个是石榴。

③ lɛ³¹ka:n⁵³ i²⁴　tu²⁴　tɕia³¹qa²¹³lu³¹, po²⁴θiə⁵³ i²⁴　tu²⁴　θiə⁵³a:i²⁴.
　　孙子　他　是　　医生　　　　父亲　他　是　　生意人

他孙子是医生，他父亲是商人。

（2）表示说明与解释

宾语从某个角度对主语的性状、特征及原因等加以解释与说明。例如：

① kjɯ⁵³ tu²⁴ kɔ²⁴ i²⁴ ja³³.
　我　　是　　哥哥　他　语气助词
　我是他的哥哥。

② kjɯ⁵³ ȵaŋ²⁴ qa²¹³la²¹³ pan²⁴ qa²¹³ʔbet⁵³ min³¹ am³¹taːi⁵³ hən⁵³ lo³³.
　我　　再　　早　　　　有　　知道　　　是　　我们　　　赢　语气助词
　我早就知道是我赢了。

③ am³¹ tsen⁵³ nai³¹ min³¹ am³¹ mat³³.
　定指标记 杯子　这　　是　　定指标记 新的
　这些杯子是新的。

④ ɕiə⁵³ θɯ²⁴ nai³¹ tu²⁴ ɕiə⁵³ kjɯ⁵³ la³¹.
　本　　书　这　　是　　本　　我　　否定词
　这本书不是我的。

⑤ kjɯ⁵³ ki⁵³ mai³¹ tu²⁴ lu²¹³ tu²⁴ la³¹?
　我　　讲　那　　对　还是　对　否定词
　我讲的对不对？

⑥ khi²⁴ tseŋ⁵³θeŋ³¹tshe²⁴ mai³¹ tu²⁴ i²⁴, tu²⁴ kjɯ⁵³ la³¹.
　个　　牛车　　　　　那　　是　　他　是　我　否定词
　那辆牛车是他的，不是我的。

由于受汉语的影响，荣屯布央语也有类似于"是……的"句型，"的"字短语充当宾语，其结构为"min³¹（是）……ti⁵³（的）"，min³¹后面的成分是句子的表达焦点。例如：

① am³¹ tɔŋ⁵³θɔ⁵³ nai³¹ min³¹ va³¹nai³¹ ti⁵³ (tɔŋ⁵³θɔ⁵³).
　定指标记 东西　　这　　是　　个这　　　结构助词 （东西）
　这东西是这些人的。

② kɔ²⁴ i²⁴ min³¹ um⁵³ maːi⁵³ ti⁵³ (kwan²¹³).
　哥　　他　　是　　养　猪　　结构助词 （人）
　他哥哥是养猪的。

③ piau²⁴ mo³¹ min³¹ wan³¹nai³¹ ti⁵³ (piau²⁴).
　票　　你　　是　　今天　　　结构助词 （票）
　你的票是今天的。

④ u²⁴nat³¹ nai³¹ (min³¹) ʔdam³¹ ti⁵³ (u²⁴).
　瘦肉　　这　　（是）　　生　结构助词 （肉）
　这些瘦肉是生的。

⑤ ɕiə⁵³ θɯ²⁴ mai³¹ min³¹ ɕiə⁵³ kɔ²⁴ i²⁴ ti⁵³ (θɯ²⁴).
　本　书　那　是　本　哥哥　他　结构助词　（书）
那本书是他哥哥的。

以上五个例子都可以在 ti⁵³ "的" 后面添加名词，min³¹ "是" 后面是 ti⁵³ "的" 字结构，ti⁵³ "的" 为结构助词。

（七）否定句

否定句是对事物或某种事实、推断作出否定判断的句子。荣屯布央语的否定句主要有三种，即在句末加上否定词 la³¹ "不" 的普通否定句；"n̥aŋ²⁴+动词+ʔban²⁴" 表示"未曾、还没有"的否定句；在动词前面加上"jɯ⁵³sai²⁴/jɯ⁵³+动词"表示劝阻或禁止的否定句，其中 jɯ⁵³sai²⁴ "不要"、jɯ⁵³ "别" 还有情态功能。

1. 主语+动词+la³¹

李锦芳、吴雅萍认为这一类句子为 V+Neg（谓词后型），不少仡央语言、方言属于这一类型[①]。荣屯布央语的这种否定句最常见，使用最广泛。这类普通的否定句中 la³¹ "不" 通常放在句末，如果句子有语气助词，则放在语气助词之前。la³¹ "不" 单独使用表示否定，不用和其他词配合。例如：

① kɔ²⁴ kjɯ⁵³ kin⁵³ ʔdiə⁵³n̥it³¹ la³¹.
　哥哥　我　吃　花椒　否定词
我哥哥不吃花椒。

② θau⁵³piə³¹ tək³¹kuːn⁵³ mai³¹ kjɯ⁵³ qa²⁴ ɔn²⁴ i²⁴ la³¹.
　两年　以前　这　我　认识　妹妹　她　否定词
两年前我还不认识她妹妹。

③ i²⁴ vɛ³¹ la³¹ lo³³, mo³¹ po²¹³lɛ³¹ vɛ³¹.
　她　做　不　语气助词　你　自己　做
她不做了，你自己做吧。

④ kiə⁵³ taːi³¹ taːi⁵³ kin⁵³ mɔt²¹³ kjan³¹la²¹³ la³¹.
　姜　地方　我们　吃　辣　音缀　否定词
本地姜不辣。

⑤ am³¹taːi⁵³ mi³¹ tɔŋ⁵³θɔ⁵³ phɔn⁵³ la³¹.
　我们　要　东西　他们　否定词
咱们不要人家的东西。

⑥ pan²⁴ am²⁴piə³¹, θau⁵³ ʔden⁵³ jut³¹ʔduə⁵³ la³¹.
　有　一年　两　月　下雨　否定词
有一年，一连两个月不下雨。

---

① 李锦芳、吴雅萍：《关于侗台语的否定句语序》，《民族语文》2008 年第 2 期。

⑦ nɔk³¹ ʔban⁵³ ʔduə⁵³ tim²⁴ min³¹ ŋa³¹ŋu³¹ la³¹.
鸟　飞　来　打　中　容易　否定词
飞行的鸟不容易被打中。

⑧ am³¹taːi⁵³ jau²⁴ nau³¹kjak³¹ vɛ³¹ koŋ⁵³,
我们　要　努力　做工
am³¹　　kin⁵³ am³¹　　li²¹³ thə²⁴jau⁵³ la³¹.
定指标记 吃 定指标记 穿 都 愁 否定词
只要我们努力工作，吃的穿的都不用愁。

⑨ tam³³qɔ⁵³ ʔbin²⁴ tu²⁴ khi²¹³, ʔbin²⁴ tu²⁴ kan²⁴ la³¹.
蛋　鸡　卖　是　个　　卖　是　斤　否定词
鸡蛋论个卖，不论斤卖。

⑩ khi²⁴ku²¹³θə²¹³nai³¹ʔdak⁵³taːi⁵³wan³¹taːi⁵³ qa²¹³va³¹ʔdak⁵³
个　故事　这　讲　三　天　三　　夜　讲
thə²⁴ kui²⁴ la³¹.
都　完成体助词 否定词
这个故事讲三天三夜都讲不完。

⑪ ju²¹³ mo³¹ lau⁵³tu²⁴ ʔduə⁵³ la³¹ lo³³.
弟弟　你　大概　来　否定词 语气助词
你弟弟大概不来了。

⑫ ɔn²⁴ i²⁴ joŋ²¹³θam³¹ vɛ³¹kɔŋ⁵³ la³¹.
妹妹　她　用心　工作　否定词
她妹妹工作不努力。

⑬ mo³¹hu²¹³ la³¹, pa²⁴ phɔn⁵³ hu²⁴.
你　去　否定词 让 别人 去
你不去，让别人去。

⑭ lɔk³¹ pan²⁴ ɫak³¹va³¹ kwan²¹³ an⁵³ la³¹.
家　有　一个　人　在　否定词
一个人也不在家。

⑮ khi²⁴ tuə⁵³ nai³¹ ha⁵³ ʔdɔ⁵³ la³¹.
个　门　这　开　得　否定词
这扇门开不了。

⑯ i²⁴ ʔda⁵³ tu²⁴ pjuə³¹wan³¹, thə²⁴ ʔda⁵³ mən³¹piə³¹ la³¹.
他　说　完成体助词 半 天 都 说 明白 否定词
他说了半天还没有说清楚。

2. 主语+ȵaŋ²⁴+动词+ʔban²⁴

ȵaŋ²⁴……ʔban²⁴表示"未曾、还没有"的意思，ȵaŋ²⁴是"还、仍然"的意思，ʔban²⁴是否定词，表示"没有、不"的意思。ʔban²⁴有体貌意义，表示对完成态的否定。通常这两个词必须搭配使用，不能够省略，谓词要位于这两个词的中间。但在回答问题的时候，ʔban²⁴可以和动词或形容词结合，构成否定回答，其结构为"动词或形容词+ʔban²⁴"，也可以和语气助词结合，作否定回答，结构为"ʔban²⁴+语气助词"。例如：

① i²⁴ ȵaŋ²⁴ ʔduə⁵³ ʔban²⁴.
　　他　还　　来　　否定词
　　他还没有来。

② i²⁴ hu²¹³ ʔdɔ⁵³ ʔden⁵³ qa²¹³liə³¹ lo⁵³, ȵaŋ²⁴ taːu³¹ ʔduə⁵³ ʔban²⁴.
　　他 去 结构助词   月　剩余　语气助词　还　　　回　来　　否定词
　　他去了一个多月了，还没有回来。

③ mi²⁴ i²⁴ ȵaŋ²⁴ taːu³¹ʔduə⁵³ ʔban²⁴, i²⁴ nən²¹³ kin⁵³liə?²¹³ lo⁵³.
　　妈妈 他 还　　　回　来　　否定词 他　就　　吃饭　　　语气助词
　　他妈妈没回来，他就吃饭了。

④ kjɯ⁵³ ȵaŋ²⁴ kin⁵³liə?²¹³ ʔban²⁴. kjɯ⁵³ an⁵³ θək³¹ taːi³¹.
　　我　还　　吃饭　　　否定词 我　　正在　　扫　地
　　我没吃饭呢，我在扫地。

⑤ kjɯ⁵³ ȵaŋ²⁴ jaŋ⁵³ tsɔk³¹hu⁵³ taːu³¹ʔduə⁵³ ʔban²⁴.
　　我　　还　　拿　　衣服　　　回　来　　否定词
　　我没有把衣服取回来。

⑥ i²⁴ ȵaŋ²⁴ a²⁴ ʔban²⁴.
　　他　还　　睡觉　否定词
　　他还没有（未曾）睡觉。

⑦ ȵɯ²¹³nau⁵³ ʔdam⁵³lo³³, ȵaŋ²⁴ kin⁵³ pjɔ²¹³ ʔban²⁴.
　　这么　　　晚了　　还　　吃　晚饭　否定词
　　这么晚了，还没有吃饭。

⑧ —i²⁴ ȵaŋ²⁴ ki⁵³ kui²⁴ ʔban²⁴ tse⁵³?
　　他　还　　说　完　　否定词 语气助词
　—kui²⁴ ʔban²⁴.
　　完　　否定词
　—他还没有说完吗？
　—还没有。

⑨ —i²⁴ ȵaŋ²⁴ kin⁵³ liə⁷²¹³ mɔt³¹ ʔban²⁴?
　　他　还　吃　饭　完　否定词
—ʔban²⁴　　ti⁵³. lau⁵³ku²⁴ am²⁴jap³¹ ʔdɔ⁵³ tsou²¹³ kin⁵³ mɔt³¹ lo³³.
　否定词　语气助词　大约　一会　结构助词　就　吃　完　语气助词
—他还没有吃完吗？
—还没有呢，大约再有一会儿就吃完了。

⑩ mo³¹ lu²¹³vɛ³¹ ȵaŋ²¹³ hu²¹³ ʔban²⁴?
　你　怎么　还　去　否定词
你怎么还没去？

⑪ ʔbɔn⁵³ ȵaŋ²⁴ hrɔŋ³¹ ʔban²⁴, ȵaŋ²⁴ a²⁴ am²⁴nam²⁴ lo³³.
　天　还　亮　否定词　再　睡　一觉　语气助词
天还没亮，索性再睡一觉。

3. 主语+jɯ⁵³sai²⁴+动词

荣屯布央语 jɯ⁵³sai²⁴ 表示"不要"的意思，位于动词前面，常用于表示否定意义的祈使句，表示请求、劝说或者禁止。这类句子的主语一般为 θa:i⁵³/phɔn⁵³θa:i⁵³ "你们"、mo³¹ "你"、phɔn⁵³ta:i⁵³/am³¹ta:i⁵³ "我们" 或称谓词等，主语有时可以省略，jɯ⁵³sai²⁴ 也可以省略为 jɯ⁵³。例如：

① θa:i⁵³　jɯ⁵³sai²⁴　　ki⁵³, pa²⁴　i²⁴ po²¹³lɛ³¹　ki⁵³.
　你们　不要　　说　让　他　自己　说
你们不要说，让他自己说吧。

② mo³¹ jɯ⁵³sai²⁴ ki⁵³ va³¹tja⁵³.
　你　不要　告诉　别人
你别告诉别人。

③ jɯ⁵³sai²⁴ qa²¹³lun³¹kin⁵³, qa²¹³lun³¹ kin⁵³ lɔŋ⁵³ qa²¹³hra:i²¹³.
　不要　乱吃　乱吃　肚子　疼
别乱吃，乱吃会肚子疼的。

④ phɔn⁵³θa:i⁵³ jɯ⁵³sai²⁴ qa²¹³lun³¹ tham⁵³ tai⁵³.
　你们　不要　乱　砍　树
你们不要乱砍树。

⑤ jɯ⁵³sai²⁴ kin³¹ lin³¹, tap³¹ lin³¹.
　不要　吵架　相互态助词　打架　相互态助词
不要吵架、打架。

⑥ θa:i⁵³ jɯ⁵³sai²⁴ pha:u²⁴ uə⁷²⁴.
　你们　不要　泼　水
你们不要泼水。

⑦ phɔn⁵³θaːi⁵³   jɯ⁵³   qa²¹³nan³¹,   jɯ⁵³   ki⁵³   phɔn⁵³mai³¹.
   你们   不要   吵闹   不要   说   人家
   你们不要吵闹，不要说人家。

⑧ jiŋ³³ka⁵³ po²¹³lɛ³¹ve³¹, jɯ⁵³sai²⁴   tsen²¹³ jɯ³¹   kwan²¹³ tsui³¹
   应该   自己   做   不要   光   靠   别人   帮助
   应该自己做，不要全靠别人帮助。

⑨ jɯ⁵³sai²⁴   pa²⁴   pei⁵³   ŋuːn²⁴   po²⁴!
   不要   给   火   烧   山
   不要放火烧山！

⑩ jɯ⁵³sai²⁴   pa²⁴   ɕit⁵³   tɔŋ⁵³θɔ⁵³ nai³¹   tɔk³¹.
   不能   把   这些   东西   这   丢掉
   不能把这些东西丢掉。

否定句是具有语言类型学特征的语法现象。"从类型学上看VO型和OV型的语言否定成分多置于谓词前，置于谓词后的主要出现在非洲、澳洲部分语言，以及东南亚的极少数语言。"[①]荣屯布央语的否定句比较复杂，否定的表达方式较为多样，其谓词后型的否定句语序在汉藏语言中相当独特。

（八）存现与领有句

荣屯布央语存现句可以分为存在句和隐现句两类。存在句表示某个地方存在某些人或者事物，隐现句表示人或事物的出现或者消失。领有句是表示领有关系的句子，有些貌似领有句的句子也是一种特殊的存在句。

1. 存现句

荣屯布央语一般使用"处所+动词+名词"的句式来说明某个处所存在着某些人或者事物。常用的存现动词是 pan²⁴ "有"、an⁵³ "在"，一些动词后面还跟有持续体助词，表示人或者事物存在的一种状态，而不是描写或叙述人在发出什么动作。例如：

① u²⁴heə²⁴ mai³¹ jan²⁴   an⁵³   am²⁴ɕit⁵³ kwan²¹³.
   街上   这   站   持续体助词   一些   人
   街上站着一些人。

② jan²⁴   an⁵³   pei⁵³tuɔ⁵³ mai³¹   am²⁴   va³¹ kwan²¹³.
   站   持续体助词   门口   这   一   个   人
   门口站着一个人。

[①] 李锦芳、吴雅萍：《关于侗台语的否定句语序》，《民族语文》2008年第2期。

③ lɯ²¹³ qa²¹³lu³¹ mai³¹ tham²⁴ am²⁴ khi²⁴ mau³¹.
　 上　　头　　　　那　　戴　　一　　顶　　帽子
　 头上戴着一顶帽子。

④ pat³¹po²⁴ mai³¹ hui²⁴ am²⁴ piə²⁴ wa²⁴pau²⁴.
　 墙壁　　　那　　挂　　一　　张　　画
　 墙头上挂着一张画。

⑤ kan⁵³ po²⁴ a²⁴ an⁵³ am²⁴ va³¹ kwan²¹³.
　 底　　墙　 睡　持续体助词　一　个　人
　 墙底下睡着一个人。

⑥ lu²¹³va³¹ li²¹³ am²⁴ ʔduə⁵³ tsɔk³¹ pə³¹sən²¹³.
　 身上　　　穿　一　　件　　衣服　　白
　 身上穿着一件白衣服。

⑦ luə²¹³lɔk³¹ mai³¹ ta²⁴ an⁵³ ʔda³¹ʔdiu⁵³ le³¹ he³¹.
　 屋里　　　　那　 坐　持续体助词　　很多　　　学生
　 房间里坐着很多学生。

⑧ luə²¹³ lɔk³¹ mai³¹ ʔdit²⁴ am²⁴ khi²⁴ tam³¹taŋ²⁴.
　 里　　房间　　那　　点　　一　　盏　　灯
　 房间里点了一盏灯。

⑨ luə²¹³ tshe²⁴ mai³¹ pan²¹³ θau⁵³va³¹ kwan²¹³ kuk⁵³ ʔdeə⁵³ ta²⁴ an⁵³.
　 里　　车　　那　　有　　两　个　人　　　　　国　　外　　坐　持续体助词
　 车子里坐着两个外国人。

⑩ po²⁴hrau³¹ mai³¹ kim²¹³ pan²⁴ θɯ²⁴.
　 石头　　　　那　　刻　　有　　字
　 石头上刻着字呢。

⑪ lɯ²¹³ tsuə²¹³ mai³¹ pan²⁴ am²⁴ ɕiə⁵³ θɯ²⁴.
　 上　桌子　　　那　　有　一　　本　　书
　 桌子上有一本书。

⑫ liə⁵³kuːn³¹ lɔk³¹ mai³¹ pan²⁴ khau⁵³ tau³¹,
　 前面　　　　房子　　那　　有　　条　　河
　 liə⁵³lɔn³¹ lɔk³¹ mai³¹pan²⁴ tɕik⁵³po²⁴.
　 后面　　　房子　　那　　有　　山
　 房子前面有一条河，后面有座山。

⑬ u²⁴nai³¹ taːi³¹ taːi³¹ thə²⁴ pan²⁴ kwan²¹³.
　 这里　　处　　处　　都　　有　　人
　 这里到处都是人。

⑭ i²⁴ an⁵³ lɔk³¹ la³¹, khi⁵³ hu²¹³ lam⁵³joŋ⁵³.
　他　在　家　否定词　走　去　没用
　他不在家，白走了一趟。

⑮ mo³¹ an⁵³qa²¹³li²¹³?
　你　在　哪儿
　你在哪儿？

2. 隐现句

隐现句表示某个地方出现或者消失了某些人或物，句子常常有ʔduə⁵³"来"、hu²¹³"去"等动词，表示人或事物的出现或消失随着时空的变化而变化。例如：

① tuə⁵³ ji²¹³ ha⁵³, nən²¹³ pan²⁴ ki²⁴ lat³¹ liə³¹ ʔban⁵³ khɔ²⁴ʔduə⁵³.
　门　一　开　就　有　几　只　苍蝇　飞　进来
　门一开就有几只苍蝇飞了进来。

② ʔban⁵³ hu²¹³ min³¹ lat³¹ lat³¹a:k⁵³.
　飞　去　是　只　乌鸦
　一只乌鸦飞走了。

③ kjau⁵³ miŋ³¹ o³³! pan²⁴ kwan²¹³ tɔk³¹ lɔŋ²¹³ tau³¹ hu²¹³ lo³³!
　救　命　语气助词　有　人　掉　下　河　去　语气助词
　救命啊！有人掉下河啦！

④ lɔk³¹ kjɯ⁵³ ʔduə⁵³ ki²⁴ va³¹ khiə⁵³ kui²⁴.
　家　我　来　几　个　客人　语气助词
　我家来了几位客人。

3. 领有句

领有句主要用来表示领有关系，其结构为"主语+领有动词+宾语"，主语为领有者，宾语为领有的人或物，最常用的领有动词为pan²⁴"有"。例如：

① kjɯ⁵³ pan²⁴ am²⁴ va³¹ ju²¹³, θau⁵³va³¹ ɔn²⁴.
　我　有　一　个　弟　两个　妹
　我有一个弟弟两个妹妹。

② tshən²⁴ ta:i⁵³ pan²⁴ta:i³¹ khi²⁴ thɔ²⁴la²⁴ki²⁴ ma:t³¹.
　村　我们　有　三　架　拖拉机　新的
　我们村有三辆新的拖拉机。

③ ʔben²⁴ phɔn⁵³θa:i⁵³ pan²⁴ kjan³¹ni²¹³ lɔk³¹ kwan²¹³?
　村　你们　有　多少　家人
　你们村子有多少人？

④ va³¹ kwan²¹³ mai³¹ lau⁵³ pan²⁴ ta:i⁵³pɔt³¹ lat³¹ qɔ⁵³.
  个   人   那   大概 有   三十   只   鸡
  那个人有三十只鸡。

⑤ i²⁴ pan²⁴ tɯ³¹ hrɯ³¹ va³¹ lɛ³¹pau⁵³.
  他 有   七   八   个   孩子
  他有七八个孩子。

⑥ ʔben²⁴ ta:i⁵³   at³³lɔk³¹pan²⁴ ta:i⁵³ lat³¹ma:i³¹, θau⁵³ lat³¹ ʔbɛ²⁴.
  村   我们   每户   有   三头猪   两   只   羊
  我们村平均每户有三头猪，两只羊。

⑦ kjɯ⁵³ pan²⁴ am²⁴ kɯ³¹qa²¹³ ʔbɔŋ³³, pan²⁴ mit³¹ la³¹.
  我   有   一   双鞋   皮   有   袜子 _{否定词}
  我有一双皮鞋，没有袜子。

⑧ kjɯ⁵³ ŋim²⁴ pan²⁴ am²⁴mɛ³¹ pat⁵³.
  我   仅   有   一支   笔
  我仅有一支笔。

⑨ i²⁴ pan²⁴ am²⁴ va³¹ kɔ³¹ ȵaŋ³¹ am²⁴ va³¹ɔn²⁴.
  他   有   一个   哥哥   和   一个   妹妹
  他有一个哥哥和一个妹妹。

⑩ tu²⁴ŋan²⁴ lu²¹³vɛ³¹ pan²⁴ ȵɯ²¹³ nau⁵³ tɕik⁵³pɔ²⁴ ni⁵³?
  都安   怎么   有   这么多   山   _{语气助词}
  都安为什么有这么多山呢？

（九）被动句

1. 被动句特点

荣屯布央语被动句的谓语动词前通常有一个表示被动意义的介词 pa²⁴ "被"，pa²⁴ "被" 加上施事组成的介词短语做状语，谓语动词的受事做主语，其基本结构为"施事+pa²⁴+受事+动词"。例如：

(1) mo³¹ʔda⁵³ ʔdam⁵³ʔda⁵³ nai³¹ pa²⁴ phɔn⁵³mai³¹ ʔdam²⁴ lun⁵³.
    你   讲   句话   这   被   人家   想   错
    你这句话会被人家误解。

例（1）中的主语 mo³¹ʔda⁵³ ʔdam⁵³ʔda⁵³nai³¹ "你这句话"是句子的话题，是谓语动词的受事；pa²⁴phɔn⁵³mai³¹ "被别人"是状语，phɔn⁵³mai³¹是施事；ʔdam²⁴lun⁵³ "误解"是句子的谓语。

被动句多用于说话者或者受事者不如意、受损失的情况，用来表示受事者受到某种行为的影响而有所改变。例如：

（2）ɔn²⁴ kjɯ⁵³　pa²⁴ kɔŋ²⁴ kjɯ⁵³　kin²⁴　am²⁴tun⁵³.
　　　妹　我　　被　公　我　　骂　　一顿
　　我妹妹被我爷爷骂了一顿。

（3）θap³¹ŋiə³¹ kjɯ⁵³ pa²⁴ za³¹lum²¹³ lum²¹³　hu²¹³　kui²⁴.
　　戒指　　　我　被　小偷　　　偷　　走　语气助词
　　我的戒指被小偷偷走了。

例（2）表示"被我爷爷骂一顿"对受事 ɔn²⁴kjɯ⁵³"我妹妹"来说是不愉快的事情。例（3）表示"戒指被小偷偷走"对说话人来说既是不愉快的事情也是一种损失。

荣屯布央语被动句的主语所表示的受事必须是有定的，动词一般都是有处置性的，一般都是动作性较强的及物动词，动词后面有时有补语或其它成分。例如：

（4）khi²⁴ tshe²⁴ i²⁴　pa²⁴　phɔn⁵³ mai³¹　ta²¹³　hu²¹³　kui²⁴.
　　个　车　他　　被　　人家　　　　骑　　走　语气助词
　　他的车子被人给骑走了。

khi²⁴tshe²⁴i²⁴"他的车子"是句子的主语，是有定的。如果没有特定的语境，不能说成 am²⁴khi²⁴tshe²⁴pa²⁴phɔn⁵³ ta²¹³ hu²¹³ kui²⁴"一辆车被人给骑走了"；am²⁴khi²⁴tshe²⁴"一辆车"是泛指，不能做句子的主语，但如果在它后加上 mai³¹"那"，am²⁴khi²⁴tshe²⁴ mai³¹或 khi²⁴tshe²⁴mai³¹就成为有定的，可以做被动句的主语。ta²¹³"骑"是处置性动词，hu²¹³"走"是它的补语。

表示被动意义的介词 pa²⁴"被"有时候可以被 ŋai³¹"挨"或 ŋai³¹pa²⁴"被"所代替，句子语义及结构不变。例如：

（5）mo³¹ ŋai³¹pa²⁴　pin²¹³ni²¹³ tut³¹?
　　你　　被　　　　谁　　　　踢
　　你被谁踢了？

（6）le³¹pau⁵³ ŋai³¹pa²⁴　mi²⁴　i²⁴　tap³¹.
　　孩子　　　被　　　　妈　他　打
　　孩子被他妈妈打了。

（7）kjɯ⁵³ ŋai³¹pa²⁴ i²⁴　kin²⁴　am²⁴tun⁵³.
　　我　　挨　　　　他　骂　　一顿
　　我挨他骂了一顿。

（8）kɔ²⁴　i²⁴　ŋai³¹ kuːn⁵³ am²⁴　tui⁵³　iu²⁴.
　　哥哥　他　被　　灌　　一　　碗　　酒
　　他哥哥被灌了一碗酒。

（9）kjɯ⁵³ ŋai³¹pa²⁴ i²⁴ het⁵³taŋ³¹ qa²¹³juːn²⁴ kui²⁴.
我　　被　　　他　吓　　　惊跳　　　语气助词
我被他吓了一跳。

2. 被动句的两种格式

（1）介词 pa²⁴ 后有宾语

这一类被动句的介词 pa²⁴、ŋai³¹、ŋai³¹pa²⁴ 的作用是引进施事宾语。例如：

① i²⁴ pa²⁴ uːi⁵³ hram²¹³ θau⁵³ ʔbet⁵³.
他　被　狗　　咬　　两　口
他被狗咬了两口。

② i²⁴ pa²⁴ qa²¹³tit³¹ tsut⁵³.
他　被　黄蜂　　刺
他被黄蜂蜇了。

③ lat³¹ qɔ⁵³ mai³¹ pa²⁴ qa²¹³lia²⁴ kin⁵³ kui²⁴.
只　鸡　那　被　老鹰　　吃　语气助词
那只鸡被老鹰吃了。

④ tsaŋ²⁴san²⁴ pa²⁴ mi²⁴lɔn³¹ i²⁴ kin²⁴ ʔdak³¹ʔdiu⁵³naŋ³¹.
张三　　　被　后母　他　骂　　好久
张三被他的后母骂了好久。

例①介词 pa²⁴ 的宾语是 uːi⁵³ "狗"；例②介词 pa²⁴ 的宾语为 qa²¹³tit³¹ "黄蜂"；例③介词 pa²⁴ 的宾语是 qa²¹³lia²⁴ "老鹰"；例④介词 pa²⁴ 的宾语是 mi²⁴lɔn³¹i²⁴ "他的后母"。

（2）介词 pa²⁴ 后没有宾语

介词 pa²⁴、ŋai³¹、ŋai³¹pa²⁴ 后紧跟着谓语动词。这种类型的被动句的 pa²⁴ "被" 的作用只表示被动，不介引施事者。在这种情况下，施事者通常是不必指明或者无法指明的。例如：

⑤ khi²⁴ mu²⁴ kjɯ⁵³ pa²⁴ tap³¹ wa⁵³ kui²⁴.
个　　锅　我　被　打　破　语气助词
pin²¹³ni²¹³ tap³¹va⁵³ ni⁵³?
谁　　　　打　破　语气助词
我的锅被砸破了。谁打坏的呢？

⑥ ʔdia⁵³tai⁵³ pa²⁴ pai⁵³ lɔn⁵³lɔn²¹³ kui²⁴.
树叶　　　被　吹　落　　　　语气助词
树叶被吹落了。

例⑤的介词 pa²⁴ "被" 没有介引施事者，因为说话人不知道施事者是谁；例⑥介词 pa²⁴"被"尽管没有介引施事者 waŋ³¹"风"，听话人也清楚是 waŋ³¹"风"吹落树叶的。

（十）处置式

荣屯布央语处置式的句法结构通常为"施事+mi³¹/pa²⁴+受事+动词"。施事是句子主语，可以被看作是动作变化的引起者或责任者。受事是介词 mi³¹/pa²⁴的宾语，是特指的，具有专一性，同时它既可以是明指，也可以是暗示的，和介词一起构成介词短语充当状语。动词一般都是及物动词，充当句子谓语，和介词 mi³¹/pa²⁴的宾语之间存在动宾关系，谓语动词所表示的动作对 mi³¹/pa²⁴引出的受事施加影响，使得它产生某种结果或发生某种变化。例如：

（1）kjɯ⁵³ pa²⁴ θɔ³¹tseŋ³¹ pen⁵³ kai⁵³ kui²⁴.
我 把 事情 办 好 语气助词
我要把事情办好了。

（2）i²⁴ pa²⁴ pin²¹³ni²¹³ jaŋ⁵³ hu²¹³ ta⁵³ nau⁵³?
他 把 谁个 抓 去 枪毙 语气助词
他还会把谁个抓去枪毙呢？

（3）pa²⁴ pɔk³¹tau⁵³ tɯ²⁴ khwan²⁴mo⁵³.
把 眉毛 翘 起 来
把眉毛翘起来。

（4）pa²⁴ tui⁵³ tɔk³¹ kui²⁴ lo³³!
把 碗 摔掉 完成体助词 语气助词
把碗摔掉！

（5）lat³¹uːi⁵³ mai³¹ pa²⁴ lat³¹ qɔ⁵³ mai³¹ hram²¹³ lim³¹ kui²⁴.
只 狗 那 把 只 鸡 这 咬 死 语气助词
那只狗把这只鸡咬死了。

（6）mi³¹ ɕit⁵³ θɯ²⁴ mai³¹ jaŋ⁵³ hu²¹³!
把 些 书 那 拿 走
把那些书拿走！

（7）mi³¹ mɛ³¹lim³¹ mo³¹ pa²⁴ kjɯ⁵³ khu²⁴ am²⁴ɕit⁵³!
把 柴刀 你 给 我 用 一会儿
把你的柴刀借给我用一会儿吧！

（8）kɔ²⁴ kjɯ⁵³ pa²⁴ ɕit⁵³ phɔ³³ tuə⁷²⁴ mai³¹ tɔk³¹ kui²⁴.
哥哥 我 把 些 板 铜 那 丢掉 语气助词
我哥哥把那些铜板丢掉了。

(9) mo³¹ mi³¹ am³¹ toŋ⁵³θɔ⁵³ wan³¹nin³¹ mi³¹ ʔduə⁵³ mai³¹
　　你　把　定指标记　东西　　　昨天　　买　来　那
　　jaŋ⁵³ ta²¹³qa²¹³li²¹³?
　　放　　在　　哪儿
　　你把昨天买的东西放在哪儿了?

(10) mi³¹θau⁵³khi²⁴ tsuə²¹³ pun⁵³ tau³¹ ʔduə⁵³.
　　把　两　张　桌子　搬　回　来
　　把那两张桌子搬回来。

(11) mi³¹ pan⁵³ vɛn⁵³ lɔŋ²¹³ kui²⁴.
　　把　种子　撒　下　语气助词
　　把种子撒下。

(12) mo³¹mi³¹ ɕiə⁵³ θɯ²⁴ puə³¹ pa²⁴ kjɯ⁵³.
　　你　把　　本　书　递　给　我
　　你把本子递给我。

(13) mo³¹mi³¹ ɕit⁵³ θɔ³¹tsen³¹ nai³¹ ki⁵³ i²⁴.
　　你　把　些　事情　　这　告诉　他
　　你把这件事告诉他。

(14) mo³¹ mi³¹ khi²⁴ tsuə²¹³ nai³¹ pin²⁴ hu²¹³.
　　你　把　个　桌子　这　搬　去
　　你把桌子搬出去。

(15) mo³¹ pa²⁴mɛ³¹pat⁵³ i²⁴ va⁵³ kui²⁴.
　　你　把　支　笔　他　弄坏　语气助词
　　你把他的笔弄坏了。

(16) mi³¹ ɕiə⁵³ θɯ²⁴ nai³¹ pin²⁴ khwan²⁴.
　　把　本　书　这　收　起来
　　把这本书收起来。

(17) mi³¹ tsɔk³¹hu⁵³ pat⁵³ pa²⁴ θau⁵³.
　　把　衣裳　　洗　把　干净
　　把衣裳洗干净。

(18) mo³¹ mi³¹ θɯ²⁴ pa²⁴ θiau³¹waŋ³¹ mɔn²⁴?
　　你　把　书　给　小王　　语气助词
　　你把书给小王了没有?

(19) i²⁴ mi³¹ θɯ²⁴ pa²⁴ ɔn²⁴ i²⁴ nim³¹.
　　他　把　书　给　妈妈　他　保存
　　小红把书交给妈妈保存。

（20）mo³¹ mi³¹ mɛ³¹tau²⁴ pa²⁴　kjɯ⁵³.
　　　你　把　剪子　　给　　我
　　　你把剪子递给我。

（十一）省略句

在一些特定的语言交际中，省去句子中某个或某些词，不影响交流的正常进行和句子的意思表达。荣屯布央语省略较多的是主语、宾语，在某些情况下，甚至动词和其他成分也可省略。省略句体现了语言的经济原则，省略使得句子更加简洁，并且能够完成语言的交际功能。

1. 省略主语

（1）jaŋ⁵³　ʔduə⁵³　pa²⁴ kjɯ⁵³　laŋ³¹laŋ³¹.
　　　拿　　来　　给　我　　看　看
　　　拿来给我看看。

（2）jɯ⁵³sai²⁴ qa²¹³lun³¹ kin⁵³, qa²¹³lun³¹ kin⁵³　lɔŋ⁵³　qa²¹³hraːi²¹³.
　　　不要　　乱　　吃　　乱　　吃　　肚子　　疼
　　　别乱吃，乱吃会肚子疼的。

（3）θei³¹pen²⁴ tsuə⁵³　am²⁴ɕit⁵³.
　　　随便　　洗　　一点
　　　随便地洗一下。

（4）—i²⁴ wan³¹nat³¹ hu²¹³ ti²¹³kat⁵³　nau⁵³？
　　　她　明天　　去　　那坡　　语气助词
　　—hu²¹³ la³¹.
　　　去　不
　　—她明天去那坡吗？
　　—不去。

这几个句子都存在省略主语的现象。例（1）至例（3）的句子句首省略了主语 mo³¹"你"。例（4）的回答省略了主语 i²⁴"她"和处所宾语 ti²¹³kat⁵³"那坡"，可以还原为 i²⁴ hu²¹³ ti²¹³kat⁵³ la³¹"她不去那坡"。

2. 省略宾语

（1）taːi³¹nai³¹ θam²⁴ʔbo⁵³, mo³¹　θək³¹am²⁴ɕit⁵³.
　　　地　这　脏　多　你　　扫　一　下
　　　地太脏了，你扫一下。

（2）—mo³¹ kin⁵³　kau²⁴θaːi⁵³ nau⁵³？
　　　你　吃　米花糖　　语气助词
　　—kin⁵³　a³³.
　　　吃　　语气助词
　　—你吃米花糖吗？
　　—吃啊。

这两个例子都省略了宾语。例（1）省略了宾语 ta:i³¹nai³¹ "地"，句子可以还原为 ta:i³¹nai³¹ θam²⁴ʔbo⁵³, mo³¹θək³¹ta:i³¹nai³¹ am²⁴ɕit⁵³ "地太脏了，你把地扫一下"，其中 ta:i³¹nai³¹ "地"可以用 i²⁴ "它"来代替。例（2）的回答省略了主语 kjɯ⁵³ "我"和宾语 kau²⁴θa:i⁵³ "米花糖"，句子可以还原为 kjɯ⁵³ kin⁵³ kau²⁴θa:i⁵³ a³³ "我吃米花糖啊"。

3. 省略谓语

（1）wan³¹nat³¹ θeŋ²⁴khi²¹³u⁵³.
　　明天　　　星期五
　　明天星期五。

（2）ɕiə⁵³ θɯ²⁴ mai³¹ɕiə⁵³ i²⁴.
　　本　书　那　本　他
　　那本书是他的。

（3）am²⁴kan²⁴ am²⁴man²⁴ʑin²¹³.
　　一　斤　一　块　钱
　　一斤一块钱。

例（1）和例（2）省略了谓语动词 tu²⁴ "是"。例（3）省略了谓语动词 pin²⁴ "卖"。这三个句子分别可以还原为：wan³¹nat³¹ tu²⁴ θeŋ²⁴khi²¹³u⁵³ "今天是星期五"，ɕiə⁵³ θɯ²⁴ mai³¹ tu²⁴ɕiə⁵³ i²⁴ "那本书是他的"，am²⁴kan²⁴ am²⁴man²⁴ʑin²¹³ "一斤 pin²⁴一块钱"。

4. 省略其他

除主语、宾语和谓语可以省略外，在语言交际中其他成分也可省略。例如：

（1）jum²⁴ ta²⁴　i²⁴ kin⁵³.
　　留　着　他　吃
　　留着给他吃。

（2）i²⁴ a²⁴　am²⁴jap³¹.
　　他　睡　一下
　　他睡了一下。

（3）kjɯ⁵³laŋ³¹　hən⁵³　θak²⁴.
　　我　看　很　清楚
　　我看得清楚。

（4）laŋ³¹ten²⁴jiŋ²⁴ nən²¹³　ta:u³¹hu²¹³.
　　看　电影　就　回去
　　看了电影就回去了。

例（1）省略了引进服务对象的介词 pa²⁴，句子可以还原为 jum²⁴ta²⁴pa²⁴

i²⁴kin⁵³"留着给他吃"。例（2）、例（3）都省略了结构助词ʔdɔ⁵³"得"，句子可以分别还原为 i²⁴a²⁴ʔdɔ⁵³am²⁴jap³¹"他睡了一下"和kjɯ⁵³laŋ³¹ʔdɔ⁵³hən⁵³ θak²⁴"我看得清楚"。例（4）省略了完成体助词mɔt³¹，句子可还原为laŋ³¹tɛn²⁴jiŋ⁵³（mɔt³¹）nən²¹³taːu³¹hu²¹³"看了电影就回去了"。

三 非主谓句

荣屯布央语非主谓句是由单个词或者非主谓短语构成的单句，而且不能分析出主语和谓语。荣屯布央语非主谓句可以分名词性非主谓句、动词性非主谓句、形容词性非主谓句和叹词句。

（一）名词性非主谓句

1. pin²¹³ni²¹³?
   谁
   谁？

2. hruə³¹wang³¹ ȵaŋ³¹ hruə³¹li⁵³.
   小王　　　　和　　　小李
   小王和小李。

3. hɔ³³tshe²⁴!
   火车
   火车！

（二）动词性非主谓句

1. jut³¹ʔduə⁵³ lo³³.
   雨　来　语气助词
   下雨了。

2. vɛ³¹ kɔŋ⁵³ lo³³!
   工作　　语气助词,
   工作啦！

3. vɛ³¹tsem⁵³ am²⁴tsan²¹³.
   玩　　　　一阵
   玩了一阵子。

4. jɯ⁵³sai²⁴ ʔda⁵³ lo³³!
   不要　　说　语气助词
   别说了！

5. hrɛŋ²¹³pa²⁴ nau³¹hraːi²¹³ am²⁴ɕit⁵³.
   拉　给　　长　　　　一点
   拉长一点。

6. khiə⁵³ nau³¹haːu²⁴!
   走　　　快
   快点走！

7. tu²⁴　la³¹.
   是　否定词
   不是。

（三）形容词性非主谓句

1. kai⁵³ ʔbo⁵³!
   好　　多
   真好！

2. nɛt⁵³ ʔbo⁵³ o⁵³!
   冷　　多　哦
   好冷啊！

3. qa²¹³hraːi²¹³ ʔbo⁵³!
   痛　　　　多
   好痛哦！

（四）叹词句

1. ai³¹jo³³!
   叹词
   哎哟！

2. pi⁵³!
   叹词
   呸！

3. ha³¹ha³¹!
   叹词
   哈哈！

第三节　复句

复句和单句是相对而言的，其分句在结构上和单句相似但又是没有完整句调的语法单位。复句由两个或者两个以上的单句构成，表示一定的逻辑语义关系。复句中的单句意义上紧密相关，结构上互不包含。荣屯布央语复句大多为意合，没有关联词，少量复句借用汉语的关联词来表示分句之间的逻辑语义关系。根据分句之间的逻辑语义关系，荣屯布央语复句可以分为联合复句和主从关系复句。联合关系复句细分为并列复句、选择复句、承接复句、递进复句、补充复句，主从关系复句细分为转折复句、假设复句、条件复句、因果复句、目的复句。

一 并列复句

荣屯布央语并列复句中的各分句在意义上并列、平行或者对立，常常同时说明或描写几件事情或同一事情的几个方面，表示相关的几种情况同时存在、同时发生或两种相反情况同时出现等。分句不分主次，关系平等，通常不用关联词。例如：

1. mo³¹tu²⁴ taŋ⁵³jen³¹, kjɯ⁵³ ku²⁴ tu²⁴ taŋ⁵³jen³¹.
   你　是　党员　　我　也　是　　党员
   你是党员，我也是党员。

2. tseŋ⁵³ nən²¹³ thɔ⁵³ nau³¹, ŋɔ²¹³ nən²¹³ hreŋ²¹³ tshe²⁴.
   牛　　能　　犁　田　　马　　能　　拉　　车
   牛能犁田，马能拉车。

3. kjɯ⁵³ kwan²¹³ kwaŋ³³θi²⁴, mo³¹kwan²¹³ kwui²¹³tsou³³.
   我　　人　　广西　　　　你　　　人　　贵州
   我是广西人，你是贵州人。

4. am²⁴ va³¹ khiə⁵³ u²⁴mai³¹, am²⁴ va³¹khiə⁵³ u²⁴nai³¹.
   一　个　走　　这边　　　一　个　走　　那边
   一个朝东走，一个朝西走。

5. taŋ³¹phɔn⁵³ tsui³¹ i²⁴ ʔdaŋ²⁴ uə ʔ²⁴ʔdɛ⁵³ ʔdaŋ²⁴ liə ʔ²¹³,
   大家　　　　帮　　他　煮　　　开水　　　　煮　　饭
   jou²¹³ tsui³¹ i²⁴ hrip³¹ hin³¹li⁵³.
   又　　　帮　　他　收拾　　行李
   大伙儿一边为他烧水做饭，一边帮他收拾行李。

6. va³¹ pu²¹³ki⁵³ nai³¹ ji²¹³ laŋ³¹ pau²⁴tɕi⁵³, ji²¹³ a²⁴.
   个　老人　　　这　一边　　看　报　　　一边　睡
   这位老先生一边看报，一边瞌睡。

二 选择复句

荣屯布央语选择复句的分句分别说出几个待选项，各个分句、选项之间构成选择关系，它们之间常用关联词 lu²¹³ "或者" 连接。例如：

1. i²⁴ hu²¹³ thɔ⁵³ nau³¹, lu²¹³ hu²¹³ tep⁵³ iə⁵³?
   你　去　犁　田　　　还是　去　挑　粪
   你去犁田，还是去挑粪？

2. ɕiə⁵³ θɯ²⁴nai³¹ tu²⁴ mo³¹, lu²¹³ tu²⁴ kjɯ⁵³?
　 本　书　　　这　是　你　还是　是　我
　 这本书是你的，还是我的？

3. mo³¹ ma²⁴ kin⁵³ liə⁽²¹³im²⁴, lu²¹³ liə⁽²¹³liu⁵³.
　 你　喜欢　吃　　干饭　　　还是　　稀饭
　 你喜欢吃干饭还是吃稀饭？

4. mo³¹ kin⁵³ qo⁵³, lu²¹³ kin⁵³ lau³¹, mo³¹ po²¹³le³¹ le³¹.
　 你　吃　鸡　或者　吃　鱼　你　自己　挑
　 吃鸡还是吃鱼，你自己选。

5. po²¹³le³¹ lɔŋ³¹ ŋiə³¹ vɛ³¹, lu²¹³ kha⁵³ kwan²¹³.
　 自己　　动手　做　或者　请　别人
　 要么自己动手，要么请别人代替。

6. i²⁴ luŋ²⁴lai³¹ mo³¹, lu²¹³ mo³¹ luŋ²⁴ lai³¹ i²⁴?
　 他　大　过　你　还　你　大　过　他
　 他比你大，还是你比他大？

7. mo³¹ hu²¹³ hen²⁴ ʔbe²⁴ lu²¹³ hu²¹³ liu³¹?
　 你　去　放　羊　还是　去　玩
　 你是去放羊还是去玩呢？

8. kjɯ⁵³ hu²¹³ lu²¹³ mo³¹ hu²¹³?
　 我　去　还　你　去
　 我去还是你去？

9. mo³¹ li²¹³ hu⁵³ tɔk⁵³kuːn⁵³ lu²¹³ li²¹³ mit³¹ tɔk⁵³kuːn⁵³?
　 你　穿　裤子　先　还　穿　袜子　先
　 先穿裤子还是先穿袜子呢？

10. wan³¹nai³¹ θeŋ²⁴khi²¹³θan²⁴ lu²¹³ θeŋ²⁴khi²¹³u⁵³?
　 今天　　星期三　　还是　　星期五
　 今天是星期三还是星期五？

11. mo³¹ kɯ²⁴mai³¹ kin⁵³ liə⁽²¹³, lu²¹³ kin⁵³ min³¹?
　 你　那个时候　吃　米饭　还是　吃　面
　 你那个时候是吃米饭还是吃面呢？

三 承接复句

　　荣屯布央语承接复句的前一个分句陈述一种情况，后续的分句接着陈述发生的另一种情况，分句之间形成"先事—后事"的承接关系。各分句陈述有先后顺序的几个动作或者几件事情，它们的顺序一般不能随意改变。

有时候使用关联词 tsou²¹³ "就"、ŋa³¹ "再" 等。例如：

1. kjɯ⁵³ kin⁵³liə⁷²¹³ mɔt³¹, hu²¹³ lɔk³¹ tsa⁵³jaŋ²⁴ liu³¹.
   我   吃饭 完成体助词   去   家 阿香   玩
   我吃完饭以后，去阿香家玩。

2. i²⁴ tham²⁴ am²⁴ khi²⁴ qa²¹³lap³¹, li²¹³ qɯ³¹ qa²¹³ʔbut⁵³,
   他 戴   一   个   斗笠   穿   双   草鞋
   ŋiə³¹ jaŋ⁵³ am²⁴ mɛ³¹ lim³¹, khwan²⁴ tɕik⁵³po²⁴ mu⁵³ kui²⁴.
   手   拿   一 把 柴刀   上   山   去 语气助词
   他戴上斗笠，穿上草鞋，拿着柴刀上山去了。

3. i²⁴kin⁵³liə⁷²¹³ mɔt³¹, ham²⁴iu²⁴ mɔt³¹, tsou²¹³ hu²¹³ lo⁵³.
   他 吃饭   完成体助词   喝酒   完成体助词   就   走   语气助词
   他吃完饭，喝完酒，就走了。

4. ɬin²⁴ ɕit²⁴ u²⁴, ŋa³¹ sau²⁴ap³³.
   先   切 肉 再 炒 菜
   先切肉，再炒菜。

5. ɬin²⁴ khɯ⁵³ tai⁵³kan²⁴, pa²⁴ i²⁴ hru²¹³, ŋa³¹ vɛ³¹ am²⁴ khi²⁴ tsuə²¹³.
   先   锯   木头   让 它 干   再 做 一   张   桌子
   先锯木头，让它晾干，再拿来做张桌子。

6. i²⁴ li²¹³ hu⁵³ tɔk³¹kuːn⁵³, ŋa³¹ li²¹³ luə³¹tsɔk³¹.
   他 穿 裤子   先   再 穿   上衣
   他先穿裤子，再穿上衣。

四 递进复句

荣屯布央语递进复句的前行分句提出一种情况，后一分句在程度、数量、范围、功能等方面更进一层，也就是说后续分句表示的意思要比前行分句更进一层。例如：

1. i²⁴ vɛ³¹ ʔdɔ⁵³ haːu²⁴, jou²¹³ vɛ³¹ ʔdɔ⁵³ kai⁵³.
   他 做 结构助词 快   又   做 结构助词 好
   他不但做得快，而且做得好。

2. tsəŋ²¹³ taːi⁵³ ɬi²⁴jau²¹³ la³¹, taŋ³¹phɔn⁵³ thə²⁴ ɬi²⁴jau²¹³.
   只   我们   需要   否定词   大家   都   需要
   不只是我们需要，大家都需要。

3. taːi²¹³ ku²⁴ kai⁵³, hraːi²¹³ ŋaŋ²⁴ kai⁵³ lai³¹ lo³³.
   短的   也 好   长的   还   好   过 语气助词
   短的好，长的更好。

4. khi²⁴ tɕik⁵³po²⁴   nai³¹ jou³¹ka:u³¹, jou³¹ leŋ⁵³.
   个   座山   这   又   高   又   陡
   这座山又高又陡。

5. va³¹ kɔŋ²⁴jən³¹ mai³¹   tu²⁴ki⁵³ na²⁴   i²⁴ hu²¹³ hrau⁵³ mi²⁴   i²⁴,
   个   工人   那   不但   带   他   去   找   母亲   他
   ȵaŋ²⁴ pa²⁴ i²⁴   kin⁵³liə⁽²⁾²¹³ lo³³!
   还   给   他   吃饭   呢
   那个工人不但带他到处找他的母亲，还留他吃饭呢！

五 补充复句

荣屯布央语补充复句的前行分句说出一个总体或主要的意思，后面的分句对前行分句进行解释与补充说明，分句之间形成"主事—补事"关系。例如：

1. i²⁴ lɔk³¹va³³ qa:n⁵³ ʔbo⁵³,   hu²¹³   hen²⁴   tseŋ⁵³, hran³¹ muə²¹³.
   他 早上   忙   多   去   看   牛   割   草
   他早上很忙，去看牛、割草。

2. am³¹ta:i⁵³ thə²⁴ ve³¹ kɔŋ⁵³, kjɯ⁵³ min³¹ tɕia³¹ tai⁵³,
   我们   都   做   工   我   是   匠   木
   mo³¹min³¹tɕia³¹ qat⁵³,   i²⁴   min³¹ kwan²¹³ tam²⁴ nau³¹.
   你   是   匠   铁   他   是   人   种   田
   我们都有工作，我是木匠，你是铁匠，他是庄稼人。

3. i²⁴ pan²⁴ θau⁵³ va³¹le³¹pau⁵³,
   他 有   两个   孩子
   va³¹ta²¹³ tja²⁴ peŋ⁵³, va³¹at³³ an⁵³ lɔk³¹ ʔduə³¹ θɯ²⁴.
   个   大   当   兵   个   小   在   家   读   书
   他有两个孩子，大的当兵，小的在家读书。

4. i²⁴ tu²⁴pəŋ²¹³ naŋ²⁴, kin⁵³ liə⁽²⁾²¹³,
   他   生病   重   吃   饭
   ham²⁴uə⁽²⁾²⁴ am³¹nai³¹ thə²⁴ hrau⁵³kwan²¹³   tsɔ²¹³.
   喝水   这些   都   找   人   照顾
   他病得很重，吃饭、喝水这些事情都要人照顾。

5. am³¹ta:i⁵³ wan³nai³¹ hu²¹³ tam²⁴ tai⁵³,
   我们   今天   去   种   树
   ju²¹³ tam²⁴ ʔdɔ⁵³ am²⁴ tu²¹³ tai⁵³ me³¹pja²⁴.
   弟   种   得   一   株   树   柚子

kjɯ⁵³ tam²⁴ ʔdɔ⁵³ θau⁵³tu²¹³ mɛ³¹lai²¹³.
我 种 得 两株 梨
我们今天去种树，弟弟种了一株柚子树，我种了一株梨树。

6. lɛ³¹pau⁵³θaːi⁵³ kwa²¹³ ʔbo⁵³, kin²⁴lin³¹ la³¹, tap³¹lin³¹ la³¹.
孩子们 乖 多 吵架 _{否定词} 打架 _{否定词}
孩子们很乖，不争吵，不打架。

六 转折复句

荣屯布央语转折复句的前行分句先说明一种事实，后续分句意义发生转折，表达与前行分句相反或相对的意思，分句之间形成转折关系，常用关联词 ku²⁴ki⁵³ "不过、但是"。例如：

1. kjɯ⁵³ kha⁵³ mo³¹ ʔduə⁵³, mo³¹ tau²¹³ kha⁵³ kjɯ⁵³ hu²¹³.
   我 叫 你 来 你 倒 叫 我 去
   我叫你来，你反而叫我去。

2. pan²⁴ uə²²⁴ ʔdɛ⁵³, ku²⁴ki⁵³ tsam²¹³ kui²⁴.
   有 水 开的 不过 凉 _{语气助词}
   有开水，不过是凉的。

3. i²⁴ ta³¹jeŋ²¹³ kui²⁴, ku²⁴ki⁵³ kən²⁴nai³¹ pan²⁴ ɕi³¹ken²⁴ hu²¹³ pin⁵³ la³¹.
   他 答应 _{完成体助词} 不过 现在 有 时间 去 办 _{否定词}
   他答应是答应了，只是现在没时间去办。

4. i²⁴ kwan²¹³ kjau⁵³ at²⁴, ku²⁴ki⁵³ tok³¹hriə³¹ pan²⁴.
   他 人 架子 小 但是 力气 有
   他个子虽小，但很有力气。

5. ɕit⁵³ mɛ³¹kem⁵³ nai³¹ khi²⁴ hɛ²⁴ luŋ²⁴, ku²⁴ki⁵³ kin⁵³ it²⁴ la³¹.
   些 橘子 这 个 很 大 但是 吃 甜 _{否定词}
   这些橘子虽然大，但是不很甜。

6. ki⁵³ kin⁵³ ʔdɔ⁵³ la³¹, ku²⁴ki⁵³ i²⁴ thə²⁴ kin⁵³ mot³¹ lo³³.
   说 吃 得 _{否定词} 但是 他 都 吃 _{完成体助词} _{语气助词}
   说好不要吃，但他已经吃了。

7. i²⁴ ki⁵³ tu²⁴ pjuə³¹wan³¹, taŋ³¹phon⁵³ ɲaŋ²⁴ qa²⁴ la³¹.
   他 说 _{完成体助词} 半天 大家 还 懂 _{否定词}
   他说了半天，大家还是不懂。

七 假设复句

荣屯布央语假设复句前行分句提出假设，后续分句表示假设实现后的结果，分句之间形成假设关系，常用关联词 tɕi²¹³ki⁵³"如果、要是"。例如：

1. tɕi²¹³ki⁵³ jut³¹duə³¹ luŋ²⁴ ʔbo⁵³, mo³¹ wan³¹nai³¹ nən²¹³ hu²¹³ la³¹.
   要是 下雨 大 多 你 今天 就 去 _{否定词}
   要是雨太大，你今天就不去了。

2. tɕi²¹³ki⁵³ juɯ³¹ mo³¹ la³¹, kjɯ⁵³ ʔdɔ⁵³ ju³¹ la³¹.
   如果 等 你 _{否定词} 我 得 迟到 _{否定词}
   不是等你的话，我不会迟到。

3. tɕi²¹³ki⁵³ mo³¹ pɔŋ²¹³ i²⁴, tsui³¹ kjɯ⁵³ kan⁵³θe²⁴ i²⁴ pə⁵³!
   如果 你 碰 他 替 我 感谢 他 _{语气助词}
   你要是碰到他，就替我道声谢！

4. tɕi²¹³ki⁵³ i²⁴ ʔduə⁵³ kap³¹ kjɯ⁵³, tsou²¹³ pa²⁴ kap³¹ kjɯ⁵³ hu²¹³.
   如果 他 来 抓 我 就 把 抓 我 去
   如果他来抓我，就把我抓去。

5. tɕi²¹³ki⁵³ wan³¹nat³¹ jut³¹ʔduə⁵³ la³¹, am³¹ta:i⁵³ nən²¹³ hu²¹³ hɛə²⁴.
   如果 明天 下雨 _{否定词} 我们 就 去 街
   如果明天不下雨，我们就去赶集。

6. tɕi²¹³ki⁵³ jɔŋ²¹³θam⁵³ hɛ³¹, nən²¹³hɛ³¹ ʔdɔ⁵³ kai⁵³.
   如果 用 心 学 就 学 _{结构助词} 好
   如果努力学习，就能学好。

7. tɕi²¹³ki⁵³ hum⁵³ la³¹, mo³¹ po²¹³lɛ³¹ hu²¹³ laŋ³¹.
   如果 信 _{否定词} 你 亲自 去 看
   如果不信，你亲自去看一看。

8. tɕi²¹³ki⁵³ mo³¹ ʔduə⁵³ la³¹, kjɯ⁵³ tsou²¹³ po²¹³lɛ³¹ hu²¹³.
   如果 你 来 _{否定词} 我 就 自己 去
   如果你不来，我就自己去。

9. tɕi²¹³ki⁵³ i²⁴ ʔduə⁵³ la³¹, kjɯ⁵³ tsou²¹³ hu²¹³ la³¹ lo³³.
   如果 他 来 _{否定词} 我 就 去 _{否定词} _{语气助词}
   如果他不来，我就不去了。

八 条件复句

荣屯布央语条件复句前行分句说出某种条件，后续分句表示在该条件产生的结果，分句之间形成"条件—结果"关系。条件关系分为有条件和无条件两类。

1. 有条件复句

荣屯布央语有条件复句前行分句通常为后续分句的充分条件，表示在具备这一条件下才能产生相应的结果。有条件复句常用的关联词有 tɕi⁵³jau²⁴……tsou²¹³……"只要……就……"，tshu³¹fei²⁴……tsou²¹³……"除非……就……"等，有时候 tsou²¹³ "就" 可以省略，或者单独使用 tsou²¹³ "就"，关联词大多为汉语借词。有的条件复句使用意合表示条件及结果，不用任何关联词。例如：

（1）tɕi⁵³jau²⁴　khi²⁴ʔdja⁵³　kai⁵³，　ɕit⁵³mai³¹　kjɯ⁵³　ve³¹　ʔdɔ⁵³.
　　　只要　　　身体　　　好　　　这些　　　我　　干　　得
　　　只要身体好，这些活我一个人干。

（2）tɕi⁵³jau²⁴　jut³¹ʔduə⁵³　la³¹，　kjɯ⁵³　tsou²¹³　ʔduə⁵³.
　　　只要　　　下雨　　否定词　　　我　　就　　来
　　　只要不下雨，我就来。

（3）tshu³¹fei²⁴　tɔŋ³¹kəŋ⁵³，　tsou²¹³kem²⁴　ʔdɔ⁵³　khwan²⁴.
　　　除非　　　跑　　　　就赶　　结构助词　　上
　　　除非跑，才赶得上。

（4）tsu³¹fei²⁴　mo³¹ʔduə⁵³，　i²⁴　tsou²¹³　ʔduə⁵³.
　　　除非　　　你来　　　　他　　就　　来
　　　除非你来，他才会来。

（5）hu²¹³　tsai²⁴　ket²⁴，tsou²¹³　ki⁵³　　ʔdɔ⁵³.
　　　去　　问　　　过　　就　　　讲　　结构助词
　　　只有调查研究，才有发言权。

（6）am³¹ta:i⁵³jau²⁴nau³¹kjak³¹ve³¹koŋ⁵³，am³¹　kin⁵³　am³¹　li²¹³thə²⁴jau⁵³la³¹.
　　　我们　要　努力　做工　　定指标记　吃　定指标记　穿都愁　否定词
　　　只要我们努力工作，吃的穿的都不用愁。

（7）an⁵³an⁵³nən²¹³　laŋ³¹，tsou²¹³　nin⁵³　ʔdɔ⁵³.
　　　常常　　　　看　　才　　记　　得
　　　要经常复习，才记得。

2. 无条件复句

荣屯布央语无条件复句前行句表示排除一切条件，后续句表示在任何条件下所产生的结果都一样。无条件复句常用的关联词有 pu²¹³lɔn²¹³……thə²⁴……"无论……都……"，kun²⁴……thə²⁴……"不管……都……"，tai³¹sai³¹…thə²⁴……"无论……都……"等，其中 thə²⁴有时候可以省略。例如：

（1）pu²¹³lɔn²¹³　mo³¹　pin²¹³ni²¹³，thə²⁴　jau²⁴　pa²⁴　θɔ³¹tseŋ³¹　pen⁵³　kai⁵³.
　　　不管　　　你　　谁　　　　都　　要　　把　　事　　办　　好
　　　不管是谁，都要把事办成。

（2）kun²⁴ mo³¹ lu²¹³ve³¹ ki⁵³, kjɯ⁵³ thə²⁴ hu²¹³ la³¹.
无论 你 怎么 说 我 都 去 否定词
不管你怎么说，我也不会去。

（3）tai³¹sai³¹ pin²¹³ni²¹³ ki⁵³, kjɯ⁵³ thə²⁴ ti²¹³an⁵³ la³¹.
不论 谁 说 我 都 听 否定词
不论哪个劝，我都听不进。

（4）khi²⁴ θɔ³¹tseŋ³¹ nai³¹, pu²¹³lɔn²¹³ va³¹li²¹³ thə²⁴ qa²⁴ la.
个 事 这 不管 谁 都 懂 否定词
这事不管谁都不知道。

（5）pu²¹³lɔn³¹ ʔdam⁵³ kent³¹ni²¹³, kjɯ⁵³ kau²¹³ ta:u³¹ lɔk³¹.
不管 晚 怎么 我 要 回 家
不管怎么晚，我也要回家。

（6）kun²⁴mo³¹ hu²¹³hu²¹³ la³¹, fan⁵³tsən²⁴ kjɯ⁵³ kau²¹³ hu²¹³.
管 你 去 去 否定词 反正 我 要 去
不管你去不去，反正我是要去的。

九 因果复句

荣屯布央语因果复句前行分句说出原因或者理由，后续分句表示结果，分句之间形成因果关系。荣屯布央语因果复句通常不使用关联词，使用意合表示原因及结果。有时候也使用关联词 jən²⁴wei²¹³……mɔt³¹……"因为……所以……"，mɔt³¹可以省略，也可单独使用。例如：

1. jən²⁴wei²¹³ qhɔn⁵³ nau³¹kap³¹, tshe²⁴ tsou²¹³ ket²⁴ ʔdɔ⁵³ la³¹.
   因为 路 窄 车子 就 过 得 否定词
   因为路太窄了，车子过不去了。

2. kɔŋ²⁴ kjɯ⁵³ min³¹ um⁵³ nɔk³¹ ti⁵³, mɔt³¹ kjɯ⁵³ tsou²¹³ qa²⁴ʔbet⁵³.
   爷 我 是 养 鸟 结构助词 所以 我 就 懂得
   我爷爷是养鸟的，所以我懂得。

3. u²⁴nai³¹ net⁵³ ʔbo⁵³, tam²⁴ qa:i⁵³ tu²⁴ la³¹.
   这里 冷 多 种 芭蕉 成 否定词
   这里太冷了，不能种芭蕉。

4. i²⁴ phet⁵³tut⁵³, jɯ⁵³sai²⁴ kin⁵³ min²¹³.
   他 发烧 不能 吃 辣椒
   他发烧所以不能吃辣椒。

5. mo³¹ ŋim²⁴ kin⁵³ qa²¹³lu³¹, jɯ⁵³sai²⁴ ham²⁴ kjau³¹.
   你 刚 吃 药 不要 喝 茶

你刚吃完药，不要喝茶。

6. uə⁵³ tau⁵³wan³¹, ta:i³¹ khɔ²⁴ kui²⁴.
   出 太阳   地   干 完成体助词
   太阳出来了，地干了。

7. ap³³ liə²²¹³ thə²⁴ ʔdin²⁴ kui²⁴, ut²⁴ am²⁴ɕit⁵³ ŋa³¹ kin⁵³.
   菜 饭   都   冷   完成体助词 热 一 点 再 吃
   饭和菜都冷了，热一热再吃。

8. va³¹ lɛ³¹pau⁵³ nai³¹ ki³¹hum⁵³ la³¹, tsou²¹³ pa²⁴ i²⁴ pɛ⁵³ ki²⁴ ʔbit⁵³ kui²⁴.
   个 小孩   这   听话   否定词 就   被 他 揍 几 下 语气助词
   这个小孩不乖，被他揍了几下。

9. θam⁵³ ȵɯ²¹³nau⁵³ ȵɔt⁵³, jau²¹³ hu²¹³ fei²⁴.
   头发   那么   长   要   去   理发
   头发那么长，要去理一理。

十 目的复句

荣屯布央语前行分句表示行为动作，后续分句表示行为动作的目的，复句以意合为主，通常不使用关联词。例如：

1. mo³¹ ʔduə⁵³ nau³¹ha:u²⁴, kjɯ⁵³ min²¹³ jɯ³¹ mo³¹.
   你   来   早   我   免   等   你
   你要早点来，以免我等你。

2. va³¹ka:i²⁴ vɛ³¹ kɔŋ⁵³ pak³¹nən²¹³pak³¹, jɯ⁵³sai²⁴ pa²⁴ va³¹tja⁵³ pak³¹.
   自己   做   工   累就累   不要   给   别人   累了
   我们自己做工累就累点，免得累着别人。

3. am³¹ta:i⁵³ lai³¹ khiə⁵³ ki²⁴ jim²⁴, jɯ⁵³sai²⁴ sa²⁴ lɔŋ²¹³ kjɔ²⁴ nau³¹ hu²¹³.
   我们   多   走   几   步   不要   踏   落   庄稼   地   去
   我们多走一步路，免得踩坏地里的庄稼。

第八章 句类

句子是语言的单位，也是言语的单位。句子的交际功能不同，对语法结构的选择也有差异。依照不同的标准，句子可以分为不同的类型。荣屯布央语的句子根据交际功能和语气可以分为陈述句、疑问句、祈使句和感叹句等四类。

第一节 陈述句

陈述句是用来叙述或者说明事实及表达观点的具有陈述语调的句子。陈述句是使用最广泛的句子，有时句末可带语气助词。荣屯布央语的陈述句语调较为平直，句尾语调稍降常带kui^{24}"了"、ma^{31}"嘛"、lo^{33}"啰"等语气助词。不同的语气助词可以表达不同语气意义（详见本书第四章第十节"语气助词"）。荣屯布央语陈述句可以分为肯定和否定两种形式。

一 肯定形式的陈述句

荣屯布央语肯定形式的陈述句没有语法标记，句末可以带语气助词，也可以不带语气助词。例如：

1. kɔk^{31} muə^{213} mai^{31} pan^{24} am^{24} lat^{31} ŋau^{31}.
   里　草　那　有　一　条　蛇
   草丛中有一条蛇。

2. tau^{53}wan^{31} ŋim^{24} loŋ^{213}, hrɔŋ^{31}hrin^{24} nən^{213} kwan^{24}.
   太阳　　　刚　下　月亮　　　　就　出来
   太阳刚刚下山，月亮就升起来了。

3. tsuŋ^{31} tsan^{24} nai^{31} am^{31}ta:i^{53} kau^{213} hən^{31}.
   场　仗　这　我们　一定　赢
   这场仗我们一定赢。

4. va^{31} po^{53} min^{31}piə^{31} ku:n^{31} θiə^{53}.
   个　四　是　年　前　出生
   老四是前年生的。

5. po²⁴θiə⁵³   kjɯ⁵³   piə³¹nai³¹   na:m⁵³pɔt³¹mo³¹   piə³¹.
　　父亲　　　我　　　今年　　　　六十五　　　　　岁
　　我父亲今年六十五岁了。

6. kjɯ⁵³ ȵaŋ²⁴ tan²⁴   i²⁴ ket²⁴   la³¹.
　　我　 还　 见　　 他　过　 没有
　　我还没有见过他呢。

7. am³¹   tsan⁵³ nai³¹   min³¹ am³¹   ma:t³¹.
　 定指标记 杯　 这　 是 定指标记　新
　　这些杯子是新的。

8. am³¹   tɔŋ⁵³θo⁵³ nai³¹   min³¹   va³¹nai³¹   ti⁵³.
　 定指标记 东西　 这　　　是　　 个　这　　 结构助词
　　这东西是这个人的。

9. va³¹ nai³¹ kɔ²⁴ kjɯ⁵³, va³¹ nai³¹ tɕi²⁴ kjɯ⁵³, ȵaŋ²⁴pan²⁴ va³¹nai³¹ ti⁵³   kjɯ⁵³.
　 个　这　哥哥　我　　个　这　姐姐　我　　还　有　　个　这　姐夫　我
　　这位是我哥哥，这位是我姐姐，还有这位是我姐夫。

10. i²⁴   ŋim²⁴ŋim²⁴ ʔduə⁵³ ku²⁴,   mɔt³¹jou²¹³   hu²¹³   kui²⁴.
　　他　　刚刚　　　　来　到　　又　　走　　语气助词
　　他刚刚来，又走了。

二　否定形式的陈述句

　　荣屯布央语否定形式的陈述句是有标记的，最常用的语法标记是在肯定形式陈述句句末上加上否定词la³¹。另外还可以将动词放在ȵaŋ²⁴……ʔban²⁴之间，构成"ȵaŋ²⁴+动词+ʔban²⁴"否定结构。例如：

1. lau²⁴li⁵³   qa²⁴   mo³¹   la³¹.
　　老李　　认识　　你　　 否定词
　　老李不认识你

2. i²⁴   qa²⁴   la³¹.
　　他　 知道　否定词
　　他不知道。

3. va³¹ lɛ³¹pau⁵³   mai³¹ joŋ²¹³θam⁵¹   jɔ³¹ɕi³¹   la³¹.
　 个　孩子　那　　用心　　　　　　　学习　　 否定词
　　那个孩子不好好学习

4. ȵɯ²¹³nau⁵³ ʔdam⁵³ lo³³,   ȵaŋ²⁴   kin⁵³pjɔ²¹³   ʔban²⁴.
　　这么　　晚　　 语气助词　还　　吃饭　　　　否定词
　　这么晚了，还没有吃饭。

5. khi²⁴ tuə⁵³   ȵaŋ²⁴   ɬɔ²⁴   ʔban²⁴.
   个   门   还   锁   否定词

   门没有锁上。

6. kjɯ⁵³ ʔdɔ⁵³ mi³¹ pa²⁴ mo³¹   la³¹.
   我   得   买   给   你   否定词

   我没给你买。

第二节　疑问句

疑问句有疑惑和询问两种意义。根据句子结构的特点，荣屯布央语的疑问句可以分为是非问句、特指问句、选择问句和正反问句四种类型。这四种疑问句在疑问信息、焦点、语气等方面都有各自的结构特点。

一　是非疑问句

荣屯布央语是非疑问句和陈述句的结构相同，但语调变为升调，通常在句末还有nau⁵³、lɛ⁵³、mɔn²⁴等疑问语气助词。

（一）句末带nau⁵³的是非疑问句

nau⁵³"吗"是使用最多的疑问语气助词，通常放在陈述句末尾，它的疑问程度比其他疑问语气助词都要强。例如：

1. mo³¹ ham²⁴ tui³¹ iu²⁴   nau⁵³?
   你   喝   碗   酒   语气助词

   你喝碗酒吗？

2. wan³¹nai³¹ mo³¹ kwan²⁴pen⁵³ nau⁵³?
   今天   你   上班   语气助词

   今天你上班吗？

3. va³¹nai³¹   hu²¹³ hɛə²⁴   nau⁵³?
   今天   去   赶集   语气助词

   今天是赶集吗？

4. wan³¹nat³¹ ȵaŋ²⁴ khai²⁴vei²¹³ nau³¹?
   明天   还   开会   语气助词

   明天还开会了吗？

5. ʔdam⁵³ am²⁴ɕit³¹ i²⁴ ʔduə⁵³   nau⁵³?
   晚   一点   他   来   语气助词

   晚一会儿他来吗？

6. mi³¹ am²⁴ pe⁵³ kan²⁴ nau⁵³?
   买　　一　　百　　斤　语气助词
   买一百斤吗？

7. nan³¹tau²⁴ tu²⁴ θau⁵³ta:i⁵³ ʔden⁵³ nau⁵³?
   难道　　　是　两　三　月　语气助词
   难道是两三个月吗？

8. kuːn⁵³mai³¹ ʔdɔ⁵³ hu²¹³ tu²⁴ŋan²⁴ nau⁵³?
   以前　　　　得　去　都安　　语气助词
   以前去过都安吗？

9. mo³¹ jau²⁴ laŋ³¹ tɔŋ⁵³θɔ⁵³, ʔdɔ⁵³ nau⁵³?
   你　要　检查　行李　　　得　语气助词
   你要检查行李，可以吗？

10. i²⁴ wan³¹wan³¹ thə²⁴ an⁵³ nau⁵³?
    他　天　天　　都　在　语气助词
    他每天都在吗？

（二）句末带 lɛ⁵³ 的是非疑问句

语气助词 lɛ⁵³ 的疑问程度比较弱，有时候表示一种测度的语气，征求听话人的意见。在大多数情况下 lɛ⁵³ 和 nau⁵³ 可以互换，意思基本相同，但如果动词后面有完成体助词 kui²⁴ 或 mɔt³¹，则用 lɛ⁵³。例如：

1. mo³¹ ʔdɔ⁵³ hu²¹³ lɔk³¹ i²⁴ ket²⁴ mɔt³¹ lɛ⁵³?
   你　得　去　家　他　过　完成体助词　　语气助词
   你去过他家没有哇？

2. wan³¹nat³¹ i²⁴ ʔduə⁵³ lɛ⁵³?
   明天　　　他　来　　语气助词
   明天他会来吗？

3. i²⁴ hu²¹³ hɛə²⁴ kui²⁴ lɛ⁵³?
   他　上　街　完成体助词　语气助词
   他上街去了吗？

4. i²⁴ lau⁵³ thə²⁴ ʔduə⁵³ la³¹ lɛ⁵³?
   他　恐怕　都　来　不　语气助词
   他恐怕不会来吧？

5. kin⁵³ tsəŋ²¹³ thuŋ⁵³ lɛ⁵³?
   吃　光　　糖　　语气助词
   吃完糖了吗？

6. i²⁴ hu²¹³ kui²⁴   lɛ⁵³?
   他 走 完成体助词   语气助词
   他走了？

7. mo³¹ hrau²¹³ va³¹ kui²⁴   lɛ⁵³?
   你 洗 身 完成体助词   语气助词
   洗过澡了吗？

（三）句末带 mɔn²⁴ 的是非疑问句

语气助词 mɔn²⁴ 和 nau⁵³、lɛ⁵³ 的意思和用法差不多，在大多情况下可以使用 nau⁵³ 和 lɛ⁵³ 来代替，但使用 mɔn²⁴ 时，表示说话人期望听话人能作出肯定的回答。例如：

1. ʔbɔn⁵³ uə⁵³kja⁵³ mɔn²⁴?
   天 晴   语气助词
   天晴了没有？

2. kjɯ⁵³ kin⁵³ liə⁷²¹³ mɔt³¹   lo³³, mo³¹ kin⁵³   mɔn²⁴?
   我 吃 饭 完成体助词 语气助词 你 吃 语气助词？
   我吃了饭了，你吃了吗？

3. mo³¹ ki⁵³ tshiŋ³³tsu⁵³ mɔn²⁴?
   你 说 清楚 语气助词
   你说清楚没有？

4. —mo³¹laŋ³¹ mɔt³¹ mɔn²⁴?
   你 参观 完成体助词 语气助词
   —laŋ³¹ kui²⁴ lo³³.
   参观 完成体助词 语气助词
   —你参观了没有？
   —参观了。

5. —mo³¹ kɔ²⁴θəŋ³¹ kui²⁴   mɔn²⁴?
   你 进城 完成体助词   语气助词
   —kɔ²⁴ kui²⁴ lo³³?
   进 完成体助词 语气助词。
   —你进城了没有？
   —进城了。

（四）不带语气助词的是非疑问句

部分荣屯布央语陈述句的句尾语调上升，形成疑问语调，不用带语气助词也能够构成是非疑问句，通常表示问话人对事情的疑惑、猜测，或者惊讶。例如：

1. mo³¹ ku²⁴ hu²¹³?
   你　也　去
   你也去？

2. mo³¹ tsam⁵³ki⁵³　vɛ³¹　ŋa³¹ŋu³¹?
   你　以为　　做　容易
   你以为容易？

3. mo³¹ qa²⁴　ȵam³¹θei⁵³?
   你　会　　唱歌
   你会唱歌？

4. wan³¹nai³¹ i²⁴　kin⁵³ u²⁴　ma:i⁵³?
   今天　　他　吃　肉　猪
   今天他吃猪肉？

5. luə²¹³ lɔk³¹　mai³¹ pan²⁴ kwan²¹³ tɔk³¹kja³¹?
   里　房子　那　有　人　说话
   房子里有人说话？

二　特指疑问句

荣屯布央语陈述句中的某一义项可以用疑问代词来代替，构成特指疑问句。疑问代词是疑问的焦点，承担问句的疑问信息，说话人希望听话人能够针对疑问代词回答问题。有时候，在一个词、词组或者句子末尾加上语气助词ni⁵³/nɛ⁵³"呢"也可以构成特殊疑问句。根据句子结构特点，特指疑问句可以分为一般特指疑问句和带语气助词ni⁵³/nɛ⁵³"呢"的特指疑问句两类。

（一）一般特指疑问句

荣屯布央语疑问代词有人称疑问代词pin²¹³ni²¹³"谁"，事物疑问代词qa²¹³ni²¹³"什么"，处所疑问代词qa²¹³li²¹³"哪里"，数量疑问代词kjan³¹ni²¹³"多少"、ki²⁴"几"，方式疑问代词lu²¹³vɛ³¹"怎么样"，原因疑问代词vai²¹³qa²¹³ni²¹³"为什么"、lu²¹³vɛ³¹"怎么"，时间疑问代词tsɯ²¹³li²¹³"什么时候"、wan³¹qa²¹³li²¹³"哪天"等。荣屯布央语特指问句和陈述句语序相同。若把陈述句转换成特指问句，提问句子的哪一项，将疑问代词放在该项的位置上即可构成特指疑问句。例如：

1. tshən²⁴ phɔn⁵³θa:i⁵³ li³¹ pin²¹³ni²¹³　tja²⁴　tshən²⁴tsaŋ⁵³?
   村　　你们　　选　谁　　　当　村长
   你们村选谁当村长？

2. kən²⁴nai³¹　i²⁴　an⁵³　vɛ³¹　qa²¹³ni²¹³?
   现在　　他　持续体助词　干　　什么

现在他在干什么？

3. kɔ²⁴ i²⁴ la³¹ hu²¹³ qa²¹³li²¹³ hu²¹³?
   哥哥 他 要 去 哪里 去
   他哥哥要去哪里？

4. lak³¹ loŋ³¹hau³¹ mu⁵³ hen²⁴ pan²⁴ kjan³¹ni²¹³ lai²¹³ qhɔn⁵³?
   从 龙合 到 县城 有 多少 里 路
   从龙合到县城有多少里路？

5. ɕit⁵³ θo³¹tsəŋ³¹nai³¹ lu²¹³vɛ³¹ vɛ³ ni⁵³?
   件 事 这 怎么 做 _{语气助词}
   这件事怎么办呢？

6. mi²⁴ mo³¹ki³¹ wan³¹nin³¹ ʔduə⁵³, vai²¹³qa²¹³ni²¹³ jou²¹³ duə⁵³ la³¹?
   妈妈 你 说 昨天 来 为什么 又 来 _{否定词}
   你妈妈说昨天来，为什么又不来了呢？

7. tsɯ²¹³li²¹³ vɛ³¹ kɔŋ⁵³?
   什么时候 做 工
   什么时候工作？

8. i²⁴ wan³¹qa²¹³li²¹³ hu²¹³?
   他 哪一天 走
   他哪一天走啊？

（二）用语气助词 nɛ⁵³ "呢" 的特指疑问句

荣屯布央语的一个词或词组后可以加上语气助词nɛ⁵³ "呢"，就能够构成特指疑问句。这种特指疑问句往往表示问处所，但是有时候要根据语境和上下文才能判断其意思。例如：

1. i²⁴ θau⁵³ pɔt³¹ piə³¹, mo³¹ nɛ⁵³?
   他 二 十 岁 你 _{语气助词}
   他二十岁，你呢？

2. kɔ²⁴ mo³¹ nɛ²⁴?
   哥哥 你 呢
   你哥哥呢？

3. —hruə³¹tsaŋ²⁴ nɛ⁵³? i²⁴ ȵaŋ³¹ am²⁴ va³¹ paŋ³¹jou²¹³ tɔk³¹kja³¹.
   老张 _{语气助词} 他 和 一 个 朋友 说话
   —i²⁴ ȵaŋ³¹ am²⁴ va³¹ paŋ³¹jou²¹³ tɔk³¹kja³¹.
   他 和 一 个 朋友 说话
   —老张呢？
   —他在和一个朋友说话呢。

4. phɔn⁵³ta:i⁵³ kin⁵³ kin⁵³min³¹, phɔn⁵³θa:i⁵³ nɛ⁵³?
    你   吃   吃面   你们   语气助词
   你那个时候是吃米饭呢，还是吃面呢？

5. θɯ²⁴ mo³¹ nɛ²⁴?
   书   你   语气助词
   你的书呢？

以上例句中，例2、3、5问处所；例1中的 mo³¹ nɛ⁵³ "你呢"是问年龄，相当于mo³¹ kjan³¹ni²¹³ piə³¹ "你多少岁"；例4 phɔn⁵³θa:i⁵³ nɛ⁵³ "你们呢"是问事物，相当于phɔn⁵³θa:i⁵³ kin⁵³ qa²¹³ni²¹³ "你们吃什么"。

三 选择疑问句

选择问句是说话人提出两种或几种观点，要求答话人选择其中之一作为答案。这一类的句子通常用连词lu²¹³ "还是"将选项连接起来。选问项通常为名词、名词短语、动词、动词短语或者句子。有时候句末有tsɛ³¹ "呢"等语气助词，起到缓和语气的作用。例如：

1. mi²⁴ i²⁴ lɔk³¹va²⁴ hu²¹³ lu²¹³ jun³¹ tsou²¹³ hu²¹³?
   妈妈 他 上午   去   还是   下午   就   去
   他妈妈上午去，还是下午去？

2. mo³¹ tɯ²⁴ lu²¹³ pu²¹³ tsɛ³¹?
   你   提   还是   背   语气助词
   你提呢还是背呢？

3. mo³¹ kin⁵³ qa²¹³lu³¹ lu²¹³ ham²⁴ kjau³¹?
   你   吃   烟   还是   喝   茶
   你是抽烟呢，还是喝茶？

4. mo³¹ ham²⁴ iu²⁴ lu²¹³ i²⁴ ham²⁴ iu²⁴?
   你   喝   酒   还是   他   喝   酒
   你喝酒还是他喝酒？

5. ta²⁴ an⁵³ kin⁵³ kai⁵³ lai³¹ lu²¹³ jan²⁴ an⁵³ kin⁵³kai⁵³ lai³¹?
   坐   持续体助词 吃   好   过   还是   站 持续体助词 吃 好 过
   坐着吃好，还是站着好吃呢？

6. θau⁵³va³¹θa:i⁵³ kin⁵³ liə²¹³ lu²¹³ kin⁵³ min³¹?
   你们俩   吃   饭   还是   吃   面
   你们俩吃饭还是吃面？

7. hruə³¹tsaŋ²⁴ hu²¹³ lu²¹³ hruə³¹lai²¹³ hu²¹³ tsɛ³¹?
   小张   去   或者 小李   去   语气助词

小张去还是小李去?
8. kin⁵³liə⁷²¹³　　lu²¹³　　ham²⁴iu²⁴　　tsɛ³¹?
   吃饭　　　或者　　　喝酒　　　语气助词
   吃饭还是喝酒啊?

四　正反问句

正反问句是说话人提出正反两个方面，希望听话人选择其中一项回答。其实正反问句是一种特殊的选择问句，通常由谓语的肯定和否定形式构成。根据句子结构特点，荣屯布央语正反问句可以分为以下两种句式：

（一）V+ lu²¹³+V+ la³¹

这种类型的正反问句由谓语的肯定和否定形式构成，说话人对答案没有事先倾向性，而希望回答的人选择其中一个作为答话。为了表达简约，在连接两个相同的能愿动词ʔdɔ⁵³"得、能"、判断动词tu²⁴"是"或者形容词时，lu²¹³可以省略。例如：

1. i²⁴　a:i⁵³　ʔda⁵³　lu²¹³　a:i⁵³　ʔda⁵³　la³¹?
   他　愿意　说　还是　愿意　说　否定词
   他愿不愿意说?

2. phɔn⁵³θa:i⁵³　ʔdam²⁴　hu²¹³　lu²¹³　hu²¹³　la³¹?
   你们　　　打算　　去　还是　去　否定词
   你们打不打算去?

3. ɕit⁵³θɔ³¹tsəŋ³¹ nai³¹ i²⁴　qa²⁴　lu²¹³　qa²⁴　la³¹?
   些　事情　这　他　知道　还是　知道　否定词
   这事情他知不知道?

4. mo³¹ pan²⁴kim²⁴ hu²¹³　lu²¹³　pan²⁴kim²⁴　la³¹?
   你　敢　去　还是　敢　否定词
   你敢不敢去?

5. tsɯ²¹³ θɯ²⁴ nai³¹ mo³¹ qa²⁴　lu²¹³　qa²⁴　la³¹?
   个　字　这　你　认得　还是　认得　否定词
   这个字你认不认得?

6. mo³¹ȵaŋ²⁴　nin⁵³　ʔdɔ⁵³　ʔdɔ⁵³　la³¹?
   你　还　记　得　得　否定词
   你还记不记得?

7. mo³¹ ʔdam²⁴ ʔdam²⁴　laŋ³¹ȵaŋ²⁴ lin⁵³　ʔdɔ⁵³ ʔdɔ⁵³ la³¹?
   你　想　想　看还　记　得　得　否定词
   你想想看是不是还记得?

8. kjɯ⁵³ ki⁵³ mai³¹ tu²⁴ tu²⁴ la³¹?
   我　讲　这　是　是 _{否定词}
   我讲的对不对？

9. ʔduə⁵³ mɔt³¹ mɔt³¹ ku²⁴ ʔduə⁵³ nai³¹, hom²⁴ hom²⁴ la³¹?
   来　闻　闻　朵　花　这，　香　香 _{否定词}
   来闻闻这朵花，香不香？

（二）说话人先说出一个观点或事实，然后加上tu²⁴lu²¹³tu²⁴la³¹（lu²¹³可以省略）"是不是、对不对"、ʔdɔ⁵³ʔdɔ⁵³ʔban²⁴或者ʔdɔ⁵³ʔdɔ⁵³ la³¹ "得不得、行不行"等在句尾。有时候这一类的正反问句并不一定是要得到听话人的证实，而是带有商量的语气，征求说话人的同意，期望听话人作出肯定的答复。例如：

1. mo³¹ tu²⁴ kwan²¹³ loŋ²¹³hau³¹, tu²⁴ lu²¹³ tu²⁴ la³¹?
   你　是　人　龙合，　是　还是　是 _{否定词}
   你是龙合人，是不是？

2. mo³¹ ma²⁴ kin²⁴ liə⁽ʔ⁾²¹³ im²⁴, tu²⁴ lu²¹³ tu²⁴ la³¹?
   你　爱　吃　饭　干，　是　还是　是 _{否定词}
   你爱吃干饭，是不是？

3. mo³¹ piə³¹nai³¹ an⁵³ nau³¹kai⁵³ pə⁵³,
   你　今年　在　健康 _{语气助词}
   tu²⁴ lu²¹³ tu²⁴ la³¹?
   是　还是　是 _{否定词}
   你今年挺健康的，是不是？

4. ki⁵³ ku²⁴ nai³¹ lo³³, ʔdɔ⁵³ ʔdɔ⁵³ ʔban²⁴?
   说　到　这里 _{语气助词}，得　得 _{否定词}
   说到这里了，好不好？

5. kin⁵³liə⁽ʔ⁾²¹³ mɔt³¹ ŋa³¹ hu²¹³, tu²⁴ tu²⁴ la³¹?
   吃饭 _{完成体助词}　再　去，　是　是 _{否定词}
   吃饭了再去，好不好？

第三节　祈使句

祈使句是说话人向听话人提出要求，希望听话人做或者不做某事的句子。祈使句的主语限于第二人称代词、第一人称复数、称谓词，但是主语常常省略。从语义上来看，荣屯布央语祈使句可以分为肯定祈使句和否定祈使句。祈使句表示请求常使用肯定形式，表示劝阻多用否定形式，表示命令或禁止肯定形式和否定形式都有。祈使句表示请求或者劝阻时语气稍微舒缓，表示命令或禁止时大多语气较为强烈。

一　肯定形式的祈使句

肯定形式的祈使句是要求听话人做些什么，命令句语气强、结构短，请求句语气委婉。例如：

1. mi³¹ ɕit⁵³ tɔŋ⁵³θɔ⁵³　nai³¹　jaŋ⁵³ hu²¹³!
   把　些　东西　　这　　拿　走
   把这些东西拿走!

2. hu²¹³ haːu²⁴ lo³³!
   去　　快　　吧
   快去吧!

3. mi³¹ ka²⁴ kɛn⁵³　mo³¹　pa²⁴ kjɯ⁵³　khu²⁴　am²⁴ɕit⁵³!
   把　条　扁担　　你　　给　我　　　用　　一会儿
   请把你的扁担借给我用一下!

4. lɔk³¹mo⁵³!
   起来
   起来!

5. haːu²⁴ ɕit⁵³ a⁵³!
   快　　点　 语气助词
   快点啊!

6. kin⁵³ haːu²⁴ lo³³!
   吃　　快　 语气助词
   快吃啊!

7. ve³¹ am²⁴ɕit⁵³ θɔ³¹tseŋ³¹　nɛ²⁴!
   做　一点　　　事情　　　 语气助词
   做一点事情啊!

8. ʔduə⁵³ ʔduə⁵³!
   来　　　来
   过来!

9. pa²⁴ i²⁴ lau³¹　am²⁴ɕit⁵³　lɔ³¹　 pɛ³¹!
   给　他　修　　一下　 语气助词　语气助词
   给他修一下吧!

10. taːi⁵³ hu²¹³ hɛə²⁴　lo⁵³!
    咱们　上　　街　　 语气助词

咱们上街吧！

11. jaŋ⁵³ hu²¹³ pa²⁴ kui²⁴ lo⁵³!
　　拿　　去　　给 _{语气助词}　 _{语气助词}
　　全部都拿去吧。

12. tsui³¹ am²⁴ɕit⁵³ tsɛ³¹!
　　帮　　一点 _{语气助词}
　　帮帮忙吧！

二　否定形式的祈使句

否定形式的祈使句是说话人要求或者劝说听话人不要做某事，常用的否定结构是"jɯ⁵³sai²⁴+V"，另外还有"jɯ⁵³+V"和"V+la³¹"等形式。例如：

1. jɯ⁵³sai²⁴ pa²⁴ pei⁵³ ŋuːn²⁴ po²⁴!
　　不要　　给　 火　 烧　 山
　　不要放火烧山！

2. jɯ⁵³sai²⁴ qa²¹³nən³¹!
　　不要　　 吵
　　不要吵！

3. mo³¹ jɯ⁵³sai²⁴ mi³¹ am³¹ toŋ⁵³θɔ³³ nai³¹.
　　你　 不要　　 买 _{定指标记}　东西　 这
　　你不要买这东西。

4. jɯ⁵³sai²⁴ jan²⁴ an⁵³ u²⁴mai³¹.
　　不要　　 站　 在　 那儿
　　别站在那儿。

5. jɯ⁵³ maːu⁵³ nak³¹, hɛ³¹ lɔŋ²¹³hu²¹³.
　　不要 害怕　困难　 学　 下　去
　　别畏难，学下去吧。

6. jɯ⁵³sai²⁴ vɛə⁵³.
　　不要　　 慌
　　不要慌。

7. kai⁵³ lo⁵³, ʔda³¹ la³¹ lo⁵³!
　　好 _{语气助词}　说 _{否定词} _{语气助词}
　　好了，别说了！

8. hai⁵³, jɯ⁵³ uə⁵³ həŋ⁵³!
　　_{叹词}　 别　出　声

嘘，别作声！

10. juɯ⁵³kan⁵³, ŋa³¹ŋa³¹vɛ³¹.
    别忙　　慢慢　做
    别忙，慢慢做。

11. hu²¹³　la³¹　　　lo³³,　an⁵³ lɔk³¹ kjuɯ⁵³nai³¹ lo³³.
    走　_{否定词}　_{语气助词}　在　家　我　这　_{语气助词}
    别走了，住在我家里吧！

12. θaːi⁵³ juɯ⁵³sai²⁴ ki⁵³, pa²⁴ i²⁴ po²¹³lɛ³¹ ki⁵³.
    你们　不要　　说　让　他　自己　　说
    你们不要说，让他自己说。

13. juɯ⁵³ pa²⁴ i²⁴ ʔbot⁵³.
    别　让　他　跑
    别让他跑。

14. juɯ⁵³sai²⁴ qa²¹³lun³¹　kin⁵³,
    不要　　乱　　　吃
    qa²¹³lun³¹ kin⁵³　lɔŋ⁵³　qa²¹³hraːi²¹³.
    乱　　吃　　肚子　　疼
    不要乱吃，乱吃肚子痛。

15. mo³¹ juɯ⁵³　qa²¹³nan³¹,　juɯ⁵³　ki⁵³　phɔn⁵³mai³¹.
    你　别　　吵闹　　　别　　说　　人家
    你别吵闹，别说人家。

第四节　感叹句

　　感叹句是用来抒发强烈情感的句子。荣屯布央语的感叹句可以表示快乐、悲哀、惊讶、恐惧等浓厚的感情，句子通常用降调。根据句子特点，荣屯布央语的感叹句分为以下3种类型：

一　直接用叹词构成的感叹句

1. a³³ja³³!　　　　　　　　　　　　　　（表示惊讶或者痛苦）
   _{叹词}
   哎呀！

2. ai³³jo⁵³!　　　　　　　　　　　　　　（表示痛苦）
   _{叹词}
   哎哟！

3. ai³¹ ! (表示叹息)
   叹词
   咦!

二 带有叹词的感叹句

1. ha³¹ha³¹,ʔdɔ⁵³kai⁵³ o⁵³, ȵaŋ²⁴ hun⁵³hai²⁴ ʔban²⁴ ! (表示高兴)
   叹词   丰收 语气助词 还 高兴 否定词
   哈哈! 丰收啦, 还不高兴啊!

2. ai⁵³jo⁵³, kjɯ⁵³ lɔŋ⁵³ qa²¹³hra:i²¹³ lo⁵³ ! (表示痛苦)
   叹词   我   肚   痛   语气助词
   哎哟, 我肚子好痛!

3. ho³¹, lu²¹³vɛ³¹ kjan²⁴nai³¹ ni⁵³ ! (表示不满)
   叹词 怎么 这样 语气助词
   吓, 怎么能这样呢!

4. hə³¹, mo³¹ pan²⁴θau⁵³ man²⁴ ʑin²¹³ ɬun²⁴qa²¹³ni²¹³ ? (表示轻蔑)
   叹词 你 有 两 块   钱 算 什么
   哼, 你有两块钱算什么?

5. pi⁵³, mo³¹ lɛ³¹pau⁵³ kwan²¹³mo³¹ θɔk³¹ la³¹ !
   叹词 你 小伙子 人 你 出息 否定词
   呸! 你这个小伙子太没出息!

6. ho⁵³, lat³¹ lau³¹ luŋ²⁴ ʔbo⁵³ o⁵³ ! (表示赞叹)
   叹词 条 鱼 大 多 语气助词
   嚯, 好大的鱼!

7. hai³¹, kjɯ⁵³ ȵɯ²¹³na:u⁵³ mon³¹mu³¹ ni⁵³. (表示埋怨)
   叹词 我 怎么 懵懂 语气助词
   咳, 我怎么这么糊涂。

三 不带感叹词的感叹句

1. kjau⁵³ miŋ³¹ o³³ !
   救 命 语气助词
   pan²⁴ kwan²¹³ tɔk³¹ lɔŋ²¹³ tau³¹ hu²¹³ lo³³ ! (表示惊慌)
   有 人 掉 下 河 去 语气助词
   救命啊! 有人掉下河啦!

2. thɔ²⁴la²⁴ki²⁴ thɔ⁵³ la:i²¹³ ʔdɔ⁵³ ha:u²⁴ o³³ ! (表示赞叹)
   拖拉机   耕 地 结构助词 快 啊

拖拉机耕地真快啊！

3. ʑin²¹³ kju⁵³ than²⁴ la³¹ kui²⁴！　　　　　　　（表示惊讶）
　 钱　 我　 见　否定词　语气助词
　 我的钱不见了！

4. kju⁵³ qa²¹³ hra:i²¹³ ʔbo⁵³！　　　　　　　　（表示痛苦）
　 我　 疼　　　　 多
　 疼死我了！

5. am³¹ kju⁵³ kai⁵³ lai³¹ am³¹ i²⁴ ʔbo⁵³！　　（表示高兴）
　定指标记 我　 好　 过　定指标记 他 多
　我的比他的好得多！

6. khi²⁴ ku⁵³ nai³¹ luŋ²¹³ o⁵³！　　　　　　　（表示惊讶）
　 个　 瓜　 这　 大　语气助词
　 这个瓜真大！

7. jou²¹³ jut³¹ ʔduə⁵³ lo⁵³！　　　　　　　　（表示叹息）
　 又　 下雨　 来　语气助词
　 又下雨了！

8. kɔ²⁴ mo³¹ tsen⁵³ kai⁵³！　　　　　　　　　（表示赞叹）
　 哥　 你　 真　 好
　 你哥哥真好！

第九章 结语

一 本书的主要内容

荣屯布央语属于汉藏语系壮侗语族仡央语支布央语的一种方言，如今处于濒危状态，迫切需要做进一步的描写和研究。笔者多次到那坡县龙合乡荣屯做语言调查，并利用潘悟云、李龙等设计的田野调查系统TFW语音分析软件对语言材料进行处理和分析，同时还通过访谈和问卷等形式收集研究所需的第一手语言材料。在此基础上，本书以学界的研究成果和现代语言学理论为依据，借鉴刘丹青编著的《语法调查研究手册》为语法调查及描写的框架，对荣屯布央语语法体系进行较为全面、系统的共时描写和分析，内容主要包括音系、词汇、词类、短语结构、句法成分、简单句和复杂句等方面。文章在全面描写的基础上又突出重点，对荣屯布央语的名词、动词、量词、连动句、兼语句、话题句、比较句、否定句、被动句等典型语法现象做详细的描写与分析。本书的语料真实可靠，信息量较大，对以后的相关研究有一定的参考价值和借鉴意义。

二 本书研究的创新之处

与前人研究相比，本书在研究的内容、语料、方法等方面均有所突破。研究的创新点主要有以下三个方面：

（一）研究内容上的创新

布央语具有重要的研究价值。李锦芳、罗永现等学者对该语言的研究已取得了显著的成果。但由于国内外对布央语的研究起步较晚，相关的探讨相对较少，其语法体系还缺乏全面、系统的描写和研究。文章将参考语法编写的原则和现代语言学理论相结合，对荣屯布央语语法结构特点进行了多维度、多层次的研究，对其具有代表性的语法现象进行了专题性的探讨。本书首次对荣屯布央语语法体系进行深入、细致的描写和分析，具有创新性。

（二）语料收集上的创新

为收集丰富、真实的语料，笔者曾先后四次到广西那坡县龙合乡荣屯进行田野调查，和当地的布央人一起生活、工作，并进行日常生活的语言交流，收集了丰富的语言材料，共采集故事、童谣、对话、句子、词汇等语料将近十万字（包括注释和翻译），并利用田野调查系统TFW语音分析软件对词汇、句子等语言材料进行处理和分析，建立语音档案。这些详尽真实的语料为布央语语料库建设及语法描写提供了坚实的基础。

（三）研究方法上的创新

本研究将国内传统语法和国外参考语法描写方法有机结合，借鉴国外语言类型学理论，既注重对荣屯布央语本体的描写，又注重对该语言语法现象的归纳与分析。在对荣屯布央语进行全面系统的描写的同时，又侧重探讨某些有特点的语法现象，论文的系统性和微观性比以前的研究有一定的提高。在研究中，我们将语言事实和语言理论较好地结合在一起，力求从繁多的语言事实中总结出某些规律，发展相关的语言学理论。

三 本书研究的不足之处

本书对荣屯布央语的语法体系进行了较为详细的描写和分析，但是同时也存在许多的不足之处，主要有以下几点。

（一）个别语法现象描写得不够深入

在田野调查前，笔者预先设计好调查词汇表和语法大纲。但由于笔者非母语人，加上时间的限制，收集的材料总的来讲还是不够详尽，个别语法现象描写得过于简单。语法大纲主要关注布央语特有的语法现象，对比较句、否定句、被动句等语法现象作了较详细的描写；而对某些语法现象，如词汇语法化问题、受汉语影响较深的ti^{213}"的"字句、描写性状语句等语法现象描写得不够详细。参考语法的描写要求编写者具有良好的语言学素养和语言调查能力，而笔者的理论水平及语言分析能力还需提高。荣屯布央语是一种濒危语言，不同的发音合作人对某些语言现象的解释也不尽相同，甚至主要发音合作人也有一些地方前后表达不一致。这些因素制约了笔者对语言材料的处理和把握。本书对有的语法现象未能深入、全面研究，某些解释和结论还有待商榷，这些是笔者在之后的研究中需要不断补充与纠正的。

（二）理论挖掘有待深入

参考语法的编写要求研究者需具有良好的语言学理论知识和较强的语言调查能力与分析能力。本书对荣屯布央语语法体系的描写较为详细，但总的来讲还是重描写、轻解释，对语言现象的解释还需要加强。对荣屯布央语共时描写较多，而对语法化现象、语言演变等历时描写与分析较少。在对其语法现象的分析与归纳中还有一些不够科学之处，有的说法需要进一步规范化。在运用国外理论来解释荣屯布央语语法体系时还存在生搬硬套的现象。在日后的研究学习中，笔者将继续加强语言学理论的学习，提高语言学理论素养，增强对各种语言现象的解释能力，不断完善自己的知识结构。

附　录

附录一　长篇话语材料[①]

一　孩子三朝酒

lɛ³¹ pa:u⁵³　θiə⁵³　ʔdɔ⁵³　ta:i⁵³　nau⁵³
小孩　　出生　　得　　三　　朝

an⁵³ ti²¹³hrɔŋ⁵³, θiə⁵³ lɛ³¹pa:u⁵³ ʔdɔ⁵³ ta:i⁵³ nau⁵³, ti²⁴ mi²⁴ lɛ³¹pa:u⁵³ θaŋ⁵³
在　荣屯　　　生　小孩　　得　三　朝　父　母　小孩　　请

tshan⁵³sək³¹　paŋ³¹jau²⁴ ʔduə⁵³ ham²⁴ iu²⁴. khiə⁵³ thə²⁴ jaŋ⁵³ tɔŋ⁵³θɔ⁵³ ʔduə⁵³.
亲戚　　　朋友　　　来　喝　酒　客人　都　带　礼物　　来

liə³¹va³¹　jaŋ⁵³ qɔ⁵³, li³¹va³¹　jaŋ⁵³ tam⁵³, liə³¹va³¹　jaŋ⁵³ tsɔk³¹hɔ⁵³,
有人　　拿　母鸡　有人　　拿　蛋　　有人　　拿　衣服

jaŋ⁵³　pin³¹.　ta⁵³　qɔ⁵³,　ta⁵³　kep⁵³,　taŋ²⁴　ap³³　liə ʔ²¹³.
拿　　尿片　　杀　鸡　　杀　鸭　　煮　　菜　　饭

kin⁵³ ŋa²¹³ ʔban²⁴, ɬin²⁴ tit³¹ hin²⁴ pa⁶¹³ qɔ⁵³ ṇaŋ²¹³ uə⁷²⁴ pa²⁴ tsu²⁴.
吃　午饭　否定词　先　点　香火　摆上　鸡　和　肉　供　祖宗

ki⁵³ tsɔŋ⁵³tsu²⁴ kam²⁴kaŋ³¹ lɛ³¹kan⁵³lɛ³¹lan²¹³. kɯ²⁴ kin⁵³ ŋa²¹³ mai³¹,
叫　祖宗　　　保佑　　　子子孙孙　　　　　时候　吃　午饭　那

[①] 长篇语料为笔者调查，题目是笔者根据内容附加上去的。

tai³¹	kja³³	ʔdam²⁴	i²⁴	kha⁵³	ve³¹	qa²¹³ni²¹³	meŋ³¹	ji³¹pɔn²⁴	ʔduə⁵³	ʔda⁵³,
大家	想		他	叫	做	什么	名		一般	来 讲

le³¹	kau²¹³	jaŋ⁵³	hruə³¹	po²⁴θiə⁵³.	min³¹	le³¹θa⁵³	pan²⁴	am²⁴tsɯ²¹³θɯ²⁴
孩子	要	跟	姓	父亲	名字	小孩	有	一 个 字

min³¹pei²¹³fən²¹³	i²⁴.	ti²¹³hrɔŋ⁵³	tai³¹	mo³¹	ta³¹	ku²⁴	pɔt³¹taːi⁵³	ta³¹
是 辈分	他	荣屯	第	五	代	到	十 三	代

pəi²¹³fen²¹³	min³¹	khai²⁴,	ŋan²⁴,	hən³¹,	kiŋ³³,	ken²⁴	hoŋ³¹,	min³¹.	məŋ³¹	le³¹tsau⁵³
辈分	是	开	安	恒	经	建	红	民	名	女孩

pan²⁴	pəi²¹³fen²¹³	la³¹.	kin⁵³	ŋa²¹³	kui²⁴,	ti²⁴	mi²⁴	le³¹paːu⁵³
有	辈分	否定词	吃	午饭	完成体助词	父	母	小孩

pa²⁴	phɔn⁵³	va³¹	am²⁴juŋ³¹	toŋ⁵³θɔ³³	ʔduə⁵³	pau²⁴ta³¹	phɔn⁵³ mai³¹.
给	他们	人	一件	东西	来	答谢	他们

孩子三朝酒

在荣屯，小孩出生后第三天，父母就要宴请亲戚朋友来喝小孩的三朝酒。客人都带礼物来，有的带没有下过蛋的母鸡，有的带鸡蛋，有的带钱和尿片等。孩子的父母杀鸡、宰鸭，煮饭菜准备招待客人。在吃饭前，先点上香火，摆上鸡和肉供神，祈求祖宗保佑子子孙孙。中午吃饭的时候，大家讨论为小孩起名字。一般来讲，孩子都是跟父亲姓。男孩的名字中都有一个字表示他的辈分，荣屯陆家第五到十三代的辈分排号为：奇——永——开——安——恒——经——建——红——民，而女孩的名字则没有辈分名。饭后，孩子父母给每个客人一份礼物作为答谢。

二 婚庆

	wan³¹	iu²⁴
	结婚	酒

kuːn⁵³mai³¹,	ti²¹³hrɔŋ⁵³	piə³¹ʔden⁵³noi²¹³ti⁵³kwan²¹³	ʔda³³	len³¹ŋai²⁴
以前	荣屯	年轻人		谈 谈恋

hən⁵³ʔbo⁵³kwan²¹³　　　kiŋ⁵³ket²⁴　　pu²¹³tsɔ²¹³　　　　kai²⁴sau²⁴.
大多人　　　　　　　通过　　　　媒人　　　　　　　介绍

ku²⁴ki⁵³kən²⁴nai²¹³,　　　hən⁵³ʔbo⁵³　piə³¹ʔden⁵³noi²¹³ti⁵³kwan²¹³　　thə²⁴
不过 如今,　　　　　许多　　年轻人　　　　　　　　　　　都

po²¹³lɛ³¹ʔda⁵³.　　　　ku²⁴ki⁵³　　la³¹ku²⁴　　vɛ³¹　　iu²⁴　　mai³¹,
自己谈　　　　　　　　但是　　　准备　　　　做　　　酒　　那

ŋaŋ²⁴　　hrau⁵³　　am²⁴　　va³¹kwan²³　　　hu²¹³　　vɛ³¹　　pu²¹³tsɔ²¹³,
还　　　找　　　　一　　　个人　　　　　去　　　做　　　媒人

hu²¹³ki⁵³　　θau⁵³　　lɔk³¹　　pu²¹³ki⁵³　　lu²¹³vɛ³¹vɛ³¹,　　tɔk³¹kja³¹　　lɔk³¹　　lɛ³¹θa⁵³
传达　　　两　　　　家　　　老人　　　　意见,　　　　讨论　　　　家　　　男方

mi³¹　pa²⁴　liə⁵³lɛ³¹tsau⁵³　　kjan³¹ni²¹³　　ʑin²¹³,　kjan³¹ni²¹³　　ap³³liə ʔ²¹³　　u²⁴　　iu²⁴.
要　给　女家　　　　　多少　　　　　钱　　多少　　　　　菜　　米　肉　酒

li³¹lɔk³¹　　lɛ³¹tsau⁵³　　pu²¹³ki⁵³　　ʔdam²⁴,　kjan³¹ni²¹³　　ʑin²¹³　　thə²⁴　　jau²¹³kjan⁵³
有的家　　女方　　　　老人　　　　认为　　多少　　　　　礼金　　都　　要紧

la³¹,　lɛ³¹pau⁵³　　hun⁵³hai²⁴　　tsou²¹³　　ʔdɔ⁵³　　lo⁵³.　　li³¹va³¹　　ʔdam²⁴ki⁵³,　　pa²⁴
否定词　小孩　　　幸福　　　　就　　　　得　　　语气助词　有的人　　讲　　　　　给

liə³¹lɛ³¹ tsau⁵³　　　am²⁴ɕit²⁴　　ʑin²¹³　　nau³¹ʔbo⁵³,　ku²⁴ku²⁴　　wan³¹　iu²⁴　mai³¹
女方　　　　　　　一点　　　　钱　　　　多点　　　　到　　　　天　　酒　　那

tsou²¹³　mi³¹　ʔdɔ⁵³　lai³¹　mi³¹　ʔdɔ⁵³　lai³¹　ɕit⁵³　tɔŋ⁵³θɔ⁵³　ku²⁴　tu²⁴.
就　　　买　　得　　　多　　买　　得　　　多　　些　　东西　　　也成

kjan²⁴nai³¹　　tsou²¹³　　θau⁵³liə⁵³　　pu²¹³ki⁵³　　tsou²¹³　　pan²⁴　　tɔ⁵³nɔ²⁴.
这样　　　　就　　　　两家　　　　　老人　　　　就　　　　有　　　脸面

wan³¹　iu²⁴　mai²¹³,　lɔk³¹　lɛ³¹θa⁵³　ta⁵³　maːi⁵³,　ta⁵³　qɔ⁵³,　ta⁵³　kɛp⁵³,　səŋ²⁴
天　　酒　　那　　　家　　男方　　杀　　猪　　　杀　　鸡　　杀　　鸭　　请

paŋ³¹ jou²¹³, ɔn²⁴pai²⁴ju²¹³ti⁵³, tshan⁵³sək³¹ ʔduə⁵³ kin⁵³. an⁵³ tu⁵³ʔben²⁴
朋友　　　　兄弟姐妹　　　　亲戚　　　来　吃　　在　村头

miu³¹ pa²⁴ tai⁵³ɬiə²⁴, pau³³kwa³¹ qa²¹³luə³¹ma:i⁵³, lat³¹qɔ⁵³, ka²⁴u²⁴
庙　　摆上　贡品　　包括　　头猪　　　　鸡　　块肉

ȵaŋ³¹ iu²⁴ kɔŋ²⁴ tsu²⁴. kɯ²⁴mai³¹, liə⁵³lɛ³¹θa⁵³ kha⁵³ ki²⁴ va³¹kwan²¹³
和　　酒　供　祖先　　同时　　男方　　　派　几个　人

tɔŋ²⁴ u²⁴iu²⁴ hu²¹³ tsup⁵³ pɔ²¹³lɯ³¹, pa²⁴ liə⁵³lɛ³¹tsau⁵³ hrui²¹³
抬　　酒肉　去　接　　新娘　　把　女方　　　　送

tɔŋ⁵³θɔ⁵³ tɔŋ²⁴ ʔduə⁵³ lɔk³¹. lɛ³¹khwi²⁴ma:t³¹ an⁵³ lɔk³¹ jɯ³¹.
东西　　抬　　来　　家　　新郎　　　在　家　等

pɔ²¹³lɯ³¹ ȵaŋ³¹ ki²⁴va³¹ pun³¹ tai²¹³kja⁵³ ʔduə⁵³ ku²⁴ lɔk³¹
新娘　　　和　几个人　伴　一起　　来　　到　家

lɛ³¹khwi²⁴ma:t³¹. liə⁵³lɛ³¹tsau⁵³ hrui²¹³ pa²⁴ liə⁵³lɛ³¹tsa⁵³ at³³va³¹kwan²¹³
新郎　　　　女方　　　送　给　男方　　　每个人

am²⁴ kɯ³¹ qa²¹³pha²⁴. liə⁵³lɛ³¹tsa⁵³ pa²⁴ ki²⁴va³¹ pun³¹ at³³va³¹kwan²¹³
一　双　手工布鞋　男方　　给　几个人　伴　每人

pɔt³¹ man²⁴ ʑin²¹³, nip⁵³ jan²⁴, khi²⁴ tui⁵³, hi³³waŋ²⁴ phɔn⁵³mai³¹
十　元　钱　　包　糯米饭　个　碗　　希望　　他们

ʔdja²⁴lɔk³¹ ha:u²⁴. tɔk³¹lɔn³¹, tɔt³¹ pa:u⁵³ sən²⁴ khiə⁵³ qa²¹³ta²⁴.
成家　　　快　　之后　　燃放　鞭炮　请　客人　坐

at³³ tsuə²¹³ ʔda²⁴ pɔt²⁴ tɕi²¹³ pɔt²⁴θau²⁴ va³¹, θa⁵³pɯ³¹ laŋ³¹
每个　桌子　坐　十　至　十二　　个　师傅　看

kwan²¹³po⁵³noi²¹³　　　　jaŋ⁵³　　ap³³　　lɔŋ²¹³　　tsuə²¹³.　　ap³³　　hən⁵³　　ʔbo⁵³,
多少人　　　　　　　　　放　　　菜　　　上　　　桌子　　　菜　　　很　　　多

pan²⁴　　qɔ⁵³,　　pan²⁴　　kɛp³³,　　pan²⁴　　kou²¹³ju³¹,　　pan²⁴　　thu²⁴pɯ³¹
有　　　鸡肉　　　有　　　鸭肉　　　有　　　扣肉　　　　　有　　　豆腐

ti²¹³uə⁵³,　　thu²⁴pɯ³¹　　sou⁵³,　　pan²⁴　　tsai²¹³　　sou⁵³.　　lɛ³¹tsa⁵³　　ȵaŋ³¹
白　　　　　豆腐　　　　　油炸　　　有　　　糍粑　　　油炸　　　男　　　　和

lɛ³¹tsa⁵³　　ta²⁴　　an²⁴　　tsuə²¹³　　ham²⁴　　iu²⁴,　　tɔk³¹kja³¹.　　ap³³liə⁷²¹³
男　　　　　坐　　　在　　　桌子　　　喝　　　　酒　　　谈天说地　　　饭菜

qa²¹³liə³¹　　ta²⁴niə²¹³　　ti²¹³ lɔk³¹　　khiə³¹lɛ³¹tsa:u⁵³　　ham²⁴　　iu²⁴　　la³¹.
剩下　　　　留在　　　　　家　　　　　　女客人　　　　　　喝　　　　酒　　　否定词

phɔn⁵³mai³¹　　ȵaŋ³¹　　lɛ³¹pau⁵³　　ta²⁴　　an⁵³　　ta²¹³kja⁵³　　tɔk³¹kja³¹　　pɔ²¹³lɯ³¹
她们　　　　　和　　　　小孩　　　　聚　　　在　　　一起　　　　谈论　　　　新郎

ȵaŋ²⁴　　lɛ³¹khui²⁴.　　ap³³　　qa²¹³liə³¹　　pan⁵³lin³¹,　　nip⁵³　　hu²¹³ lɔk³¹.
和　　　　新娘　　　　　饭　　　剩的　　　　平分　　　　　包　　　　回家

kin⁵³　　liə⁷²¹³　　mɔt³¹,　　po²⁴θiə⁵³,　　mi²⁴θiə⁵³,　　pɔ²¹³lɯ³¹　　ȵaŋ²⁴　　lɛ³¹khui²⁴
吃　　　饭　　　　完　　　　父亲　　　　母亲　　　　　新郎　　　　　和　　　新娘

hrui²¹³　　khiə⁵³　　ta:u³¹　　lɔk³¹.　　nau⁵³lɔn³¹,　　liə⁵³lɛ³¹θa⁵³　　ȵaŋ²⁴　　kha⁵³
送　　　　客人　　　　回　　　家　　　　第二天　　　　男方家　　　　还　　　　请

ko²⁴hruə³¹　　kin⁵³　　ŋa²¹³.　　wan³¹iu²⁴　　tsou²¹³　　mɔt³¹　　lo³³.
同姓　　　　　吃　　　午餐　　　婚庆　　　　就　　　　　结束　　　语气助词

婚　庆

　　以前，荣屯年轻人谈恋爱大多是通过媒人介绍的。如今，许多年轻人都是自由恋爱了，但是在双方谈婚论嫁的时候还需要一个人充当媒人的角色，传达恋爱双方的家庭信息，协调男方要给女方多少礼金和米、酒等聘礼的问题。有的女方家庭认为，钱多少都不要紧，只要年轻人幸福就行。有的认为，男方要多给礼金，到结婚那天女方才能用这些钱购买更多的嫁妆，这样才体面。结婚那天，新郎家杀猪、鸡和鸭，准备酒席，宴请兄弟姐妹和亲朋好友。在村的庙里摆上猪头、鸡、猪肉和酒等贡品祭拜祖先。同时，男方派几个年轻人抬上酒、肉和米去接新娘，并把嫁妆抬回来，新郎则在家里等候。新娘、伴娘和其他女随从一起来到男方家。新娘家送给新郎家大大小小每个人一双手工制作的布鞋。男方给伴娘及其他女随从每人10元钱、一包糯米饭和一个碗，表示感谢，祝愿她们早日成家。之后，燃放鞭炮，请各位客人入席。一般来讲一桌都坐十至十二人，厨房师傅根据客人的多少上菜。婚宴很丰盛，有鸡肉、鸭肉、扣肉、白豆腐、油炸豆腐和糍粑等。男客人一般都坐在一起，举杯畅饮，谈天说地，吃剩的菜则留给男方家庭。女客人不喝酒，她们和小孩聚在一起，谈论新郎、新郎，吃剩的菜则平分打包回家。饭后，男方父母、新郎和新娘一一送别亲戚朋友。第二天早上，男方还请来村中同姓家人，一起吃午饭，婚庆才算最后结束。

三　回家哦

$ta:u^{31}$　　$lɔk^{31}$　　lo^{33}
回　　　家　　　哦

$ta:u^{31}$	$lɔk^{31}$	lo^{33},	$ta:u^{31}$	$lɔk^{31}$	lo^{33}.
回	家	哦	回	家	语气助词

$ɕit^{53} lo^{24}$	mum^{31}	an^{53}	$tɕik^{53} po^{24}$	$lɔŋ^{213}ʔeu^{53}$,	$hram^{213}$	kin^{53}	$θa:i^{53}$,
等一下	老虎	在	山	下来	咬	吃	你们

$tsou^{213}$	$tha:n^{24}$	$pu^{213}ki^{53}$		la^{31}.
就	见	老人		否定词

$ta:u^{31}$	$lɔk^{31}$	lo^{33},	$ta:u^{31}$	$lɔk^{31}$	lo^{33}.
回	家	哦	回	家	哦

ɕit⁵³ lɔ²⁴	mum³¹	an⁵³	tɕik⁵³ po²⁴	lɔŋ²¹³ʔduə⁵³,	hram²¹³	kin⁵³	θaːi⁵³,
等一下	老虎	在	山	下来	咬	吃	你们

tsou²¹³		thaːn²⁴		puː²¹³kiː⁵³		la³¹.
就		见		老人		否定词

回家哦

回家哦，回家哦，等一下老虎从山上下来，咬吃你们，你们就见不到老人了。回家哦，回家哦，等一下老虎从山上下来，咬吃你们，你们就见不到老人了。

四　从医院接新生婴儿回家

lak³¹	ji³³ jen²⁴	tsup⁵³	lɛ³¹ paːu⁵³	mu⁵³	lɔk³¹
从	医院	接	小孩	回	家

kən²⁴nai³¹³,	ti²¹³hrɔŋ⁵³	lɛ³¹paːu⁵³	an⁵³	ji³³ jen²⁴	θiə⁵³.	an⁵³	ki²⁴
现在	荣屯	小孩	在	医院	生	在	几

wan³¹	tsou²¹³	mu⁵³	lɔk³.¹	mi²⁴	ȵaŋ³¹	lɛ³¹ paːu⁵³	luə²¹³tɔ³¹	pan²⁴
天	就	回	家	妈妈	和	小孩	口袋	有

ʔdiə⁵³	me³¹pja²¹³.	va³¹	puː²¹³kiː⁵³	hu²¹³	pjuə³¹	qhɔn⁵³	tsup⁵³.
叶子	柚子	一个	老人	去	半	路	接。

puː²¹³kiː⁵³	jɔŋ²⁴	qa²¹³ɬiə²¹³	po²¹³	am²⁴ɕit⁵³	uə²²⁴	ȵaŋ³¹	ɕit⁵³	kup⁵³
老人	用	箩筐	背	一些	水	和	些	壳

tɔ⁵³.	an⁵³	pjuə³¹	qhɔn⁵³,	puː²¹³kiː⁵³	ku⁵³pei⁵³	kup⁵³	tɔ⁵³,	ȵaŋ³¹
玉米	在	半	路，	老人	烧火	壳	玉米	洒

ɕit⁵³	uə²²⁴.	mi²⁴	vak³¹	lɛ³¹paːu⁵³	kit²⁴	pei⁵³	ȵaŋ³¹	uə²²⁴,
些	水	妈妈	抱	小孩	跨过	火	和	水，

tsəu³¹	mu⁵³	lɔk³¹.
就	回	家

从医院接新生小孩回家

现在,荣屯的小孩都在医院出生,住院几天后就回家。回家的那一天,妈妈和小孩的口袋里都要装些柚子树叶。家里的一个老人用箩筐背上一些水和玉米壳到半路迎接。老人在半路点烧玉米壳,并在火上面洒些水。妈妈抱着小孩跨过火和水,然后就可以回家了。

五　安慰哭闹的小孩

lau⁵³	pa²⁴	le³¹pau⁵³	n̠it³¹	la³¹
哄	给	小孩	哭	否定词

mi²⁴	tsu²⁴	it²⁴,	ku²⁴	tsu²⁴	ʔdet⁵³,	hau⁵³	qɔ⁵³	nɔt³¹,
妈妈	奶水	甜	姑姑	奶水	酸,	屁股	鸡	肥

ta⁵³	qɔ⁵³	kin⁵³	jɔŋ⁵³,	jɔŋ⁵³	qɔ⁵³	kin⁵³	jou²¹³	hum²⁴	jou²¹³	it²⁴.
杀	鸡	吃	腿	腿	鸡	吃	又	香	又	甜

kam³¹	man²⁴	la³¹,	tɔk³¹	lɔŋ²¹³	hrɔn³¹ʔduə⁵³	hu²¹³.
拿	稳	否定词	掉	落	楼下	去

ŋiə³¹	ʔda²⁴ʔdiə⁵³,	ʔdɔ⁵³	kin⁵³	la³¹.
手	空空	得	吃	否定词

安慰哭闹的小孩

妈妈的奶水甜,姑姑的奶水酸,鸡屁股肥又圆。
杀鸡吃鸡腿,鸡腿香又甜。
抓不稳,掉到楼下。
两手空空,没吃上。

六　哄小孩睡觉

lau⁵³	pa²⁴	lɛ³¹paːu⁵³	a²⁴
哄	给	小孩	睡觉

nin²⁴ni²⁴nɔn³¹nɔn³¹.
语气词

a²⁴	jɯ²⁴	mi²⁴	mo³¹	taːu³¹ʔduə⁵³,
谁	等	妈妈	你	回来

a²⁴	jɯ²⁴	ku²⁴	taːu³¹ʔduə⁵³.
谁	等	姑姑	回来

mi²⁴	hu²¹³	tam²⁴	nau³¹,
妈妈	去	种	田

mi²⁴	hu²¹³	tam²⁴	nau³¹	ȵaŋ²⁴	ʔduə⁵³	ʔban²⁴.
妈妈	去	种	田	还	回来	否定词

mi²⁴	hu²¹³	ham²⁴	iu²⁴	ȵaŋ²⁴	ʔduə⁵³	ʔban²⁴,
妈妈	去	喝	酒	还	回来	否定词

mi²⁴	an⁵³	pjuə³¹	qhɔn⁵³	kin⁵³	liə⁽ʔ⁾²¹³	ȵaŋ²⁴	ʔduə⁵³	ʔban²⁴.
妈妈	在	半	路	吃	饭	还	回来	否定词

pjuə³¹	qhɔn⁵³	pan²⁴	liə⁽ʔ⁾²¹³	la³¹.
半	路	有	饭	否定词

mi²⁴	mo³¹	nən²¹³	taːu³¹ʔduə⁵³,
妈妈	你	就	回来

pan²⁴	liə⁽ʔ⁾²¹³	pun²⁴	mo³¹,
有	饭	喂	你

mo³¹		ɬin²⁴		a²⁴	lo³³.
你		先		睡	语气助词

哄小孩睡觉

谁等妈妈回来，
谁等姑姑回来。
妈妈去种田了，
妈妈去种田还没有回来。
妈妈去喝酒还没有回来。
妈妈在路上吃饭还没有回来。
路上的饭吃完了，
妈妈就要回来了，
回来就有饭喂你了，
你先睡觉吧。

附录二 荣屯布央语核心词表[①]

1	天 ʔbɔn⁵³	2	日* tau⁵³wan³¹	3	月* hrɔŋ³¹hrin²⁴
4	星* qa²¹³luə³¹ʔbɔn⁵³	5	风* wan³¹	6	雨* jut³¹mɔk³¹
7	云 mɔk³¹ʔbɔn⁵³	8	雾* tu²⁴muə³¹	9	烟 qaːt²⁴
10	火* pei⁵³	11	灰 taːi²¹³	12	尘土 mɔk³¹mɔn³¹
13	土 ut⁵³	14	地* taːi³¹ut⁵³	15	田 nau³¹水田 nau³¹liə³¹旱田
16	洞 tham²⁴	17	山* tɕik⁵³po²⁴	18	谷 pa⁵³ŋu³¹
19	河* tau³¹	20	水* uə⁷²⁴	21	沙 sa³³
22	石* hrau³¹	23	铁 qat³³	24	铜 tuə⁷²⁴
25	金 kjam²⁴	26	银 ŋaːn³¹	27	左 qa²¹³lau²⁴

---

① 本表以郑张尚芳《华澳语言比较三百核心词表》作为收词范围，加*号的是最核心一个百词；名物：1—160词；动作、性状、指称等：161—300词。

续表

28	右 qa²¹³mat³³	29	上 liə⁵³lɯ²¹³	30	下 liə⁵³hrɔn³¹
31	中 tam³¹tei⁵³	32	里 liə⁵³luə ʔ²¹³	33	外 liə⁵³lia²¹³
34	昼 khi²⁴wan³¹	35	夜 qa²¹³wa³¹	36	年（岁） piə³¹
37	树 tei⁵³	38	林 qhɔŋ³¹tai⁵³	39	竹 tu²¹³vɔt³¹
40	禾（谷、米） kjɔ²⁴	41	草* muə²¹³	42	叶* ʔdiə⁵³
43	根 tsiə⁵³	44	芽（苗、笋） ta²⁴ȵit³¹	45	花 ʔduə⁵³
46	果 me³¹	47	籽 pan⁵³	48	马* ŋɔ²¹³
49	猪* ma:i⁵³	50	牛* tseŋ⁵³（黄牛） wo³¹（水牛）	51	羊* ʔbɛ²⁴
52	狗* u:i⁵³	53	熊 mui⁵³	54	虎 mum³¹
55	猴 tui²⁴	56	鹿 kwaŋ⁵³	57	鼠* lat³¹tsa:i⁵³
58	鸱 qa²¹³lia²⁴ŋa:u²¹³	59	鹰 qa²¹³lia²⁴ki²⁴	60	鸦 lat³¹a:k⁵³
61	鸟*（雀） nɔk³¹	62	鸠（鸽） nɔk³¹ka:i⁵³斑鸠 nɔk³¹wam²¹³（鸽子）	63	雁（鹅） kep⁵³ʔbɔn⁵³（天鹅） hem⁵³（鹅）
64	鸭（凫） kep⁵³	65	鸡* qɔ⁵³	66	鱼* lau³¹
67	蛙 lat³¹khwit⁵³	68	蛇* lat³¹ŋau³¹	69	蛭 lat³¹peŋ⁵³
70	虫 lat³¹lək³¹	71	虱 lat³¹qa²¹³ɬɔk⁵³	72	蚁 lat³¹mɔt³¹
73	蜂 qa²¹³hra:i³¹（蜜蜂） qa²¹³tit⁵³（马蜂）	74	蝇 lat³¹liə³¹	75	翅 qa²¹³kjɔ⁵³
76	角* ka:i⁵³	77	蛋 qa²¹³tam⁵³	78	壳 kup⁵³
79	尾* qa²¹³tsɔt³¹	80	毛* mɔt³¹	81	发 θam⁵³（头发）
82	头* qa²¹³luə³¹	83	脑 ɔk³¹ɔ⁵³	84	眼* tau³¹
85	鼻*（ khi²⁴teŋ²⁴	86	耳* khi²⁴hrau³¹	87	脸（颊） nɔ²⁴
88	须 mom²¹³	89	嘴* ŋuə³¹	90	牙* qa²¹³tsuə⁵³

续表

91	舌* qa²¹³me³¹	92	喉 pju²⁴ti²¹³luə²¹³ pju²⁴qa²¹³jau³¹	93	颈 qa²¹³jaːu¹		
94	肩 thu⁵³ʔbɔ²⁴	95	手* qa²¹³ŋiə³¹	96	指 le³¹ŋiə³¹		
97	爪 lep³¹	98	脚* qa²¹³jɔn⁵³	99	尻 pia⁵³hau⁵³		
100	身 khi²⁴va³¹	101	乳 tsu²⁴paːu⁵³	102	胸 khi²⁴aːk³³		
103	腹（胃） khi²⁴lɔŋ⁵³	104	肠 qa²¹³θaːi²⁴	105	肺 pot³³		
106	肝 tap³³	107	心 θam³³	108	血* qɔ²⁴		
109	肉* u²⁴	110	皮* ʔbɔŋ⁵³	111	骨* ʔde⁵³		
112	屎* iə⁵³	113	尿* ʔdan²⁴	114	涎 pai³¹ ja²¹³		
115	脓 uə⁷²⁴ŋɯ²⁴	116	人* va³¹kwan²¹³	117	男人 le³¹ɬa⁵³		
118	女人 le³¹tsaːu⁵³	119	孩* le³¹paːu⁵³	120	婆（祖母） pho⁵³		
121	父 po²⁴θiə⁵³	122	母 mi²⁴θiə⁵³	123	子 va³¹le³¹		
124	女 le³¹tsaːu⁵³	125	夫（婿） lɔŋ³¹po²⁴	126	妇（媳） lɔŋ³¹mi²¹³		
127	弟 ju²¹³	128	孙 kaːn⁵³le³¹tsaːu⁵³ 孙女 le³¹kaːn⁵³ 孙子	129	布 pha²⁴		
130	衣 tsɔk³¹hu⁵³	131	帽 khi²⁴mau³¹	132	绳* khat²⁴tse³¹		
133	线 θi⁵³	134	针 me³¹n̩it³¹	135	药 qa²¹³lu³¹		
136	酒 iu²⁴	137	饭 liə⁷²¹³	138	油* jɯ²⁴ 植物油 mɔt³¹ 荤油		
139	盐* qa²¹³naːu³¹	140	锅 khi²⁴tsaːu⁵³ 炒菜锅 khi²⁴mu²⁴ 煮饭锅	141	碗 tui⁵³		
142	臼 khi²⁴kjɔk³¹	143	帚 wo²⁴kjə³¹	144	席 puə²⁴pok³¹		
145	刀* mat³¹	146	斧 ɕip⁵³pu⁵³	147	矛 me³¹ʔbuə²⁴		

续表

148	棍 ku²¹³tun³¹	149	弓 kɔŋ²⁴that³¹	150	房* lɔk³¹
151	门 tuə⁵³	152	村 ʔbin²⁴	153	路* qhɔn⁵³
154	船 khi²⁴li³¹	155	病* tu²⁴pəŋ²¹³	156	梦 pan⁵³kin⁵³
157	鬼 mia³¹	158	声 khi²⁴heŋ⁵³	159	话 ʔdam⁵³ʔda⁵³
160	名* miŋ³¹θɯ²⁴	161	看 laŋ³¹	162	听* lum²¹³an⁵³
163	嗅 mɔt³³	164	知* qa²⁴ʔbet⁵³	165	咬 hram²¹³ 咬
166	吃* kin⁵³或者 ɲap³¹	167	喝* ham²⁴	168	含 am⁵³
169	舔 lim²¹³	170	叫*（吠、鸣） qha⁵³叫、喊（人喊叫） kiu²⁴吠（狗吠） ʔdaŋ⁵³啼（鸡啼） him⁵³叫（马叫） khiə²⁴叫（鸟叫） khuk⁵³叫（母鸡叫小鸡）	171	骂 kin²⁴
172	说* ʔda⁵³	173	笑 qa²¹³θa:u⁵³	174	哭 ɲit³¹la³¹
175	爱 ma²⁴	176	怕 qa²¹³ma:u⁵³	177	痛 qa²¹³hra:i²¹³
178	死* lim³¹	179	生（孵） uə⁵³生（生蛋） pjɔn²⁴生（生小牛）	180	飞* ʔban⁵³
181	涉 tse³¹泡水	182	泅 wa³³uə³³游泳	183	浮 fou³¹
184	沉 kjaŋ²⁴	185	落 tɔk³¹lɔn²¹³	186	走* khiə⁵³
187	进（入） khɔ²⁴	188	出 uə⁵³	189	回 ta:u³¹
190	来 ʔduə⁵³	191	去 hu²¹³	192	站* jut⁵³
193	坐* qa²¹³ta²⁴lɔŋ²¹³	194	住（在） an⁵³	195	睡* a²⁴
196	捉（拿） kap³¹捉, mi³¹拿	197	扔 viə²¹³	198	砍 tham⁵³
199	杀* ta⁵³	200	挖 qɔt³¹	201	拭 mit³¹（抹）

续表

#	词	#	词	#	词
202	洗 hra:u²¹³	203	烧 ŋu:m²⁴烧（火烧山） kam⁵³烧（烧废纸）	204	沸 ʔde⁵³
205	晒 te⁵³	206	编（织） θa:n⁵³编（筐） sa:n⁵³编（编辫子）	207	缝 ŋep³¹
208	捆 ŋat³³	209	脱（解、松） ki⁵³脱（脱衣服） thut⁵³脱（脱鞋） lut⁵³脱（锄把脱了）；脱（头发脱了）	210	剥 te⁵³
211	裂 puə⁵³裂开	212	扛 ʔbiə⁵³	213	担 tɛp⁵³挑
214	盖 ham⁵³盖（盖锅盖） ŋam³¹;ham⁵³盖（盖板子）	215	埋 pɔk²⁴	216	找 thja⁵³ hrau⁵³
217	偷 lum²¹³	218	给 pa²⁴	219	换 vun³¹
220	画 ve³¹	221	大 luŋ²⁴	222	小 at³³
223	高* ka:u³¹	224	低 tɔ²¹³	225	圆 mɔn³¹
226	长* hra:i²¹³	227	短 ta:i²⁴	228	厚 tan³¹mɛə⁵³
229	薄 ʔbiə⁵³	230	多 ʔbo⁵³	231	少 noi²¹³
232	轻 khen²⁴	233	重* naŋ²⁴	234	利（锐） θim²⁴（尖锐）
235	硬 qa²¹³lɔ²¹³	236	软 lɔ²¹³	237	弯* kho⁵³
238	直 jɔt³¹	239	深 lak³¹	240	满 tiə⁵³
241	窄 kap³¹	242	宽 vɛə²⁴	243	肥 nɔt³¹肥（肉肥） un²⁴肥（地肥）
244	瘦 nat³¹瘦（肉瘦） ʔdɔ⁵³瘦（地瘦）	245	好 kai⁵³	246	坏 va⁵³ jɔ²⁴
247	忙 qa:m⁵³	248	懒（怠） ʔda:m²⁴	249	快 ha:u²⁴ ɛ³³
250	慢 ŋa³¹	251	远 hra:i²¹³	252	近* thu³¹
253	新* ma:t³¹	254	旧 qa:i²⁴	255	亮 hrɔŋ³¹

256	暗 ʔdam⁵³	257	冷 net⁵³冷（天气冷） tin²⁴冷（水冷）	258	热 tut⁵³
259	干 khɔ²⁴干（衣服晒干了） hrɯ²¹³干（柴晒干了）	260	湿 hrak³¹	261	老 ki⁵³
262	生 ʔdap³¹	263	熟 ŋɯ²⁴	264	饱 nia²⁴
265	饿 θip⁵³	266	臭 qa²¹³mɯ²⁴	267	香 hom²⁴
268	甜* it²⁴	269	酸* ʔdet⁵³	270	辣* mɔt²¹³
271	咸 jat³³ kjam³¹	272	苦* qam⁵³	273	红* tan³¹ʔdiə⁵³
274	黄* ŋaːt²¹³	275	蓝* kip³¹	276	绿* lɔk³¹
277	黑* ʔdam⁵³	278	白* tiː²¹³uə⁵³	279	先 tɔk³¹kɯːn⁵³
280	后 tɔk³¹lɔn³¹	281	一* am²⁴	282	二* θau⁵³
283	三* taːi⁵³	284	四* pɔ⁵³	285	五* mo³¹
286	六* naːm⁵³	287	七* tɯ³¹	288	八* hrɯ³¹
289	九* vo²⁴	290	十* pɔt³¹	291	百* pɛ⁵³
292	千 ɕin²⁴	293	半 pjuə³¹	294	庹 pjak³¹
295	我* kjɯ⁵³	296	你* mo³¹	297	他 i²⁴
298	这* nai³¹	299	那 u²⁴mai³¹	300	不* la³¹

参考文献

专（译）著：

1. 戴庆厦主编：《汉语与少数民族语言关系概论》，北京：中央民族学院出版社1992年版。
2. 戴庆厦、徐悉艰：《景颇语语法》，北京：中央民族学院出版社1992年版。
3. 戴维·克里斯特尔：《现代语言学词典》（沈家煊，译者），北京：商务印书馆2004年版。
4. 丁声树、李荣：《汉语音韵讲义》，上海：上海教育出版社1984年版。
5. 范晓、张豫峰：《语法理论纲要》，上海：上海译文出版社2003年版。
6. 广西壮族自治区少数民族语言文字工作委员会壮汉英词典编委会：《壮汉英词典》，北京：民族出版社2007年版。
7. 黄伯荣等：《汉语方言语法调查手册》，广州：广东人民出版社2001年版。
8. 蓝庆元：《壮汉同源词借词研究》，北京：中央民族大学出版社2003年版。
9. 李锦芳、周国炎：《仡央语言探索》，北京：中央民族大学出版社1999年版。
10. 李锦芳：《布央语研究》，北京：中央民族大学出版社1999年版。
11. 李锦芳：《侗台语言与文化》.北京：民族出版社2002年版。
12. 李锦芳等：《西南地区濒危语言调查研究》，北京：中央民族大学出版社2006年版。
13. 李锦芳主编：《仡佬语布央语语法标记话语材料集》，北京：中央民族大学出版社2011年版。
14. 李英哲等：《实用汉语参考语法》，北京：北京语言学院出版社1990年版。
15. 梁敏、张均如：《侗台语族概论》，北京：中国社会科学出版社1996年版。
16. 刘丹青：《语序类型学与介词理论》，北京：商务印书馆2003年版。
17. 刘丹青：《语法调查研究手册》，上海：上海教育出版社2008年版。
18. 刘月华、潘文娱、故骅：《实用现代汉语语法》，北京：商务印书馆2004年版。
19. 刘润清：《西方语言学流派》，外语教学与研究出版社1995年版。
20. 陆俭明、沈阳：《汉语和汉语研究十五讲》，北京大学出版社2003年版。
21. 陆俭明：《八十年代中国语法研究》，北京：商务印书馆2004年版。

22. 罗自群：《现代汉语方言持续标记的比较研究》，北京：中央民族大学出版社 2006 年版。
23. 吕叔湘主编：《现代汉语八百词》，香港：商务印书馆香港分馆 1980 年版。
24. 吕叔湘：《中国文法要略》，商务印书馆 1982 年版。
25. 马庆株：《二十世纪现代汉语语法论文精选》，北京：商务印书馆 2005 年版。
26. 马学良主编：《汉藏语概论》，北京：民族出版社 2003 年版。
27. 倪大白：《侗台语概论》，北京：中央民族学院出版社 1990 年版。
28. 齐沪扬：《现代汉语短语》，上海：华东师范大学出版社 2000 年版。
29. 桥本万太郎：《语言地理类型学》（余志鸿，译者），北京：北京大学出版社 1985 年版。
30. 邵敬敏：《语法研究与语法应用》，北京：北京语言学院出版社 1994 年版。
31. 邵敬敏：《现代汉语通论》，上海：上海教育出版社 2006 年版。
32. 申小龙：《当代中国语法学》，广州：广州教育出版社 1995 年版。
33. 宋玉柱：《现代汉语语法基本知识》，北京：语文出版社 1992 年版。
34. 孙宏开、胡增益、黄行主编：《中国的语言》，商务印书馆 2007 年版。
35. 韦景云、何霜、罗永现：《燕齐壮语参考语法》，北京：中国社会科学出版社 2011 年版。
36. 小坂隆一、周国炎、李锦芳：《仡央语言词汇集》，贵阳：贵州民族出版社 1999 年版。
37. 张济民：《仡佬语研究》，贵阳：贵州民族出版社 1993 年版。
38. 中国社会科学院语言研究所：《现代汉语词典》，北京：商务印书馆 1999 年版。
39. 周国炎：《仡佬族母语生态研究》，北京：民族出版社 2004 年版。
40. 朱德熙：《现代汉语语法研究》，北京：商务印书馆 2001 年版。
41. Li, Jinfang（李锦芳）& Luo, Yongxian（罗永现）. *The Buyang Language of South China: grammatical notes, glossary, texts and translations*. THE AUSTRALIAN NATIONAL UNIVERSITY, 2011。
42. Li, Fang kuei（李方桂）. A Handbook of Comparative Tai. The University Press of Hawaii. 1977。
43. Lu, Tian Qiao（陆天桥）. *A Grammar of Maonan*. Boca Raton: Universal Publishers, 2008。
44. UNESCO.*Language Vitality and Endangerment*. Document Submitted to the *International Expert Meeting on UNESCO Programme Safeguarding of Endangered Languages* Paris, 10–12 March 2003.

45. Whaley, Lindsay J. （刘丹青导读）, Introduction to Typology: The Unity and Diversity of Languge. 北京：世界图书出版公司 2009 年版。

连续出版物：

1. 艾杰瑞（Jerold A. Edmondson）：《仡央语分类补议》（莫海文，译者），《广西民族大学》（哲学社会科学版）2011 年第 2 期，第 8–15 页。
2. 保明所：《巴哈布央语的濒危趋势及其应对措施》，《无锡职业技术学院》2011 年第 2 期，第 80–83 页。
3. 程工：《汉语"自己"一词的性质》，《当代语言学》1999 第 2 期，第 33–43 页。
4. 戴庆厦：《"十五"期间我国少数民族语言研究评述》，《云南民族大学学报》（哲学社会科学版）2006 年第 1 期，第 137–141 页。
5. 戴庆厦、蒋颖：《"参考语法"编写的几个问题》，《云南师范大学学报》（哲学社会科学版）2007 第 1 期，第 109–113 页。
6. 李锦芳：《布央语概况》，《中央民族大学学报》1996 年第 1 期，第 75-86 页。
7. 李锦芳：《布央语前缀》，《语言研究》1998 年第 2 期，第 189–197 页。
8. 李锦芳：《富宁布央语调查研究》，《中央民族大学学报》（哲学社会科学版）2002 年第 1 期，第 115–122 页。
9. 李锦芳：《巴哈布央语概况》，《民族语文》2003 年第 4 期，第 67–80 页。
10. 李锦芳：中国濒危语言研究及保护策略，《中央民族大学学报》（哲学社会科学版），2005 年第 3 期，第 113–119 页。
11. 李锦芳：越南恩语和布央语的初步比较，《语言研究》2006 年第 2 期，第 117–127 页。
12. 李锦芳、吴雅萍：关于侗台语的否定句语序，《民族语文》2008 年第 2 期，第 37–39 页。
13. 李锦芳、李霞：创新与借贷：核心词变异的基本方式——以仡央语言为例，《中央民族大学学报》（哲学社会科学版）2008 年第 5 期，第 119–125 页。
14. 联合国教科文组织：范俊军宫齐胡鸿雁译. 语言活力与语言濒危，《民族语文》2006 年第 3 期，第 51–61 页。
15. 梁敏：仡央语群的系属问题，《民族语文》1990 年第 6 期，第 1–8 页。
16. 陆俭明：周边性主语及其他，《中国语文》1986 年第 3 期，第 161–167 页。
17. 罗自群：现代汉语方言持续标记的类型，《语言研究》2004 年第 1 期，第 111–119 页。
18. 毛宗武：广西那坡荣屯"土瑶"语及其系属，《广西民族研究》1990 年第 3 期, 第 111–110 页。
19. 莫海文：广西宾阳王灵镇平话同音字汇，《方言》2014 年第 1 期，第 73–89 页。
20. 潘立慧：黎语的反身代词和强调代词，《民族语文》2010 年第 3 期，第 29–33 页。
21. 袁少芬：那坡"土瑶"述略，《广西民族研究》1986 年第 4 期，第 117–124 页。
22. 周国炎：仡央语群语言中的借词，《民族语文》1999 年第 1 期，第 43–48 页。
23. Li, jinfang（李锦芳）& Zhou, Guoyan（周国炎）. Diachronic evolution of initial consonants in Buyang. MON-Khmer STUDIES 28, 115–135 页.
24. Liang, Min（梁敏）. The Buyang Language, Kadai l990b，Vol.2.
25. Ostapirat, Weera. Proto Kra, LTBA. 2000.

学位论文：
1. 何彦诚：红丰仡佬语连动结构研究，中央民族大学博士学位论文，2008。
2. 康忠德：居都仡佬语参考语法，中央民族大学博士学位论文，2009。
3. 李霞：比工仡佬语参考语法，中央民族大学博士学位论文，2009。
4. 李霞：仡佬语汉借词研究，中央民族大学硕士学位论文，2006。
5. 潘立慧：仡央语言否定词研究，中央民族大学硕士学位论文，2007。
6. 余金枝：矮寨苗语参考语法，中央民族大学博士学位论文，2010。
7. 张雷：黎语志强话参考语法，南开大学博士学位论文，2010。

网站：
1. 那坡县人民政府网站：http://www.napo.gov.cn/2011-2-20。
2. 百度地图网站：http://map.baidu.com/?newmap/2011-06-10。

后　记

本书是基于我的博士论文基础之上修改而成的。研究得到了戴庆厦主持的国家社会科学基金重点项目（批准号06AYY002）、岭南师范学院外国语言文学、汉语言文字学学科建设点及南海丝绸之路协同创新中心的经费资助。

2009年9月我如愿以偿成为中央民族大学博士研究生，开始我梦寐以求的求学之路和语言学研究新的征程。三年的求学生涯中得到了中央民族大学和中国社会科学院民族学与人类学研究所领导、老师和同学的帮助与支持。这本书虽凝聚的是我个人的浅识和田野调查的成果，但也得益于很多专家、师长和朋友的指导和鼎力相助。

感谢我的恩师李锦芳教授多年的悉心指导与关怀。李老师治学严谨、知识渊博，在为学为人方面都是我们后辈学习的榜样。在专业学习、语言田野调查、论文设计及论文定稿过程中，都倾注着李老师的心血，学业和研究上的每一点进步都离不开李老师的教导与帮助。我是一名跨专业的博士生，专业基础知识不扎实，语言学理论水平不高，李老师总是以其严谨的治学精神、宽容的胸怀和积极乐观的生活态度鞭策与鼓励着我不断地前进。

感谢发音合作人广西那坡县龙合乡荣屯黄秀丰女士、陆红由村委副主任及其爱人黄秀兰女士、真继强老师的通力合作。感谢陆红由一家在语言调查工作及生活上的支持与帮助。自2010年到2015年，我先后在他们家住了六个月，他们任劳任怨，克服种种困难，不辞辛苦地支持我的研究工作，使我的语言调查工作得以顺利地完成。

感谢戴庆厦先生。戴庆厦先生教授的"语言调查"课深入浅出，让我初步掌握了语言田野调查的能力，聆听他的教诲更是我人生的一大享受。戴庆厦先生为人师表、治学严谨，让我深刻地感受到先生高贵的学者品质，其将毕生精力献给我国民族语言学研究的敬业精神令人钦佩。

感谢澳大利亚墨尔本大学罗永现博士。罗老师学贯西东，平易近人，是我的良师益友，时常为我指点迷津，提供解决问题的思路，其渊博的知识和高尚的人格给我留下深刻的印象，他的指导与帮助让我终身受益。

感谢罗自群教授。罗老师开设的"汉语和少数民族语言关系"课程让我受益匪浅。感谢中国社会科学院民族学与人类学研究所蓝庆元研究员和中国社会科学院语言研究所覃远雄研究员。蓝老师和覃老师的指导让我对音韵学有了初步的了解，对论文写作起到了很大的帮助。感谢中央民族大学季永海教授、张公瑾教授、胡素华教授、向红笳教授和王蓓博士等。在他们的课堂中，我学到了很多的知识。感谢中央民族大学覃小航教授、周国炎教授、木乃热哈教授、韦景云副教授、刘建勋博士、阿孜古丽博士、王利萍博士和岳扎布老师，感谢他们读博期间对我的支持与帮助。感谢北京大学外国语学院薄文泽教授、澳大利亚墨尔本大学亚洲学院罗永现博士、中国人民大学文学院贺阳教授及中央民族大学语言文学系胡素华教授、周国炎教授，他们在博士论文答辩会上给我提出了很多宝贵的建议，进一步完善了本研究的内容。

感谢我的硕士生导师广西师范大学陈吉棠教授，当我求学遇到苦恼的时候，陈老师总是一次次耐心地给予我指导、启发和鼓励；陈老师治学严谨认真，深深影响着我，让我终身受益。感谢我的老师广西师范学院陆云教授、李晓教授、李桂南教授、覃可霖教授的教诲与支持。感谢广东岭南师范学院罗海鸥研究员、曹志希教授、朱城教授、陈云龙教授、孙卫东副教授、晋学军副教授、周红辉博士、尉万传博士等对后期研究给予的帮助与关照。

感谢康忠德博士、梁敢博士、袁善来博士、韦名应博士、章柏成博士、龙国贻博士、潘立慧博士、韩林林博士、农月旦、黄丽登等师兄师妹的指点与帮助。感谢王松涛博士、刘朝华博士、齐旺博士、李春风博士、曹凯博士、孙启军博士等同窗好友给我真诚的帮助。

感谢我家人对我读博的支持。感谢我的父亲莫元鸿和母亲施月芳，父母双亲省吃俭用、含辛茹苦，全力支持我念大学、读硕士和攻读博士学位。衷心感谢我的妻子骆凤娟女士，我学业和事业上的进步都离不开她的支持、鼓励和关爱。

感谢我的母校中央民族大学的各级领导、老师和工作人员的支持与帮助。